Gert-Joachim Glaeßner (Hrsg.)

Der lange Weg zur Einheit

Gert-Joachim Glaeßner
(Herausgeber)

Der lange Weg zur Einheit

Studien zum Transformationsprozeß in Ostdeutschland

Dietz Verlag Berlin

Der lange Weg zur Einheit / Studien zum Transformationsprozeß in Ostdeutschland / Hrsg. von Gert-Joachim Glaeßner. – Berlin : Dietz Verl. – 1993. – 343 S.

ISBN 3-320-01813-2

Schutzumschlag und Einband: Brigitte Bachmann
Die Satzvorlage lieferte der Herausgeber
Druck und Bindearbeit: Graphischer Großbetrieb Pößneck GmbH
Ein Mohndruck-Betrieb

Inhaltsverzeichnis

Einleitung

Der Weg zur Einheit der Deutschen ist lang und mühsam. Er ist mit vielen Hindernissen und unerwarteten Hürden versehen. Der Vollzug der staatlichen Einheit am 3. Oktober 1990 war nicht das Ende, sondern eher der Anfang eines schwierigen Prozesses. Er vollzieht sich unter wirtschaftlichen, politischen und sozialen Bedingungen, die von zwei Grundfaktoren geprägt sind:

1. Der Notwendigkeit, die Systemstrukturen des "realen Sozialismus" zu ersetzen: Die zentral geplante Wirtschaft, das monistische politische System, die Vorherrschaft einer Ideologie, die künstliche Vereinheitlichung der sozialen Struktur der Gesellschaft, das Fehlen autonomer politischer, sozialer und kultureller Interessenvertretungen und die Atomisierung des Individuums im sozialen und politischen Raum. Die Transition zur Demokratie bedeutet, daß diese Systemelemente des Sozialismus sowjetischen Typs durch Normen, Regeln und Verfahrensweisen, durch Institutionen, Regime und Organisationen ersetzt werden müssen, die die Entwicklung einer pluralen, offenen Gesellschaft erst ermöglichen. Diese Aufgaben hat die ehemalige DDR mit den anderen postkommunistischen Ländern gemein.

2. Die entscheidende Differenz zu den Ländern Mittel-Osteuropas und der ehemaligen Sowjetunion ist, daß sich dieser Transitions- und Transformationsprozeß unter spezifischen nationalen Bedingungen vollzieht. Die ehemalige DDR wurde durch die staatliche Vereinigung in das politische und gesellschaftliche System der Bundesrepublik, des einstigen "Klassenfeindes", inkorporiert. Die Transition ist kein nationalstaatlicher, sondern ein binnenstaatlicher und binnengesellschaftlicher Prozeß der Angleichung eines Teil des Landes an den anderen. Dies bietet den unschätzbaren Vorteil, daß die neuen Bundesländer nicht, wie die früheren "Bruderländer", den mühsamen, konfliktreichen und im Ergebnis unsicheren Prozeß der Auseinandersetzung über die normativen

Grundlagen und die konkrete Ausgestaltung des neuen Gemeinwesens durchmachen müssen. Das Modell der alten Bundesrepublik, die sich über vierzig Jahre als stabile Demokratie bewährt hat, konnte übernommen werden. Das bedeutet aber keineswegs, daß diese Inkorporation nur und ausschließlich durch die bloße Übertragung der westdeutschen Strukturen vorstellbar ist. Die alte Bundesrepublik muß nicht "Blaupause" für Alles und Jedes in den neuen Ländern sein. Vielmehr zeigt sich bei genauerem Hinsehen, daß die in Westdeutschland entwickelten Institutionen, Verfahrensweisen und Perzeptionsmuster häufig an der Wirklichkeit der neuen Länder mit ihren aus der DDR-Zeit ererbten Problemen vorbeigehen.

In diesem Band werden eine Reihe von empirischen Einzelstudien vorgelegt, die diese Zusammenhänge näher beleuchten, wobei die Einzelkapitel sich auf den wirtschaftlich-sozialen Bereich und Aspekte der Institutionenbildung in den neuen Bundesländern konzentrieren. Neben der theoretischen Reflektion über die Ursachen und Folgen des Systemzusammenbruchs im Jahre 1989 (deren Grundlinien in einem Einleitungsbeitrag angerissen werden) wird auf absehbare Zeit der genaue Blick auf die vielfältigen Facetten der wirtschaftlichen, politischen, sozialen und kulturellen Entwicklung der post-kommunistischen Gesellschaften nötig sein.

Über die Ursachen des welthistorischen Umbruchs der letzten Jahre wissen wir wenig, wir stehen ihm noch immer mehr oder weniger ratlos gegenüber. Noch weniger wissen wir über die zu erwartenden Folgen. Die Prognosen schwanken zwischen der Vorstellung von blühenden Landschaften, die, "auferstanden aus Ruinen", in nächster Zukunft entstehen werden, bis zu tiefschwarzen Bildern devastierter Industrieregionen, landwirtschaftlicher Brachen und zerfallener Städte und Dörfer, von sozialem Elend, kultureller Rückständigkeit und politischem Radikalismus. Die jeweilige Sichtweise scheint aber zumeist weniger das Ergebnis einer genauen Analyse der realen Entwicklungen, als vielmehr eine Verlängerung politisch-ideologischer Präokkupationen in die Zukunft zu sein.

Die Beiträge dieses Bandes sollen demgegenüber einige Aspekte des Transformationsprozesses in den neuen Bundesländern näher beleuchten und damit einen Beitrag zur empirischen Aufarbeitung der Entwicklung in Ostdeutschland leisten. Sie stellen, zumeist geschrieben zu Beginn des Jahres 1992, eine Momentaufnahme in einem rapiden Prozeß wirtschaftlichen, sozialen, politischen und kulturellen Wandels dar. Der Herausgeber hofft, daß er Steine für ein Mosaik liefert, das einmal das Gesamtbild der Transformation in den neuen Bundesländern darstellen wird.

Dieser Band entstand im Rahmen einer engen Zusammenarbeit mit dem Berliner Institut für sozialwissenschaftliche Studien (BISS) und dessen Leiter, Prof. Rolf Reißig.

Ich danke den Autoren für ihre Mitarbeit, Lilian Klein und Monika Schröder für redaktionelle Unterstützung und die Herstellung einer Druckvorlage und dem Dietz Verlag für gute Zusammenarbeit.

Gert-Joachim Glaeßner

Vom Kommunismus zur Demokratie? Entwicklungsprobleme in den post-kommunistischen Gesellschaften und die Transformation in den neuen Bundesländern.

Gert-Joachim Glaeßner (Berlin)

Der Zusammenbruch und Sturz der kommunistischen Systeme hat die Sozialwissenschaftler in erhebliche Verlegenheit und Aufregung versetzt: Sie mußten sich mit dem Vorwurf auseinandersetzen, daß sie diese Ereignisse nicht vorhergesagt, ja, nicht einmal erahnt hätten. Während die "Kommunismusexperten" entweder in Sack und Asche gingen oder sich mehrheitlich unter den Angriffen wegduckten, erschienen, wie immer bei solchen Gelegenheiten, "instant specialists", die sich des vermeintlich so schmählich vernachlässigten oder von den falschen Leuten beackerten Forschungsfeldes annahmen. Die gescholtenen Kommunismusexperten machten es sich aber zu leicht, wenn sie es, wie das erkennbar häufig geschah, bei dem Bemerken bewenden ließen, daß bei genauem Hinsehen ihre Analyse der Defekte "realsozialistischer" Gesellschaften gar nicht so weit von der Wirklichkeit entfernt war. Soll die wissenschaftliche Begleitung der Transitionsprozesse in den ehemaligen sozialistischen Ländern erfolgreich sein, müssen die Sozial- und Humanwissenschaften ihr bisheriges Urteil über die alte, kommunistische Gesellschaft kritisch überprüfen, deren Relikte noch auf lange Zeit die Entwicklung in diesen Ländern beeinflussen werden. Dazu lädt die Fundamentalkritik an der bisherigen Kommunismusforschung trotz aller Polemik ein.

Der wohl prominenteste Angriff auf die internationale Kommunismusforschung erschien unter dem Pseudonym "Z" in der Zeitschrift "Daedalus" der American Academy of Arts and Sciences[1]. Das Pseudonym suggerierte eine Nähe zu dem berühmten Aufsatz Georg F. Kennans, in dem er als "Mister X" die Politik des "Containment" formulierte. In dem Beitrag "To the Stalin Mausoleum" reitet Martin Malia eine Philippika gegen "the past twenty-odd years mainline Western Sovietology", die die Sowjetunion als "mature industrial society" gesehen habe, die potentiell in eine pluralistische Entwicklung eintreten könne, die durch wachsende Stabilität gekennzeichnet sei. Westliche Sowjetologen hätten sich sozialwissenschaftlicher Kategorien bedient, die aus der westlichen Realität gewonnen worden sind mit dem Ergebnis, "that the extraordinary, indeed surreal, soviet experience has been rendered banal to the point of triviality".[2]

Seit der Mitte der 60er Jahre habe es aufeinander folgende Wellen von Revisionsversuchen des Totalitarismusmodells gegeben: Anstelle des Blicks auf Ideologie und Politik sei der auf Gesellschaft und Ökonomie getreten. Statt "regime studies" seien "social studies" betrieben worden, an die Stelle der "history from above" sei die "history from below" getreten. "Z" argumentiert gegen alle Größen der US-amerikanischen "Soviet Studies".

"From Utopia to development" - dies war die zentrale These Richard Löwenthals in dem einflußreichen Band "Change in Communist Systems", herausgegeben von Chalmers Johnson 1970. "Z" hält dagegen, daß "the Soviet Union, though clearly a failed utopia, is neither a developed nor a modern nation. It is rather something sui generis, a phenomenon qualitatively different from all other forms of despotism in this or previous centuries".[3] Oder, in den Worten von Hannah Arendt, Ausdruck einer "perverse modernity". Der Zusammenbruch des "realen Sozialismus" in Mittel-Osteuropa im Jahre 1989 und die wachsende Desintegration dessen, was einmal das sozialistische Lager war, der offenkundig

1 Z (d. i. Martin Malia), To the Stalin Mausoleum, in: Daedalus Vol. 119, No. 1, Winter 1990, S. 295-344.
2 Ebd., S. 298.
3 Ebd., S. 300.

unaufhaltsame Zerfall des sowjetischen Imperiums und nicht zuletzt neue Erkenntnisse über die Herrschaftsform des Sozialismus sowjetischen Typs scheinen "Z" uneingeschränkt Recht zu geben.

Gleichwohl ist Vorsicht am Platze. Auch in diesem Falle dürfte eine genauere Sicht auf die letzten 20 bis 25 Jahre Kommunismusanalyse zeigen, daß sich die Wirklichkeit komplizierter darstellt.

Das Scheitern der säkularen Herausforderung des Kommunismus - an die einige der besten Geister der Epoche glaubten - und seiner Wahrnehmung durch die Sozialwissenschaften bedarf einer Re-Evaluation. Aber: Zu Triumphgebärden besteht kein Anlaß. Um es zuzuspitzen: Beide großen Denkströmungen haben versagt. Diejenigen, die sich letztlich dem Totalitarismuskonzept verpflichtet fühlen, haben die gesellschaftlichen Modernisierungs- und Entwicklungsprozesse, die trotz der und gegen die Herrschaftsstrukturen des marxistisch-leninistischen Parteistaats entstanden, und die die Auflehnung gegen die Parteiherrschaft erst möglich machten, ebenso unterschätzt wie die herrschafts-soziologische Dimension einer blockierten Modernisierung. Die Anhänger eines Modernisierungs- und Industriegesellschaftsansatzes haben die Wandlungsfähigkeit des "realen Sozialismus" überschätzt und - in aller Regel - den Herrschafts-Strukturen und institutionellen Rahmenbedingungen zu wenig Aufmerksamkeit gewidmet. (Damit lagen sie übrigens im mainstream der westlichen Sozialforschung.) Aus der Sicht eines Politikwissenschaftlers gesprochen: eine Politische Soziologie des Jahrhundertexperiments Sozialismus fand nur selten statt. Ähnliches gilt für die Verbindung ordnungstheoretisch orientierter Analyse des Wirtschaftssystems und der Wirtschaftsprozesse, des Verhältnisses von ideologischen und normativen Grundlagen der Gesellschaft und sozialer Wirklichkeit usw.

Von den Möglichkeiten und Grenzen der Transitionsforschung: Einige methodische Vorbemerkungen

Die vergleichende Analyse der Transitionsprozesse in den postkommunistischen Ländern steht vor einer Vielzahl theoretischer und methodischer Probleme.

1. Die Erklärungsmodelle der Sozialwissenschaften, die die Regimezusammenbrüche verständlich machen, haben sich als nicht prognosefähig erwiesen. Der plötzliche Kollaps der sozialistischen Systeme konnte nicht antizipiert werden. Die Experten müssen sich die Frage nach der Leistungsfähigkeit ihres analytischen Instrumentariums gefallen lassen. Der Verweis auf elaborierte Revolutionstheorien reicht als Antwort nicht aus.[4]

2. Weiter kommt man schon, wenn man die Erkenntnisse zur Hilfe nimmt, die aus der vergleichenden Analyse von Regimezusammenbrüchen entstanden sind. So beschreibt Adam Przeworski in einem Beitrag zu einer einflußreichen Studie über "Transitions from Authoritarian Rule" vier Ursachen für den Zusammenbruch autoritärer Regime:

1. Das Regime hat die funktionalen Bedingungen erfüllt, die zu seiner Etablierung führten.

2. Es hat seine Legitimität verloren.

3. Konflikte innerhalb des herrschenden Blocks, vor allem innerhalb des Militärs haben einige Fraktionen veranlaßt, an die Hilfe von Gruppen außerhalb dieses Blocks zu appellieren.

4. Druck des Auslandes, das eine Demokratisierung anmahnt, führte zu Kompromißbereitschaft der politischen Führung.[5]

---

4 Vgl. u. a. Theda Skocpol, States and Social Revolutions, New York: Cambridge University Press 1979; Michael S. Kimmel, Revolution. A Sociological Interpretation, Cambridge: Polity Press 1990.

5 Vgl. den Beitrag von Adam Przeworski, Some Problems in the Study of the Transition to Democracy, in: Guillermo O'Donnell/Phillippe Schmitter/Laurence Whitehead (eds.) Transitions from Authoritarian Rule. Prospects for Democracy, Comprative Perspectives, Baltimore: The Johns Hopkins University Press 1986.

Klaus von Beyme hat Anfang 1990 darauf hingewiesen, daß diese vier Aussagen im Falle des Zusammenbruchs der kommunistischen Regime erprobt werden können, zugleich aber auf wichtige Unterschiede zwischen unterschiedlichen Fällen hingewiesen. Im Falle der DDR stehe der Weg der Transition zur Demokratie nicht ernsthaft zur Disposition, da sich eine paternalistische Lösung anbiete, nämlich der Beitritt zur Bundesrepublik.[6]

Der Zusammenbruch des "realen Sozialismus" stellt die Forschung vor die Aufgabe, ihre theoretischen und methodischen Grundlagen neu zu durchdenken. Inzwischen ist eine gewisse Ernüchterung eingekehrt. Bei näherem Hinsehen zeigt sich nämlich, daß die Sozialwissenschaften weder empirisch gesättigte theoretische Vorstellungen über die kommunistischen Systeme, noch über die zentralen Aspekte von Systemumbruch und Transition haben. Ähnlich unbefriedigend stellt sich die Situation dar, wenn man die Literatur durchsieht, die sich mit Systemumbrüchen und Transformationsprozessen befaßt. Weder gibt es theoretisch verallgemeinerbare Aussagen über die Ursachen für die Krise und den Zusammenbruch der kommunistischen Systeme, noch über die Zielrichtung des Transitionsprozesses und die Voraussetzungen für einen demokratischen Ausgang dieses Jahrhundertereignisses. Selbst die Frage, welches die Bedingungen für stabile Demokratien sind, ist nicht eindeutig zu beantworten.

Die Umbrüche in den sozialistischen Ländern im Jahre 1989 haben einige Gemeinsamkeiten mit transitorischen Entwicklungen in anderen Ländern, die ihre Diktaturen abgeschüttelt haben, wie z.B. Griechenland, Spanien, Portugal oder eine Reihe lateinamerikanischer Länder oder mit der Etablierung neuer ökonomischer, politischer und sozialer Strukturen in den neuen Nationalstaaten Afrikas und Asiens in den 60er Jahren. Die grundsätzliche Alternative lautete auch hier Reform oder Bruch. Allerdings gibt es einen entscheidenden Unterschied zwischen bisher bekannten Transitions-

---

6 Klaus v. Beyme, Transition to Democracy - or Anschluß? The two Germanies and Europe, in: German Politics and Society. (Special issue: Government and Opposition), Vol. 5, No. 2/1990, S. 170-190.

prozessen und der Entwicklung in Osteuropa und der DDR: Hier brach ein politisches und soziales System zusammen, das sich als Gegenmodell zur bürgerlich-kapitalistischen Gesellschaft etabliert hatte. Den Weg der Reform hatten die alten Eliten verbaut. Bruch bedeutete mehr als einen Wechsel der politischen Führungsgruppen und den Umbau des Institutionensystems. Die zweite Besonderheit war, daß der Umbau der ökonomischen, politischen und sozialen Strukturen in einer Zeit erfolgen muß, die durch massive ökonomische Krisenerscheinungen gekennzeichnet ist. Die neuen Eliten in diesen Ländern können nicht, wie die demokratischen Kräfte auf der iberischen Halbinsel Mitte der 70er Jahre, die Schubkraft eines ökonomischen Modernisierungsprozesses für die Demokratisierung nutzen.

Wenn auch der dominante Faktor der Transition der Bruch mit dem alten System war, so gibt es doch auch Elemente einer Systemtransformation. Eine allmähliche Transformation des autoritären Systems zu einer meist nicht genauer präzisierten Form von politischer Demokratie wird häufig von Kräften des alten Regimes formuliert und dient oft dazu, wenigstens Reste ihrer einstigen Macht zu sichern. Die Opposition favorisiert normalerweise einen fundamentalen Bruch mit den alten institutionellen Arrangements und der politischen Ideologie.

Aber diese Strategie eines klaren und scharfen Bruchs ist, wie Juan Linz bemerkt, nur in revolutionären oder potentiell revolutionären Situationen möglich und wahrscheinlich.[7] Transition wurde paradoxerweise manchmal möglich gemacht durch die gleichzeitige Formulierung beider Positionen: eher als vorläufige Haltungen für Verhandlungszwecke, denn als endgültige Standpunkte. Während in der DDR - aufgrund der nationalen Sondersituation - die alten Kräfte in unglaublichem Tempo marginalisiert wurden bzw. sich "wendeten", weist Mittel-Osteuropa eine weite Spannbreite von dominanten politischen Strategien auf.

---

7 Vgl. Juan J. Linz, Transitions to Democracy, in: The Washington Quarterly, Summer 1990, S. 143-164.

In gesellschaftlichen und politischen Transitionsprozessen ist das Ziel unbekannt und allenfalls normativ bestimmbar. Noch immer ist aber auch die Frage nach dem Charakter des autoritären (oder totalitären) Regimes, den politischen, ökonomischen, sozialen und kulturellen Bedingungen, unter denen es entstand, sich entwickelte und schließlich endete, nur unbefriedigend beantwortet. Eine Analyse von Transitionsprozessen kommt aber ohne einen Rückgriff auf die Entstehungs- und Konstitutionsbedingungen autoritärer Systeme nicht aus. Die Transitionsforschung kann sich nicht damit begnügen, während und nach der Ablösung des alten Regimes die Auseinandersetzungen der verschiedenen politischen Akteure um Macht und Einfluß zu untersuchen, sondern muß die ökonomischen, sozialen und kulturellen Rahmenbedingungen der Politik mit in den Blick nehmen, Rahmenbedingungen, die wesentlich durch das alte System präformiert sind.

Während dieses Prozesses ist es, so argumentieren O'Donnell und Schmitter,[8] unmöglich, ex ante zu spezifizieren, welche Klassen, Sektoren, Institutionen oder Gruppen welche Rolle spielen werden, für welche Inhalte sie optieren, welche Alternativen sie unterstützen. Das einzige, was man möglicherweise sagen könne, sei, daß die Akteure vermutlich uneins und zugleich zögerlich bei der Bestimmung ihrer Interessen und Ideale seien und daher unfähig zu kohärenter kollektiver Aktion. Zudem würden sie in ihren Reaktionen auf die veränderten Kontexte, die im rapiden Prozeß von Liberalisierung und Demokratisierung unausweichlich sind, gezwungen, sich ständig umzuorientieren.

Bei der Analyse "etablierter" politischer Ordnungen und Gesellschaften kann man sich auf stabile und erprobte Kategorien und Methoden stützen, die die ökonomischen, sozialen, kulturellen und politischen Bedingungsfaktoren beschreiben, die zu beachten sind, wenn man der Frage nachgeht, welches Selbstverständnis und welche Strategien den Handlungen der jeweiligen Akteure zugrunde

---

8 Guillermo O'Donnell/Philippe C. Schmitter, Transition from Authoritarian Rule. Tentative Conclusions about Uncertain Democracies, Baltimore/London: The Johns Hopkins University Press 1986, S. 4.

liegen, die für die Erhaltung des Status quo oder für Reform oder Transformation optieren. In Transitionsgesellschaften kann man dies nicht.

Als Ergebnis umfangreicher Studien von Transitionsprozessen bemerken O'Donnell/Schmitter resignierend: "We believe that this 'normal science methodology' is inappropriate in rapidly changing situations, were those very parameters of political action are in flux."[9] Entsprechend zurückhaltend sind sie auch mit prognostischen Aussagen: Am Ende des bisher wohl umfangreichsten und längsten Projekts über Regimewechsel und Demokratisierungsprozesse stehen "tentative conclusions" und diese beziehen sich zudem keineswegs auf dauerhaft gesicherte, sondern auf "uncertain democracies".

Im Anschluß an O'Donnell/Schmitter können zwei Phasen der Transition unterschieden werden. In der ersten geht es um den eigentlichen Regimewechsel und die Etablierung politischer Institutionen und Verfahren, sowie die Sicherung formaler Rechte und Obligationen. Diese Phase ist in einigen Ländern erst zum Teil abgeschlossen. In der zweiten Phase geht es um die Gestaltung der sozialen und ökonomischen Bedingungen, die substantielle Vorteile und Rechte für die Bürger bereitstellen und es ihnen ermöglichen, ausgestattet mit gleichen Rechten und Pflichten zu entscheiden, welche Handlungen und Entscheidungen diese Institutionen unternehmen und treffen sollen.[10]

Der Übergang von der ersten zur zweiten Phase ist nicht exakt bestimmbar. Für unseren Zusammenhang ist von Bedeutung, daß spätestens in diesem Stadium die deutsche Sonderentwicklung einsetzt. Kann man die Entscheidung über die Frage des Beitritts der DDR zur Bundesrepublik und seiner Modalitäten noch als Entscheidung einer Transitionsgesellschaft über ihre zukünftige institutionelle Verfassung interpretieren, so ist der zuvor gefällte Entschluß zur Währungs-, Wirtschafts- und Sozialunion nichts an-

---

9 Ebd.
10 Ebd., S. 12.

deres gewesen, als das Umgehen eines langwierigen und höchst kontroversen Entscheidungsprozesses über die wirtschaftlichen und sozialen Grundlagen des neuen demokratischen Gemeinwesens, in den die anderen Transitionsgesellschaften noch immer und auf absehbare Zeit verwickelt sein werden.

Die deutsch-deutsche Sondersituation hat also nicht nur die "natürliche" Reihenfolge transitorischer Entscheidungen verschoben, sondern die am meisten umstrittenen Entscheidungen in Transitionsprozessen, die über die konkrete Gestalt des neuen, demokratischen Gemeinwesens und die über die soziale und ökonomische Ordnung "ausgeschaltet". Mit dem Beitritt zur Bundesrepublik war diese Frage obsolet.

In jedem Transitionsprozeß gibt es Situationen, in denen sich herausstellt, ob die Entwicklung weiter zur Demokratie oder in Richtung einer Restauration eines autoritären Regimes geht. Diese Entscheidung ist noch nicht in allen post-kommunistischen Ländern endgültig getroffen worden - insbesondere nicht in den staatlichen Wrackstücken der ehemaligen Sowjetunion.

Die Frage bleibt, welches die Voraussetzungen und Bedingungen für das Entstehen sicherer Demokratien sind. Die bisherigen Untersuchungen über Transitionen hatten Regime im Blick, in denen zwar das politische System, nicht jedoch das ökonomische System zu ersetzen war. Anders in den post-kommunistischen Gesellschaften. Während die südeuropäischen, lateinamerikanischen und die meisten afrikanischen Diktaturen sich nicht von der kapitalistischen Produktionsweise abgewandt hatten (trotz vielfältiger korporatistischer und staatsinterventionistischer Bestrebungen), geht es in den post-kommunistischen Ländern um einen fundamentalen politischen und ökonomischen Umbau: Sie vollziehen "the transition not only from authoritarianism to, we hope, democracy, but also from state-owned, centrally directed economies to market economies based on private ownership"[11]. Dieser Pro-

11 Robert A. Dahl, Transition to Democracy, in: György Szoboszlai (Hrsg.), Democracy and Political Transformation. Theories and East-Central European Realities, Budapest: Hungarian Political Science Association 1991, S. 15.

zeß ist ohne historisches Vorbild und dies läßt es wenig angeraten erscheinen, westliche Vorbilder einfach zu kopieren. Die Gefahr ist groß, und der Beispiele sind viele, daß die Erfahrung mit dem Kommunismus zu einer kritiklosen Adaption westlicher Modelle oder, genauer, ideologisch verformter Fiktionen darüber führt.

Am deutlichsten wird dies in der Debatte über die Marktökonomie, zu der Robert A. Dahl bemerkt, daß

> "Capitalism is persistently at odds with values of equity, fairness, political equality among all citicens, and democracy ... If the people of Eastern Europe wish to look to the most advanced economies for guidance, then, they should not allow themselves to be misled by dogma about 'free markets' ... all the world's most advanced and successful economies are mixtures of markets (themselves of enormous variety) and deliberatly imposed government interventions in the market (also of incredible variety)."[12]

Ähnliche Fehlperzeptionen sind im politischen Denken anzutreffen. Die Art und Weise, in der z. B. die neuentstehenden politischen Parteien ihre Konflikte austragen erinnert oft eher an die "Politische Theologie" Carl Schmitts, als an die Grundprinzipien der Konflikregelung mittels eines demokratischen Institutionensystems. Die zentrale Kategorie ist "compliance" (Einverständnis), nicht Kampf.

> "Democratic institutions render an intertemporal character to political conflicts. They offer a long time horizon to political actors; they allow them to think about the future rather then being concerned exclusively with present outcomes ... Some institutions under certain conditions offer to the relevant political forces a prospect of eventually advancing their interests that is sufficient to incite them to comply with imediatly unfavorable outcomes. Political forces comply with present defeats because they believe that the institutional

---

12 Ebd., S. 17-8.

framework that organizes the democratic competition will permit them to advance their interests in the future."[13]

Dazu bedarf es aber einer entwickelten Kultur demokratischer Institutionen.

Institutionenbildung und Demokratisierung

Ralf Dahrendorf hat in seinen "Betrachtungen über die Revolution in Europa"[14] bildhaft angemerkt, sechs Monate genügten, um die nötigen institutionellen Strukturen einer Demokratie zu errichten, es könne sechs Jahre dauern, um eine Marktökonomie zu etablieren, aber 60 Jahre seien nötig, um eine gefestigte bürgerliche Gesellschaft in Osteuropa zu schaffen. So realistisch sein Hinweis auch erscheint, daß die mentale und kulturelle Verankerung von Demokratie eine Sache von Generationen ist, so übertrieben optimistisch ist seine Einschätzung bezüglich der Probleme bei der Etablierung eines demokratischen Institutionensystems, dessen frühe Existenz entscheidend für die Dauerhaftigkeit und den Erfolg der Transition zur Demokratie ist.

Institutionen bestimmen die Regeln des demokratischen Wettbewerbs. Es ist kaum bestritten, daß in reifen Demokratien demokratische Institutionen so fest implantiert sind, daß es unwahrscheinlich ist, daß sie beseitigt werden können - außer unter den Bedingungen einer langanhaltenden, extremen, tiefen Krise. Robert Dahl unterstreicht, daß eine fundierte demokratische Kultur Institutionen hilft, auch unter Streß bei Krisen zu überleben.[15]

Die Antwort auf die Frage jedoch, wie das institutionelle Setting für einen erfolgreichen Transitionsprozeß aussehen muß, bleibt

---

13 Adam Przeworski, Democracy and the Market. Political and Economic Reforms in Eastern Europe and Latin America, Cambridge: Cambridge University Press 1991, S. 19.

14 Ralf Dahrendorf, Betrachtungen über die Revolution in Europa in einem Brief, der an einen Herrn in Warschau gerichtet ist, Stuttgart: DVA 1990.

15 Dahl, Transition, a. a. O., S. 12.

trotz vielfältiger Bemühungen offen.[16] Die politische Theorie der Demokratie und die empirische Demokratieforschung bleiben eine Antwort schuldig.

> "We do not have sufficiently reliable empirical knowledge to answer questions about institutional design. We have intuitions about the impact of presidentialism versus parliamentarism, we know the effects of alternative electoral systems, and we tend to believe that an independent judiciary is an important arbitrating force in the face of conflicts, but our current empirical knowledge leaves a broad margin for disagreements about institutional design."[17]

Tröstlich erscheint da der Hinweis, daß sich, bei genauerem Hinsehen, die große Vielfalt verschiedener Ausprägungen demokratischer Systeme auf nur einige wenige, wenngleich kontrastierende Typen zurückführen lassen: Präsidentielle Systeme versus parlamentarische Demokratien auf der einen und Mehrheits- versus Konsensdemokratien auf der anderen Seite.[18] Die konstitutionellen Grundentscheidungen in Transitionsgesellschaften erscheinen also relativ einfach - schwierig ist die konkrete Ausgestaltung.

Eine Typologie, die Arend Lijphart auf der Grundlage langjähriger vergleichender empirischer Analyse von Demokratien[19] entwickelt hat und die nach den Kriterien kollegiale oder Einpersonenexekutive, parlamentarische Abhängigkeit der Exekutive und Wahl der Exekutive durch das Parlament oder durch das Volk unterscheidet[20], zeigt, daß es nur sehr wenige Demokratien gibt, die parlamentarische und präsidentielle Charakteristika miteinander

---

16 Vgl. dazu ausführlich: O'Donnell/Schmitter, Tentative Conclusions, a. a. O.; Przeworski, Democracy, a. a. O.; Szoboszlai (Hrsg.), Democracy and Political Transformation. a. a. O.

17 Przeworski, Democracy, a. a. O., S. 35.

18 Vgl. dazu: Arend Lijphart, Presidentialism and Majoritarian Democracy: Theoretical Observations, in: Szoboszlai (Hrsg.), Democracy and Political Transformation. a. a. O., S. 75-93.

19 Vgl.: Arend Lijphart, Democracies. Patterns of Majoritarian and Consensus Government in Twenty-One Countries, New Haven/London: Yale University Press 1984.

20 Vgl.: Lijphart, Presidentialism, a. a. O., S.79.

kombinieren, die übergroße Mehrheit ist entweder dem parlamentarischen oder präsidentiellen Typus zuzuordnen.

Aus der Sicht der Transitionsgesellschaften sind drei Grundentscheidungen zu treffen: 1. Ist der Systemwechsel am besten mit einer starken Exekutive oder eher mit einem starken Parlament zu bewältigen, soll 2. mit Hilfe des Wahlsystems auf eine klare Mehrheitsherrschaft abgezielt oder der Versuch unternommen werden, möglichst viele Interessen konsensual einzubinden und wird 3. ein unitarisches oder föderales System angestrebt. Die Konsequenzen dieser Grundentscheidungen lassen sich nach Lijphart folgendermaßen darstellen:[21]

Dimensionen	*Mehrheitsdemokratie*	*Konsensdemokratie*
Exekutive Parteien	Einparteienkabinett	breite Koalition
	Dominanz der Exekutive	Balance Exekutive-Legislative
	Zweiparteiensystem	Mehrparteiensystem
	eindimensionales Parteiensystem	mehrdimensionales Parteiensystem
	Mehrheitswahlrecht	Verhältniswahlrecht
Unitarismus Föderalismus	unitarische und zentralisierte Regierung	föderale und dezentralisierte Regierung
	Einkammersystem	Zweikammersystem
	ungeschriebene Verfassung (?)	geschriebene und fest bindende Verfassung.

In den Transitionsgesellschaften stellt sich aber nicht nur die Frage nach dem institutionellen Design, sondern auch nach den

---

21 Vgl.: Lijphart, Presidentialism, a. a. O., S. 81.

gesellschaftlichen Rahmenbedingungen, in denen die neugeschaffenen Institutionen agieren können. Ist ein wirklich demokratisches System denkbar in Ländern, in denen die Kluft zwischen den atomisierten Individuen und dem politischen System so groß bleibt?[22] Es geht auch nicht nur um die Schaffung demokratischer Institutionen, sondern um die Transformation der gesamten Ökonomie, der Gesellschaft, und um die Veränderung der Mentalitäten und Verhaltensweisen der Menschen.

Umfragen in Polen und anderen mittel-osteuropäischen Ländern haben gezeigt, daß die Menschen sich mit ihrer unmittelbaren Umgebung, ihrer Familie und "Peer-groups" und (in unterschiedlicher Intensität) mit der "Nation", aber mit nichts dazwischen identifizieren. Es gibt offenkundig kein Interesse an und keine Identifikation mit intermediären Institutionen (selbst die Bindekraft der großen mythischen Sammlungsbewegung Solidarnosc schwindet), die für eine demokratische Bürgergesellschaft von entscheidender Bedeutung sind. Ein Berater des ehemaligen polnischen Ministerpräsidenten Tadeusz Mazowiecki spricht von "the individualization of concern", einer individualistischen Sicht auf die politischen und gesellschaftlichen Dinge, die die Herausbildung bürgerschaftlicher Tugenden verhindert. So sehr diese Haltung im ökonomischen Bereich als kompetitives und Leistungsverhalten erwünscht und notwendig sei, zu den notwendigen Tugenden einer bürgerschaftlichen Gesinnung, die für eine demokratische Gesellschaft nötig sei, stehe sie im Widerspruch.[23]

Die Formulierung einer Verfassung, die Etablierung eines demokratischen Institutionensystems (freie und faire Wahlen, demokratische Parteien, freie Interessenorganisationen, unabhängige Gerichte, freie Medien etc.) sind notwendige Schritte auf dem Wege zur Demokratie, notwendige, aber nicht hinreichende. "Establishing a lasting democracy will require ... civic virtue, civic education of a kind that brings people to understand both the rights

---

22 Aleksander Smolar, Democratic Institution-Building in Eastern Europe, in: Problems of Communism Vol. XLI(Januar-April 1992), S. 69.

23 Vgl.: Ebd., S. 70.

and the obligations of citicenship."[24] Auf die Frage, wie diese Aufgabe unter ökonomischem, sozialem Streß und teilweise auch unter schwierigsten Bedingungen der Nationenbildung zu bewerkstelligen ist, ist bislang keine befriedigende Antwort erkennbar.

Diese hier nur andeutungsweise angesprochenen Probleme verweisen allerdings auf einen Zusammenhang, die für die Entwicklung in Deutschland von entscheidender Bedeutung ist: Auch wenn viele der sozialen und mentalen Folgewirkungen in den neuen Bundesländern denen in anderen post-kommunistischen Ländern vergleichbar sind, die Tatsache, daß mit dem Beitritt der DDR zur Bundesrepublik ein funktionierendes demokratisches System übertragen wurde, vermeidet viele der schmerzhaften Wege und Umwege, die die anderen ehemals sozialistischen Länder beschreiten müssen - produziert aber möglicherweise andere. Aber auch in den neuen Bundesländern hat der langwierige demokratische Eingewöhnungsprozeß erst begonnen. Auch hier klafft eine breite Lücke zwischen Lebenswelt und adaptiertem politischem System, das noch auf lange Zeit als fremd begriffen werden wird.

Konsequenzen für Europa

Die europäische Entwicklung vollzog sich bis zum Jahre 1989 im festen Gefüge von "Jalta-Europa"[25], das Ost und West trennte. Trotz der in den letzten beiden Jahrzehnten gewachsenen vielfältigen Verbindungen und der Entstehung internationaler Institutionen und Regime, die den "Eisernen Vorhang" überbrückten, war die bipolare Struktur Europas das bestimmende Element.[26]

Obwohl die Gefahr einer Perpetuierung der Bipolarität unter veränderten Bedingungen unverkennbar gegeben ist, spricht nach

---

24 A. E. Dick Howard, Drafting Constitutions for the New Democracies, in: Problems of Communism Vol. XLI(January-April 1992), S. 65.

25 Hans Arnold, Die Europäische Gemeinschaft zwischen Vertiefung und Erweiterung, in: Europa-Archiv, Folge 10, 1991, S. 325.

26 Vgl. hierzu: Volker Rittberger/Michael Zürn, Transformation der Konflikte in den Ost-West-Beziehungen. Versuch einer institutionalistischen Bestandsaufnahme, in: PVS 32. Jg. (1991), Nr. 3, S. 407.

dem Ende des Ost-West-Konflikts und der Spaltung Europas in zwei Blöcke vieles für die These, daß sich die Ost-West-Beziehungen im allgemeinen und das Verhältnis der östlichen und westlichen Staaten in Europa im besonderen verkomplizieren. Bereits vor dem Jahre 1989 waren die Ost-West-Beziehungen nicht auf einen Kern-Konflikt zurückführen, obwohl die Bipolarität bestimmender Faktor war und bis 1989/90 blieb. Diese "Einhegung" multidimensionaler Konfliktpotentiale durch den Ost-West-Gegensatz gehört der Vergangenheit an. Zahl und Vielfalt der Konflikte werden sich in den kommenden Jahren erhöhen. Selbst weitere kriegerische Auseinandersetzungen, z. B. über den "Schutz" von Minderheiten in Nachbarländern, sind nicht auszuschließen. Ihre Quellen werden in den ökonomischen, sozialen und kulturellen und geopolitischen Folgen des Zusammenbruchs der alten Ordnung und daraus auf längere Zeit fortwirkenden Unterschieden liegen.

Zugleich werden ältere nationale und kulturelle Konfliktlinien wieder sichtbar: die Folgewirkungen des Zusammenbruchs der Habsburger Monarchie[27] und die zwiespältigen Erfahrungen der Nachfolgestaaten Habsburgs in der Zwischenkriegszeit, das Ende des osmanischen Reiches[28], die Transformation des russischen Imperiums zur Sowjetunion, die über Jahrzehnte künstlich niedergehaltenen nationalen, kulturellen und religiösen Spaltungen, und die Konsequenzen der Neugestaltung der ost- und südosteuropäischen Landkarte in Jalta.

Der Konflikt zwischen Ost und West hatte alte nationale, kulturelle und religiöse, historische, ökonomische und soziale Bruchlinien in Europa zugedeckt, nicht aber beseitigen können. Sie werden nach dem Zerfall des Kommunismus wieder freigelegt.

---

27 Man denke nur an die Folgen des Vertrags von Trianon 1920, der mehr als die Hälfte der ungarischen Bevölkerung in der Tschechoslowakei, der späteren Sowjetunion, Rumänien und Jugoslawien zurückließ und deren Rechte, wie die anderer Minderheiten, angesichts des neuen Nationalismus gefährdet sind.

28 Hier sind es unter anderem das Problem der Türken in Bulgarien, die Mazedonienfrage, aber letzlich auch die Rechte der muslimischen Bevölkerung im ehemaligen Jugoslawien.

Die jahrhundertealte Teilung Europas in Länder und Regionen, die dem westlichen Christentum oder dem Denken der orthodoxen Kirche zuneigen (und einigen Exklaven der islamischen Welt in Süd-Osteuropa), gewinnt erneut an Bedeutung. Diese alte Scheidelinie läuft quer durch Jugoslawien, folgt im wesentlichen den Ostgrenzen Ungarns, der Tschechoslowakei, Polens und der baltischen Staaten. Sie verlief seit 1945 östlich des "Eisernen Vorhangs", östlich der sozio-ökonomischen Scheidelinie und östlich der Grenzen des vereinten Europa.[29] Polen, die Tschechoslowakei und Ungarn (und selbst ihre früheren kommunistischen Führungsschichten) haben sich stets als Teil Europas verstanden. Die Systemgrenze nach 1945 hatte keinerlei historische Bezüge. Gleichwohl hat sie fast ein halbes Jahrhundert Staaten und Gesellschaften voneinander isoliert und alte Bindungen zerstört, die jetzt mühsam wiedergeknüpft werden müssen.

Nicht vergessen darf in diesem Zusammenhang werden, daß es zuvor die nationalsozialistische Eroberungs- und Vernichtungspolitik war, die das alte Europa, oder das, was nach dem I. Weltkrieg noch von ihm übrig war, zu Grabe getragen hatte.

Jetzt ist Deutschland, wie seine Nachbarn, aus der Bipolarität entlassen, die die politische, wirtschaftliche, soziale, kulturelle und geistige Topographie Europas und der Welt bis 1989 bestimmt hat. Diese Trennung, entstanden in Jahrzehnten, wird trotz des Zusammenbruchs des Kommunismus auf überschaubare Zeit weiterwirken. Der Ost-West-Gegensatz war von der Systemkonkurrenz, von unterschiedlichen, ja gegensätzlichen Ordnungsvorstellungen und daraus abgeleiteten Machtansprüchen geprägt. Das Ende des "realen Sozialismus" bedeutet aber keineswegs, daß man gleichsam automatisch zu einer positiven Einschätzung der Zukunft gelangen kann.

---

29 Vgl hierzu: The Geopolitical European Observatory, in: The G. E. O. Newsletter, No. 2, 1st semester 1991.

Deutschland und die Staaten Mittel-Osteuropas

Die alte Bipolarität hatte sich nicht nur in machtpolitischer und militärischer Gegnerschaft, konträren sozio-ökonomischen und politischen Ordnungen und unversöhnlichen Ideologien niedergeschlagen. Sie führte, je länger sie dauerte, zu völlig verschiedenen sozialen Strukturen, Normen und Werthaltungen, kulturellen Orientierungen und Lebensstilen, die auf überschaubare Zeit weiterwirken und zu einer neuen Form von Bipolarität führen werden, die Europa in einen "westlichen" Teil und die post-kommunistischen Länder teilen wird.

Diese Bruchlinie geht mitten durch Deutschland. Da mit dem Zusammenbruch der sowjetischen Hegemonialmacht keine Rechtfertigung mehr für eine Abschottung der ehemaligen sozialistischen Länder von der europäischen Entwicklung besteht, deren "Rückkehr nach Europa" vielmehr nachdrücklich als vom Westen begrüßtes Ziel der Revolutionen von 1989 in Erinnerung und zudem das einzig erfolgversprechende Mittel gegen unsteuerbare ökonomische, soziale, nationale und ethnische Konflikte in und zwischen den Wrackstücken des sowjetischen Imperiums ist, wird diese Trennlinie solange mitten durch Europa gehen, wie diesen Ländern eine "Festung Westeuropa" gegenübersteht, die ihnen allenfalls lockere Formen der Assoziation zugesteht. Dies aber würde eine riskante und potentiell friedensgefährdende Politik bedeuten: Mittel-Osteuropa, Südeuropa und die europäischen Nachfolgestaaten der Sowjetunion würden an die Peripherie abgedrängt und damit die Spaltung Europas, diesmal in einen reichen und politisch integrierten Westen und einen armen, fragmentierten Osten zementiert. Die Rückkehr der post-kommunistischen Staaten nach Europa hat aber nur eine realistische Chance, wenn es gelingt, sie auch politisch, wirtschaftlich (und militärisch) eng an die Europäische Gemeinschaft zu binden. Der Widerspruch zwischen Vertiefung und Erweiterung der EG reproduziert sich hier auf einer neuen Ebene.

Das Europa der freien Völker, in dem die alte Bundesrepublik verankert war, ruhte bis 1989 auf zwei Pfeilern: Es war demokratische Alternative zum Kommunismus und eine prosperierende Wirtschaftsgemeinschaft. Dieses (West)europa existiert nicht mehr. Die Völker Mittel-Osteuropas haben sich von ihren Diktaturen befreit und erheben den berechtigten Anspruch, Teil Europas zu sein und nicht erst in ferner Zukunft, durch Assoziationsverträge und formale Mitgliedschaften, zu werden.

Allerdings sind Zweifel angebracht, ob es gelingen wird, feste und krisenresistente demokratische Systeme in den post-kommunistischen Ländern zu etablieren. Die Chancen für die Demokratie werden wesentlich von der wirtschaftlichen und sozialen Entwicklung in diesen Ländern abhängen. Die Hoffnung, daß am Ende der Entwicklung nur eine Demokratie stehen könne, ist zumindest verfrüht. Zweifel sind angebracht. Mißlingt der Umbau der Ökonomien und der demokratische Neuaufbau in diesen Ländern, sind die Demokratien im Westen Europas, vor allem aber in Deutschland unmittelbar in Mitleidenschaft gezogen und gefährdet.

Das ökonomische Desaster in den post-kommunistischen Ländern stellt eine aktuelle und andauernde Gefährdung jeder Demokratisierung in diesen Ländern und damit indirekt auch der Demokratien des Westens dar.

Das verordnete und über Jahrzehnte auch partiell internalisierte Normen- und Wertesystem ist zusammengebrochen, ohne daß andere als "importierte" Wertvorstellungen zur Verfügung stehen. Dies führt zu Verunsicherung und - zusammen mit wachsender absoluter oder relativer Deprivation - zu erheblichen Gefährdungen eines demokratischen Neuaufbaus in den ehemals sozialistischen Gesellschaften.

Das alte Institutionensystem ist zerstört, neue, funktionierende Institutionen stehen noch nicht zur Verfügung. Anders als in der ehemaligen DDR, die das Normen- und Institutionensystems der alten Bundesrepublik übernahm (was allerdings zu erheblichen

An- und Einpassungsproblemen geführt hat), werden die anderen ehemals sozialistischen Länder auf längere Zeit mit Institutionenbildung zu tun haben. An die Stelle der alten, jahrzehntelang praktizierten und nur in einem kurzen revolutionären Aufbruch in Frage gestellten De-Politisierung der Gesellschaft - die regierenden kommunistischen Parteien offerierten Stabilität, bescheidene soziale Wohlfahrt und Privilegien für politische Enthaltsamkeit -, an die Stelle dieser Strategie der "collective bribery of the nation"[30] eine demokratische politische Kultur zu setzen, ist eine Aufgabe, die, wie die Geschichte der alten Bundesrepublik demonstriert, mindestens eine Generation dauert, vorausgesetzt, sie wird nicht durch ökonomische und soziale Krisen gefährdet.

Das einzige "funktionierende" Interpretationsmuster, das in der Zeit des Kommunismus sozusagen eingefroren war, ist der Nationalismus. Es ist zumindest offen, ob er seine historisch progressive Rolle, die er im Vorfeld des Jahres 1989 spielte - als Mittel der Selbstverständigung über Alternativen zum sowjetischen Sozialismus - bewahren kann.

Deutschland ist von diesen Entwicklungen insofern in besonderer Weise berührt, als im vereinten Deutschland die Probleme gebündelt sind, vor die sich die Gesellschaften in West- und Mittel-Osteuropa gestellt sehen: Bewältigung der ökonomischen und sozialen, kulturellen und psychologischen Folgen des Scheiterns des Sozialismus sowjetischen Typs, Aufbau einer Demokratie und Überwindung der nationalen und systembedingten Spaltungen auf dem Wege zu einem geeinten Europa.

Es ist dieser hier nur grob skizzierte Kontext, in dem sich der Zusammenhang von staatlicher, wirtschaftlicher, sozialer und kultureller Einheit Deutschlands erschließt. Die Bruchlinien wirtschaftlicher und sozialer Konflikte in Deutschland laufen auf absehbare Zeit entlang der alten Systemgrenze, die außenpolitischen nicht. Als Akteur in Europa kann die neue Bundesrepublik sich

---

30 Ferenc Fehér/Agnes Heller, Hungary 1956 Revisited, London: Allen & Unwin, 1983, S. 147.

nicht darauf beschränken, ihre internen Probleme zu heilen, die als unerwartete Nebeneffekte der Einheit zuhauf auftreten. Aber auch dann, wenn das vereinigte Deutschland nicht mehr wäre, als eine erweiterte Bundesrepublik, hätte es seinen politischen Ort in Europa verloren: Als vorgeschobener Posten westlicher Demokratie und "Schaufenster" für den Osten.

Ein "neues" Deutschland?

Etwa zwei Jahre nach der Euphorie des Herbstes 1990 und der großen Erwartungen, die insbesondere in der Noch-DDR mit der Einheit Deutschlands verbunden worden sind, scheint dieser zweite Versuch, einen deutschen Nationalstaat zu konstituieren, in ernsthaften Schwierigkeiten. Es sind im wesentlichen drei Aspekte, die das Zusammenleben der Deutschen in Ost und West und die Stellung Deutschlands in einer gewandelten Umwelt bestimmen:

1. Da ist erstens die Frage nach dem Selbstverständnis und der Identität der beiden deutschen Teilgesellschaften. Die Werte, die die DDR hinterlassen hat, stehen nicht gerade hoch im Kurs. Vieles, was den Bürgern der ehemaligen DDR als erstrebens- und bewahrenswert erschien, ist durch den nachträglichen Einblick in das Wesen des Herrschaftssystems des "realen Sozialismus" diskreditiert. Die Tatsache, daß außer einigen Traditionsbewahrern und Nostalgikern des alten Systems heute kaum noch jemand die Frage von Christa Wolf stellt: "Was bleibt", zeigt eine Eile, die der nach 1945 vergleichbar ist.

Zwischen kollektiver Amnesie, Anpassung an die neuen Verhältnisse und Trotz angesichts der Zumutungen des Vereinigungsprozesses schwanken die Einstellungen. Öffentliche Diskussionen und individuelle Erfahrung klaffen häufig auseinander. Für die meisten war die DDR mehr als ein "Stasi-Staat". Seine Leistungen, nicht seine Ideologie, wurden als selbstverständliche Errungenschaft akzeptiert, auf die man oft stolz war, waren sie doch das Ergebnis harter Arbeit unter schlechten materiellen Bedingungen. Ein gutes Drittel der erwachsenen Bevölkerung hat sich zumindest nach außen mit diesem Staat identifiziert: Als Mitglieder von Parteien und als Funktionäre von Massenorganisationen. Die Vielfalt der Lebensformen, individuellen und kollektiven Verhaltensweisen, der Anpassung und des Widerstehens sind mit den Schwarz-Weiß-Kategorien der gegenwärtigen Diskussion kaum zu verstehen.

Die erneute "Unfähigkeit zu trauern" wird äußerlich erleichtert durch die Existenz der Teilgesellschaft der alten Bundesrepublik, der beigetreten zu sein den Vorteil hat, daß diese ihre normativen Regeln, ihr institutionelles Gefüge, jede Menge Personal, viel Geld und, nicht zuletzt, alltägliche Verhaltensweisen zur Verfügung stellt, die zu adaptieren vermeintlich leicht fällt.

Die Vorstellung jedoch, die Auseinandersetzung mit der DDR sei lediglich eine Aufgabe der Ostdeutschen und habe mit den Deutschen im Westen nichts zu tun, trügt. Sie hat auch die alte Bundesrepublik erreicht. In Frage steht das Verhalten einer Bevölkerung in einer Diktatur ebenso wie das Verhalten der Bundesrepublik - ihrer Bürger, ihrer Intellektuellen, ihrer Politiker und Wirtschaftsleute gegenüber einem Herrschaftssystem, das einem Teil des Landes als Folge von Krieg und Kaltem Krieg übergestülpt worden war.

In mancherlei Hinsicht scheinen die Probleme der Jahre nach 1989 denen nach 1945 vergleichbar: Der naheliegende Versuch, ohne Erinnerung die Last der Vergangenheit abzuwerfen, kann nicht gelingen. Wenn dann alle Hoffnung auf ein "Wirtschaftswunder" gesetzt wird, und die feste Einbindung in die westliche Gemeinschaft als Garant gegen alle Gefährdungen der Demokratie erscheint, dann wird nur ein politisches Selbstverständnis reaktiviert, das für die alte Bundesrepublik konstitutiv war.

Das Problem ist nur, daß alles das, was die alte Bundesrepublik zur Verfügung stellt, auf die gegenwärtige Situation nicht recht paßt. Die alte Bundesrepublik begriff sich als ein Teilstaat mit starker Wirtschaft und geringem (außen)politischen Profil. Es gab eine Übereinkunft der politischen Klasse, auf die Insignien eines "normalen" Nationalstaates zu verzichten. Das Demokratieverständnis war von der Vorstellung geprägt, daß Demokratie im wesentlichen Umverteilung von materiellen und immateriellen Gütern bedeute. Demokratie war, seit den Zeiten von Ludwig Erhard, das Synonym für "Wohlstand für Alle". Auf das neue Deutschland sind diese Muster nicht zugeschnitten.

2. Die Überwindung der Spaltung und die staatliche Einheit Deutschlands war Teil eines welthistorischen Bruchs mit der auf lange Zeit unüberwindbar geglaubten Bipolarität zwischen Ost und West, Kapitalismus und "realem" Sozialismus, leninistischer Diktatur und westlicher Demokratie in Europa. Das Ende des Kommunismus hat das geopolitische Gefüge des Kontinents und der Welt außer Kraft gesetzt. Die tektonischen Verschiebungen in den ehemals sozialistischen Ländern und der zerfallenen Sowjetunion berühren die Europäer und die Deutschen unmittelbar. Deutschland als neue politische Einheit, gebildet aus zwei ehemaligen Vorposten des jeweiligen "Lagers", muß seine Rolle als wirtschaftliche Großmacht und europäische Zentralmacht erst noch finden. Besorgnisse der Nachbarn sind nicht zu übersehen. Gleichwohl stimmt, was der Bundespräsident am 3. Oktober 1990 sagte: "Zum ersten Male bilden die Deutschen keinen Streitpunkt auf der europäischen Tagesordnung. Unsere Einheit wurde niemandem aufgezwungen, sondern friedlich vereinbart."[31]

Dies bedeutet aber keineswegs, daß der Nationalstaat Deutschland mit seinen etwa 80 Millionen Einwohnern, seiner geographischen Lage, seiner Wirtschaftskraft und nicht zuletzt seiner Geschichte, für unsere Nachbarn kein Problem darstellte. Ein untergründiges Unbehagen bleibt.

---

31 Ansprache des Bundespräsidenten Richard von Weizsäcker beim Staatsakt zum Tag der Deutschen Einheit, Berlin, 3. Oktober 1990, in: Benno Zanetti (Hrsg.) Der Weg zur deutschen Einheit, München: Goldmann, 1991, S. 362.

3. Dieses Unbehagen wird noch verständlicher angesichts der offenkundigen Probleme beim Zusammenwachsen der beiden deutschen Teilgesellschaften und den daraus resultierenden politischen und mentalen Verwerfungen. Schließlich haben sich die (naiven?) Hoffnungen, Erwartungen und Versprechungen nicht erfüllt, die unterstellten, das Zusammenführen zweier völlig unterschiedlicher wirtschaftlicher und sozialer Ordnungen ließe sich ohne große Mühe und vor allem ohne finanzielle Belastungen realisieren. Die Formel "Marktwirtschaft statt sozialistischer Mißwirtschaft" verführte zu Entscheidungen, die zwar den vermeintlichen Notwendigkeiten der politischen Auseinandersetzung im Wahljahr 1990 entgegenkamen, aber eine falsche Erwartungshaltung provozierten, den Sachverstand der ökonomischen Experten ignorierten und nicht zuletzt problematische historische Anleihen bei der Währungsreform des Jahres 1948 nahmen.

4. In der deutschen Diskussion droht immer mehr das Bewußtsein verloren zu gehen, daß die Übergangsprobleme in unserem Land in erheblichem Maße abgemildert und abgefedert verlaufen können. Die Probleme anderer post-kommunistischer Länder können aber nicht vernachlässigt werden, da vom Ausgang des dortigen Transformationsprozesses die Zukunft des gesamten europäischen Kontinents abhängt. Die Gefahren für eine demokratische Entwicklung in den post-kommunistischen Ländern sind unübersehbar.

Die Liste der Gefährdungen, denen sich die post-kommunistischen Länder gegenüber sehen, ließe sich verlängern. Es bleibt vorerst nur, sich mit der über zwanzig Jahre alten Bemerkung von Gabriel A. Almond zu trösten, sich angesichts der Vielfalt der heutigen politischen Systeme, getreu der Tradition der Aufklärung die Hoffnung auf den allgemeinen Sieg der Demokratie zu bewahren. "Wir können aber wohl kaum annehmen, daß dieses Ziel in absehbarer Zeit erreicht sein wird."[32]

---

32 Gabriel A. Almond, Politische Systeme und politischer Wandel, in: Wolfgang Zapf (Hrsg.), Theorien des sozialen Wandels, Köln/Berlin: Kiepenheuer & Witsch 1969, S. 212.

Von den Grenzen der Marktwirtschaft - Politische und ökonomische Probleme des Vereinigungsprozesses

Gert-Joachim Glaeßner (Berlin)

"Die Einheit in der Krise" lautete der Leitartikel eines langjährigen, subtilen Beobachters der neuen Bundesländer und früheren DDR, Hermann Rudolph, im Sommer 1992. Kein Fragezeichen.

"Gestaltet sich dieser Jahrhundertprozeß nicht nur schwieriger als bisher angenommen? Hat er, darüber hinaus, ein Stadium erreicht, in dem sich die Frage nach seinem Gelingen oder seinem Scheitern stellt: ob nämlich die errungene staatliche Einheit imstande ist, die Deutschen in Ost und West wieder zu einer Gemeinschaft zu machen oder ob sie als Instrument einer neuen Trennung wirkt - diesmal zwischen alten und neuen Ländern, 'richtiger' Bundesrepublik und 'Anschlußgebiet', 'Siegern' hier und 'Ohnmächtigen' da."[1]

In der Frankfurter Allgemeinen Zeitung wird einen Tag später darauf hingewiesen, daß der Eindruck, Probleme aus der Wiedervereinigung ergäben sich nur für die Deutschen in der ehemaligen DDR, falsch sei.

"Anders als für die Deutschen in der DDR, für die Freiheit und Wohlstand an die Hoffnung auf die Einheit gebunden waren, erfuhren die Westdeutschen, daß ihr materielles Wohlergehen ebenso wie die demokratische Ordnung des Staates unabhängig von der Teilung gewährleistet waren ... (Heute ist) der Kern des Problems nicht materieller, sondern psychologischer Natur. Im Bewußtsein und im Lebensgefühl haben viele Deutsche in der alten Bundesrepublik die Veränderungen weder mitvollzogen noch

---

1 Hermann Rudolph, Die Einheit in der Krise, in: Der Tagesspiegel vom 26.7.1992, S. 1.

innerlich angenommen. Folglich liegen bei ihnen Bewußtsein und Wirklichkeit weit auseinander. Daraus entstehen Ängste und Unsicherheit."[2]

Wie immer man die Probleme beurteilt, die durch die Wiedervereinigung auf zwei unvorbereitete Gesellschaften in einem nunmehr gemeinsamen Staat zugekommen sind, es handelt sich nach 1918, 1933 und 1945 um den vierten fundamentalen Umbruch in der deutschen Geschichte dieses Jahrhunderts. Für die Bürger der DDR ging nicht nur ein - zumeist ungeliebtes - System zugrunde, sondern ihr gesamtes alltägliches Leben wurde in den Strudel des Untergangs des "realen Sozialismus" hineingerissen. Aber auch für Deutschland West, das als demokratisches Gemeinwesen erst eine vierzigjährige Tradition hat, sind alle seit 1945 vertrauten Bezugsgrößen und stabilisierenden Rahmenbedingungen abhanden gekommen.

Die ökonomisch-sozialen Probleme der Einheit, die mit Recht in der innenpolitischen Debatte in Deutschland (neben einer eher problematischen Form der stellvertretenden Vergangenheitsbewältigung durch die alte Bundesrepublik) im Zentrum stehen, drohen jedoch den Blick dafür zu versperren, daß das Jahr 1989 eine historische Zeitenwende markiert und daß die hier zu beobachtenden ökonomischen, sozialen und politischen Schwierigkeiten der Systemtransformation dank der Inkorporation der ehemaligen DDR in die Bundesrepublik in erheblichem Maße abgefedert werden können. Gleichwohl ist nicht zu übersehen, daß am Beginn des Zusammenwachsens der beiden deutschen Gesellschaften ein grundsätzliches Mißverständnis stand, das nicht allein mit politischer Verblendung oder wahltaktischen Überlegungen zu erklären ist.

Die Ursachen sind vielmehr in den Tiefenschichten bundesdeutschen Selbstverständnisses und ostdeutscher Erwartungen zu suchen, der Vorstellung nämlich, es bedürfe nur der Ersetzung der

---

2 Karl Feldmeyer, Die nicht begriffene Veränderung, in: FAZ vom 27.7.1992, S. 1; Anlaß der kritischen Kommentare von Rudolph und Feldmeyer war die Gründung des "Komitees für Gerechtigkeit"

Institutionen und der Einführung der Marktwirtschaft, um die vom DDR-System hinterlassenen Probleme in kurzer Zeit zu lösen.

Warnungen wurden in den Wind geschlagen. Zum Beispiel die des Bundespräsidenten:

> "Oft hört man heute (im Oktober 1990), niemandem solle etwas genommen werden, es komme nur auf die Verteilung der Zuwächse an. Das ist schön gesagt in der Marketingsprache zeitgemäßer politischer Kommunikation. Bei nüchterner Betrachtung würde jedoch auch dies nichts anderes bedeuten, als die Vertagung des Teilens auf die Zukunft ... Mit hochrentierlichen Anleihen allein wird sich die deutsche Einheit nicht finanzieren lassen. Öffentlich und privat gilt es umzudisponieren, um mitzuhelfen, einzusparen, um zu geben."[3]

Ökonomische Krisenfaktoren im Einigungsprozeß

Die zukünftigen Perspektiven des deutschen Einigungsprozesses werden in erheblichem Maße durch ökonomische Rahmenbedingungen bestimmt, die nur zum Teil die Folge "hausgemachter" Probleme sind. Es gibt eine Reihe ernsthafter Krisenfaktoren, über deren längerfristige Folgen keine zuverlässigen Aussagen gemacht werden können.

1. Die Hoffnung, daß außenwirtschaftliche Impulse die Konjunktur in der Bundesrepublik beleben könnten, sinken. Die Bundesrepublik hat erstmals Schwierigkeiten, das außenwirtschaftliche Gleichgewicht zu realisieren. Die führende Wirtschaftsnation USA befindet sich in einer latenten Krise. Sinkende Konkurrenzfähigkeit auf dem Weltmarkt und eine extrem hohe Verschuldung als Folge der Überrüstung der 80er Jahre versprechen wenig positive Entwicklungen in den USA. Innerhalb der EG stellt sich das Bild

---

3 v. Weizsäcker, a. a. O., S. 370.

höchst differenziert dar. (Einer der wichtigen EG-Partner, Großbritannien, befindet sich in der schwersten Wirtschaftskrise seit Kriegsende.)

2. Zu den außenwirtschaftlichen und außenpolitischen Risiken, die in den nächsten Jahren nicht auszuschließen sind, kommt hinzu, daß die notwendige Erweiterung der Europäischen Gemeinschaft in Richtung Osten, die aus wohlverstandenem Eigeninteresse der Westeuropäer unabweisbar ist, erhebliches Geld kosten wird.

3. Nach der Exportkonjunktur ist nun auch die Industrieproduktion, vor allem die Investitionsgüterwirtschaft auf Stagnationskurs. Diese Entwicklung gefährdet mittelfristig die Wachstumschancen der Volkswirtschaft.

4. Die Hochzinsphase ist keine, wie ursprünglich gehofft, kurzfristige Entwicklung. Die Leitzinsen der Bundesbank sind auf dem höchsten Stand seit Kriegsende und werden angesichts der inflationären Tendenzen in der Volkswirtschaft auch auf absehbare Zeit auf einem hohen Stand verbleiben. Diese notwendigen Maßnahmen zur Sicherung der Geldwertstabilität behindern allerdings die Investitionstätigkeit und die zukünftigen Wachstumschancen.

5. Die kräftige Verbrauchskonjunktur, die in der Folge der deutschen Einheit zu einem kurzfristigen Boom in Deutschland-West geführt hat, flaut ab und macht rezessiven Tendenzen Platz. Sie war zu nicht unerheblichen Teilen die Folge einer politisch motivierten Währungsumstellung im Juli 1989, der angestauten Konsumbedürfnisse in der ehemaligen DDR und konsumtiver Transferleistungen nach der deutschen Einheit. Der private Konsum in den neuen Bundesländern pendelt sich jetzt auf ein "Normalmaß" ein. Er liegt aber erkennbar über der wirtschaftlichen Leistungskraft in Ostdeutschland, was zu einem dauerhaft problematischen Ungleichgewicht von Konsumtion und wirtschaftlicher Leistungsfähigkeit in den neuen Ländern zu führen droht.

6. Von diesem im Osten induzierten Wachstumsschub haben die öffentlichen Haushalte in West-Deutschland in den Jahren 1990/91

nicht unerheblich profitiert. Das Abflauen der Verbrauchskonjunktur in den neuen Bundesländern wird diese Einnahmen der Gebietskörperschaften reduzieren und das Haushaltsdefizit erhöhen.

7. Der starke Anstieg der Arbeitslosenzahlen 1992 geht nur zum Teil auf Entwicklungen in Ostdeutschland zurück. Die Arbeitslosenzahlen sind sowohl ein Indiz für die weiterhin erheblichen Strukturprobleme im Osten, als auch für die nachlassende Konjunktur in Westdeutschland.

8. Die Lohnrunde 1992 ist volkswirtschaftlich erheblich teurer ausgefallen als ursprünglich zu erwarten war. Sie hat zugleich gezeigt, daß die bisherigen Modi der Regelung von Interessenkonflikten noch nicht mit den veränderten verteilungspolitischen Rahmenbedingungen in Übereinstimmung gebracht werden konnten.

9. Die Bundesrepublik hat heute die höchste öffentliche Verschuldung ihrer Geschichte. (die Verschuldung hat sich in den letzten 10 Jahren verdoppelt). Deutschland ist zu einem Kapitalimportland geworden. Die öffentlichen Hände beanspruchen inzwischen die höchste Staatsquote der Nachkriegszeit. Für 1995 wird der Gesamtschuldenstand des öffentlichen Sektors auf etwa 2 1/4 Billionen Mark angesetzt. Die öffentliche Verschuldung pro Einwohner der Bundesrepublik wird dann bei etwa 28.400 Mark und die öffentlichen Zinsausgaben pro Einwohner auf 2.170 Mark angestiegen sein. (Vergleichszahlen 1992: in der alten Bundesrepublik öffentliche Verschuldung pro Einwohner in DM 10.950; öffentliche Zinsausgaben pro Einwohner 818 DM[4]). Bereits vor der Mehrwertsteuererhöhung hatten wir die höchste Abgabenquote in der Nachkriegsgeschichte erreicht (sie war nur im Jahre 1977 nach dem ersten Ölpreisschock für kurze Zeit genauso hoch).

10. Die steigende Staatsverschuldung in Folge der deutschen Einheit und das starke Geldmengenwachstum birgt erhöhte inflationäre Tendenzen in sich, denen die Bundesbank, angesichts der

---

4 Vgl.: Helmut Schmidt, Ein Pakt für die Einheit, in: Die Zeit vom 14.2.1992, S. 32-34.

bereits hohen Leitzinsen, kaum gegensteuern kann, ohne die labile Konjunktur weiter zu gefährden. Die erheblichen Transferleistungen der öffentlichen Hände haben die Fehlbeträge in den öffentlichen Etats bereits 1991 auf mehr als 100 Milliarden Mark steigen lassen, nachdem sie 1989 auf knapp zehn Milliarden Mark abgebaut worden waren. Da die ostdeutschen Bundesländer noch längere Zeit auf Transferleistungen aus dem Westen angewiesen sein werden,[5] ist ein Rückgang der Staatsverschuldung nur bei erheblichen Einschnitten in soziale Besitzstände zu erreichen. Die Einsparung der Kosten, die die deutsche Teilung verursacht hat (Berlin- und Zonenrandförderung, Transitpauschale, Häftlingsfreikauf, Begrüßungsgeld etc.) reichen dazu bei weitem nicht aus.

Tabelle 1: Öffentliche Verschuldung in Mrd. DM

	Ende 1982	Ende 1991	Ende 1995
Bund	308	601	745
alte Länder	187	345	410
Gemeinden West	97	119	130
neue Länder	-	7	110
Gemeinden Ost	-	10	55
Bahn und Post	77	140	265
ERP	5	18	45
Fonds dt.Einheit	-	50	95

5 Vgl.: Kurt Biedenkopf, Zwischen Wiedervereinigung, europäischem Binnenmarkt und der Zusammenarbeit mit Osteuropa: Was kann Deutschland leisten?, in: Frankfurter Rundschau vom 27.3.1992, S. 30/31.

Kreditabwicklungsfonds	-	30	110
Treuhandanstalt	-	25	160
Altschulden Treuhandanstalt	-	70	70
Altschulden DDR-Wohnungssektor	-	43	60
öffentliche Verschuldung insgesamt	675	1458	2255
pro Einwohner in DM	10950	18340	28400
öffentliche Zinsausgaben pro Einw. in DM	818	1296	2170

(Quelle: H. Schmidt, Die Zeit vom 14.2.1992, S.33)

11. Anstatt die finanzpolitischen Notwendigkeiten in einer "Eröffnungsbilanz" des vereinigten Deutschlands offenzulegen und damit die Bedeutung der gemeinsamen nationalen Aufgabe zu unterstreichen[6], hat die Regierungskoalition die erheblichen Belastungen, die aus dem Vereinigungsprozeß resultieren, in einer Reihe von neuen Schatten- und Nebenhaushalten des Bundes versteckt. Die Kosten der Einheit sind im wesentlichen durch Kredite finanziert worden. Angesichts der Größe der Aufgabe, die das Zusammenfügen zweier völlig verschiedenartiger Wirtschaftssysteme

---

6 Auch die FAZ begreift inzwischen die Veränderung und beklagt, daß der Kanzler nicht an das Nationalgefühl appelliert und auf notwendige Opfer vorbereitet habe. Vgl.: Feldmeyer, Die nicht begriffene Veränderung, a. a. O.

darstellt, mag dies vorübergehend vertretbar sein. Die finanziellen Folgen sind jedoch nicht ohne Risiko. Zum einen kann die Ersparnisbildung von der enormen Anleihetätigkeit der öffentlichen Hände überfordert werden, was langfristig zu hohen Zinsen, teuren Hypotheken und zum weiteren Abbau deutscher Auslandsvermögen durch Netto-Kapitalimport führen würde. Zum anderen ist der Einwand ernstzunehmen, daß diese exorbitante Staatsverschuldung nur dann ohne allzu großes Risiko ist, wenn größere binnen- und weltwirtschaftliche oder gar weltpolitische Risikofaktoren ausbleiben.[7]

Tabelle 2: Marktmäßige Nettokreditaufnahme der Gebietskörperschaften (in Mrd. DM)

1980	+ 52,5
1981	+ 74,7
1982	+ 72,6
1983	+ 56,8
1984	+ 44,2
1985	+ 45,4
1986	+ 38,0
1987	+ 50,0
1988	+ 54,0
1989	+ 25,8

7 Vgl.: Schmidt, Ein Pakt, a. a. O.

1990[1])[ts]) darunter 4.Vj.[ts])	+ 111,2 52,2
1991[2])[ts]) darunter: 4.Vj[ts])	+ 103,0 + 39,3

1) Einschl. DDR-Staatshaushalt (1.7.bis 2.10.1990)
2) Einschl ostdeutscher Länder und Gemeinden. Ohne von der Bundesbahn übernommene Schulden. - ts) Teilweise geschätzt. (Quelle: Deutsche Bundesbank, Monatsbericht 1/1992, 23).

12. Alle diese Entwicklungen werden in der alten Bundesrepublik zu massiven Verteilungskonflikten führen. Zwischen Ost- und Westdeutschland geht es darum, ob wirklich geteilt wird, was nur heißen kann, daß im Westen selbst die Sicherung des Bestands ernsthaft in Frage gestellt ist. In den Tarifstreits 1992 ging es im Westen um reale Zuwächse.

Die zweite Ebene des Verteilungskonflikts trifft den Föderalismus in der Bundesrepublik ins Mark: Der Länderfinanzausgleich ist in der alten Form nicht aufrechtzuerhalten und die erheblichen staatlichen Transferleistungen sind auf Dauer vom Bund nicht alleine zu tragen, soll das föderative Gleichgewicht in der Bundesrepublik nicht völlig aus dem Lot geraten.

Probleme der Umstrukturierung der Planwirtschaft

Ausgangsvoraussetzung jeder realistischen Analyse der bisherigen Ergebnisse und der zu erwartenden Perspektiven des wirtschaftlichen und sozialen Zusammenwachsens der beiden deutschen Teilgesellschaften ist die Beobachtung, daß zwei zuvor staatlich und rechtlich eigenständige, voneinander abgegrenzte Wirtschaftssysteme, die gegensätzliche gesellschaftliche und politische Ordnungen repräsentierten, nicht peripher, sondern total aufeinander prallen.[8] Dabei wurde das eine, das bisher künstlich nach außen abgeschottete Wirtschaftssystem der DDR, von einem Tag auf den anderen den Bedingungen des Weltmarktes ausgesetzt.

Die Währungsunion hat, darüber gibt es keinen Streit mehr, die Wirtschaft der DDR ohne Schonfrist dem ungehinderten Wettbewerbsdruck der ökonomisch wesentlich leistungsstärkeren und in sich weitgehend gesunden westdeutschen Wirtschaft und dem internationalen Markt ausgesetzt. Dies unterscheidet die Entwicklung in den neuen Bundesländern von anderen Transitionsgesellschaften wie Polen, der Tschechoslowakei und Ungarn. Ein zweites Spezifikum stellt die Tatsache dar, daß dieser Anpassungsprozeß nicht im nationalen Rahmen, sondern als Anpassungsprozeß einer ehemals geschlossenen Volkswirtschaft vollzogen wird, die jetzt einen regionalen "Transitionsblock" innerhalb einer Volkswirtschaft darstellt.

Die ursprüngliche Erwartung unmittelbar nach der "Wende", die Misere der DDR-Wirtschaft lasse sich relativ kurzfristig und mit geringem finanziellen Aufwand überwinden, haben sich als unrealistisch erwiesen, die Anpassungskrise ist langfristig, ihr Ende noch nicht absehbar. Dauer und Intensität des Anpassungsprozesses der ostdeutschen Wirtschaft an die Marktwirtschaft sind von einer Reihe von Hemmfaktoren beeinflußt, unter denen zu nennen sind:

- Die auf Grund der Zentralisierungspolitik der Honecker-Führung in den 70er und 80er Jahren erfolgte Bildung industrieller Monostrukturen (Beispiel Chemieindustrie im Raum Halle, Werften an der Ostseeküste), die zugleich mit einer Zerschlagung der bis dahin noch bestehenden Klein- und Mittelindustrie einherging;

---

8 Edith Biebler/Peter Fleissner/Udo Ludwig, Über den Niedergang zum Aufschwung? Szenario-Analysen: Ostdeutschlands Übergang zur Marktwirtschaft. FIB-Papers Wissenschaftszentrum Berlin für Sozialforschung, Veröffentlichungsreihe der Forschungsgruppe Internationale Beziehungen, Berlin, Mai 1991, S. 2.

- der veraltete Kapitalstock (Ergebnis einer Politik der SED, die in den 70er und 80er Jahren ihre teure Sozialpolitik nur auf Kosten einer zukunftsweisenden Investitionspolitik finanzieren konnte) und das damit verbundenen Produktionsgefälle zur alten Bundesrepublik;
- die hohen Umweltbelastungen, die die sofortige Schließung bestimmter Unternehmen erforderte;
- die Störungen der Finanzkreisläufe, die durch die Währungsunion ausgelöst wurden;
- die auf Grund des Umrechnungskurses erfolgte Belastung des ostdeutschen Unternehmen mit in DDR-Zeiten de facto verordneten Schulden, bei denen es sich um planwirtschaftliche Mittelzuweisungen und nicht um Kredite im marktwirtschaftlichen Sinne handelte;
- die schlechte Absatzlage der ostdeutschen Unternehmungen auf dem Außen- und Binnenmarkt;
- das Wegbrechen der osteuropäischen und des sowjetischen Marktes, das mit Hermes-Bürgschaften[9] nur mühsam abgefedert werden kann
- und vor allem die Probleme bei der Privatisierung von Unternehmen und der Entflechtung von Kombinaten auf Grund ungeklärter Eigentumsverhältnisse und falscher Weichenstellungen für die Politik der Treuhandanstalt.

Die Erfahrungen mit der Umstellung von der Planwirtschaft auf ein marktwirtschaftliches System zeigen in allen post-kommunistischen Ländern Gemeinsamkeiten. Die Zerstörung alter, nicht wettbewerbsfähiger Unternehmen geht wesentlich schneller vor sich als der Aufbau neuer Unternehmungen. Selbst da, wo Investitionen

---

[9] Die Hermes-Kreditversicherungs-AG hat 1991 für insgesamt 9,7 Mrd. DM gebürgt, etwa 4/5 der Summe haben Treuhand-Unternehmen beansprucht. Vor allem die Bürgschaften in den GUS-Ländern können als potentiell notleidend angesehen werden. Vgl. DIW-Wochenbericht, 59. Jg., Nr. 12-13/92 vom 19.3.1992, S. 139 ff.

getätigt werden, dauert es eine erhebliche Zeit, bis neue Anlagen und Betriebe ihre Produktion aufnehmen können. Etwa ein halbes Jahrzehnt vergeht in modernen Volkswirtschaften normalerweise von der Entscheidung zu einer Großinvestition über die Planung bis zur Realisierung. Allein diese Zeiträume sprechen gegen die Erwartung einer schnellen Gesundung der Wirtschaft in den neuen Bundesländern. In der Zwischenzeit werden Arbeitsplätze vernichtet, Qualifikationen entwertet und Wanderungsbewegungen in Gang gesetzt - dies sind Entwicklungen, die kaum rückgängig gemacht werden können. Auf mittlere Frist zumindest ist der Produktionsausfall in Folge von Stillegungen durch Inbetriebnahme neuer Produktionsstätten nicht aufzufangen.

Hinzu kommt, daß ein Großteil der Investitionen in den neuen Bundesländern bislang nicht im produktiven Bereich getätigt worden sind. Die erheblichen staatlichen und privaten Transferleistungen werden zwangsläufig zu einem großen Teil im konsumtiven Bereich eingesetzt: zur Unterstützung der Bundesanstalt (v. a. für Arbeitsbeschaffungs-, Umschulungs- und Weiterbildungsmaßnahmen[10]), der Sozial- und Rentenversicherung, zur Stützung des Wohnungsmarktes, vor allem zur Existenzerhaltung der kommunalen und genossenschaftlichen Wohnungsbaugesellschaften und der Gewährung von Wohngeld, für die teilweise Erhaltung landwirtschaftlicher Betriebe, den Aufbau der Landes- und Gemeindeverwaltungen, das Hochschulerneuerungsprogramm usw.

[10] Sie wird 1992 ca. 43 Mrd. DM zur Stabilisierung des Arbeitsmarktes in Ostdeutschland ausgeben, was etwa 18 % des ostdeutschen Bruttoinlandsproduktes entspricht. Die Ausgaben für aktive Instrumente wie Arbeitsbeschaffung, Qualifizierung und Rehabilitation hat sich gegenüber 1991 auf 19 Mrd. DM verdoppelt. Vgl.: Süddeutsche Zeitung v. 6.8.1992, S. 25.

Tabelle 3: Geschätzte Leistungen der westdeutschen öffentlichen Haushalte für Ostdeutschland 1992 (in Mrd. DM brutto)

Bund	109
Bundesanstalt für Arbeit	30
ERP-Kredite	25
Fonds "Deutsche Einheit"	24
EG	4
Länder und Gemeinden	12
Gesetzliche Rentenversicherung	14
Verwendungszweck:	
Allgemeine Finanzzuweisungen	43
Investitionen	55
Konsum, Subventionen, Zinsen	120

(Quelle: Deutsche Bundesbank, Die Zeit vom 27.03.1992, S. 32)

"Aufschwung Ost" oder Stagnation?

Die Einschätzungen über die Perspektiven der ostdeutschen Wirtschaft gehen auseinander. Die Deutsche Bundesbank sieht erste Anzeichen dafür, daß das langsame Wachstum sich zu stabilisieren beginne.[11] Das DIW kommt zum Urteil, daß die ostdeutsche Wirtschaft sich noch nicht von der Talsohle gelöst hat.[12]

---

11 Vgl.: Die Wirtschaftslage in Deutschland um die Jahreswende 1991/92, Monatsbericht der Deutschen Bundesbank, 44. Jg. (1992), Nr. 1, S. 7 f.; Sieben schwerverdauliche Happen. Der monatliche Konjunkturbericht der Frankfurter Allgemeinen Zeitung, in: FAZ vom 25.2.1992, S. 15.

12 DIW-Wochenbericht 12-13/92, a. a. O., S. 132.

In Ostdeutschland hat die Produktion von Industrie und Gewerbe, nach einer kurzen Erholung zu Jahresbeginn 1992, im Mai erneut nachgelassen. Nach Angaben des Bundeswirtschaftsministeriums lag sie um 4,5% unter dem Ergebnis des Vormonats. Die optimistischen Prognosen zu Jahresbeginn haben sich nicht bestätigt. (Die Aussagen der Konjunkturexperten erscheinen in unserem Zusammenhang eher als Sedativa für die öffentliche Meinung, denn als solide Analysen.) Es gibt aber eine Reihe von Anzeichen, die Skepsis angebracht erscheinen lassen.

So ist bisher nicht erkennbar, daß im nötigen Umfang private Investitionen getätigt werden, die den Produktionsstandort Ostdeutschland auf Dauer erhalten. Die Investitionen westdeutscher Unternehmen, die 1991 insgesamt 25,5 Mrd. DM betrugen, sollen zwar nach Auskunft des Präsidenten des Bundesverbandes der Deutschen Industrie (BDI), Heinrich Weiss, 1992 auf 44 Mrd. DM gesteigert werden, davon allein 18 Mrd. DM im verarbeitenden Gewerbe. Bis 1995 wollen in- und ausländische Unternehmen mehr als 110 Mrd. DM in den neuen Ländern investieren.[13] Unter "normalen" Bedingungen wären dies positive Anzeichen für eine wirtschaftliche Erholung, für einen wirtschaftlichen Aufschwung in Ostdeutschland in überschaubaren Zeiträumen reicht dies aber nicht aus.

Je Erwerbstätigen sind in den neuen Bundesländern 1991 mit 10.400 DM und geschätzten 12.000 im Jahre 1992 nur etwa zwei Drittel, je Einwohner nur die Hälfte der Investitionen wie in Westdeutschland getätigt worden.[14] Um nur die Investitionsquote der alten Bundesrepublik von etwa 23% und den Investitionsaufwand von 20.000 pro Beschäftigten auch in den neuen Ländern zu erreichen, was bei weitem nicht ausreichend wäre, um in absehbarer Zeit den Anschluß an die westdeutsche Wirtschaft zu finden,

schwerverdauliche Happen. Der monatliche Konjunkturbericht der Frankfurter Allgemeinen Zeitung, in: FAZ vom 25.2.1992, S. 15.

12 DIW-Wochenbericht 12-13/92, a. a. O., S. 132.

13 Vgl.: Mittelstandsinitiative im Osten gefordert, in: Der Tagesspiegel vom 24.3.1992, S. 21.

14 DIW-Wochenbericht 12-13/92, a. a. O., S. 132.

müßten in den neuen Ländern jährlich rund 130 Mrd. Mark investiert werden. Für 1992 wird aber nur ein Investitionsvolumen von ca. 80 bis 90 Mrd. Mark erwartet.[15]

Unter heutigen Bedingungen erfordert die Einrichtung eines modernen industriellen Arbeitsplatzes eine Kapitalausstattung von ca. 200.000 Mark und die Modernisierung bestehender Arbeitsplätze etwa 100.000 Mark. Geht man davon aus, daß in Ostdeutschland etwa 2,5 Mill. Arbeitsplätze neu geschaffen und ca. 4 bis 4,5 Mill. Arbeitsplätze erneuert und/oder saniert werden müssen, so bedeutet dies in den nächsten Jahren einen Kapitalaufwand von nahezu einer Milliarde Mark.[16]

Diese Aufgabe dürfte von der Privatindustrie kaum zu bewältigen sein, auch wenn man in Rechnung stellt, daß bereits heute erhebliche staatliche Leistungen zur Anregung und Unterstützung von Investitionen in die neuen Länder fließen.

Der "Aufschwung Ost" kann nur gelingen, wenn die deutsche Volkswirtschaft in den nächsten Jahren exorbitante Zuwachsraten des Bruttosozialprodukts aufweist und diese Zuwächse in den neuen Ländern investiert. Die Rahmenbedingungen für ein weiteres Wirtschaftswachstum in der alten Bundesrepublik sind jedoch nicht sonderlich günstig: Gegenwärtig muß von einer Stagnation gesprochen werden. Eine Rezession erscheint - zumal angesichts weltwirtschaftlicher Risiken - nicht ausgeschlossen.

Die Gesamtproduktion in den neuen Bundesländern liegt noch immer rund 1/4 unter den Vorjahreswerten.[17] Die einzelnen Branchen zeigen sehr verschiedene Entwicklungstendenzen. Die Nettoproduktion des verarbeitenden Gewerbes in den neuen Bundeslän-

---

15 Vgl.: Kurt Biedenkopf, Zwischen Wiedervereinigung, europäischem Binnenmarkt und der Zusammenarbeit mit Osteuropa: Was kann Deutschland leisten?, in: Frankfurter Rundschau vom 27.3.1992, S. 30/31.

16 Vgl.: Biedenkopf, Zwischen Wiedervereinigung, a. a. O.

17 Insgesamt ist im Mai 1992 die Produktion von Industrie und Gewerbe in Ostdeutschland nach Angaben des Bundeswirtschaftsministeriums gegenüber dem Vormonat um 4,5 %, im April um 5,5 % zurückgegangen, nachdem im März ein Plus von 10,5 % zu verzeichnen war. Vgl. Süddeutsche Zeitung vom 6.8.1992, S. 25.

dern veränderte sich gegenüber dem Stand des Vorjahres folgendermaßen:[18]

	November 1991	Mai 1992
Nahrungs- und Genußmittel	-13,3%	+0,5%
Chemische Industrie	-14,0%	+8,6%
Straßenfahrzeugbau	-22,3%	-
Textilgewerbe	-32,8%	-20,4%
Maschinenbau	-37,9%	-47,7%
Elektrotechnik	-54,7%	-
Büromaschinen/EDV-Geräte	-71,4%	-43,4%
Feinmechanik/Optik	-88,0%	-
Gießereisektor	-	-21,8%
Steine Erden	-	+40,6%
Druck	-	+34%

Im Jahr 1991 wurde in den neuen Bundesländern nur ein Anteil von etwa 7 Prozent (2.807 Mrd. Mark) des gesamtdeutschen Bruttoinlandsprodukts erzeugt. Das ist etwa ein Drittel des westdeutschen Produktivitätsniveaus pro Kopf. Laut Berechnungen des Statistischen Bundesamtes lag das Produktivitätsniveau (Bruttoinlandprodukt pro Erwerbstätigen) 1991 in den neuen Ländern bei 26.300 DM, in Westdeutschland bei 88.800 DM. "Der

18 Quellen: Der Spiegel, Nr. 13 vom 23.3.1992, S. 25; Süddeutsche Zeitung vom 6.8.1992, S. 25.

Kern der Aussage ist: In der wirtschaftlichen Leistungskraft hinkt Ostdeutschland hinter den alten Bundesländern um etwa vierzig Jahre hinterher."[19]

Dem steht gegenüber, daß der Lebensstandard in den neuen Ländern im wesentlichen durch öffentliche und private Transferleistungen aufgebessert wurde, so daß er heute um mehr als die Hälfte höher liegt als im Jahre 1989 und in den kommenden Jahren, das war zumindest die bisherige Vorstellung, um rund 20 Prozent pro Jahr angehoben werden sollen, so daß 1995 weitgehend das westliche Niveau erreicht werden würde. Daß dies zu einem kaum tragbaren Auseinanderklaffen von Produktivität und Einkommen führen würde, ist offenkundig. Es bleibt nur der ökonomisch problematische Ausweg einer staatlichen Subventionierung der Einkommen auf längere Zeit oder der politisch problematische Weg einer langfristigen "Wohlstandslücke" zwischen Ost und West, wie sie der sächsische Ministerpräsident Biedenkopf offenkundig für unvermeidbar hält.[20]

Schließlich ist das drängendste Problem des wirtschaftlichen Umbaus zu nennen: Die Massenarbeitslosigkeit. Sie birgt erheblichen sozialen Sprengstoff in sich. Der Abbau von Arbeitsplätzen hat sich 1991 unvermindert fortgesetzt. Nach einer erneuten Entlassungswelle vor allem bei den Treuhandbetrieben am Jahresende 1991 sind binnen zweier Jahre gut 3 Millionen, oder ein Drittel der Arbeitsplätze in den neuen Ländern verlorengegangen.

---

19 Lothar Julitz, Die Investitionslücke schließen, in: FAZ vom 13.3.1992, S. 15.
20 Vgl. Biedenkopf, Zwischen Wiedervereinigung, a. a. O.

Tabelle 4: Erwerbstätige nach Wirtschaftsbereichen in Ostdeutschland 1990 und 1991 (in Tausend)

1990	**I**	**II**	**III**	**IV**
Insgesamt	9568	9130	8671	8051
davon:				
Land-und Forstwirtschaft	960	830	779	600
Produzierendes Gewerbe	4266	4097	3805	3517
Handel und Verkehr	1623	1547	1469	1359
Dienstleistungsunter-nehmen und Staat	2719	2656	2627	2563
in AB-Maßnahmen	-	-	-	12
Veränderung gegenüber IV/1989				
Insgesamt	-188	-626	-1085	-1705
darunter:				
Arbeitslose	-13	-83	-309	-556
Pendler[1])	-14	-28	-88	-142
Übersiedler	-129	-166	-221	-254
Frührentner[2])	45	-190	-310	-410
1991				
Insgesamt	7770	7284	6902	6708
davon:				

Land-und Forstwirtschaft	560	478	430	382
Produzierendes Gewerbe	3385	3074	2727	2540
Handel und Verkehr	1303	1303	1265	1248
Dienstleistungs-unternehmen und Staat	2481	2328	2246	2186
in AB-Maßnahmen	41	101	234	357
Veränderung gegenüber IV/1989				
Insgesamt	-1986	-2472	-2854	-3048
darunter:				
Arbeitslose	-756	-835	-1023	-1037
Pendler[1])	-226	-320	-400	-482
Übersiedler	-286	-318	-350	-382
Frührentner[2])	-430	-516	-563	-661

1) Saldo 2) Vorruhestand, Altersübergangsgeld
(Quelle: DIW-Wochenbericht 12 - 13/92, S. 133)

Tabelle 5: Daten zum ostdeutschen Arbeitsmarkt (Anzahl in Tausend)

Zeit	Arbeits-lose[1])	Arbeits-losenquote in %	Kurz-arbeiter
1990 2. Vj.	83,3	1,0	
3. Vj.	308,9	3,5	1295,0

4. Vj.	556,5	6,3	1735,9
1991 1. Vj.	756,5	8,6	1925,8
2. Vj.	834,9	9,5	1962,1
3. Vj.	1022,5	11,6	1464,3
4. Vj.	1037,5	11,8	1112,6
Juli	1068,6	12,1	1610,8
Aug.	1063,2	12,1	1448,8
Sept.	1028,8	11,7	1333,4
Okt.	1048,5	11,9	1199,9
Nov.	1030,7	11,7	1103,4
Dez.	1037,7	11,8	1034,5
1992 Jan.	1343,4	[3]) 16,5	519,7
	Beschäftigte in ABM [1]) [2])	Eintritte in berufliche Weiterbildung	Bezieher von Altersübergangsgeld
1990 2. Vj.	.	.	.
3. Vj.	.	.	.
4. Vj.	11,8	85,9	.
1991 1. Vj.	40,9	138,7	.
2. Vj.	101,3	223,7	133,9
3. Vj.	234,1	259,4	205,3

4. Vj.	357,0	270,2	305,2
Juli	209,9	95,6	183,6
Aug.	261,8	78,1	206,5
Sept.	313,0	85,7	225,9
Okt.	348,4	91,9	281,6
Nov.	371,1	89,7	305,2
Dez.	389,9	88,7	328,8
1992 Jan.	393,5	77,2	443,2

1) Vierteljahre: Durchschnitte; Monate: Endstände. - 2) Arbeitsbeschaffungsmaßnahmen. - 3) Ab Januar berechnet auf Basis aktueller Angaben über alle zivilen Erwerbspersonen, vorher auf Basis der abhängigen zivilen Erwerbspersonen.
(Quelle: Deutsche Bundesbank, Monatsbericht 1/1992, 36)

Zählt man die Arbeitslosen, Kurzarbeiter, ABM-Beschäftigten, die Beschäftigten in beruflichen Weiterbildungsprogrammen und die Bezieher von Altersübergangsgeld zusammen, so kommt man auf 2.793.500 Menschen, die aus dem Berufsleben unfreiwillig ausgeschieden sind. Von den 8.594.400 Berufstätigen in der DDR im Jahre 1989 sind das 32,5%. Gemessen am Beschäftigungsniveau in westlichen Industriegesellschaften von etwa 70% der erwerbsfähigen Bevölkerung, ist dies in etwa ein "normaler" Zustand. Gemessen an der gewohnten Erwerbsquote von über 90% bei Männern und Frauen und der als ganz selbstverständlich empfundenen Erwartung, daß das Recht auf Arbeit ein Grundrecht jedes Menschen sei, ist es eine radikale Umwälzung der Lebenswelt von Millionen Menschen. Insbesondere die Frauen, die, erwartungsgemäß, die Verlierer beim Kampf um die Arbeitsplätze sind, sind aus ihren als selbstverständlich angenommenen Lebenszusammenhängen gerissen und ihrer materiellen Unabhängigkeit beraubt.

Tabelle 6: Offene und verdeckte Form der Arbeitslosigkeit in Ostdeutschland 1990 und 1991 (Anzahl in Tausend)

1990	**I**	**II**	**III**	**IV**
Insgesamt[1])	13	83	906	1395
davon:				
Arbeits-lose	13	83	309	556
Kurzar-beiter	-	-	1295	1736
Personen in AB-Maß-nahmen	-	-	-	12
Personen in Weiter-bildungs-maßnahmen	-	-	0	26
1991	**I**	**II**	**III**	**IV**
Insgesamt[1])	1909	2116	1256	2058
davon:				
Arbeits-lose	756	835	1023	1037
Kurzar-beiter	1926	1962	1464	1113
Personen in AB-Maß nahmen	41	101	234	357

Personen in Weiter-bildungs-maßnahmen	75	80	70	75
Nachricht-lich Jan. 1992[2])				
Insgesamt[1])				
davon:				
Arbeits-lose	1343			
Kurzar-beiter	520			
Personen in ABM	394			

1) Kurzarbeiter gewichtet mit der geleisteten Arbeitszeit; 2) 1992 Keine Angaben über Personen in Weiterbildungsmaßnahmen.
(Quelle: DIW-Wochenbericht 12 - 13/92, 134)

Politische Fehlentscheidungen: Die Treuhand als Sündenbock?

Auf einer Kundgebung von etwa 5.000 Chemiearbeitern in Halle Anfang des Jahres 1992 waren u. a. zwei Plakate zu sehen: "Treuhand in die Produktion" und "Das Filet habt Ihr, nehmt auch die Knochen". Diese beiden Plakate markieren treffend die Stimmungslage in den neuen Bundesländern. Die Treuhandanstalt ist zum Buhmann der Teil-Nation geworden. Der Ausspruch, "das ist ja noch schlimmer als unter Mittag" ist häufig zu hören. Der zitierte Slogan knüpft nicht zufällig an eine Parole aus dem November 1989 an: "Stasi in die Produktion". Die zweite Parole gibt einen Eindruck wieder, der zwangsläufig entstehen muß: Daß nämlich die Treuhandanstalt nur die Filetstücke der ostdeutschen Wirtschaft an interessierte westliche und ausländische

Unternehmer verscherbele und die Menschen mit dem traurigen Rest sitzen lasse.

Der ehemalige Bundeskanzler Helmut Schmidt ist wohl der prominenteste Kritiker der Treuhand, genauer, ihres gesetzlichen Auftrages. Er sieht die Haupthindernisse für eine wirtschaftliche Erholung in den neuen Bundesländern in der "gesetzlichen Fehlkonstruktion der Treuhandanstalt, die außerdem mit widersprüchlichen Aufgaben ... überlastet wurde".[21]

Es müsse endlich der Vorrang der Veräußerung von Grund und Boden und Gebäuden an gewerbliche Erwerber, die sich zur Investition verpflichten, festgeschrieben und demgegenüber Rückerstattungsansprüche auf den Weg der finanziellen Entschädigung und auf das nächste Jahrzehnt verwiesen werden - mit der bedeutsamen Ausnahme für Ein- und Zweifamilienhäuser. Die Verfügungsgewalt über alle Grundstücke und Gebäude, soweit sie nicht gewerblich oder industriell genutzt werden und Betriebseigentum sind, solle auf die Regierungen der neuen Länder und Berlins übergehen. Ausnahmeregelungen zugunsten der Bahn, Post und Bundeswehr seien in einer Positivliste namentlich zu limitieren. Die abschließende Verfügungsgewalt über betriebseigene Grundstücke solle voll auf die Treuhand übergehen. Der industriepolitische Auftrag der Treuhand solle gesetzlich auf die Privatisierung konzentriert werden. Zugleich müsse sie in sechs Töchter untergliedert werden, jeweils wirksam in einem Bundesland, statt der bisher 15 Außenstellen. Diese Töchter sollten einem allgemeinen Weisungsrecht der Treuhandanstalt unterliegen und auf die Zusammenarbeit mit der Landesregierung angewiesen sein. Lediglich oberhalb gesetzlich zu fixierender finanzieller Obergrenzen des Einzelfalles solle die Entscheidungsgewalt bei der Zentrale verbleiben.

Das entscheidende Argument in diesem Zusammenhang ist, daß die Konstruktionsfehler der Treuhand das Prinzip der Rückgabe an die alten Eigentümer und des Verkaufs der bestehenden Unter-

---

21 Helmut Schmidt, Ein Pakt für die Einheit, in: Die Zeit vom 14.2.1992, S. 32-34.

nehmen an private Eigentümer seien. Dies führe dazu, daß sie Unternehmen auf dem Markt anbieten müsse, für die kein Markt existiert. Es handelt sich bei den sozialistischen Großbetrieben um häufig willkürlich und nach Kriterien der zentralen Planwirtschaft zusammengesetzte Einheiten, für die es auf dem Markt keine Käufer gibt. Ihre Zerschlagung in verkäufliche Einheiten ist also unerläßlich für die Privatisierung der ostdeutschen Wirtschaft. Dies ist aber, wie die Werftenkrise in Mecklenburg-Vorpommern im Frühjahr 1992 gezeigt hat, politisch nicht ohne weiteres durchzusetzen. Die Rationalität einer solchen Vorgehensweise ist für die Bewohner der Regionen und für die betroffenen Arbeitnehmer und ihre Familien nur schwer nachvollziehbar.

In der Tat sind die strukturellen Übereinstimmungen mit der alten volkswirtschaftlichen Leitungsstruktur verblüffend. In den sechs Unternehmensbereichen der Treuhand finden sich, mit gewissen Verschiebungen, die alten Industrieministerien wieder. Die fünfzehn Treuhandniederlassungen sind in den ehemaligen Bezirksstädten der DDR verankert und zuständig für die Privatisierung der früheren kreis- und bezirksgeleiteten Betriebe und seit dem Dezember 1990 für alle Unternehmen mit weniger als 1.500 Beschäftigten, was gut 2/3 der zu privatisierenden Unternehmen betrifft.

Diese Parallelitäten zu den alten Planungs- und Leitungsstrukturen sind aber nur z. T. das Ergebnis der konkreten Entstehungsgeschichte der Treuhandgesellschaft. Sie sind vielmehr Ausdruck eines generellen Problems, dem sich die Transitionsgesellschaften in Mittel-Osteuropa gegenübersehen: Bestimmte institutionelle "Brücken" zum alten Institutionensystem müssen auf mittlere Frist erhalten bleiben, um den Umbau der Volkswirtschaften und der politischen Systeme nicht ins Chaos abgleiten zu lassen. (Dies beinhaltet übrigens auch, daß man auf bestimmte Teile der "Nomenklatura" nur schwer verzichten kann, da sie allein über das notwendige Kontextwissen verfügen, das für den Umbau notwendig ist.)

Von verschiedenen Seiten wird die Befürchtung geäußert, daß, begünstigt durch die Strategie der Treuhandanstalt, möglichst viele Unternehmen möglichst schnell an neue Eigentümer zu verkaufen, die Gefahr beschworen werde, daß die neuen Länder sich zu einer Region entwickeln, in denen fremdbestimmte Filialbetriebe in- und ausländischer Unternehmen etabliert werden. Es könnte, wenngleich aus anderen Gründen, eine ähnliche Situation eintreten wie in Berlin (West) in den 60er Jahren, als Großunternehmen wie Siemens und AEG ihr Management und ihre Entwicklungsabteilungen aus Berlin abzogen und dortige Unternehmen zu einer Art "verlängerter Werkbank" westdeutscher Unternehmen degenerierten. Allerdings ist bereits die Tendenz erkennbar, diese "verlängerte Werkbank" wegen der in Ostdeutschland steigenden Lohnnebenkosten in das benachbarte Böhmen und nach Mähren zu verlagern, d. h., daß auch dieser vorläufige Wettbewerbsvorteil der ostdeutschen Wirtschaft im Zuge der Angleichung der Einkommensstruktur an westdeutsches Niveau schnell obsolet wird.

Entscheidend wird sein, ob es gelingt, in Ostdeutschland eine ausgeglichene Industriestruktur zu schaffen, die nicht einseitig durch neue Produktionsstätten für Massenprodukte bestimmt wird. Dies würde aber voraussetzen, daß die bisherige Politik der Treuhand grundlegend überdacht würde.

Die bisherigen Folgewirkungen des Neuaufbaus der Wirtschaft in den fünf neuen Ländern und Berlin werden die Politik nötigen, das Treuhandkonzept in der Zukunft noch an vielen Stellen zu modifizieren. So viel auch unter wirtschaftlichen[22] Gesichtspunkten für eine Strategie sprechen mag, wie sie die Treuhand bislang verfolgt hat, die politischen Rahmenbedingungen lassen eine Fortsetzung der bisherigen Strategie nicht zu. Dies zeigt die politisch erzwungene Verschiebung der Aufgaben der Treuhand von der Privatisierung zu einer de facto Sanierungspolitik für strukturbestimmende Unternehmungen, die sich u. a. im "Treuhandkreditaufnahmegesetz" und dem neuen Konzept der

---

22 Vgl. hierzu den Beitrag von Frank-Christian Hansel in diesem Band.

"Begleitung", sprich Bestanderhaltung und Sanierung der Unternehmen niederschlägt.

Diese Aufgabenverschiebung hat jedoch den unausweichlichen Nebeneffekt, daß sie das zu erwartende Defizit der Treuhandanstalt von geschätzten 250 Mrd. DM weiter erhöhen wird. Schätzungen gehen bis zu einer Summe von 400 bis 500 Mrd. Mark. Gemessen an den im Einigungsvertrag vorgesehenen Kreditrahmen für 1990 und 1991 von 25 Mrd. DM, die danach aus den Privatisierungseinnahmen der Treuhandanstalt zurückgezahlt werden sollten, ist dieses zu erwartende Defizit ein Beleg für das Scheitern des ursprünglichen Konzepts.

Szenarien für die wirtschaftliche Entwicklung in Ostdeutschland

Die Vorstellung, die Angleichung der Lebensverhältnisse in Ost- und Westdeutschland lasse sich in wenigen Jahren realisieren, war nie mehr als ein Wunschtraum, der von der Politik im Wahljahr kräftig genährt wurde. Noch immer wird für die Ostdeutschen die reale Lage dadurch verschleiert, daß jede dritte Mark, die sie für privaten Konsum ausgeben durch Transferleistungen aus dem Westen finanziert wird. Aber auch Skeptiker haben das Ausmaß der Probleme und die Größe der Aufgabe unterschätzt. Erst allmählich wird der Umfang der Probleme erkennbar. Nur wenige Politiker, wie der sächsische Ministerpräsident Kurt Biedenkopf oder der ehemalige Bundeskanzler Helmut Schmidt, nennen die Dinge beim Namen.

Kurt Biedenkopf hat Anfang 1992 verschiedene Varianten vorgestellt, die zeigen, daß die Erwartung einer auch nur mittelfristigen Angleichung der wirtschaftlichen Verhältnisse in den neuen Bundesländern an westdeutsches Niveau von Wunschdenken bestimmt ist. Seine Prognose lautet: Bei realistischer Betrachtungsweise wird im Jahre 2000 das in den neuen Ländern erwirtschaftete Bruttosozialprodukt pro Kopf der Bevölkerung "kaum mehr als 50 Prozent des westdeutschen Niveaus ausmachen".[23] Voraussetzung dafür wäre ein durchschnittliches jährliches Wachstum von etwa 7,5%, das erheblich höher wäre, als die durchschnittlichen Wachstumsraten in der alten Bundesrepublik in den 50er Jahren. Das BSP pro Kopf müßte sich dann in Ostdeutschland innerhalb von neun Jahren fast verdoppeln. Soll die Angleichung der Lebensverhältnisse bis zum Jahre 2010 gelingen, würde dies jährliche Wachstumsraten des BSP pro Kopf von gut 8% voraussetzen, eine, wie Biedenkopf betont, unrealistische Annahme für einen Zeitraum von 19 Jahren. Bis zum Jahre 2010 könne realistischerweise mit einem BSP in Ostdeutschland gerechnet werden, das etwa 75% des in Westdeutschland erwirtschafteten BSP pro Kopf ausmache. Dies mache aber immer noch ein jährliches Wachstum von 6,5% notwendig.

"Selbst wenn es möglich wäre, über einen längeren Zeitraum einen derart hohen Zuwachs des BSP zu erwirtschaften, müßte dies mit einer Konzentration aller politischen und gesellschaftlichen Kräfte auf dieses Ziel erkauft werden. Für andere wesentliche gesellschaftliche Aufgaben, für Kultur und Kunst, allgemeiner: für die 'immateriellen Werte' des Lebens blieben kaum Ressourcen und Energien übrig. Dies würde nicht nur eine Verarmung des politischen und gesellschaftlichen Lebens bedeuten."[24] Es bleibt, so lautet die Schlußfolgerung aus diesen Überlegungen, nichts übrig, als grundsätzlicher an das Problem heranzugehen und die Bedeutung des Ziels, die alte Bundesrepublik schnell wirtschaftlich einzuholen, zu relativieren.

Helmut Schmidt entwickelt ein ähnliches Szenario. Falls in Westdeutschland bis zum Ende dieses Jahrhunderts ein reales Wachstum von durchschnittlich 2% des BSP erreicht würde (was angesichts der binnen- und weltwirtschaftlichen Rahmenbedingungen eher unwahrscheinlich erscheint) "würde eine volle An-

---

23 Biedenkopf, Zwischen Wiedervereinigung, Vgl. auch: ders., Der Weg zur Einheit Deutschlands, Rede auf der 4. Kuratoriumssitzung der Deutschen Gesellschaft e. V. am 10. Januar 1992 in Leipzig, Berlin: Deutsche Gesellschaft 1992.

24 Biedenkopf, Zwischen Wiedervereinigung, a. a. O.

gleichung der Leistung zwischen alten und neuen Ländern in Ostdeutschland ein jährliches Wachstum von über 17 Prozent notwendig machen. Über die Dauer unseres Jahrzehnts erscheint ein solch exorbitantes Wachstum aber als unmöglich. Deshalb muß es während der 90er Jahre bei gewaltigen öffentlichen und privaten Transfers zu Gunsten von Wirtschaft und Gesellschaft in den neuen Ländern bleiben, wenn dort wenigstens der Lebensstandard bis zum Jahre 2000 einigermaßen angeglichen werden soll. (Die Angleichung des Wohnstandards wird ohnehin ein halbes Jahrhundert dauern.) Daraus ergibt sich, daß in Westdeutschland in nächster Zeit keinerlei reale Spielräume zur Verteilung bleiben."[25]

Diese Rahmenbedingungen bedeuten, daß die alte Bundesrepublik vor einem Umverteilungsprozeß größten Ausmaßes steht, der nur dem "Lastenausgleich" nach 1945 zwischen den alteingesessenen der westlichen Besatzungszonen und den Flüchtlingen und Vertriebenen vergleichbar ist. Die Politik hat sich bisher noch nicht zu dem Eingeständnis durchringen können, daß der Neuaufbau der Wirtschaft in den neuen Bundesländern eine Aufgabe ist, die mit den bisherigen Mitteln der Regelung von Interessenkonflikten durch Verteilung von Zuwächsen nicht zu bewältigen ist. Auch die erprobten Mittel staatlicher Intervention reichen nicht mehr hin. Andererseits verwundert, daß Instrumente, die in der Wirtschaft der Bundesrepublik ganz selbstverständlich angewandt wurden und werden, in den neuen Ländern Tabu sein sollen. So hat die Werftenkrise exemplarisch vorgeführt, daß mit zweierlei Maß gemessen wird: Die Lösung der Probleme strukturschwacher Regionen ist in der alten Bundesrepublik mit Hilfe massiver staatlicher Eingriffe erfolgreich bewältigt worden. Es ist nur schwer nachzuvollziehen, warum das Modell einer Staatsholding nach dem Beispiel der Ruhrkohle bei der Werft- oder Chemieindustrie in Ostdeutschland als Sünde wider den Geist der Marktwirtschaft gilt.

---

[25] Helmut Schmidt, Ein Pakt für die Einheit, in: Die Zeit vom 14.2.1992, S. 32-34.

Ohne erhebliche staatliche Aktivitäten wird auch die Modernisierung der Verkehrsinfrastruktur in den neuen Bundesländern nicht zu bewältigen sein. Es spricht vieles dafür, daß der bisher dafür vorgesehene Investitionsaufwand von Bahn, Post, Straßen-, Wasser- und Flughafenbau den bisherigen Kreditbedarf erheblich überschreiten wird. Gleiches gilt für die finanziellen Notwendigkeiten zum Umbau der Landwirtschaft und zur ökologischen Sanierung der ehemaligen DDR, deren schließlicher Aufwand nur schwer einzuschätzen ist. Hier können unkalkulierbare Ausgaben entstehen.

Auf alle diese Herausforderungen ist die Politik in der (alten) Bundesrepublik nicht vorbereitet. Ein policy-change erscheint unabweisbar.

Zwischenbilanz

"Die Vereinigung der beiden deutschen Staaten hat die Voraussetzungen für eine gesunde Finanzpolitik wesentlich beeinträchtigt."[26] Diese Feststellung verbindet Helmut Schmidt mit einer scharfen Kritik an der politischen Klasse der alten Bundesrepublik. Ihr wirft er nicht vor, daß sie im Frühjahr und Sommer des Jahres 1990 eine geraume Zeit brauchte, um sich auf die neuen, unvorhersehbaren Bedingungen einzustellen. Es sei ihr aber anzulasten, daß sie sich während des Jahres 1991 zu keinem klaren Konzept habe durchringen können. Dies beruht nach Auffassung von Schmidt "zum Teil auf dilettantischer Beschränktheit der Urteilskraft, zum größeren Teil aber auf Opportunismus".[27] Es ist nicht erkennbar, daß sich diese politische Grundhaltung ändern wird.

Trotz aller erwähnten Probleme und Schwierigkeiten beinhaltet das "Modell Transition - Ostdeutschland" aber auch erhebliche Chancen. Vergleicht man die Entwicklung der ehemaligen DDR mit der anderer post-kommunistischer Länder, so wird deutlich,

---

26 Schmidt, Ein Pakt, a. a. O., S. 33.
27 Schmidt, Ein Pakt, a. a. O.

welchen erheblichen Startvorteil die Menschen in den neuen Ländern durch die Existenz der wirtschaftlich starken Bundesrepublik haben. Sie mußten sich nicht in einem mühsamen, und in allen anderen Ländern noch lange nicht abgeschlossenen Prozeß der Auseinandersetzung über die beste institutionelle Ordnung verstricken, sie konnten auf erfahrene Verwaltungs- und Wirtschaftsexperten zählen und von westlichen Transferleistungen profitieren, die in ihrer Höhe und Umfang einmalig sind.

Sie sind andererseits - zumindest vorerst - von den unausweichlichen Folgewirkungen des Zusammenbruchs der alten Ordnung in viel radikalerer Weise in Mitleidenschaft gezogen, als die Menschen in den anderen ehemaligen sozialistischen Ländern, wo entweder, wie in Ungarn, Elemente der Marktwirtschaft schon vor dem politischen Umsturz wirksam waren, oder aber, wie in der CSFR, der Umbauprozeß in der Wirtschaft bislang erst in Ansätzen verwirklicht worden ist. Hinzu kommt, daß die sozialen Folgewirkungen, vor allem die Massenarbeitslosigkeit, durch erhebliche finanzielle Leistungen aus Westdeutschland abgefedert werden.

Bei realistischer Betrachtungsweise bleibt kein anderer Schluß als der, daß die bisherigen Erfahrungen mit dem Umbau in Ostdeutschland keine kurzfristige Lösung der Probleme erwarten lassen. Wir werden uns darauf einstellen müssen, daß die wirtschaftliche Gesundung und die soziale Angleichung der Bedingungen in Ost- und Westdeutschland zehn bis zwanzig Jahre dauern wird - wenn sie überhaupt gelingt.

Andererseits zeigen Erfahrungen mit großen devastierten Industrieregionen wie dem Ruhrgebiet, dem mittelenglischen Industrierevier oder im Staat Massachusetts an der Ostküste der USA, daß solche Zerstörungen großer tradierter Strukturen auch die Möglichkeit für einen Neubeginn bieten. Eine Chemieregion wie Halle - Leuna - Bitterfeld, oder die Küstenregion in Mecklenburg-Vorpommern mit ihrer traditionellen Monostruktur, können zur Industriebrache und zum Armenhaus Deutschlands werden - und gegenwärtig deutet vieles darauf hin. Die desolate Situation bietet aber auch die Chance, einen Neuaufbau von Grund auf einzuleiten und zu einer zukunftsweisenden differenzierten regionalen Wirtschaftsstruktur zu gelangen.

Dabei entsteht allerdings ein kaum lösbarer Zielkonflikt: Die aus sozialpolitischen Gründen sinnvolle Erhaltung von bestehenden Arbeitsplätzen mit Hilfe unterschiedlicher Formen der Subvention (von Kapital oder Arbeitskraft) verzögert oder verhindert diesen Neuanfang. Andererseits würde ein völliges Zusammenbrechen der bisherigen Industrien zu noch größerer Massenarbeitslosigkeit, Entwertung von Qualifikationen und Fertigkeiten und zur Abwanderung leistungsfähiger Arbeitskräfte führen. Aus diesem Dilemma heraus gibt es keinen Königsweg.

Ob angesichts dieser riesigen Probleme die Hoffnung des ansonsten mit optimistischen Prognosen eher zurückhaltenden sächsischen Ministerpräsidenten Kurt Biedenkopf auf einen "alternativen" Weg in Ostdeutschland eine Chance hat, mag füglich bezweifelt werden:

> "Wir können in Ostdeutschland ... neue, bessere Wege zur Lösung neuer Probleme gehen, weil Ostdeutschland nicht durch Besitzstände zugestellt ist. ... Wir haben eine für die Bevölkerung sehr schmerzhafte, aber auf der anderen Seite auch sehr chancenreiche Situation, weil wir die Dinge eben neugestalten müssen und bei dieser Neugestaltung auf die Verhältnisse, wie sie in der Vergangenheit bestanden, keine Rücksicht zu nehmen brauchen. ... Wir 'können' eine ganze Menge Dinge leisten, von denen heute behauptet wird, sie seien in Westdeutschland politisch nicht mehr durchsetzbar."[28]

Für östliche Ohren klingt dies wohl zu sehr nach der alten Formel, die Walter Ulbricht aus der Sowjetunion Ende der 50er Jahre importiert hatte: "Überholen ohne einzuholen". Ob die Menschen in den neuen Bundesländern dazu bereit sind, erscheint fraglich.

---

28 Interview, in: Der Tagesspiegel vom 27.11.1991, S. 5.

Die Transformation der ostdeutschen Wirtschaft durch die Treuhandanstalt[1]

Frank-C. Hansel (Berlin)

Die historisch einmalige Herausforderung, die die Rückabwicklung der Oktoberrevolution von 1917 bedeutet, wird von den mittel- und osteuropäischen Staaten unterschiedlich abgearbeitet. Erste Resultate zeichnen sich ab. Insbesondere wird deutlich, daß die Spezifik der Systemtransformation von einer zentralistisch organisierten Planungsökonomie zu einer monetär gesteuerten Marktwirtschaft in Ostdeutschland gegenüber den anderen mittel- und osteuropäischen Staaten vordringlich darin liegt, daß die ökonomische Systemfrage mit der nationalen Frage der deutschen Einheit gekoppelt werden konnte. Nur im Falle Ostdeutschlands war es möglich, auf eine rasche, anfänglich von außen durch die "reiche" Bundesrepublik finanzierte und mit hohen Kosten verbundene Wohlfahrtssteigerung zu setzen.

Mit dem Staatsvertrag der Währungs-, Wirtschafts- und Sozialunion war bereits vor dem Beitritt der DDR zum Grundgesetz der Bundesrepublik Deutschland am 3. Oktober 1990 das Ende des sozialistischen Wirtschaftssystems sowie die sofortige Umstellung der Wirtschaft auf die Grundlage des Privateigentums verbunden. Die demokratisch legitimierte Volkskammer hat als damaliger Gesetzgeber der Treuhandanstalt (THA) als staatlicher Institution den bisher beibehaltenen Auftrag erteilt, zur Erreichung einer wettbewerbsfähigen Wirtschaft in den neuen Ländern neue unternehmerisch aktive Eigentümer zu finden; sie hat somit die primär ordnungspolitische Aufgabe, im Zuge der konkreten Ausgestaltung neuer Eigentumsverhältnisse die Wiedereinführung des für eine

1 Die hier vertretenen Ansichten geben die persönliche Meinung des Autors wieder, der für den Inhalt allein verantwortlich zeichnet.

Geldwirtschaft konstitutiven Instituts des Privateigentums umzusetzen.

Im Rahmen dieses Bandes versucht der vorliegende Beitrag zu klären, inwieweit die Ergebnisse des abrupten Systemwechsels der DDR, deren volkseigene Wirtschaft über die realökonomische und monetäre Integration in die Wirtschaftsverfassung der Bundesrepublik einem Anpassungsschock ausgesetzt wurde, durch die THA mit welchen Strategien bisher bewältigt werden konnten.

Im einzelnen wird darauf eingegangen, wie der Modus des Systemwechsels über die Wirtschafts- und Währungsunion der ostdeutschen Wirtschaft eine Systemtransformation abverlangt, die grundsätzlich darin besteht, die Wirtschafts- und Unternehmensstrukturen derart umzubauen, daß sie für bisher in der Bundesrepublik geltende (Welt-) Marktbedingungen tauglich und lebensfähig sind. Auf sich selbst gestellt waren und sind die Unternehmen (noch immer) nicht in der Lage, entsprechend schnell neue Märkte zu erobern. Auch der Staat ist hier überfordert. Diese Bedingungen erfordern schnelle Investitionen, die nur neue aktive Eigentümer bereitstellen können.

Die Bestandsaufnahme der Privatisierungsaufgabe der Treuhandanstalt konzentriert sich hier auf die in den Leitlinien zur Geschäftspolitik der THA zugrunde gelegten Tätigkeitsfelder Privatisierung, Sanierung und Abwicklung. Die Instrumente und Arbeitsweise der THA werden in ihren Grundzügen herausgearbeitet und schwerpunktorientiert die besonderen Probleme untersucht, die die Umstrukturierung von Unternehmen und Wirtschaft insgesamt beeinflussen. Die Zwischenbilanz eineinhalb Jahre nach Beginn der Aufnahme der Tätigkeit der THA ermöglicht daraufhin eine ausblickende Würdigung des bisher Erreichten und Erreichbaren.

Die Ausgangslage im Rahmen der Währungs -, Wirtschafts- und Sozialunion

Mit dem Staatsvertrag wurde mit der Verabredung der Währungs-, Wirtschafts- und Sozialunion zum 1. Juli 1990 die vollständige realökonomische und monetäre Integration in die Bundesrepublik Deutschland beschlossen und eine Rechtsanpassung der DDR an die staatliche Ordnung der Bundesrepublik bis zur Vereinigung insgesamt eingefordert.[2] Der in der DDR als Verfassungsgesetz mit 2/3 Mehrheit verabschiedete Staatsvertrag beendete die sozialistische Gesellschafts- und Wirtschaftsordnung. Die Umstellung der Eigentumsverfassung und die Einführung der Deutschen Mark als harte Währung waren die beiden konstituierenden Elemente des Sytemwechsels, die die Bedingungen vorgaben, unter denen sich die Systemtransformation als Anpassung an die neuen Bedingungen zu vollziehen hatte.

Eigentumsrecht in den neuen Ländern und offene Vermögensfragen

Neben der Vertragsfreiheit hat der Staatsvertrag das Institut des Privateigentums an Produktionsmitteln wiedereingeführt. Mit der verfassungsmäßigen Setzung des Instituts des Privateigentums war und ist jedoch nicht seine materielle Umsetzung vollzogen.

Das gesamte ehemals volkseigene Vermögen muß(te) daraufhin re- bzw. neu strukturiert werden. In der Gemeinsamen Erklärung der Regierungen der BRD und der DDR zur Regelung offener Vermögensfragen vom 15. Juni 1990, die Teil des Staatsvertrages ist, wurde bezüglich der Vermögensfragen im Beitrittsgebiet unter

---

2 Presse- und Informationsamt der Bundesregierung (Hrsg.), Der Vertrag über die Schaffung einer Währungs, - Wirtschafts- und Sozialunion zwischen der Bundesrepublik Deutschland und der Deutschen Demokratischen Republik. Erklärungen und Dokumente (Staatsvertrag), Bonn 1990; vgl. auch Dietrich Rauschning, (1990), "Der deutsch-deutsche Staatsvertrag als Schritt zur Einheit Deutschlands" in: Aus Politik und Zeitgeschichte, Beilage zur Wochenzeitung "Das Parlament", B 33/90, S. 3 - 16.

Berufung auf Rechtssicherheit, Rechtseindeutigkeit und das Recht auf Eigentum der Grundsatz festgelegt, "enteignetes Grundvermögen (...) grundsätzlich (...) den ehemaligen Eigentümern oder ihren Erben zurückzugeben"[3]. Diese Regelung , die Enteignungen auf besatzungsrechtlicher bzw. besatzungshoheitlicher Grundlage (1945 bis 1949) ausdrücklich ausnimmt, wurde mit dem Art. 41 im Einigungsvertrag übernommen und dahingehend modifiziert, daß,

> "nach Maßgabe besonderer gesetzlicher Regelung (...) eine Rückübertragung von Eigentumsrechten an Grundstücken oder Gebäuden nicht statt(findet), wenn das betroffene Grundstück oder Gebäude für dringende, näher festzulegende Investitionszwecke benötigt wird, insbesondere der Errichtung einer gewerblichen Betriebsstätte dient und die Verwirklichung dieser Investitionsentscheidung volkswirtschaftlich förderungswürdig ist, vor allem Arbeitsplätze schafft oder sichert."[4]

Dementsprechend wurden zur Konkretisierung dieser Bestimmung in Form einer Anlage zum Einigungsvertrag das Investitionsgesetz[5] und das Vermögensgesetz[6] erlassen. Das Vermögensgesetz sieht dabei die Rückgabe der in den Jahren 1933 bis 1945, 1949 bis 1989 entzogenen Vermögenswerte oder eine Entschädigung vor. Zur Sicherung des Restitutionsanspruchs des Alteigentümers enthielten die §§ 3 Abs. 3 und 15 Abs. 2 und 3 in seiner ersten Fassung eine obligatorisch wirkende Verfügungssperre: Rechtsgeschäfte und längerfristige Vermietungen und Verpachtungen waren nicht möglich, wenn zum Zeitpunkt der Verfügung eine "Anmeldung vermögensrechtlicher Ansprüche"

---

3 Presse - und Informationsamt der Bundesregierung, a. a. O., S. 156;

4 Presse- und Informationsamt der Bundesregierung (Hrsg.), Vertrag zwischen der Bundesrepublik Deutschland und der Deutschen Demokratischen Republik über die Herstellung der Einheit Deutschlands - Einigungsvertrag, Bonn 1990, S. 888.

5 Gesetz über besondere Investitionen in dem in Artikel 3 des Einigungsvertrags genannten Gebiet (Investitionsgesetz) (BInvestG), BGBl. 1990 II S. 885, 1157.

6 Gesetz zur Regelung offener Vermögensfragen (Vermögensgesetz) (VermG) BGBl. 1990 II S. 885, 1159.

vorlag. Damit wurden neue Verwendungen und Nutzungen von Gebäuden und Grundstücken effektiv blockiert und Investitionen behindert.

Um für die Umstrukturierungsphase dennoch schnell erforderliche Investitionen in bezug auf Grundstücke und Gebäude zu ermöglichen, sah das Investitionsgesetz vor, daß trotz vermögensrechtlicher Ansprüche Grundstücke und Gebäude veräußert werden können, wenn besondere Investitionszwecke über eine "Investitionsbescheinigung" nachgewiesen werden können, wobei zuvor der Altberechtigte im Rahmen eines Verwaltungsverfahrens anzuhören ist.

Die Veräußerung ganzer Unternehmen, die Bestellung von Erbbaurechten und die Vornahme von besonderen Investitionen durch den Verfügungsberechtigten war im Investitionsgesetz allerdings nicht vorgesehen, so daß der im Einigungsvertrag fixierte Restitutionsgrundsatz[7] insgesamt eine Blockierung der materiellen Umsetzung der erforderlichen Neustrukturierung der Eigentumsverhältnisse bzw. die Schaffung von neuem Privateigentum bedeutet.

Die Regelung des Einigungsvertrages, die den Rechten der Alteigentümer des Vermögens der Ex-DDR Vorrang vor den Rechten ihrer jetzigen Nutzer oder potentiell neuer Eigentümer gab, hat sich als eklatantes Investitions- und Privatisierungshindernis erwiesen. Die volkseigenen Betriebe, Einrichtungen und Liegenschaften waren vor ihren Enteignungen Eigentum von Privatpersonen, Firmen oder öffentlichen Körperschaften, so daß potentiell für jedes Unternehmen oder Grundstück ein Anspruchsberechtigter vorhanden ist, der einen Restitutionsanspruch geltend machen kann. § 3 VermG schrieb für die THA vor, sich vor einer Verfügung über das Vermögen zu vergewissern, daß keine Anmeldung eines Restitutionsanspruchs vorliegt. Lag ein Antrag vor, bestand eine Verfügungssperre.

---

7 Vgl. Peter Badura, "Der Verfassungsauftrag der Eigentumsgarantie im wiedervereinigten Deutschland " in: Deutsches Verwaltungsblatt, Heft 23, 1990, S. 1256 - 1263.

Durch diese für die Systemtransformation eindeutig dysfunktionale und durch die FDP als Eigentümer-Lobbypartei politisch motivierte Vorfahrtsregelung für Alteigentümer waren einerseits der THA bei Veräußerungsentscheidungen die Hände gebunden, andererseits konnten sich die in der großen Mehrzahl ohnehin überschuldeten Unternehmen kein Fremdkapital auf dem Kapitalmarkt beschaffen, da Bankkredite aufgrund der ungeklärten Eigentumslage bei der überwiegenden Zahl der Betriebe nicht gesichert werden konnten. Dies verhinderte nachhaltig das In-Gang-kommen der Gläubiger-Schuldner-Dynamik und den entsprechenden Investitions-Gewinn-Mechanismus.

Die THA hat im Januar 1991 den Gesetzgeber grundsätzlich darauf hingewiesen, daß "angesichts der Vielzahl der Restitutionsanträgen und -ansprüchen von Privatpersonen, juristischen Personen und Gebietskörperschaften (...) der Privatisierungsauftrag der THA und der für Investitionszwecke dringend notwendige Grundstücksverkehr nahezu lahmgelegt" ist und sie ihren Auftrag nur wahrzunehmen in der Lage ist, "wie sie über eigentumsrechtlich gesicherte Positionen verfügt und rechtlich wirksame, ungefährdeten Bestand genießende Privatisierungsmaßnahmen durchführen kann."[8]

Ein wissenschaftliches Gutachten für den Bundeswirtschaftsminister vom 16. Februar 1991 sah diesbezüglich die Privatisierungsveranstaltung in ihrer Gänze gefährdet:

> "Verzögert sich die Übertragung der Eigentumsrechte an Alteigentümer oder an neue Erwerber erheblich und bleiben die Treuhandanstalt oder andere Rechtsträger noch lange die Verfügungsberechtigten über den größten Teil des Produktivvermögens der ehemaligen DDR, so droht nicht nur die Einführung der Marktwirtschaft auf halber Strecke steckenzubleiben, sondern es wächst auch die Gefahr, daß struktur-, regional- und sozialpolitische Aspekte in den Vordergrund

---

[8] Treuhandanstalt, Memorandum der Treuhandanstalt zu aktuellen vermögensrechtlichen Fragen bei der Durchführung des Privatisierungsauftrages, S. 3.

drängen und die angestrebte Sanierung durch Privatisierung verzögern oder sogar ganz zunichte machen."[9]

Mit dem Ende März 1991 nach eingehender Diskussion vom Bundestag verabschiedeten Enthemmungsgesetz und den darin enthaltenen Änderungen des Vermögensgesetzes (VermG)[10] wurde versucht, den Zielkonflikt zwischen Rückgabeanspruch und notwendigen schnellen Investitionen zu lösen.[11]

Zwar soll der Alteigentümer weiterhin die ihm vormals entzogenen Vermögenswerte möglichst schnell zurückerhalten. Nach § 3a der Neufassung des VermG wird der Alteigentümer allerdings gezwungen, in Verwendungskonkurrenz zu einem Dritten zu treten. Restitutionsansprüche lassen sich nur dann durchsetzen, wenn der Alteigentümer mindestens genausoviel investiert wie ein interessierter Dritter. Ansonsten kann an den neuen Investor veräußert werden. Der Alteigentümer erhält dann die vom Investor gezahlten Geldbeträge, mindestens aber den Verkehrswert zum Zeitpunkt der Veräußerung als Entschädigung.[12]

Mit § 3a VermG wurde ferner für die THA die Verfügungssperre bei Restitutionsanspruch bis zum 31.12.1992 aufgehoben und die THA somit zum Verfügungsberechtigten aller mit Restitutionsansprüchen behafteten Vermögen. Diese Verfügungs-

---

9 Wissenschaftlicher Beirat beim Bundesministerium für Wirtschaft, "Probleme der Privatisierung in den neuen Bundesländern" in: Bundesanzeiger, Jg. 43, Nr. 53, 1991, S. 1873 - 1875 ; hierbei ist bemerkenswert, daß die Treuhandanstalt bis zu diesem Zeitpunkt im Falle der Vorlage eines Restitutionsanspruchs noch nicht einmal verfügungsberechtigt war.

10 Das Vermögensgesetz wurde nach der Änderung durch das Enthemmungsgesetz (BGBl. 1991 I S. 766) neu gefaßt und neu veröffentlicht (BGBl. 1991 I S. 957).

11 Es entbehrt dabei nicht einer gewissen Pikanterie, daß der Kompromiß, den § 3a VermG darstellt, zwischen Bundesjustizministerium und Bundeswirtschaftsministerium ausgehandelt wurde, also innerhalb der liberalen politischen Führung entschieden wurde. Vgl. auch Bernd Scheifele, "Zur Anwendung des § 3a Vermögensgesetz durch die Treuhandanstalt" in: Betriebs-Berater, Heft 20, 1991, S. 1351.

12 Die Frage ist, inwieweit sich Altberechtigte mit dem Verweis auf den Verkehrswert zufrieden geben, wenn sie erwarten können, daß die Naturalrestitution letztlich ertragreicher ist. Erst eine klare und angemessene Entschädigungsregelung durch den Gesetzgeber kann eine wirkliche Erleichterung bringen.

berechtigung gab ihr ihre Handlungsfähigkeit zurück, indem ihr gestattet wird, unmittelbar ohne ein besonderes Bescheinigungsverfahren Grundstücke, Gebäude und Unternehmen für investive Zwecke zu veräußern, zu vermieten oder zu verpachten, wenn die erforderlichen Voraussetzungen dafür vorliegen.

Die Geldverfassung

Mit der Währungsunion wurde die Geldverfassung für die bisherige ostdeutsche Ökonomie festgelegt und damit die alte Funktionslogik der Planwirtschaft von heute auf morgen durch die Steuerung der Ökonomie durch Kredit- und Eigenkapital auf DM-Basis ersetzt. Dabei wurden "alle auf Mark der DDR lautenden Verbindlichkeiten und Forderungen, die vor dem 1. Juli 1990 begründet wurden (...), mit der Wirkung auf Deutsche Mark umgestellt, daß der Schuldner an den Gläubiger für 2 Mark der DDR 1 Deutsche Mark zu zahlen hat".[13] Laufende Zahlungen wie Löhne und Gehälter, Renten sowie Mieten und Pachten wurden ab dem 1. Juli 1990 im Verhältnis 1 : 1 getätigt.

Der durch die Währungs- und Wirtschaftsunion im Zusammenhang mit der Umstellung auf eine Privateigentumsordnung vollzogene radikale Systemwechsel hat den bisherigen ostdeutschen Wirtschaftseinheiten ohne Anpassungsfrist die Funktionslogik einer monetär organisierten Marktwirtschaft übergestülpt, für die sie weder geschaffen noch ausgestattet wurden. Überdies wurden sie - über den Währungsumstellungskurs - in eine Marktkonstellation gedrängt, in der sie in der bisherigen Form nicht bestehen konnten.

Die ehemaligen DDR- Kombinate und volkseigenen Betriebe erwiesen sich als unfähig, gegen die Weltmarktkonkurrenz zu bestehen. Ihre Produkte waren jenseits aller Preis/Kosten-Relationen überwiegend unverkäuflich, wenn dies auch zunächst durch alte Auftragsbestände der UdSSR verdeckt wurde.

---

[13] Staatsvertrag, S. 106.

Zu Beginn konnten somit nur jene Betriebe des produzierenden Gewerbes der Überschuldung entgehen und überleben, die schon vor der Wende nach Westen verkauft haben. In die durch Westdeutschland vorgegebenene Marktkonstellation ließen sich die übrigen Einheiten nicht ohne Um- als Neustrukturierung integrieren. Es erwies sich als die Crux des Transformationsprozesses der ehemals "volkseigenen" Wirtschaft der DDR, daß der Systemwechsel den Betrieben keine Zeit gelassen hat, sich auf die geldwirtschaftliche Funktionsbedingung der "harten mikroökonomischen Budgetrestriktion"[14] einzurichten.

Das Überleben unter diesen Bedingungen setzte im Grunde eine voll entwickelte Marktkompetenz der Unternehmen voraus; in Anbetracht und dem Zwang, harte Löhne im Verhältnis von 1:1 (bei einem Drittel an Arbeitsproduktivität gegenüber den diesem Verhältnis entsprechenden Niveau Westdeutschlands) zahlen zu müssen, bedurfte es gar eines überdurchschnittlichen Markterfolges. Die Betriebe, die bisher mit der "weichen Budgetrestriktion" operiert haben, die der Funktionslogik der Planwirtschaft entsprach, wären somit ohne eine massive Liquiditätshilfen einschließende Überbrückungsphase sofort in Konkurs und untergegangen:

> "Bei strikter Anwendung des Konkursrechts müßten diese Betriebe, sofern sich nicht rasch Käufer finden, schließen. Diese Gefahr droht auch solchen überschuldeten Betrieben, die mit einiger Anstrengung wieder saniert werden könnten und bei einer anschließenden Privatisierung höhere Erlöse einbrächten als die Versteigerung der Konkursmasse."[15]

Die Notwendigkeit massiver Liquiditätshilfen, die den in Finanznot geratenen Betrieben aus dem Bundeshaushalt der Bundes-

---

14 Zum Konzept der harten Budgetrestriktion vgl. Bernd Hofman/Koop (1990), "Makroökonomische Aspekte der Reformen in Osteuropa" in: Die Weltwirtschaft, Heft 1/1991, S. 166 ff.; zur Theorie des Systemwechsels vgl. Hans-Jörg Herr/AndreasWestphal, Die Transformation von Planwirtschaften in Geldwirtschaften, Discussion Paper FS I 90-9, Wissenschaftszentrum Berlin für Sozialforschung; 1990.

15 Deutsches Institut für Wirtschaftsforschung (DIW), Wochenbericht 36/90, S. 507.

republik gemäß Staatsvertrag über Globalbürgschaften der Treuhandanstalt verabreicht wurden, war der erste unübersehbare Ausdruck dafür, daß der in den anderen osteuropäischen Staaten beschrittene Weg der Systemtransformation unter den Bedingungen der Währungsunion (im Verhältnis völlig überbewertete Währung, Schuldenlast und Lohnkosten) für Ostdeutschland nicht möglich war.[16]

Währungsunion und staatliche Einheit machten eine schnelle Privatisierung unumgänglich, da "die wirtschaftliche Gesundung der ostdeutschen Industrie letztlich nur durch eine schnelle und massive Zuführung westlichen Kapitals und Know-hows möglich (ist.)"[17]; es war und ist ausgeschlossen, den etwa 8.500 Betrieben, die unter den Bedingungen der Währungsunion de facto als Neugründungen anzusehen sind, qua staatlicher Institution Märkte zu beschaffen. Nur über den Verkauf der Unternehmen können die entsprechenden Produktmärkte eingekauft werden.[18]

Insgesamt müssen die Unternehmen in die Lage versetzt werden, sich selbständig auf dem freien Kapitalmarkt verschulden zu können, um eigenständig mit erneuerten Produktionslinien, neuen Vermarktungsstrategien etc. Waren oder Dienstleistungen produzieren und in Preisen anbieten zu können, die über den Kosten liegen und somit Gewinne ermöglichen. Aus der Logik dieser spezifischen Systemtransformation ergab sich zwingend die grundsätzliche Notwendigkeit einer Institution,

1.) die Eigentumsverhältnisse im Sinne einer schnellen Privatisierung neu regelt, da nur neue Eigentümer eine effiziente Sanierung und eine genuine, marktgerechte und dauerhafte Neustrukturierung bewältigen können;

---

16 Vgl. die Darstellung des Instituts für angewandte Wirtschaftsforschung, Privatisierung in den mittel- und osteuropäischen Ländern, Berlin 1991, (Manuskript).

17 Gesamtwirtschaftliche und unternehmerische Anpassungsprozesse in Ostdeutschland, I. und II. Bericht, DIW/IfW, Wochenbericht 19 und 24/91 Berlin 1991, S. 123 ff. und S. 332 ff.

18 Vgl. Frank-C. Hansel/Thomas Schmid-Schönbein "Die Transformationspolitik der Treuhandanstalt" in: Wirtschaftsdienst, Nr. 9/1991, HWWA-Institut für Wirtschaftsforschung, S. 463.

2.) die Wirtschaftseinheiten für die Zeit des Übergangs unter geldwirtschaftlichen Bedingungen finanziell begleitet und die Restrukturierung bereits vor der Privatisierung einleitet und unterstützt.

Diese Institution wurde die Treuhandanstalt, der als Transformationsagentur unter den konkreten Bedingungen der Systemtransformation in Ostdeutschland die Rolle zukam, als Bindeglied zwischen alten und neuen Strukturen zu fungieren, indem die ehemals volkseigenen Wirtschaftseinheiten unter ihrer Regie auf die Logik der harten Budgetrestriktion und damit auf das Erfolgskriterium des Marktes umgestellt werden.

Die Treuhandanstalt

Gesetzliche Grundlagen

Die Übersiedlerbewegung in die Bundesrepublik und die sich anschließende "friedliche Revolution" des Herbstes 1989 hat den politischen Druck auf das bisherige Herrschaftssystem der SED derart verstärkt, daß eine Neuorientierung in der Wirtschaftspolitik der bisherigen SED-Führung erfolgen mußte.[19] Die reformorientierte Wirtschaftspolitik unter Ministerpräsident Modrow zwischen November 1989 und März 1990 zielte auf eine kurzfristige Stabilisierung der DDR-Wirtschaft. Im Kern ging es dabei um eine Verbindung von planwirtschaftlichen mit marktwirtschaftlichen Elementen unter Wahrung der "volkseigenen" Eigentumsverfassung, um das Fortbestehen der politischen und ökonomischen Selbstän-

[19] Die Dialektik zwischen Ausreise, Bürgerprotest und dem Zusammenbruch des Herrschaftssystems kann im Rahmen dieses Beitrags nicht weiter verfolgt werden; vgl. dazu näher Ralf Ulrich, Die Übersiedlerbewegung in die Bundesrepublik und das Ende der DDR, Wissenschaftszentrum Berlin für Sozialforschung, P 90 - 302, Berlin, 27 S. Vgl. insgesamt Gert-Joachim Glaeßner, Der schwierige Weg zur Demokratie. Vom Ende der DDR zur deutschen Einheit, Opladen 1991.

digkeit der DDR vor dem Hintergrund offener Grenzen zu ermöglichen.[20]

Im Rahmen dieser Strategie wurde am 1. März 1990 vom Ministerrat der DDR der Beschluß zur Gründung der Anstalt zur treuhänderischen Verwaltung des Volkseigentums (Treuhandanstalt)[21] gefaßt. In dieser Phase der noch sozialistischen DDR war eine Privatisierung des Volksvermögens nicht vorgesehen, im Gegenteil: die Reformen sollten auf der Grundlage der Sicherung des Volkseigentums vollzogen werden. Dementsprechend lag der Schwerpunkt bei dem Beschluß auf der "Verwaltung" des Volkseigentums. Die THA hatte die Geschäftsanteile der Kombinate, der Betriebe und allen sonstigen im Register der volkseigenen Wirtschaft eingetragenen Wirtschaftseinheiten, die per Umwandlungsverordnung[22] zu Kapitalgesellschaften wurden, im "Interesse der Allgemeinheit" in ihre Treuhandschaft zu nehmen. Um das Prinzip des Volkseigentums nicht zu gefährden, wurden ausländische Kapitalanteile bei Joint ventures auf 49% beschränkt. Im Zusammenhang mit dem Treuhandstatut hatte Ministerpräsident Modrow per Schreiben vom 29. März 1990 für alle Verantwortlichen die Verantwortung für die Wahrung des Volkseigentums bei Sondierungsgesprächen über Kooperations- und Kapitalverbindungen mit ausländischen Unternehmen festgestellt.

Die Wahlen vom 18. März 1990 bedeuteten das Ende der SED-Herrschaft und gleichzeitig eine grundsätzliche Neuausrichtung von Politik und Wirtschaft. Der Bruch mit dem alten Regime wurde mit dem Bekenntnis des neuen Gesetzgebers zur sozialen Marktwirtschaft als konstitutiven Wirtschaftsverfassung der Bundesrepublik mit dem Treuhandgesetz vom 17. Juni 1990 untermauert.

---

20 Vgl. Institut für angewandte Wirtschaftsforschung, Strategie und Verlauf der Privatisierung in den neuen Bundesländern, Berlin 1991, S. 10.

21 Beschluß zur Gründung der Anstalt zur treuhänderischen Verwaltung des Volkseigentums (Treuhandanstalt), GBl. 1990 I Nr. 14, S. 107.

22 Verordnung vom 1. März 1990 zur Umwandlung von volkseigenen Kombinaten, Betrieben und Einrichtungen in Kapitalgesellschaften, GBl. 1990 I Nr. 14, S. 107.

In der Präambel des TreuhG heißt es, daß die unternehmerische Tätigkeit des Staates durch Privatisierung so rasch und so weit wie möglich zurückgeführt werden solle. § 1 TreuhG formuliert den Auftrag der THA als Vermögensübertragung über den Weg der Privatisierung. In § 3 Abs. 4 TreuhG erhält dieser Auftrag seine normative Konkretisierung:

> "Die THA hat die Strukturanpassung der Wirtschaft an die Erfordernisse des Marktes zu fördern, in dem sie insbesondere auf die Entwicklung sanierungsfähiger Betriebe zu wettbewerbsfähigen Unternehmen und deren Privatisierung Einfluß nimmt. Sie wirkt darauf hin, daß sich durch zweckmäßige Entflechtung von Unternehmensstrukturen marktfähige Unternehmen herausbilden und eine Wirtschaftsstruktur mit möglichst vielen kleinen und mittleren Betrieben entsteht."[23]

Neben der völligen Neubestimmung von Funktion und Auftrag der THA hat das Treuhandgesetz die Umwandlungsverordnung der Modrow-Regierung modifiziert fortgeschrieben. Ab dem 1. Juli 1990 wurden dementsprechend Kombinate in Aktiengesellschaften (im Aufbau) und volkseigene Betriebe in Gesellschaften mit beschränkter Haftung (in Gründung) im Sinne des bundesdeutschen Gesellschaftsrechts qua Gesetz umgewandelt. Der Einigungsvertrag schrieb im Kapitel VI "Öffentliches Vermögen und Schulden" im Art. 25 "Treuhandvermögen" die Rolle der THA als Transformationsagentur fort, die als bundesunmittelbare Anstalt des öffentlichen Rechts weiterhin damit beauftragt bleibt, die früheren volkseigenen Betriebe wettbewerblich zu strukturieren und zu privatisieren. Die Fach- und Rechtsaufsicht wurde dem Bundesfinanzminister übertragen, "der die Fachaufsicht in Einvernehmen mit dem Bundesminister für Wirtschaft und dem zuständigen Bundesminister wahrnimmt ".[24]

---

23 Gesetz zur Privatisierung und Reorganisation des volkseigenen Vermögens (Treuhandgesetz) vom 17. Juni 1990, GBl. 1990 I Nr. 33, S. 300.

24 Einigungsvertrag a. a. O., S. 883.

Um die Interessen der Länder zu berücksichtigen , räumt Art. 25 Satz 2 EV den neu zu bildenden Ländern mit der Vergrößerung des Verwaltungsrates von 16 auf - bei Abzug der beiden aus der Mitte der Volkskammer gewählten Vertreter - 23 Sitze je einen Sitz und damit an entscheidender Stelle Einflußnahme ein. Der Interessenwahrnehmung der Länder in bezug auf die Arbeit der THA kommt dabei im Rahmen des föderativen Staatsaufbaus der Bundesrepublik eine entscheidende Bedeutung zu, da die Entscheidungen, die die THA im Rahmen ihrer Privatisierungsaufgabe trifft, die Länder nicht nur tangieren, sondern nolens volens strukturell vorentscheiden, was an deren Wirtschaftskraft jeweils vorhanden bleibt.

Der Vermögensbestand der THA

Die rechtlichen Grundlagen haben der THA eine Machtfülle zugeteilt, die aus dem materiellen Gewicht des Vermögens resultiert, das ihr in mehreren Schritten überantwortet wurde. Die THA ist Inhaber der Anteile der Kapitalgesellschaften, die durch Umwandlung der volkseigenen Kombinate, Betriebe, Einrichtungen und sonstigen juristisch selbständigen Wirtschaftseinheiten entstanden sind (§ 1 Abs. 4 TreuhG).

Insgesamt hatte die THA anfänglich mehr als 32.000 gewerbliche Unternehmen in ihrem Bestand . Dazu zählten rund 24.840 Unternehmen des Handels, des Gast- sowie Dienstleistungsgewerbes, also Gaststätten und Ladengeschäfte (ca. 20.000), Hotels (ca. 390) und Apotheken (1.839). Das Industrievermögen bestand bei ca. 8.000 Unternehmen[25] mit ca. 40.000 separaten Wirtschafteinheiten, davon etwa 70% mit weniger als 250 Beschäftigten. Darin enthalten waren 240 Konzerne (AGs), die aus

[25] Überblick nach Angaben der THA, vgl. Institut für angewandte Wirtschaftsforschung, Strategie, a. a. O., Anlage 1. Da sich die Zahlen permanent ändern, genügt hier ein Richtwert zum Zeitpunkt X. Trotz sich dynamisierender Privatisierungserfolge wurde dieser Bestand im Wege des Entflechtungsprozesses, der im Rahmen der Privatisierungsstrategie der THA vollzogen wird, nicht kleiner, sondern größer. Per 31. 12. 1991 betreute die THA nach eigenen Angaben 10.869 Unternehmen.

den ehemaligen zentral- und bezirksgeleiteten Kombinaten hervorgegangen sind sowie 2.000 verbundene und 6.280 nicht verbundene Unternehmen des produzierenden Gewerbes. Neben dem industriellen Anlagevermögen obliegt der THA zusätzlich die treuhänderische Verwaltung und Verwertung folgender ehemals volkseigener Vermögenswerte als Sondervermögen:

- Vermögen der ehemals volkseigenen Güter, der staatlichen Forstwirtschaftsbetriebe, der staatlichen Binnenfischereibetriebe, der volkseigenen Gestüte (3. DVO zum TreuhG)[26];
- ehemals volkseigene land- (1,7 Mio ha von insgesamt 6 Mio ha in der ehem. DDR) und forstwirtschaftliche (1,8 Mio ha von inges. 2,8 Mio ha) Nutzflächen, die sich in Besitz von Genossenschaften oder Einzelpersonen befanden;
- Sondervermögen des MfS/AfNS (Art. 22 Abs. 1 Satz 2 EV), ca. 2.900 Objekte;
- Vermögen der Parteien und gesellschaftlichen Organisationen;
- NVA-Vermögen: nicht für militärische Zwecke benötigte Einrichtungen (2. DVO zum TreuhG[27]).

Die dezentrale Konstruktion der Treuhandanstalt als Finanzholding

Das Treuhandgesetz sah in § 7 ursprünglich vor, daß die THA ihre Aufgabe in dezentraler Organisationsstruktur über Aktiengesellschaften zu verwirklichen habe, die spätestens zwei Monate nach Inkrafttreten des Gesetzes gegründet werden sollten. Die Aktiengesellschaften sollten neben der Privatisierung auch die Sicherung

---

26 Dritte Durchführungsverordnung zum TreuhG vom 29. August 1990, GBl. 1990 I Nr. 57, S. 1333.

27 Zweite Durchführungsverordnung zum TreuhG vom 22. August 1990, GBl. 1990 I Nr. 53, S. 1076; die nicht militärisch genutzten NVA Liegenschaften wurden mit dem Beitritt am 3. Oktober 1990 Eigentum des Bundes. Das Bundesverteidigungsministerium hat 1990 ca. 600 Objekte (Kasernen, Truppenübungsplätze, Depots usw.) mit 25.000 ha Fläche an das Bundesfinanzministerium abgegeben.

der Effizienz und Wettbewerbsfähigkeit der Unternehmen gewährleisten. Bei der Frage der Organisationsstruktur ist das TreuhG den Grundempfehlungen des "Bielefelder Konzeptes" vom 20. Mai 1990[28] gefolgt, das eine organisatorische Binnendifferenzierung vorschlug: einerseits müsse die Anstalt aufgrund der staatlichen Aufgabe (Ver- und Zuteilung von Freiheits- und Wettbewerbschancen) eine öffentlich-rechtliche Organisationsform erhalten, andererseits erfordern die wirtschaftlichen Aufgaben gleichzeitig Organisationseinheiten, die für am Wirtschaftsleben Beteiligte sowie Manager attraktiv und effizient handhabbar sind.

Analog dem "Bonner Konzept"[29] sah auch das "Bielefelder Konzept" vor, unterhalb der Treuhandebene drei Bereichsgesellschaften für die Bereiche der gewerblichen Wirtschaft, der Landwirtschaft und der Wohnungswirtschaft als Aktiengesellschaften einzurichten. Die Satzung der Treuhandanstalt vom 18. Juli 1990 sah nach Inkrafttreten des TreuhG vor, in den neu zu bildenden Ländern dezentral 4 Treuhand-Aktiengesellschaften zu gründen, die auf länderspezifische Branchen-Schwerpunkte ausgerichtet werden sollten.[30] Die THA-Zentrale hatte zu diesem Zeitpunkt eine Organisationsstruktur mit funktionaler Gliederung mit den Bereichen Privatisierung, Sanierung und Stillegung. Das länder- und branchenorientierte AG-Konzept ging davon aus, daß die operative Geschäftstätigkeit in den Aktiengesellschaften durchgeführt

---

28 Die an dem Konzept Beteiligten waren: RA Dr. Horst Annecke, Mitglied der Geschäftsführung der Bankhaus Herrmann Lampe KG, Bielefeld, Prof. Dr. Peter Hommelhoff, Vorstand des Instituts für dt., europ. und intern. Wirtschaftsrecht der Univ. Bielefeld, Prof. Dr. Walter Krebs, geschäftsführender Direktor des Instituts für öffentl. Recht und Politik der Westfälischen Wilhelms-Univ. Münster und RA Rüdiger von Voss, Bundesgeschäftsführer des Wirtschaftsrates der CDU, Bonn; vgl. Peter Hammelhoff/Walter Krebs (Hrsg.), RWS- Dokumentation 3 - Treuhandanstalt und Treuhandgesetz, Köln 1990, S. 7.

29 Das Bonner Konzept stellt Überlegungen aus dem Bundeswirtschaftsministerium und dem Bundeskanzleramt von Mitte Mai 1990 dar, das für den Bereich des gewerblichen Vermögens eindeutig die Aktiengesellschaft als Organisationsform der Anstalt des öffentlichen Rechts vorgezogen hat; vgl. ebd.

30 Vgl. Satzung der Treuhandanstalt vom 18. Juli 1990, GBl. I Nr. 46, S. 809; Die 4 Treuhand-Aktiengesellschaften sollten abdecken: Schwerindustrie, Investitionsgüterindustrie, Konsumgüterindustrie und Dienstleistungen.

und die Berliner Zentrale begleitenden und führenden Aufsichtscharakter haben würde.

In dieser Phase war noch von einer länger währenden Existenz der DDR auszugehen. Nach Gründung der neuen Länder und der Erstarkung deren Exekutiven hätten sich diese AGs schwerlich vor der wachsenden Legitimität, dem politischen Einfluß und dem Ruf nach einer regionalen Struktur- und Industriepolitik seitens der neu entstehenden Länder schützen können. Dafür spricht die Beschlußempfehlung des Wirtschaftsausschusses der Volkskammer, die in ihrem vierten Punkt vorsah, "daß bei einer Vereinigung beider deutschen Staaten das Vermögen und die Rechte der Treuhandanstalt auf die Länder übergehen, die auf dem Gebiet der DDR bestehen".[31] Insofern kann davon ausgegangen werden, daß, wäre das Konzept einer Föderalisierung der THA umgesetzt worden, aus den Treuhand-Aktiengesellschaften tendenziell Länderholdings geworden wären, die wesentlich stärker politischen Vorgaben ausgesetzt worden wären als die THA es nach Einschätzung des Sachverständigenrates ohnehin schon ist.[32]

Das Konzept der Schaffung der regionalen Aktiengesellschaften wurde Ende August 1990 verworfen. Dazu hat vor allem beigetragen, daß das deutsche AG-Recht den Vorständen unter Kontrolle der Aufsichtsräte die ganze Macht der Unternehmenspolitik einräumt.[33] Die THA-Zentrale hätte in diesem Falle ihre direkte

---

[31] Beschlußempfehlung und Bericht des Wirtschaftsausschusses vom 14. Juni 1990 zum Antrag des Ministerrates der DDR vom 6. Juni 1990, Drucksache Nr. 55 a der Volkskammer der DDR, 10. WP, Berlin, S. 1.

[32] Bei Vorrang der Sanierung "würde die Treuhandanstalt zum Instrument einer Strukturpolitik, die sich an politisch vorgegebenen Zielvorstellungen orientiert. Mit wachsendem politischen Druck in diese Richtung ist zu rechnen. Schon heute ist zu beobachten, daß Landesregierungen zunehmend Einfluß auf die Politik der Treuhandanstalt anstreben. Vor der mit solchen Sanierungsvorstellungen verbundenen Gefahr einer grundlegenden Fehlorientierung muß nachdrücklich gewarnt werden"; S. Sachverständigenrat zur Begutachtung der gesamtwirtschaftlichen Entwicklung (1991 a), Jahresgutachten 1990/1991, Deutscher Bundestag, Drucksache 11/8472, 1991; ders.; Marktwirtschaftlichen Kurs halten - Zur Wirtschaftspolitik in den neuen Bundesländern. Sondergutachten, April, Bonn 1991, S. 15.

[33] In Anpassung an die tatsächliche Entwicklung wurde die zwingende Vorschrift des § 7 Abs. 1 TreuhG, daß die THA ihre Aufgaben über THA-Aktiengesell-

(unternehmens)politische "Richtlinienkompetenz" mit dem eindeutigen Privatisierungsprimat eingebüßt, die unter Kontrolle der öffentlichen Hand steht. Eine nur indirekte Einflußnahme auf sonst autonom waltende Aktiengesellschaften über die Besetzung der Aufsichtsräte (und über sie der Vorstände) hätte den staatlichen Entstaatlichungsauftrag in Richtung einer stärkeren Ausrichtung auf die Sanierung beeinträchtigen können.

Unter dem Eindruck der spezifischen Bedingungen nach der Währungsunion, die eine schnelle Privatisierung erforderlich machte, war letztlich die funktionalste Lösung, die THA als Finanzholding im Rahmen einer Anstalt des öffentlichen Rechts zu konstruieren. Finanzholding heißt dabei, daß der Eigentümer die Beteiligungsunternehmen unter dem Blickwinkel der Bilanz führt.[34] Das operative güterwirtschaftliche Geschäft wird von den Unternehmensmanagern geführt. Geschäfts- und Unternehmensführung und Markteroberung sind nicht der Auftrag der THA. Als vorübergehender Eigentümer hat die THA als Gesellschafter allerdings dafür zu sorgen, die Unternehmen in die Lage zu versetzen, Markteroberung betreiben zu können.

Mit der Organisation der THA als Anstalt des öffentlichen Rechts konnte eine klare Trennung von politischen und wirtschaftlichen Aufgaben institutionalisiert werden. Die Bundesregierung übt Einfluß auf die THA vorrangig über die Mitarbeit im Verwaltungsrat, dem gesetzlich vorgeschriebenen Zustimmungserfordernis bei Unternehmensverkäufen bzw. -veränderungen gemäß § 65 Bundeshaushaltsordnung, in der eine Mitwirkung des Bundes bei Großprojekten oberhalb gewisser Schwellenwerte (125 Mio. DM Bilanzsumme, 150 Mio. DM Umsatz, 1.500 Beschäftigte im Jah-

---

schaften verwirklicht, im Zuge des Gesetzes zur Beseitigung von Hemmnissen bei der Privatisierung von Unternehmen und zur Förderung von Investitionen (Enthemmungsgesetz) vom März 1991 (BGB. 1991 I S. 766) in eine Kann-Bestimmung umgewandelt und damit in das Ermessen der THA gestellt.

34 Vgl. Thomas Schmid-Schönbein, "Anpassung der Verarbeitenden Industrie in Ostdeutschland" in: Andreas Westphal/Hans-Jörg Herr/Michael Heine/Ulrich Busch (Hrsg.), Wirtschaftspolitische Konsequenzen der deutschen Vereinigung, Frankfurt am Main/New York 1991, S. 246 und Frank-C. Hansel/ThomasSchmid-Schönbein,Die Transformationspolitik, a. a. O., S. 463.

resdurchschnitt) vorgesehen ist, aus. Die parlamentarische Kontrolle ist durch den Unterausschuß "Treuhandanstalt" des Haushaltsausschusses gewährleistet.

Um der Vorgabe einer organisatorischen Binnendifferenzierung (Behörde und Unternehmen) zu entsprechen, ohne dabei unterhalb der Zentralebene THA-Aktiengesellschaften einzurichten, wurden den THA-Vorständen jeweils eine Funktionalverantwortung und eine Geschäftsverantwortung übertragen. Zu den Funktionalverantwortungen gehören das Beteiligungscontrolling bzw. die Beteiligungsverwaltung, Prüfung von Unternehmenskonzepten, Privatisierung, Sanierung und Abwicklung sowie Personal und Finanzierung.

Das Zuordnungsproblem der Treuhandbetriebe bei Aufnahme der Tätigkeit der THA führte anfänglich zu großen Irritationen vor allem bei den führerlosen Betrieben. Es wurde organisatorisch gelöst, indem die THA-Beteiligungsunternehmen branchenspezifisch Unternehmensgruppen (Branchendirektorate) zugeordnet wurden, die in der Geschäftsverantwortung von sechs Vorstands- als Unternehmensbereichen stehen. Dabei fallen die ehemals zentral geleiteten Kombinate und Betriebe in die Kompetenz der Zentrale. Somit decken die Branchendirektorate sämtliche Bereiche der ehemals zentral geleiteten volkseigenen Industrie ab; sie sind am 1.12.1991 für insgesamt 3.982 Unternehmen zuständig:[35]

- Unternehmensbereich 1: Schwermaschinen-/Anlagenbau, Werkzeugmaschinenbau, Spezialmaschinen; (insges. 326 Unternehmen)
- U 2: Optik, Keramik, Feinmechanik, Fahrzeugbau, Küstenindustrie, Verkehr; (insges. 604)
- U 3: Land- und Forstwirtschaft, Nahrungs- und Genußmittel, Kali- u. Erzbergbau/ Steine/Erden; (insges. 1563)

[35] Unternehmenszahlen gemäß Bericht Privatisierung 12/91 des Zentralen Controlling der THA, S. 1.5; Geschäftsverantwortung und Unternehmensgruppen gemäß dem Organigramm der THA, Stand Oktober 1991.

- U 4: Elektrotechnik/Elektronik, Holz/Papier, Dienstleitungen; (insges. 771)
- U 5: Eisen-/Stahlerzeugung, Metallindustrie, Bauindustrie, Hotels und Gästehäuser; (insges. 230)
- U 6: Kommunalvermögen/Wasserwirtschaft, Energiewirtschaft, Chemie, Textil/Bekleidung/Leder; (insges. 488)

Neben den sechs Unternehmensbereichsvorständen mit Geschäftsverantwortung gibt es neben dem Präsidenten bzw. der Präsidentin die Vorstandsbereiche Personal und Finanzen mit entsprechenden verwaltenden Funktionalverantwortungen.

Die 15 THA-Niederlassungen nehmen ihre Aufgaben vor Ort in den ehemaligen Bezirkshauptstädten auf Grundlage einer einheitlichen Geschäftspolitik eigenständig wahr. Um eine tiefe regionale Verankerung der Niederlassungen vor Ort zu erreichen, haben sie Beiräte gebildet, in denen "Kommunen, Verbände, Kammern, Landesregierungen, Gewerkschaften, Kirchen und Bürgerbewegungen"[36] vertreten sind. Die Funktionalverantwortungen der Niederlassungen entsprechen mit den Bereichen Privatisierung, Beteiligungen, THA-Liegenschaften, Finanzen und Personal den Vorgaben der Zentrale.

Die Privatisierung der früheren kreis- und bezirksgeleiteten Betriebe wird von den Niederlassungen betrieben.[37] Diese Regelung wurde im Dezember 1990 zur Vereinfachung dahingehend ergänzt, daß alle Unternehmen mit weniger als 1.500 Beschäftigten von den Niederlassungen betreut werden. Entsprechend fällt mit gut zwei Dritteln die Hauptmasse der Unternehmen in den Zuständigkeitsbereich der Niederlassungen, die am 1.12. 1991 insgesamt 6.528 Unternehmen in ihrem Bestand hatten.[38]

---

36 Treuhandanstalt, Leitlinien der Geschäftspolitik der Treuhandanstalt, 4 S.

37 Treuhandanstalt, Richtlinie zur Privatisierung von Betrieben, S. 2 f.

38 Sitze der Niederlassungen mit Anzahl der zu betreuenden Unternehmen (Stand April/Dezember 1991): Berlin (335/260), Cottbus (200/170), Erfurt (577/476), Gera (335/217), Leipzig (527/391), Neubrandenburg (164/155), Rostock (277/173), Chemnitz (978/675), Dresden (703/565), Frankfurt/O. (224/183), Halle (523/444), Magdeburg (413/380), Potsdam (368/293), Schwerin (223/135), Suhl (302/192) gemäß Zahlen nach Angaben der THA.

Die Privatisierungsaufgabe der Treuhandanstalt

Erfassung und Bewertung des Vermögens

Der erste Arbeitsschritt bestand für die THA darin, die Sanierungswürdigkeit und -fähigkeit für alle ihre Unternehmen zu beurteilen. Diese Auslesearbeit wird durch die Branchendirektorate und die Niederlassungen durchgeführt. Überschreiten erforderliche Sanierungs- und Umstrukturierungsmaßnahmen 10 Mio. DM nimmt ein Stab von Experten aus Wirtschaftsprüfern, Steuerberatern, Rechtsanwälten und Unternehmensberatern eine Prüfung vor, die dem "Leitungsausschuß" in der Zentrale vorgelegt wird. Auf Basis der von den Unternehmen eingereichten Unternehmenskonzepte verfassen die Prüferteams Kurzberichte über die Unternehmen. Die Kurzberichte bilden die Entscheidungsgrundlage für die Einstufung in eine Klassifizierung, die die weitere Behandlung der Unternehmen durch die THA festlegt.

"1. Unternehmen arbeitet rentabel. Kein weiterer Sanierungsbedarf. Privatisierung zügig vorantreiben.

2. Unternehmen erreicht die Rentabilitätsschwelle voraussichtlich in 1992. Kaum Sanierungsbedarf. Privatisierung zügig vorantreiben.

3. Sanierungskonzept scheint erfolgreich.

3.1. Verbindliche Kooperationsbereitschaft muß vorgewiesen werden, sonst Umstufung nach Gruppe 5 oder 6

3.1.1. Geringer Liquiditäts-Bedarf. Partner muß innerhalb eines bestimmten Zeitraumes gefunden sein.

3.1.2. Hoher Liquiditätsbedarf. Nachweis eines Partners innerhalb einer kurzen Frist erforderlich.

3.2. Sanierungskonzept erscheint gegeben, auch wenn eine Privatisierung erst später erfolgen kann.

4. Sanierungsfähigkeit erscheint gegeben, das Konzept ist noch nicht ausreichend, Alternativkonzepte sollten erstellt werden. Diese sollten innerhalb von.... Wochen vorliegen.

4.1. Eine Rettung erscheint für das Gesamtunternehmen möglich.

4.2. Voraussichtlich lassen sich wesentliche Bereiche des Unternehmens retten .

5. Sanierungsfähigkeit erscheint zweifelhaft. Eingehende Untersuchung erforderlich. Möglicherweise können folgende Bereiche verwertet/privatisiert werden: ....

6. Unternehmen nicht sanierungsfähig, Entscheidung ob Konkurs oder stille Liquidation muß getroffen werden. Es wird empfohlen

6.1. stille Liquidation

6.2. Gesamtvollstreckung"[39]

Mit der Bestandsaufnahme der Beteiligungsgesellschaften der THA und der Klassifizierung zur weiteren Verfahrensweise ist die "Feststellung" der DM-Eröffnungsbilanz durch die THA verbunden. Die rechtlichen Grundlagen für die Umstellung aller Vermögenswerte und Verbindlichkeiten auf Geldpreise in DM-Basis in der Bilanz wurde durch das D-Markbilanzgesetz[40] geregelt.

Wichtigstes Element der DM-Eröffnungsbilanz ist die Neufestsetzung des Eigenkapitals, mit dem die Firma operieren soll. Ausgangsdaten wie Umsatz, Personalaufwand oder Anlagevermögen, die in den Unternehmenskonzepten ausgewiesen sind. In der THA werden von der Deutschen Bundesbank veröffentlichte (für Westdeutschland branchenübliche) Kennzahlen über das Verhältnis von Umsatz zum Anlagevermögen und Eigenkapital zum Anlagevermögen herangezogen und mit der voraussichtlichen Umsatzentwicklung der THA-Firma für 1993 ins Verhältnis gesetzt, die aus dem Unternehmenskonzept hervorgeht. In einem zweiten Schritt

---

39 Treuhandanstalt, Beurteilung von Unternehmenskonzepten durch den Leitungsausschuß.

40 Gesetz über die Eröffnungsbilanz in Deutscher Mark und die Kapitalneufestsetzung (DMBilG), BGBl. 1990 I S. 1169.

wird das so ermittelte erforderliche Eigenkapital der Unternehmen ins Verhältnis zu dem nach der DM-Eröffnungsbilanz vorhandenen Eigenkapital gesetzt. Der Fehlbetrag zwischen erforderlicher Eigenkapitalausstattung und tatsächlich vorhandenem Eigenkapital erfordert dann eine Entschuldung der Firma von Altkrediten in entsprechender Höhe.

Die THA entschuldet, wenn durch Prüfung des Leitungsausschusses die Sanierungsfähigkeit des Unternehmens festgestellt wurde. Dabei werden die Altschulden mit den gegenüber der THA in die Bilanz eingestellten Ausgleichsforderungen verrechnet. Eine Ausgleichsforderung wird gemäß § 24 DMBilG dann gegenüber der THA erhoben, "wenn sich bei der Aufstellung der Eröffnungsbilanz ergibt, daß (das Unternehmen, F. H.) einen nicht durch Eigenkapital gedeckten Fehlbetrag ausweisen müßte." Allerdings führt erst eine über die Ausgleichsforderungen hinausgehende Entschuldung zur Stärkung des Eigenkapitals, indem eine Rücklage gemäß § 27 Abs. 2 DMBilG gebildet wird.

Erst im Zuge der Klärung der Unternehmensstatik und den Feststellungen der DM-Eröffnungsbilanzen hat die THA einen definitiven Überblick über die Vermögenswerte ihrer Unternehmen und kann auf dieser Grundlage entweder privatisieren oder/und sanieren oder abwickeln. Der Erfassungsprozeß wurde zur Jahreswende 1991/92 abgeschlossen.[41]

Privatisierung

Die von der THA durchzuführende Privatisierungsaufgabe ist bezogen auf ihre Masse und ihre Komplexität einmalig . Vor dem Hintergrund der besonderen Rahmenbedingungen der Systemtransformation läßt sie sich beispielsweise mit den Privatisierungs- bzw. Entstaatlichungsprogrammen Frankreichs, Großbritanniens

---

41 Im Juni 1991 lagen der THA insgesamt rund 4.200 testierte Bilanzen sowie 4.100 Unternehmenskonzepte vor; vgl. Treuhandanstalt-Informationen, Nr. 2 1991, S. 1. Die Auswertung der Bilanzen im Oktober 1991 ergab, daß mindestens 70 % der Treuhand-Unternehmen sanierungsfähig entsprechend der THA-Vorgaben sind; vgl. Treuhandanstalt-Informationen, Nr. 6 1991, Berlin, S.1.

oder Chiles nicht vergleichen. Die Gesamtzahl der weltweit zwischen 1980 und 1987 erfolgten Privatisierungen beläuft sich auf weniger als 1000.[42]

Die in den 80er Jahren gemachten Erfahrungen lassen sich dementsprechend nicht auf die Situation in den neuen Ländern übertragen. Während hier die Sanierung einer ganzen Volkswirtschaft im Mittelpunkt steht, die nur mittels Privater schnell erreicht werden kann, ging es dort um die Entlastung überforderter Staaten, die vorwiegend im Grunde voll funktionsfähige und intakte Staatsunternehmen mit sicheren Märkten verkauften.

Die Leitgedanken der Treuhandanstalt zur Privatisierung sind:

- möglichst umfassende und zügige Privatisierung und Entflechtung als Voraussetzung für das Entstehen wettbewerblicher und gesamtwirtschaftlich effizienter Strukturen;
- Vorrang der Privatisierung vor der Sanierung und - soweit möglich - Privatisierung der Sanierung[43]; bei nicht sanierungsfähigen Unternehmen unverzügliche Stillegung;
- Privatisierung im Wettbewerb und möglichst mit internationaler Auslobung (Chancen für KMU, aber auch ausländische Unternehmen);
- Vollständige Privatisierung (Kein "Dauerparken" von Anteilen bei THA und Vermeidung von Gemeinschaftsunternehmen).

---

42 S. International Bank for Reconstruction and Development, The Transformation of Economies in Central and Eastern Europe: Issues, Progress, and Prospects, unveröffentl. Manuskript, Washington D. C. 1991, Annex 2, S. 1.

43 Diese Vorgabe teilt der Sachverständigenrat: "...Privatisierung ist der geeignetste Weg zur Sanierung. Private Investoren bringen dabei unternehmerische Konzeptionen und das zu ihrer Realisierung benötigte Kapital ein." Der Sachverständigenrat empfiehlt diesbezüglich eine Verstärkung des Privatisierungsauftrages gegenüber der Sanierung durch Neuformulierung des TreuhG; vgl. Sachverständigenrat, Jahresgutachten 1990/1991,a. a. O., S. 228.

Über Bietverfahren, Zeitungsanzeigen und Ausschreibungen in Fachorganen werden Kaufinteressenten ermittelt. Ist ein Interessent gefunden, werden die Verhandlungsführer seitens der THA gehalten,

> "sich möglichst vor Beginn der Verhandlungen über die finanzielle Lage (verfügt der Kaufinteressent über das Management-Potential und die Mittel zum Erwerb und zur Fortführung des Betriebes?) und die Zuverlässigkeit des Kaufinteressenten (handelt es sich um bekanntermaßen auf Ausschlachten eines Betriebes ausgerichtete Interessenten oder Branchenunternehmen, die mit know how unterstützen können?) (zu) vergewissern".[44]

Die Aufforderung nach sorgfältiger Überprüfung des Interessenten verdeutlicht das Privatisierungsziel, das in der Sanierung durch Übernahme des Geschäftsbetriebs besteht. Entsprechend wird dem Käufer ein schriftliches Konzept zur Fortführung der Unternehmung abverlangt, das einen Geschäfts-, Investitions- und Finanzplan, einen Beschäftigungsplan (ggf. Sozialplan) und vorgesehene Geschäftsverbindungen mit Zulieferern und Kunden zu beinhalten hat.[45]

Vor Eintritt in konkrete Verhandlungen werden fusionsrechtliche Hindernisse nach dem Gesetz gegen Wettbewerbsbeschränkungen geprüft. Die THA verlangt von einem Interessenten mit einem Konzernumsatz von 2 Mrd. DM die sofortige Anmeldung des Zusammenschlußvorhabens beim Bundeskartellamt. Dem wettbewerbspolitischen Postulat, "daß die rentablen Produktionsstätten in den neuen Bundesländern als eigenständige Unternehmen statt als abhängige Tochtergesellschaften organisiert (werden sollen)"[46], wird im Zuge der schnellen Privatisierung, die

---

44 Treuhandanstalt, Richtlinie zur Privatisierung von Betrieben, S. 4.

45 Vgl. Bernd Scheifele, "Praktische Erfahrungen beim Unternehmenskauf in den neuen Bundesländern, I. Teil und II. Teil" in: Betriebs-Berater , Heft 9 bzw. Heft 10, 1991, S. 560 f. bzw. S. 629 f.

46 Hans-Hagen Härtel/Reinald Krüger, "Aktuelle Entwicklungen von Marktstrukturen in den neuen Bundesländern [gekürzte, aktualisierte Fassung des HWWA-

in der Anfangsphase vor allem nachfrageorientiert ausgerichtet war,[47] dabei nicht immer entsprochen werden können. Nur eine konsequente Neustrukturierung der Unternehmen im Sinne einer Angebotsorientierung wird den von Härtel/Krüger in die Diskussion gebrachten wettbewerbspolitischen Aspekt berücksichtigen können, daß ein eigenständiger Firmensitz in Ostdeutschland hochbezahlte Arbeitsplätze in Funktionen von Management, Forschung und Entwicklung bedeutet und somit dazu beiträgt, das Einkommensstrukturgefälle zwischen Ost- und Westdeutschland zu ebnen. Ist nur ein Kaufinteressent vorhanden, wird es in erster Linie nur darum gehen können, die Arbeitsplätze überhaupt zu retten.

Kernpunkt der Privatisierungsverfahrens ist die Preis- und Vertragsgestaltung. Dabei ergeben sich vor allem bei der Preisermittlung Probleme, da die für ein Ertragswertverfahren (Barwert aller künftigen Einnahmen bzw. Ertragsüberschüsse) benötigten Daten schwer zu ermitteln sind. Dies liegt vor allem daran, daß die Daten und Planziffern der Vergangenheit diesbezüglich nur bedingt aussagefähig sind. Der Substanzwert, der den Nettovermögenswert, der sich aus dem Saldo der Aktiva abzüglich der Verbindlichkeiten repräsentiert und dem vorhandenen Eigenkapital entspricht, kann auf Grundlage der DM-Eröffnungsbilanz leichter ermittelt werden.

In Anbetracht des Ziels, das mit den Unternehmensverkäufen als Privatisierung die Sanierung verbunden ist, bilden die zuvor ermittelten Preise nur Richtwerte. Auf Basis des vom Kaufinteressenten vorgelegten Unternehmenskonzepts beeinflussen hohe und schnell abfließende Investitionen, die Sicherung einer möglichst

---

Reports Nr. 86 "Aktuelle Entwicklungen von Marktstrukturen in Ostdeutschland aus wettbewerbspolitischer Sicht"] in: Aus Politik und Zeitgeschichte, Beilage 29/91.

47 Vgl. die Argumentation in Frank-C. Hansel/Thomas Schmid-Schönbein, Die Treuhandanstalt - ein spekulativer Rückblick, erscheint in: Otto Steiger/Hans-Joachim Stadermann (Hrsg.), Der Stand und die nächste Zukunft der Geldforschung. Festschrift für Hajo Riese, Berlin 1993.

hohen Zahl von Arbeitskräften und eine schnelle Übernahme die Vergabeentscheidung[48].

Die Vertrags- und Preisgestaltung läßt sich dahingehend interpretieren, daß

> "die Preise und die anderen Kautelen eines Vertrages vor allem die Funktion (haben), binding commitments zu erzeugen, die verhindern, daß indirekt nur Grund und Boden erworben wird oder allzu unseriöse Erwerber angelockt werden. Dementsprechend bewegen sich die Preise - nach allem, was bekannt wird - in einem Rahmen, der sich nicht ausschließlich an der Einnahmemaximierung des Bundesfinanzministers orientiert. Die Verkaufspolitik insgesamt ist bemüht, heutige Verwendung gegen die morgige und - in schwer erkennbarem Umfang - die Kontinuität der zu modernisierenden Produktionslinien bzw. die Erhaltung der Qualifikation der Arbeitskräfte zu begünstigen."[49]

Die Verträge werden aufgrund der Komplexität des Verkaufsobjekts jeweils individuell ausgehandelt. Sie definieren die zu verkaufenden Beteiligungen, das heißt die einzelnen zur Weiterführung des Betriebs erforderlichen Vermögensteile (assets) werden verhandelt, gegen Altlasten und Verbindlichkeiten aufgerechnet und schließlich verkauft. Der unter dem Strich dabei herauskommende Kaufpreis ist gemessen an den zu erbringenden Leistungen des Neueigentümers sekundär. Da "Unternehmen hinsichtlich des Kapital- und Personaleinsatzes flexibel reagieren müssen und deshalb im Prinzip keine verbindlichen Zusagen machen können"[50], kann man davon sprechen, daß der Erwerber für diese Leistung "bezahlt" wird.

Die Verträge sind nach Abschluß für Außenstehende kaum mehr nachvollziehbar, da sich die Kombination der assets, die je-

---

48 Vgl. Bernd Scheifele, Praktische Erfahrungen, a. a. O., S. 561 f.

49 Frank-C. Hansel/Thomas Schmid-Schönbein, Die Transformationspolitik, a. a. O., S. 466.

50 Härtel/Krüger, Aktuelle Entwicklungen, a. a. O., S. 29.

weils verkauft wurden, aus den konkreten Verhandlungen ergaben und nicht zuletzt vom Zeitpunkt abhingen, zu dem sie getätigt wurden. Diesem Umstand ist der in Folge der öffentlichen Kritik beschleunigte Aufbau von Controlling-Abteilungen, den Kaufmännischen Direktoraten, geschuldet.

Die Verträge enthalten in der Regel Kaufpreisanpassungsklauseln, die sich auf die Wertansätze für Grund und Boden beziehen. Aufgrund des noch nicht funktionierenden Grundstücksmarktes ist eine zutreffende Ermittlung des Verkehrswertes zum Zeitpunkt der Veräußerung nicht möglich. Nachbewertungen sollen laut den Musterverträgen[51] nach einer Frist von zwei bis zu fünf Jahren vorgenommen werden. Die Abwicklung der Nachbewertungsklauseln wird von den Kaufmännischen Direktoraten übernommen. Sie sorgen dafür, daß nach Vertragsabschluß die jeweils ausgehandelten Abmachungen und Auflagen eingehalten werden. Im Rahmen eines "Vertragscontrolling" kontrollieren sie die Einhaltung von in der Regel zeitlich gestaffelten Investitions- und Mitarbeiterzusagen und betreuen die "Öko-Altlastenabwicklung" .

Über den Ausgliederungsparagraphen §12 Abs. 3 TreuhG konnte eine erste Entflechtung der ehemaligen Kombinate durchgeführt werden. GmbHs konnten sich im Falle eines Nachweises eines betriebswirtschaftlichen Nutzens aus den Konzernen ausgründen und so ihre Privatisierung erleichtern. Die Konzerne bilanzierten sich als Ausgleich eine gegen die THA gerichtete verzinsliche Ausgleichsforderung. Diese erste Entflechtungswelle blieb allerdings auf die Initiative von unten beschränkt.

Das im April 1991 verabschiedete Spaltungsgesetz[52] trägt dem Transformationserfordernis einer erweiterten Entflechtung Rechnung und erlaubt der THA, entsprechend einer käuferorientierten Stückelung zu handeln. Damit werden rückwirkend Entflechtungsmaßnahmen wirksam, die die THA bereits durchführen

---

51 Bernd Scheifele, Praktische Erfahrungen, a. a. O., S. 630.
52 Gesetz über die Spaltung der von der Treuhandanstalt verwalteten Unternehmen, BGBl. 1991 I S. 854.

mußte, um insbesondere dem Privatisierungshemmnis Überbeschäftigung bei Großbetrieben Rechnung tragen zu können. Mit der Ausgliederung der Vorstufenbereiche und der produktionsnahen Dienstleistungen können die Käufer auf eine Kernbelegschaft zurückgreifen, die in den unmittelbaren Produktionsprozessen konzentriert werden kann.

Das Spaltungsgesetz ermöglicht die reale Teilung und den Übergang von Vermögensteilen in einem einheitlichen Vorgang im Wege der sogenannten "partiellen Universalsukzession". Mit dieser pragmatischen Regelung wird die nach geltendem Recht bei einer solchen Neustrukturierung sonst notwendige zeitraubende Einzelübertragung jedes Vermögensgegenstandes umgangen. Zwei Formen der Spaltung sind vorgesehen:

1.) Mit der Aufspaltung zur Neugründung wird die übertragende Gesellschaft ohne Abwicklung aufgelöst; gleichzeitig werden ihre Vermögensteile jeweils als Gesamtheit auf andere dadurch gegründete Kapitalgesellschaften übertragen. 2.) Bei der Abspaltung zur Neugründung bleibt die übertragende Gesellschaft bestehen, es werden allerdings ein Teil oder mehrere Teile des Vermögens jeweils als Gesamtheit auf eine oder mehrere dadurch gegründete neue Kapitalgesellschaften übertragen.

Mit der Neufassung des D-Markbilanzgesetzes in Artikel 4 des Enthemmungsgesetzes[53] können bis zum 30. Juni 1991 vorgenommene Maßnahmen zur Neustrukturierung und Entflechtung eines Unternehmens rechnungsmäßig noch auf den 1. Juli 1990 gestellt werden, so daß es in diesen Fällen nur einer D-Markeröffnungsbilanz bedarf. Mit den Möglichkeiten des Spaltungsgesetzes kann die THA ihre Mittelstandsinitiative umsetzen. Ihr Ziel ist die Herausbildung einer der alten Bundesrepublik analogen mittelständischen Wirtschaftsstruktur, die über eine "Ausgliederungsoffensive im Rahmen der horizontalen und vertikalen Entflech-

---

[53] Gesetz zur Beseitigung von Hemmnissen bei der Privatisierung von Unternehmen und zur Förderung von Investitionen vom 13. 3. 1991 (Enthemmungsgesetz), BGBl. 1991 I S. 766.

tung"[54] zunehmend verwirklicht werden soll. Die Entflechtungsmöglichkeiten durch das Spaltungsgesetz begünstigen das Verkaufsmodell von Unternehmen durch deren Geschäftsführer oder deren Belegschaft (Management-Buy-Out/Employee-Buy-Out) im Rahmen der Mittelstandsstrategie der THA. Die Schwierigkeiten der Einbringung von Eigenkapital beschränken MBO-Initiativen allerdings vorwiegend auf Unternehmen, deren künftige Überlebensfähigkeit stärker von erfahrenen Managern vor Ort abhängt als vom Kapital. Es sind entsprechend kleine und mittlere Unternehmen, auf die sich MBO's vorwiegend konzentrieren.

Voraussetzung für die Realisierung eines Management-Buy-Out - die Möglichkeit eines Management-Buy-In ist gleichermaßen vorgesehen - ist entsprechend der sonstigen Kriterien der Privatisierung ein tragfähiges Unternehmenskonzept. Bei Finanzierungsproblemen fördert die THA MBO's bzw. MBI's durch eine befristete Stundung des Kaufpreises (verzinsliche Ratenzahlung) oder vergibt Bürgschaften. Kostensenkend ist auch die Übernahme des Unternehmens zunächst ohne die Immobilie, die dann mit Vorkaufsrecht an das Unternehmen verpachtet werden kann.

Jede vierte Privatisierung auf der Ebene der Niederlassungen ist ein MBO, wobei die meisten MBO's auf Betriebe entfallen, die mit kleinen Belegschaften (1-100 Mitarbeiter ca. 70%) auf primär lokalen Märkten operieren (Dienstleistungen 28% Baugewerbe 21%, Handel 11%, dagegen Fahrzeugbau 5%).[55]

Unternehmensverkauf oder Immobiliengeschäft - Zur Grundstücksfrage

Durch die im § 11 TreuhG festgelegte Umwandlung der Kombinate in Aktiengesellschaften und der Betriebe in GmbHs wurde gleichzeitig "der Übergang des Vermögens aus der Fondsinhaberschaft der bisherigen Wirtschaftseinheit sowie des in Rechtsträger-

---

54 S. Treuhandanstalt, "Der Beitrag der Treuhandanstalt zur Herausbildung mittelständischer Strukturen in den neuen Ländern" in: dies. Auftrag, Zwischenbilanz, Grundsätze, Berlin 1991, S. 27.

55 Zahlen nach Treuhandanstalt-Informationen, Nr. 5 1991, S. 4.

schaft befindlichen Grund und Bodens in das Eigentum der Kapitalgesellschaft"[56] erwirkt.

Grund und Boden ist im Rahmen der Planwirtschaft für die Betriebe faktisch wertlos. Das führte auch in der DDR dazu, daß die Kombinate und Betriebe große Flächen extensiv vor allem als Lager- und Abfallfläche genutzt haben. Mit der Umstellung auf die Marktwirtschaft, in deren Zentrum die Disposition über Vermögensbestände steht, erhalten Grund und Boden schlagartig den Charakter einer wertvollen - gemessen am technischen Zustand der ostdeutschen Industrie oftmals der wertvollsten - Ressource. Daraus ergibt sich ein verdeckter Zielkonflikt zwischen dem Auftrag der THA einerseits und den Interessen der Unternehmen andererseits, der auf die Privatisierungs- und Sanierungstätigkeit der THA gravierend einwirkt.

Die nicht betriebsnotwendigen Flächen verzerren den Geschäftswert der Unternehmen. Oftmals stellen diese Flächen in der Bilanz den einzigen Posten auf Seiten der Aktiva dar. Die meisten Betriebe können daher als Immobiliengesellschaften mit anhängendem Geschäftsbetrieb angesehen werden. So gibt es Unternehmen, die ihre Verluste einfahrende Produktion radikal heruntergefahren, somit die Belegschaft entsprechend entlassen haben und nun überwiegend von der Vermietung oder Verpachtung der nicht betriebsnotwendigen Flächen ihre Einnahmen bestreiten. Diese Einnahmen bildeten für die Unternehmen bzw. ihre Geschäftsführer einen im Rahmen der notwendigen Umstrukturierung dysfunktionalen Anreiz und entlasten sie von der Notwendigkeit einer umfassenden Umstrukturierung des produzierenden Geschäftsbereiches. Da die THA bemüht ist, eine wettbewerbsfähige Unternehmer-Wirtschaft zu schaffen, die eine Wertschöpfung über Produktion gewährleistet, muß das Interesse der THA in puncto nicht betriebsnotwendiger Flächen darin bestehen, sowohl die Immobilie als auch den Geschäftsbetrieb - wo ihren Kriterien gemäß möglich

---

[56] Treuhandgesetz, S. 302.

- einer jeweils optimalen Verwendung durch Privatisierung zuzuführen.

Die THA ist entsprechend bemüht, die Unternehmen von dem falschen Anreiz einer Immobiliengesellschaft zu befreien, damit sie sich auf das Produktionsgeschäft konzentrieren können. Dies bedeutet, daß die THA dafür sorgt, daß die Unternehmen für ihre nicht betriebsnotwendigen, aber in der Bilanz stehenden einen Aktivtausch (Ausgleichsverbindlichkeit gegen Immobilie) vornehmen oder daß die Vergabe weiterer Finanz- bzw. Sanierungsmittel von der Herausgabe bzw. Veräußerung der Immobilien abhängig gemacht wird. Der falsche Anreiz, den die Immobilien für die Geschäftsführer darstellen können, lockt auch Investoren, die sich um Betriebe zwecks Flächen bemühen. Die THA muß sich jeweils fragen, ob sie den Betrieb oder die Immobilie - oder beides im Rahmen einer optimalen Verwendung - verkaufen will.

Die Liegenschaftsgesellschaft der THA (TLG mbH) vermarktet als Managementgesellschaft und 100%ige Tochter der THA auf deren Rechnung das nicht betriebsnotwendige Immobilienvermögen. Die TLG ist dabei auf eine enge Zusammenarbeit mit den Branchendirektoraten angewiesen, da ihr selbst die entsprechenden Informationen über die Objekte bisher fehlen. Ziel der Verwertung der THA-Liegenschaften ist eine rasche Bereitstellung von Grundstücken, um die in den neuen Ländern bestehende Knappheit an Gewerbeflächen, die die Grundstückspreise verzerren, abzubauen. Es ist vorgesehen, die Flächen grundsätzlich öffentlich auszuschreiben. Das Verfahren sieht im Vorfeld der Ausschreibung eine Abstimmung mit den Kommunen vor, die in der Regel noch keine verbindlichen Flächennutzungspläne entwickelt haben. Im Rahmen von Investitionskonferenzen soll dabei über die künftige Nutzung der Flächen mit den zuständigen öffentlichen Gebietskörperschaften beraten werden, was nach der Veräußerung zu einer beschleunigten Umsetzung des Investitionsvorhabens führt.

Sanierung

Die Leitlinien zur Geschäftspolitik der THA begründen, daß "die Sanierung und Umstrukturierung (...) wo immer möglich, durch private unternehmerisch aktive Eigentümer (erfolgt)".[57] Die Pra-xis zeigte allerdings, daß die THA Unternehmen mit komplizierteren Verknüpfungen interindustrieller und interregionaler Verflechtung und tatsächlichen negativen Ertragserwartungen nur schwer verkaufen kann.[58] Die THA leitet dementsprechend zunehmend eine befristete aktive "Ansanierung" der verbleibenden Unternehmen an. Die Sanierungsbegleitung, die 1991 Mittel von ca, 10 Mrd. DM freigesetzt hat, verfolgt das Ziel, den Unternehmen zu ermöglichen, sich kurzfristig durch Umstrukturierung (Beschäftigungsabbau, Rationalisierung, Produkterneuerung, Marketing etc.) zu modernisieren und mit neuen Produkten und Konzeptionen neue Märkte erschließen zu können.

Die Notwendigkeit der "Ansanierung" zeigt das Transformationsdilemma, welches besonders zu Beginn der Arbeit der THA sehr schwer wog: um unter geldwirtschaftlichen Bedingungen marktbezogen handeln zu können, müssen vor Ort Entscheidungen getroffen werden. Klassische Unternehmerentscheidungen als langfristige Bindungen (Kredite für Investitionen in Produktentwicklung, Vertriebspolitik, Technikwahl etc.) fanden und finden teilweise noch nicht statt. Einerseits geben die Banken wegen des Problems der Besicherung (ungeklärte Vermögensbestände der Unternehmen) keine Kredite, so daß die Unternehmen nicht über Leihkapital verfügen können. Andererseits können die Geschäftsführer nicht als autonom handelnde Wirtschafter fungieren: sie haben sich offen zu halten für die Vorhaben von potentiellen zukünftigen Eigentümern.[59]

---

[57] Treuhandanstalt, Leitlinien zur Geschäftspolitik, S. 3.

[58] Subventionierung und Privatisierung durch die Treuhandanstalt. Kurswechsel erforderlich, DIW-Wochenbericht 41/91., S. 576.

[59] Vgl. Frank-C. Hansel/Thomas Schmid-Schönbein, Die Transformationspolitik S. 466 f.

Voraussetzung für die Einleitung von Sanierungsmaßnahmen ist für die THA neben der Vorlage der DM-Eröffnungsbilanz ein tragfähiges Unternehmenskonzept, das von der Geschäftsführung oder dem Vorstand der THA-Firma vorgelegt wird. Das Unternehmenskonzept muß ein Privatisierungs-, Sanierungs- und Finanzierungskonzept beinhalten. Im Sanierungskonzept sollen gemäß der Richtlinie zur Erstellung und Behandlung von Unternehmenskonzepten[60] Angaben vorgelegt werden:

- zur Marktentwicklung,
- zur Umsatz- und Absatzentwicklung (unter gesonderter Ausweisung des RGW-Anteils),
- zur Kostenstruktur (insbesondere unter Berücksichtigung der geplanten Personalentwicklung),
- zur Unternehmensstruktur (z. B. Teilstillegungen, Aufgabe von Hilfs- und Nebenbetrieben),
- zur Ertragsentwicklung,
- zu Investitionen und deren Finanzierung,
- zum Stand der bisherigen Sanierungsmaßnahmen und zum Management.

Die Initiativen zur Sanierung und die entsprechenden Maßnahmen ergreifen die Geschäftsführungen vor Ort. Grundsätzlich stellt sich dabei für die THA das Problem, daß die vorwiegend "alten" Geschäftsführer mit der Umsetzung solch differenzierter und komplexer Sanierungsmaßnahmen in vielen Fällen überfordert sind. Das dazu erforderliche Know-how umfaßt das gesamte Einmaleins der Betriebswirtschaftslehre. Eine auf Erfolg angelegte befristete Sanierung erfordert eine strategische Unternehmensplanung. Unter Berücksichtigung der neuen Markt- und Wettbewerbsbedingungen müssen Stärken-Schwächenanalysen des jeweiligen Unternehmens im Zusammenhang umfassender Marktanalysen erstellt werden

---

[60] Treuhandanstalt, Richtlinie zur Erstellung und Behandlung von Unternehmenskonzepten.

ebenso wie Produktionspläne, Beschaffungspläne, Personalpläne, Entwicklungspläne und Investitionspläne.

Als Gesellschafter unterstützt die THA ihre Beteiligungsunternehmen bei der Umsetzung der Sanierungsmaßnahmen neben der Finanzierung vor allem beim Management. Sie kann die Aufsichtsräte der Unternehmen stärker einbinden, externe Berater mit Branchenkenntnissen und Sanierungs-Know-how bereitstellen oder die Geschäftsführungen ersetzen bzw. mit Managern auf Zeit ergänzen. Die finanziellen Umstrukturierungs- und Sanierungshilfen umfassen Eigenkapitalerhöhungen und Altkrediterlasse, Gesellschafterdarlehen und Bürgschaften für Investitionen und Betriebsmittel, Exporthilfen[61], zweckgebundene Bürgschaften für Liquiditätskredite.

Abwicklung

In der Geldwirtschaft gehört die Einhaltung der "harten Budget-Restriktion" der einzelnen Unternehmen zur Funktionsbedingung. Entsprechend bedarf es der Sanktionierung bei laufend defizitärem Wirtschaften. Da grundsätzlich gewährleistet werden muß, daß Verträge eingehalten werden, gehen im Falle der Zahlungsunfähigkeit (Insolvenz) Unternehmen in Konkurs. Aus dieser grundsätzlichen geldwirtschaftlichen Logik und dem konkreten Entstaatlichungsauftrag der THA ergibt sich die Notwendigkeit, Betriebe, die nicht sanierungs-, weil nicht überlebensfähig sind, stillzulegen. Im Falle einer mangelnden Sanierungs- oder Privatisierungsfähigkeit kann die THA die Liquidation des Unternehmens beschließen, auch ohne daß bereits ein Grund zur Einleitung einer Gesamtvollstreckung (entspricht einem Insolvenzverfahren wegen Zahlungsunfähigkeit oder Überschuldung) vorliegt.

---

61 Die Bundesregierung förderte im Rahmen des Vertrauensschutzes Exportlieferungen von THA-Unternehmen in die UdSSR und andere ehemalige RGW-Staaten; Exporte von THA-Unternehmen erhielten bis zum 31.12.1991 Sonderkonditionen unter Hermes-Deckung bei Vorlage der Bestätigung der Sanierfähigkeit; vgl. Mitteilung des Bundesministeriums für Wirtschaft vom 6.12.1990.

Zuvor wird geprüft, ob ein Liquidationsverfahren vermieden werden kann. Das ist insbesondere notwendig, um eine "Insolvenzkette" zu unterbrechen, die entsteht, wenn durch die Insolvenz eines Unternehmens an sich privatisierungs- und sanierungsfähige, mit dem überschuldeten Unternehmen verbundene, Unternehmen zahlungsunfähig werden. Die Überschuldung oder Zahlungsunfähigkeit kann - wie bei den Umstrukturierungs- und Sanierungshilfen auch - durch Zuführung von Liquidität über mit THA-verbürgten Krediten, durch Entschuldung durch die THA und durch Zuführung von Eigenkapital durch Gesellschafterzuschüsse abgewendet werden.

Die THA arbeitet grundsätzlich mit zwei Abwicklungsverfahren, die jeweils eigene Vor- und Nachteile haben. Für die THA ergibt sich bei der sogenannten "Stillen Liquidation" gegenüber dem gesetzlich regulierten Gesamtvollstreckungsverfahren der Vorteil, daß sie Herr des Verfahrens bleibt. Sie kann bei unmittelbaren THA-Unternehmen ihren eigenen Liquidator bestimmen, der ihr gegenüber weisungsgebunden ist, und behält die Entscheidungsbefugnis bei Verkäufen, z. B. von Unternehmensteilen und Grundstücken. Allerdings ist der finanzielle Aufwand für die soziale Abfederung höher und der Personalabbau schwieriger.

Bei Entscheidung für die Stillegung einer THA-Firma wird im Auftrag der THA innerhalb von 14 Tagen ein Gutachten erstellt, auf dessen Grundlage ein Liquidations- und Finanzierungsplan erarbeitet wird.[62] Dabei geht es um die optimale Kombination verschiedener Möglichkeiten, überlebensfähige Substanz an neue Nutzer zu übergeben. Geeignete Betriebsteile können aus dem Gesamtunternehmen herausgelöst und - analog den Vorgaben bei der Privatisierung - als selbständige Einheiten veräußert und privat weitergeführt werden.

Nach Angaben der THA konnten im Rahmen von insgesamt 525 Liquidationen bis Ende Juli 1991 41% der vormals in diesen Be-

---

62 Treuhandanstalt-Informationen, Nr. 5/1991, S. 11.

trieben Beschäftigten ihren Arbeitsplatz behalten.[63] Liquidation bedeutet demnach nicht, daß Ressourcen vernichtet, sondern daß sie im Gegenteil freigesetzt, also im Rahmen der geldwirtschaftlichen Allokation erfolgversprechenden Verwendungen zugeführt werden, die in neuen Kombinationen langfristig tragen. Die THA kann diesbezüglich damit rechnen, daß es in vielen Fällen gelingt, im Rahmen der radikalen Privatisierung, die eine Stillegung nach sich ziehen kann, mehr Arbeitsplätze zu erreichen als im Rahmen der alten Strukturen hätten - möglicherweise trotz eines hohen Subventionsbeitrags - gesichert werden können.

In Fällen allerdings, in denen sich Investitionen für Investoren nicht rechnen lassen und keine neuen Verwendungen gefunden werden können, müssen die Folgen des Arbeitsplatzabbaus kompensiert werden. Diese Kompensation ist ein notwendiges Element im Rahmen der sozial verträglichen Gestaltung des gesamtgesellschaftlichen Transformationsprozesses, liegt jedoch außerhalb der Funktionslogik der THA als Übergangsagentur von der Plan- zur Geldwirtschaft.

> "Bei Betriebsstillegungen oder Teilstillegungen von herausragender arbeitsmarktpolitischer Bedeutung werden Treuhandanstalt, Länder und Bund bemüht sein, die nachteiligen Auswirkungen für die Beschäftigten, den Arbeitsmarkt und die gesamte Region zu verringern, überschaubar zu machen und Ansätze für den Aufbau neuer Arbeitsplätze zu schaffen (...) In den Fällen einer Stillegung von herausragender arbeitsmarktpolitischer Bedeutung leitet die Landesregierung ein Sonderverfahren zur Ansiedlungförderung ein. Unter Führung der Landesregierung wird eine Arbeitsgruppe Ansiedlungsförderung eingesetzt, in der alle betroffenen Behörden des Landes und der betroffenen Kommune(n) vertreten sind..."[64]

---

63 Ebd; nimmt man die zeitlich abgestuften Beschäftigungszusagen hinzu, werden von 70 bis zu 120% der vormaligen Erwerbsquote erwartet.

64 Treuhandanstalt, "Grundsätze zur Zusammenarbeit von Bund, neuen Ländern und Treuhandanstalt (Bonn, 14. 3. 1991)" in: dies., Auftrag, Zwischenbilanz, Grundsätze, S. 19.

Der Beitrag der THA in diesen Fällen beschränkt sich auf eine Dienstleisterrolle, die vor allem darin besteht, die erforderlichen Informationen an die für industrie- und strukturpolitische Maßnahmen verantwortlichen Institutionen und Körperschaften zu geben.

Die Vorteile der stillen Liquidation sind umgekehrt die Nachteile der Gesamtvollstreckung. Das Gesamtvollstreckungsverfahren ist gesetzlich geregelt und entbindet die THA von ihrer Eigentümerverantwortung. Im Gesamtvollstreckungsverfahren findet die Bestellung des Konkursverwalters bzw. -richters durch das entsprechende Kreisgericht statt. Der Blick des Konkursrichters geht in der Regel mehr in Richtung der Interessen des Gläubigers als auf das Ziel, möglichst neue Verwendungen für Ressourcen zu finden. Außerdem kann eine negative Wirkung auf die Geschäftsbeziehung zwischen dem entsprechenden Unternehmen und mit ihm verbundenen THA-Firmen zur Folge haben.

Zwischenbilanz und Ausblick

Nach eineinhalbjährigem Bestehen und intensiver Verkaufs-, Sanierungs- und Abwicklungstätigkeit der THA lassen sich Zwischenergebnisse würdigen. Bei steigender Arbeitsintensität (Anstieg der Beschäftigten der THA von 1.115 im Dezember 1990 auf 3200 Ende 1991[65]) konnte die THA im Rahmen eines learning by doing - Prozesses vor allem das Privatisierungstempo gegenüber der Anfangsphase deutlich erhöhen. Konnten im gesamten zweiten Halbjahr 1990 erst 403 Unternehmen verkauft werden, erhöhte sich die Verkaufsbilanz bereits innerhalb des ersten Quartals 1991 auf immerhin 1030. Schon im Oktober 1991 konnten immerhin bereits knapp über 500 Unternehmen privatisiert werden.

---

65 Bundesministerium der Finanzen, Bericht über ein Jahr Tätigkeit der Treuhandanstalt, Bonn 1991, S. 32.

Bezogen auf das Industrievermögen resultierten bis Dezember 1991 aus den gesamten Verkaufsbemühungen der THA[66]:

- 4.777 genehmigte Unternehmensverkäufe und -teilverkäufe,
- Verkaufserlöse von 16 Mrd. DM,
- Investitionszusagen in Höhe von 105 Mrd. DM (unter Einschluß von 30 Mrd. DM langfristiger Investitionen für den Energiesektor),
- Arbeitsplatzzusagen für 857.792 Beschäftigte .

Werden diese Investitionssummen (1990 ohne Energiesektor 12 Mrd. DM) für verkaufte THA-Unternehmen ins Verhältnis gesetzt zu den ca. 350 Mio. US-$ an ausländischen Investitionen, die beispielsweise Polen 1990 einwerben konnte[67], so läßt sich abschätzen, daß der Weg der "schnellen" Privatisierung mit dem Ziel der privatisierten Sanierung , das die Logik der Systemtransformation unter den Bedingungen der Währungsunion vorgab, der richtige ist.

Werden auf der anderen Seite die Privatisierungserlöse zum Maßstab genommen, sieht die Bilanz negativ aus. Im Haushalt 1991 der THA wurden bei einem Gesamtvolumen von 37,7 Mrd. DM die Privatisierungserlöse auf 15.840 DM veranschlagt. Diesen Einnahmen standen auf der anderen Seite Sanierungshilfen von 12.862 Mrd. DM sowie (gesetzlich festgelegte) Zinsen und Tilgungen für Altkredite in Höhe von 11.646 Mrd. DM entgegen. Das Finanzierungsdefizit führte dementsprechend zu einer Nettokreditaufnahme von insgesamt 25.1 Mrd. DM für die Jahre 1990 und 1991.[68]

Die Prognosen für die kommenden Jahre liegen bei weiteren jährlichen Kosten von etwa 30 Mrd. DM. Wird das Privatisierungstempo für kontinuierlich realisierbar unterstellt, ist das Ende

---

66 Treuhandanstalt, Bericht Privatisierung 12/91.

67 Benedikt Thanner, "Privatisierung im Widerstreit der Interessen und Meinungen" in: ifo-Schnelldienst 16/17 1991 - Neue Bundesländer in der Strukturanpassung, Ifo-Institut für Wirtschaftsforschung, München, S. 27.

68 Treuhandanstalt-Informationen, Nr. 3 - 4/1991, S. 9.

der operativen Geschäftstätigkeit der THA bis Mitte 1993 abzusehen. Unter dem Strich dürfte die THA dann mit einem Gesamtnegativsaldo von runden 250 Mrd. DM ihre Tätigkeit erfolgreich beenden; erfolgreich deshalb, weil mit der Treuhandanstalt ein institutioneller Rahmen geschaffen wurde, der im Zusammenwirken mit einer aktiven Arbeitsmarktpolitik, dem Management westlicher Unternehmen und wachsendem Engagement der Banken eine kontrollierte Systemtransformation ermöglicht - bei anfänglich nicht existierenden Finanz- und verloren gegangenen Gütermärkten. Nicht die alte Bundesrepublik ist der Ausgangs- und somit der Vergleichspunkt der wirtschaftlichen Entwicklung der neuen Länder, sondern die anderen ehemals staatssozialistischen Staaten bilden den Referenzrahmen für dieses einmalige Transformationsexperiment. Es ist denn auch im Jahre 1992 überwiegend zunächst noch das Ausland, das, mit komparativem Blick ausgestattet[69], die Skepsis weiter Kreise des Inlands nicht teilt.

[69] Wendy Carlin/Colin Mayer, "Restructuring Enterprises in Eastern Europe", in: Economic Policy, Oxford (im Erscheinen).

Erwerbstätigkeit von Frauen in den neuen Bundesländern - Lebensmuster unter Druck.

Anne Hampele (Berlin), Stefan Naevecke (Göttingen)

Während die Frauenerwerbstätigkeit in der DDR statistisch fast so hoch lag wie die der Männer (81 %), betrug der Frauenanteil an den Arbeitslosen bereits kurz nach der Wirtschafts-, Währungs- und Sozialunion über 50 %. Die Besonderheit dieses Prozesses liegt darin, daß er darauf zuläuft, die Erwerbsbeteiligung von Frauen nachhaltig zu senken. Es ist zu erwarten, daß im Resultat der wirtschaftlichen Umstrukturierung die Zahl der insgesamt vorhandenen Arbeitsplätze deutlich reduziert wird. Politisch geht es darum, die Differenz zur Gruppe der Vorruheständler und, was hier speziell von Interesse ist, zur Gruppe der Frauen aufzufangen. So schreibt der Sachverständigenrat (SVR): "Die Zahl von etwa 9 ½ Millionen Arbeitsplätzen, wie sie in der DDR vorhanden war, wird auch nach einem erfolgreichen Strukturwandel in den neuen Bundesländern nicht wieder erreicht werden. Auf Dauer werden in den neuen Bundesländern weniger Menschen erwerbstätig sein als in der alten DDR." Die konkrete Vorstellung, um wen es sich handeln werde, ergibt sich dem SVR zufolge daraus, daß "(bei) steigenden Einkommen (..) es mehr Familien möglich sein (wird), das erwünschte Haushaltseinkommen mit weniger Verdienern zu erwirtschaften. Unterstützt werden könnte der Rückgang der Erwerbsquote durch entsprechende Regelungen für das Ausscheiden aus dem Erwerbsleben" durch Vorruhestand sowie eine Reduktion des Beschäftigungsvolumens durch Teilzeitarbeit.[1]

1 Sachverständigenrat, Marktwirtschaftlichen Kurs halten, o. O. 1991, S.27

Dabei entsteht diesem Gremium kein Legitimationsbedarf, da es unausgesprochen am bundesdeutschen Ist-Zustand orientiert, der auf diese Weise zur sozialen Normalität erklärt wird.[2] Hier liegt die Frauenerwerbsquote bei 54 % (und damit rund ein Drittel unter der der Männer). Andere Prognosen zur Entwicklung der Frauenerwerbsbeteiligung setzen etwas andere Akzente. So ging das Institut der deutschen Wirtschaft in Köln (IW) eher von einer beiderseitigen Annäherung der west- und ostdeutschen Frauenerwerbs-quote aus, wobei ein großer Anteil relativ stabiler Erwerbsorientierung im Osten angenommen und die steigende Erwerbsneigung der Frauen im Westen[3] berücksichtigt wird.[4] Diese Einschätzung vertrat auch der Präsident der Nürnberger Bundesanstalt für Arbeit, Egon Franke, in einem Interview im August 1991.[5]

Die Suggestion, es könne auf eine 'normale' oder gar 'natürliche' Frauenerwerbsquote Bezug genommen werden, kann kaum darüber hinwegtäuschen, daß gerade die Erwerbsbeteiligung von Frauen (vor allem Müttern bzw. Frauen in ihrer Eigenschaft als zumindest potentielle Mütter) weltanschaulichen Zündstoff in sich trägt, der schon gleich in der Auseinandersetzung mit der DDR-Realität einer sehr hohen Müttererwerbsqoute und dem daran geknüpften Emanzipationsversprechen des realsozialistischen Sozialsystems immer wieder eine Rolle gespielt hat.[6] Generell kreuzen

---

2 Vgl. auch einen Kommentar des Bundessozialministers Norbert Blüm, demzufolge eine Frauenerwerbsquote von 90 % und eine Arbeitslosenquote von 5 % "nun mal nicht zusammen(passen)", in: Zweiwochendienst Frauen und Politik, H. 55/1991, S. 15

3 Vgl. Immer mehr Frauen im Beruf, in: DIW-Wochenbericht H. 29/1987

4 "Nach Auffassung des IW wird sich der Prozentsatz der Berufstätigkeit der Frauen in beiden Teilen Deutschlands einander angleichen. Bis zum Jahr 2000 wird die Frauenerwerbsquote (Ost) von derzeit 81 auf 76 % sinken, (West) von 56 auf 62 % steigen." (Berliner Zeitung vom 2.8.1990) - Das IW schätzt für 1995 7 Mio. Arbeitsplätze weniger; Entlastung komme aus einer zu erwartenden rückläufigen Erwerbsneigung der Frauen: wenn die Frauenerwerbsquote bis 1995 auf das Westberliner Niveau von 75 % sinke, bedeute dies eine Verringerung der Erwerbspersonenzahl um ca. 345.000. (Vgl. Berliner Zeitung vom 11.7.1991)

5 Egon Franke, Interwiev im Tagesspiegel vom 11.8.1991

6 Einem Kommentator der Frankfurter Allgemeinen Zeitung gilt die hohe Frauenerwerbsquote als überformende Leistung der SED, ohne die sie der Norm des West-Standards entsprochen hätte, und muß gar als Mitursache des wirtschaftli-

sich in der Diskussion um Frauenerwerbstätigkeit verschiedene Beurteilungen und Wertigkeiten hinsichtlich der Rolle der Frau, hinsichtlich des sozialen Wandels von Familie, der Bedeutung von Berufsarbeit und dem Verhältnis der Geschlechter, so daß die Beiträge dazu eine "unterschiedliche politische Valenz im sozialen 'Interpretationskampf' um die Verharmlosung oder Dramatisierung von Frauenproblemen" haben.[7]

Der sich abzeichnende Umbruch in Struktur und Extension von Frauenerwerbstätigkeit in den Ländern der ehemaligen DDR ist zugleich eine sozialkulturelle Roßkur, insofern damit bisherige Lebensmuster und Lebenspläne, die "Landkarten unserer Existenz",[8] entwertet werden. Erwerbsbeteiligung, ihre alltagskulturelle Verankerung und Ambivalenz im weiblichen Lebenszusammenhang bildeten bisher für ostdeutsche Frauen die Normalität und gehörten zu den Rahmenbedingungen, unter denen sie ihre individuellen Arrangements arbeitsbezogener und außerberuflicher Interessen einrichteten. Durch die Veränderung der sozialrechtlichen Grundlagen sowie Verdrängungsprozesse aus Beschäftigung und Arbeitsmarkt erfahren diese Lebensmuster harte Herausforderungen. Bislang ist wenig darüber bekannt, wie Frauen sich gegenüber diesem Druck verhalten und wie Lebensmuster sich differenzieren werden. Erwerbstätigkeit von Frauen der DDR wird im folgenden in wichtigen Aspekten ihres alltagskulturellen Stellenwerts charakterisiert, bevor wir dann in einem weiteren Schritt die gegenwärtigen Arbeitsmarktprozesse im Hinblick auf unterschiedli-

---

chen Niedergangs der DDR herhalten. Er bezeichnet die Forderung, ABM-Stellen zu quotieren, deshalb als falsch, weil "zu der Wirtschaftsstruktur der alten DDR, die verändert werden muß, (..) der hohe Anteil von Frauen (gehörte), die in einem Arbeitsverhältnis standen" und damit "zu einem nicht unbeachtlichen Teil die überbesetzten Betriebe" bewirkt hätten, bloß weil Frauenerwerbstätigkeit zur SED-Ideologie gehört habe. (Frankfurter Allgemeine Zeitung vom 3.8.1991)

7 Elisabeth Beck-Gernsheim, Vom 'Dasein für andere' zum Anspruch auf ein Stück 'eigenes Leben', in: Soziale Welt H. 3/1983, S. 308

8 Cohen/Taylor, zitiert nach Angelika Tölke, Lebensläufe von Frauen im Wandel, in: Aus Politik und Zeitgeschichte B. 34 - 35 vom 17.8.1990, S. 29

che Perspektiven für Frauenerwerbstätigkeit darstellen und interpretieren.

'Kinder, Küche, Kombinat' - eine biographische Selbstverständlichkeit

Die Sozialgeschichte der DDR ist geprägt vom staatlichen Ziel einer maximalen Erwerbsquote und geleitet von einem Emanzipationsverständnis, wie es die Arbeiterbewegung tradierte: daß die Befreiung des Menschen und in besonderer Weise die der Frau die Teilnahme am Prozeß der gesellschaftlichen (Erwerbs-) Arbeit zur Bedingung habe. "Die mit dem Aufbau der sozialistischen Gesellschaft verbundene tendenzielle Gleichsetzung aller Bürger als Arbeitende (...) schloß die bisher nur zu einem Drittel erwerbstätig gewesenen Frauen radikal ein."[9]

Im Resultat dieser Entwicklung war Erwerbstätigkeit von Frauen gesellschaftlich normal. Im Lebensplan junger Frauen sind Berufsausbildung und Berufstätigkeit vorgesehen. Barbara Bertram bilanziert Ergebnisse des Leipziger Instituts für Jugendforschung dahingehend, daß Mädchen die Perspektive Berufsarbeit weitgehend angenommen hätten, indem sie im gleichen Umfang wie Jungen in Ausbildung oder weiterführende Bildung gingen. Allgemein "stand der Beruf immer sehr hoch im Kurs, blieb es bei umfangreichen beruflichen Lebensentwürfen, zeitlich neben den familiären einhergehend",[10] wobei sich diese Tendenz zur Gleich-

---

9 Ina Merkel, Frauen in der DDR, in: Hubertus Knabe (Hrsg.): Aufbruch in eine andere DDR. Reinbek b. Hamburg 1989, S. 90

10 Barbara Bertram, Berufswahl und berufliche Lebensentwürfe von Frauen in der DDR, in: Sabine Gensior/Friederike Maier/Gabriele Winter (Hrsg.): Soziale Lage und Arbeit von Frauen in der DDR, Arbeitskreis Sozialwissenschaftliche Arbeitsmarktforschung, Arbeitspapier 1990-6, S. 18. - 1984 berichtete Barbara Bertram, daß der Drang zur Teilzeitarbeit seit Anfang der siebziger Jahre gleich hoch geblieben sei, der nach Arbeitsunterbrechung aber zurückgegangen sei, und kommentiert, neben den Wirkungen des Babyjahres seien hier "veränderte Denkweisen spürbar, die ein sich neu herausbildendes (..) Frauenleitbild erkennen lassen": daß nämlich Beruf und Mutterschaft zeitgleich angestrebt werden. (Barbara Bertram, Der Wunsch nach Kontinuität der Berufstätigkeit junger

zeitigkeit in den siebziger Jahren verstärkt habe. Ihr zufolge sprachen sich in Erhebungen der siebziger und achtziger Jahre ca. 90 % Frauen für eine Berufstätigkeit aus.

In repräsentativen Befragungen des Zentralinstituts für Jugendforschung aus Februar und April 1990 forderten 97 % Frauen und 93 % Männer gleiche Chancen für eine Berufstätigkeit beider Geschlechter. Diese Aussage muß nicht schon bedeuten, daß Frauen im selben Umfang diese Möglichkeit dann auch für sich in Anspruch nehmen wollten: ein Viertel der berufstätigen Frauen wäre gern zeitweilig, ein gewisser Teil vorwiegend der Älteren auch ganz zu Hause geblieben, und "eine rapide zunehmende Zahl Frauen (wäre) lieber teilzeitbeschäftigt gewesen (..), um dem täglichen Stress nach Feierabend zu entgehen".[11] Die Meinungsäußerungen geben für sich genommen nicht schon Aufschluß über die schließlich tatsächlich gelebten Verhaltensformen; vielmehr treffen wir auch unter DDR- bzw. ostdeutschen Frauen auf verschiedene Optionen und Strategien in der Zeit- und Lebenseinteilung. Darauf kommen wir im weiteren noch zurück.

Auch heute wird vor dem Hintergrund Bedrohung von mitgebrachten Identitäten und der krisenhaften ökonomischen Lage der Bezug auf Arbeit und der Anspruch an einen Arbeitsplatz deutlich formuliert. Irene Zierke bilanziert eine Studie im Frühjahr 1991 so, "daß die Mehrzahl der ostdeutschen Frauen Berufsarbeit als unabdingbares Moment ihres Lebens betrachten, sei es aus sozialen Gründen, aus dem Bedürfnis nach fachlicher Anerkennung (oder) aus materiellen Erwägungen heraus".[12] Die Resultate bei Zierke

---

Frauen, in: Informationen Die Frau in der sozialistischen Gesellschaft H. 2/1984, S. 25 f.)

11 Bertram, Berufswahl (Anm. 10), S. 18. - Dieser Anteil von 1/4 bis 1/3, der sich für eine andere Zeitstruktur ausspricht, scheint ein relativ stabiler Wert zu sein. Bertram nennt ihn schon in dem Aufsatz von 1984, und auch Anneliese Braun erhielt in einer nichtrepräsentativen Stichprobe im März 1991 die Auskunft, daß 97 % "in irgendeiner Form berufstätig sein" wollten; davon knapp 70 % "unbedingt", rund 28 % "ja, vielleicht"; diese rund "30 % wären zum Aussteigen bereit"; Anneliese Braun, Frauenerwerbslosigkeit, in: Weibblick, H. 1/1992, S. 22

12 Irene Zierke, Arbeitslosigkeit unter Frauen, Berlin 1991, S. 8

u. a. ebenso wie die Bertrams (Muster der Gleichzeitigkeit von Familien- und Berufsorientierung) bestätigt auch das Institut für angewandte Sozialwissenschaft (infas): Im Endbericht zur Erhebung vom April 1990 stellen sich die Autoren die voreingenommene Frage, "ob der Berufstätigkeit der Frauen in der ehemaligen DDR nicht etwas zwanghaftes anhaftete, es also perspektivisch von nicht wenigen Frauen begrüßt werden müßte, eine 40 Jahre lang gesellschaftlich diskriminierte Rolle als Hausfrau (..) nunmehr auch wahrnehmen zu können", und antworten, daß "keinerlei empirisch gesicherte Hinweise für die genannten Orientierungen" gefunden wurden; vielmehr werde "(grundsätzlich) kein Gegensatz zwischen den Lebensbereichen Familie und Beruf gesehen, sondern sogar mehrheitlich der Erwerbstätigkeit der Frau eine positive Funktion für die Entwicklung der Familie und insbesondere den Kindern (muß wohl heißen: der Kinder, d. Verf.) zugeschrieben." Einerseits werde die ausgeprägte Orientierung auf Erwerbsbeteiligung und die "geringe Bedeutung einer Orientierung auf eine Hausfrauenrolle" bestätigt, andererseits die auf durchaus "unterschiedliche Formen der Berufstätigkeit".[13]

Dafür, daß Erwerbstätigkeit als Merkmal des Lebensmusters von Frauen ausgeprägt wurde, lassen sich einige Gründe nennen, die teils DDR-spezifisch, teils allgemeiner zu begreifen sind. Die Argumente und Überlegungen dazu veranschaulichen zugleich die soziale und alltagskulturelle Komplexität, mit der wir es beim Thema Frauenerwerbstätigkeit resp. Erwerbsorientierung von DDR-Frauen zu tun haben:

Generell wurde in ost- wie in westdeutschen Untersuchungen nachgewiesen, daß das oft bemühte Argument, Frauenerwerbsarbeit erkläre sich vorrangig aus ökonomischem Zwang, die Komplexität dessen nicht zu erfassen vermag, was geschieht, wenn Frauen 'arbeiten gehen'. Es sind keineswegs nur ideologisch interessierte Darlegungen, wenn Kuhrig/Speigner 1979 bilanzierten,

---

13 Institut für angewandte Sozialwissenschaft (infas), Frauen in den neuen Bundesländern im Prozeß der deutschen Einigung, Bad Godesberg 1991, S. 19 f.

'Kernmotive' weiblicher Erwerbsmotivation seien das "Streben nach einem Verdienst, der ein hohes Lebensniveau der Familie erreichen und sichern hilft; Streben nach Kontakten in einem Arbeitskollektiv; Verbundenheit mit einer Tätigkeit (einem Beruf); insbesondere Interesse an der Ausübung der Tätigkeit (des Berufs)" sowie weitergehend der "Wunsch, einer gesellschaftlichen Selbstverständlichkeit nachzukommen (da die Berufstätigkeit der Frau heute weitgehend sowohl im öffentlichen Bewußtsein als auch für den Einzelnen ebenso zu einer anerkannten Norm geworden ist wie die des Mannes); das Streben (v. a. bei Alleinerziehenden, d. Verf.) nach einem Verdienst, der den eigenen Lebensunterhalt gewährleistet (...); das Streben nach finanzieller Unabhängigkeit ('nach eigenem Geld'); das Gefühl, gebraucht zu werden".[14]

Wir treffen hier auf nicht primär systemspezifische Prozesse. Aussagen wie die oben angeführten erhielten auch westdeutsche Forscher bei ihren Untersuchungen zu westdeutschen Frauen. Dabei konnte gezeigt werden, wie sich aus der subjektiven Perspektive der Frauen durch den Erwerb von Geld[15] und die Verfügung darüber, durch die gelderwerbsvermittelte Teilnahme an gesellschaftlicher Wertzumessung, durch die Erfahrung anderer Formen zeitlicher Beanspruchung und Tagesgliederung, durch die Auseinandersetzung mit familienexternen (erwachsenen) Personen und Sozialverhältnissen die Außen- und Selbstwahrnehmung in einer Weise verändern, daß ein neues Selbst-Bewußtsein und die - für

14 Herta Kuhrig/Wulfram Speigner (Hrsg.): Wie emanzipiert sind die Frauen in der DDR? Köln 1979, S. 104 f. - Siehe auch Uta Bruhm-Schlegel/Otmar Kabat vel Job, Junge Frauen heute - wie sie sind, was sie wollen, Leipzig 1981, S. 51: "Die Mehrheit unserer Mädchen und jungen Frauen fand und findet in der Berufsarbeit Lebensinhalt und Befriedigung, sei es wegen der Tätigkeit selbst, des Gebrauchtwerdens, des eigenen Einkommens, der Erweiterung des Horizonts, des Kontakts zu den Arbeitskollegen oder aller solcher Faktoren zusammen."

15 Es trifft ohne Zweifel zu, daß auch ökonomischer Zwang zu Berufstätigkeit bestand, schon deshalb, weil die Struktur der Haushaltseinkommen auf zwei Verdiener konzipiert war und die Pro-Kopf-Verdienste schon gleich von Frauen relativ niedrig waren. Zugleich ist dieser Verweis noch kein Argument für darauf begrenzte Erwerbsmotivation: Denn zu allen Zeiten legitimierten Mütter ihre Berufstätigkeit mit dem Verweis auf eine solche ökonomische Notwendigkeit - so auch heute in der Alt-Bundesrepublik, vgl. Gerhard Engelbrech, Erwerbsverhalten und Berufsverlauf von Frauen, in: MittAB, H. 2/1987, S. 184

Männer generationenlang selbstverständliche - Erfahrung einer Kluft zwischen privatem und familienexternem sozialem Raum ermöglicht.[16] Damit sind gravierende subjektive Veränderungen in Rollenverständnis und Selbstwahrnehmung verbunden, die biographische Spuren hinterlassen. Das gilt in gleichem Maße für Frauen in der DDR.

Für die alltagsweltliche Verankerung entsprechender Erfahrungen in der DDR ist bedeutsam, daß hier "bereits die zweite Generation junger Frauen das Konzept (verfolgte), Familie und Beruf im gleichen Lebenszeitraum zu vereinbaren".[17] Dies könnte zugleich für eine relative Stabilität dieser Option für die Beteiligung von Frauen in/an der Berufs-/Arbeitswelt sprechen.

Soziale Interaktion, Kommunikation und Identitätsbildung, alles soziale Dimensionen, die nicht nur in der DDR wesentliche Motive dafür sind, daß Frauen danach streben, erwerbstätig zu sein, fand in der Gesellschaft der DDR in besonders ausgeprägtem Maße (und auch mit ziemlicher Ausschließlichkeit) über den Arbeitsplatz vermittelt statt.[18] Demgegenüber kam die soziale Figur der Hausfrau in der DDR so gut wie nicht mehr vor. "Die Rolle der 'Nur-Hausfrau' existiert nicht; hier und da wohl in der Wirklichkeit, so gut wie gar nicht im Bewußtsein."[19] Wie Erwerbsquoten, so sind auch 'Hausfrauen-Quoten' gesellschaftlich determiniert, und für die DDR erklärt sich der geringe Anteil in Abhängigkeit vom Grundsatz des Rechts und der Pflicht zur Arbeit (Art. 24 Verfassung der DDR), der staatlichen Förderung der Frauenerwerbstätigkeit sowie im Zusammenhang der politischen und moralischen Abwertung des nicht-erwerbstätigen Daseins.[20] Zusam-

16 Vgl. Beck-Gernsheim, Vom 'Dasein für andere' (Anm. 7)

17 Bertram, Berufswahl (Anm. 10), S. 19

18 Vgl. auch Irene Böhme, Privat geht vor Katastrophe oder der Anteil der Arbeit an der Menschwerdung des DDR-Bürgers, in: Dies., Die da drüben, Berlin/West 1986, S. 24: "Dem DDR-Bürger ist der Arbeitsplatz zweite Heimat. (..) Jeder, der im Betrieb arbeitet, gehört im weitesten Sinne zu einer Art Familie."

19 infas, Frauen (Anm. 13), S. 35

20 Auch in der gegenüber der herrschenden Lesart kritisch-problembewußten Studie des Leipziger ZJF wird die Auffassung vertreten, daß letzten Endes "auch die Frauen erst durch ihren Anteil am gesellschaftlichen Arbeitsprozeß ihre An-

men mit bereits erwähnten Faktoren wie dem, daß soziale Wertigkeit und vor allem Kontakt und Kommunikation arbeitsplatzvermittelt verliefen und daß Frauen sich als Arbeitskraft neben den Männern neu sehen und definieren, bildet dies den Hintergrund dafür, daß laut der zitierten infas-Erhebung auch nur 3 % Frauen angeben, sich diese Rolle vorstellen zu können. Darüber hinaus besteht auch kein Anlaß, an den Ergebnissen der Leipziger Erhebungen zu zweifeln, denen zufolge junge Frauen im Babyjahr zunächst von der neuen Situation völlig gefangengenommen sind, doch der Großteil "bereits nach einiger Zeit 'Mangelerlebnisse' (empfindet); ihnen fehlen die Arbeitsaufgabe und die Kollegen; sie fragen sich, wie es wohl im Betrieb ohne sie weitergeht. Kurzum - ihnen fällt die Decke auf den Kopf."[21] Auch in anderen Ländern - so auch in der Bundesrepublik - klagen Frauen in dieser Lebenslage über die Erfahrung der Isolation.

Ambivalenzen im Selbstverständlichen und individuelle Arrangements

Gleichwohl ist mit dem bisher Gesagten das Problemfeld Erwerbstätigkeit als Bezugsrahmen weiblicher Lebensmuster in der DDR nicht hinreichend umrissen. In subjektiven Stellungnahmen von DDR-Frauen war eine Ambivalenz (im wörtlichen Sinne der Doppelwertigkeit) in der Beurteilung ihrer Erwerbstätigkeit zwischen identitätsbildendem Faktor und Belastung anzutreffen. Und in der heutigen Situation der Bedrohung durch Arbeitslosigkeit begegnet uns ihr negatives Abziehbild als Spannungsbogen zwischen der Erfahrung bzw. Erwartung der Entlastung und Erfahrungen von Existenzangst und Lebenskrise. Diese Ambivalenz hat ihre Ursachen darin, daß zum einen auch in der DDR die Frauenleben

sprüche gegenüber der Gesellschaft voll rechtfertigen und durchsetzen" können; und an anderer Stelle, daß die "Nichtteilnahme an der allgemeinen produktiven Arbeit" grundsätzlich als "parasitär" gelte. Dies relativiere sich jeweils daran, daß es "immer Gruppen geben wird, die begründet (zeitweilig) nicht am gesellschaftlichen Arbeitsprozeß teilnehmen". Bruhm-Schlegel/Kabat vel Job, Junge Frauen heute (Anm. 14), S. 22

21 Ebd., S. 33

von Widersprüchen geprägt waren und daß die Modalitäten ihrer Erwerbstätigkeit für einen großen Teil der Frauen alles andere als konfliktfrei waren. Andererseits nimmt die gegenwärtige Beschäftigungs- und Arbeitsmarktkrise keine Rücksicht auf die alten Konflikte und individuellen Lösungsoptionen; vielmehr werden in ihrem Verlauf die bisherigen Erfahrungen des persönlichen Krisenarrangements entwertet und bieten sich kaum Chancen, sich subjektiv lebbare Arrangements von Arbeit und Leben zu suchen.

In der Wende-Zeit, als Öffentlichkeit auch für Frauenthemen erstritten wurde, hatten engagierte Frauen gehofft, daß die weitgehend tabuisierten, teils für interne Studien untersuchten Konflikte von Frauen in der Arbeitswelt nun öffentlich thematisiert würden und daß die Debatten darüber zu Reformen führen würden, die an den subjektiven Konflikten und Bedarfen der betroffenen Frauen ihren Ausgangspunkt haben müßten. Ein Resultat dieser frauenpolitischen Anstrengungen war der Frauenreport '90, den die Gleichstellungsbeauftragte auf Regierungsebene, Marina Beyer, in Auftrag gegeben hatte.

Die heute verfügbaren Materialien verweisen auf Konflikte von Frauen in ihrer Erwerbstätigkeit, die sich nach Aspekten fassen lassen, an denen sich mit einer gewissen Systematik das Verhalten von Frauen zu ihrer Arbeit und die Entwicklung individueller Strategien ausrichteten. Von besonderer Bedeutung dafür waren Fragen der Qualifikation und der 'Stellung im gesellschaftlichen Arbeitsprozeß', Familien- resp. Kinderbezug und Probleme der Vereinbarkeit von Beruf und Familie und zudem alters- oder generationsbezogene Unterschiede; auf sie soll im folgenden eingegangen werden.

Eine eindeutig hohe Berufsorientierung korreliert mit hohen beruflichen Qualifikationen. Bei dieser Gruppe von Frauen ist das große Gewicht, das der eigenen Erwerbstätigkeit zugemessen wird, verbunden mit berufsinhaltlichen Ansprüchen an Tätigkeit und Arbeitsplatz sowie fachlicher Anerkennung.[22] Daß solche

22 Vgl. Jutta Gysi (Hrsg.), Familienleben in der DDR, Berlin/DDR 1989, S. 87

Frauen ihre inhaltlichen Ansprüche an eine entsprechende "Stellung im gesellschaftlichen Arbeitsprozeß" (Gysi) auch mit hohem persönlichem Einsatz vertreten haben, darauf verweisen etwa die kleinen Aufstände gegen die 'gläsernen Barrieren' der Karrierebehinderung in Betrieben und Forschungseinrichtungen, deren Geschichte noch nicht geschrieben ist.

Zwar wurde in der DDR-Soziologie versucht, die Gültigkeit des hohen beruflichen Aspirationsniveaus dieser Gruppe von Frauen für alle erwerbstätigen Frauen zu verallgemeinern. Doch wissen wir, daß Frauen insbesondere der unteren und mittleren Qualifikationsstufen häufig schlechtere Möglichkeiten hatten, einen berufs- und qualifikationsadäquaten Einsatz zu realisieren bzw. einen solchen zu verbinden mit privaten Interessenlagen.[23] Wir können davon ausgehen, daß dies einen erheblichen Einfluß auf die subjektive Bedeutung von Arbeit in den Lebensmustern von Frauen hat.

Die formale Nicht-Übereinstimmung von Ausbildungsabschlüssen und ausgeübter Tätigkeit war ein Merkmal struktureller Diskriminierung, konnte aber zugleich ein Indikator für ein spezifisches Berufsarrangement sein: Viele Frauen suchten sich ihren Arbeitsplatz vorrangig danach aus, ob er ihnen günstige Bedingungen für die gleichzeitige Versorgung von Kindern und Haushalt ließ; d. h. unter gegebenen Voraussetzungen richteten sie sich mit ihrer Arbeit in einer Weise ein, die zwar für die folgende Lebensphase eine Beschränkung oder den Abbruch beruflicher Entwicklungsmöglichkeiten bedeuten konnte und ggf. den Niedriglohnverdienst

---

[23] Für die Industrie faßt der Frauenreport zusammen, daß die "Wahrnehmung von Arbeitsaufgaben mit relativ geringen Anforderungen an Qualifikation und Verantwortung (...) vor allem durch weibliche Produktionsarbeiter" erfolge (Gunnar Winkler (Hrsg.), Frauenreport '90, Berlin/DDR 1990, S. 88; vgl. ebd., S. 51 - 54). Eine Forschungsgruppe des Dresdener Zentralinstituts für Arbeit kam 1980 zu dem Ergebnis, daß in den von ihnen untersuchten Industriebetrieben 33 % mehr Frauen als Männer eine nicht ihrer Ausbildung entsprechende Arbeitsaufgabe ausübten. "Dem gewachsenen Qualifikationsniveau der Frauen steht die Tatsache gegenüber, daß das vorhandene Qualifikationspotential der weiblichen Beschäftigten gegenwärtig weniger effektiv genutzt wird als das der Männer." (Inge Eckardt/Siegfried Grund/Renate Johne/Gerlinde Peemüller, Ausbildungsgerechter Einsatz von Facharbeiterinnen, in: Informationen Die Frau in der sozialistischen Gesellschaft, H. 5/1980, S. 54.)

festschrieb, wenn ihnen dafür eine günstigere Zeiteinteilung und kürzere Wegstrecken zum Arbeitsplatz möglich waren und wenn sie der Schichtarbeit ausweichen konnten. Auf den Einfluß von Familienbildung und Familienphasen verweisen auch Ergebnisse der schon erwähnten Dresdener Studie, wonach die jungen Frauen bis 20 zu weit größeren Teilen in ihren Ausbildungsberufen arbeiteten, während schon die Gruppe der 26-30jährigen Frauen den Höchststand der nicht ausbildungsadäquaten Beschäftigung aufwies, der in den folgenden Atersgruppen auch so blieb. Offenbar wechselten die untersuchten Facharbeiterinnen ihren Arbeitsplatz "häufig im Anschluß an die Freistellung nach der Geburt eines Kindes",[24] überwiegend im Alter von 26 bis 30.

Der Bezugspunkt Familie prägte die Verhaltensstrategien von Frauen auch quer durch die Qualifikationsgruppen in hohem Maß. In einer Erhebung Anfang der achtziger Jahre wurde konstatiert, daß die Zahl der Frauen eine "relevante Größe" sei, die dem sozialen Bezugsfeld Familie die größere spezifische Bedeutung einräumen, wenn nach einer alternativen Gewichtung von Arbeit und Familie gefragt wurde; dabei wurde auch eingeräumt, daß eine "gewisse Interessendivergenz (zwischen beiden Sphären, d. Verf.) nicht zu übersehen" sei.[25] Allerdings bleibt deren bloße Begründung durch "historisch gewachsene Einstellungen" unbefriedigend. Vielmehr blieb der Eintritt der Frauen in die Männerwelt Beruf (Beck-Gernsheim) auch unter realsozialistischen Bedingungen "in einem eigentümlichen Zwischenstadium befangen",[26] weil Zeitstruktur und Karrierelogik der Arbeitswelt weitgehend unverändert blieben, während die Revolutionierung des reproduktiven Bereichs unzureichend blieb. Dabei wurde Frauen ein Entscheidungszwang zwischen Berufstätigkeit oder Familie resp. Kind erspart, aber die

---

24 Ebd., S. 55. - Vgl. auch Winkler, Frauenreport (Anm. 23), S. 51 f.

25 Gysi, Familienleben (Anm. 22), S. 86. - Für 'in erster Linie ein glückliches Familienleben' votierten 38 % Frauen und 28 % Männer; die umgekehrte Priorität - Arbeit vor Familie - sei dagegen selten.

26 Beck-Gernsheim: Vom 'Dasein für andere' (Anm. 7), S. 309

Vereinbarkeit beider Bereiche zu bewerkstelligen blieb weithin das Problem der Frauen.

Mit dieser Frage der 'Vereinbarkeit' hatte sich der größte Teil der DDR-Frauen in irgendeiner Weise auseinanderzusetzen. Der Frauenreport weist für 1989 eine 'Mütterquote' von gut 90 % aus. Die Geburt eines Kindes war auch in der DDR einer der Faktoren geblieben, an denen Verhaltensmuster von Frauen sich brachen.[27] Darüber hinaus gibt es Hinweise darauf, daß - wie die Familienforschung für die BRD gezeigt hat - auch in der DDR der Geburt eines Kindes bei der Lebensplanung eher zunehmend Bedeutung zugemessen wurde.[28] Während für Klein- und Vorschulkinder ein dichtes Netz öffentlicher Betreuungsangebote vorhanden war, konstatierten Soziologen, daß sich parallel dazu der Aufwand kaum verändert habe, den hauptsächlich Mütter für Haushalt und Kinder aufbrachten.[29] Das chronisch schlechte Gewissen gegenüber den 'abgegebenen' Kindern war manifest. In einer Umfrage von 1982 äußerten viele Befragte ein "stark ausgeprägtes Empfinden, zuwenig Zeit für die Kinder zu haben. Insbesondere wurde betont, daß sich der Kontakt der Eltern mit den Kindern an den Wochentagen auf wenige Abendstunden beschränke, die vorrangig für die Versorgung der Kinder genutzt werden müßten. In den ersten Lebensjahren der Kinder wird das von vielen Gesprächspartnern als Problem empfunden."[30] Bei einem zweiten Kind verschärfte sich dieser Zeit- und Betreuungskonflikt. Wie zu erwarten, ist das "Belastungsempfinden" geschlechtsabhängig und variiert darüberhinaus auch in Abhängigkeit vom Alter: es ist "insbesondere bei den Frauen im Alter von 25 bis 35 Jahren sehr hoch; es wird in der

---

27 Etwa jede vierte Frau war Anfang der achtziger Jahre in dem Zusammenhang zu gewissen beruflichen Einschränkungen bereit. Die Aussage 'Wenn Kinder da sind, sollte einer zurückstecken' lehnten die Hälfte der Frauen und der Männer ab, 'zum Teil' stimmten aber immerhin 20 % der Frauen und 23 % der Männer zu, 'völlig' bejahten 9,5 % Frauen - immerhin fast jede zehnte. Vgl. Gysi, Familienleben (Anm. 22), S. 90 f

28 Vgl. Tölke, Lebensläufe (Anm. 8), S. 36

29 Vgl. Wulfram Speigner (Hrsg.), Kind und Gesellschaft, Berlin/DDR 1987, S. 134

30 Ebd., S. 136

Regel geringer, wenn die Kinder die erste Phase des Schulalters absolviert haben".[31]

Diese Arrangementprobleme sind zugleich Dauerthema in der über Jahre teils hart ausgefochtenen Teilzeit-Debatte. In der eben zitierten Studie wird dazu ausgeführt: "Natürlich entsteht aus dieser Situation manchmal ein ungünstiger Einfluß auf die Bereitschaft einiger Frauen, die Berufstätigkeit nach der Geburt eines weiteren Kindes wie bisher fortzusetzen. Manchen Frauen erscheint die Teilzeitarbeit als günstige Möglichkeit, die Berufstätigkeit mit dem Leben in der Familie problemloser zu vereinbaren."[32] 'Verkürzte Arbeitszeit' war in der DDR ursprünglich ein arbeitspolitisches Instrument, um Hausfrauen und v. a. Müttern kleiner Kinder den Einstieg in die Erwerbstätigkeit zu ermöglichen; sie war zeitlich befristet gedacht, und 60 % der verkürzt arbeitenden Frauen arbeiteten zwischen 25 und 35 Wochenstunden, ein Fünftel von ihnen gar über 35 Stunden, unter Bedingungen sozialer Absicherung wie im Vollzeitarbeitsverhältnis. 27 % der erwerbstätigen Frauen arbeiteten verkürzt.[33]

Schaut man sich die Altersstruktur der verkürzt arbeitenden Frauen in der DDR der achtziger Jahre an, so bilden das Gros allerdings nicht die Mütter kleiner Kinder, sondern die Frauen der mittleren Altersjahrgänge. Offenbar nahmen die jüngeren Frauen vorrangig die Maßnahmen der Honecker'schen Sozialpolitik in Anspruch, während die Gruppe der Teilzeitarbeitenden großenteils Frauen waren, die nach der Kleinkinderphase ihrer Kinder nicht in ein Vollerwerbsverhältnis zurückgingen bzw. auch Frauen, die einen Teilzeitvertrag durchsetzten, nachdem die sozialpolitischen Regelungen ihnen keine anderen Entlastungmöglichkeiten mehr boten. Insgesamt ist davon auszugehen, daß der Bedarf nach Stundenverkürzung in der DDR weit höher war als der realisierte Umfang an Teilzeit. "Nach unseren Untersuchungen wünschen

---

31 Ebd.

32 Ebd., S. 137

33 Vgl. Gunnar Winkler (Hrsg.), Sozialreport '90, Berlin/DDR 1990, S. 107 f.; Winkler, Frauenreport (Anm. 23), S. 83 f.

heute von denjenigen Frauen, die kontinuierlich im Beruf arbeiten möchten (also 2/3 bis 3/4, d. Verf.), etwa 1/3 ganztägige Arbeit, 1/3 Teilzeitarbeit, solange kleine Kinder im Haushalt sind, und ca. 1/6 Teilzeitarbeit, sobald ein Kind da ist (gleichgültig, wie sonstige Bedingungen sind). Ein geringer Anteil Mädchen und Frauen erstrebt eine Teilzeitarbeit ganz unabhängig von Kindern", berichtete Barbara Bertram 1984.[34]

Die 'falsche Klientel' unter den Teilzeitarbeitenden weist darüber hinaus auf jene Frauen hin, die "auch eine 'angemessene' Freizeit für sich selbst" wollen. Auch für die DDR wurde erkennbar, "daß für bestimmte Gruppen berufstätiger Frauen ein Gewinn an Freizeit größere Bedeutung als ein höherer Verdienst erlangen kann."[35]

In den achtziger Jahren zeichnete sich bei jungen Frauen offenbar ein anderer Umgang mit solchen Anforderungen ab, die in den Lebensmustern ihrer Mütter nur unter hohen Belastungen zu bewältigen waren. Bei anhaltender Orientierung auf Berufstätigkeit versucht "die heutige Töchtergeneration systematisch, den bei den Müttern erlebten Widersprüchen beim Vereinbaren von Familie und Beruf zu entgehen".[36] Bertram zufolge lassen sich bei Auszubildenden und BerufseinsteigerInnen dieser Zeit Ausweichstrategien beobachten, mit denen sie die Konflikte ihrer Müttergeneration vermeiden wollen, und zwar "spätere Familiengründung, geringere Kinderzahl, weniger Arbeitsstunden, höhere Ansprüche auf Selbstverwirklichung in der Freizeit sowie (Orientierung auf) Bil-

---

34 Bertram, Der Wunsch (Anm. 10), S. 25; vgl. auch Winkler, Frauenreport (Anm. 23), S. 86

35 Dafür spreche auch, daß Teilzeitarbeitende sich Überstunden möglichst nicht ausbezahlen, sondern durch Freizeit abgelten ließen. Heidrun Radtke u. a., Teilzeitarbeit von Frauen, Berlin/DDR 1989, S. 13 - 15. In welchem Maß dies als Reaktion auf Zeitnot und Versorgungsmängel zu verstehen ist und inwieweit als Hinweis auf Wertverschiebungen, ist hier nicht auszumachen.

36 Bertram, Berufswahl (Anm. 10), S. 19. - So auch Monika Jaeckel, Die Frauen im vereinten Deutschland, in: Helga Schubert/ Rita Süßmuth, Gehen die Frauen in die Knie? Zürich 1990, S. 28: "Eine innere Ambivalenz zum Modell der durchgehenden Berufstätigkeit hatte mit Einführung der (Honecker'schen, d. Verf.) sozialpolitischen Leistungen schon vor der Wende eingesetzt."

dung und reale Gleichberechtigung im Beruf".[37] Dabei dürfte auch eine Rolle spielen, daß Jugendliche zwar sicher waren, einen Ausbildungsplatz zu bekommen, aber nur der geringere Teil (1/3) dabei den eigenen Berufswunsch verwirklichen konnte.[38] Unter diesen Bedingungen dürfte ein auf Berufsinhalte gerichteter Bezug auf Erwerbsarbeit starke Relativierungen erfahren.

Brachten die bisherigen Arrangements von Frauen verschiedener Lebens- und Berufslagen und Altersgruppen zum Ausdruck, daß Erwerbstätigkeit selbstverständlicher Faktor der Lebensplanung war und dabei durchaus konfliktorisch versucht wurde, verschiedene Anforderungen und Interessen individuell lebbar zu verbinden, so haben sich die Rahmenbedingungen dafür nach der 'Wende' und der Wirtschafts-, Währungs- und Sozialunion grundlegend geändert. Der Verhaltensdruck entsteht nun vorrangig durch die umbrechenden Wirtschafts- und Arbeitsmarktverhältnisse. Ohne ihre Wirkungen auf berufliche Entscheidungen schon bestimmen zu können, gehen wir doch davon aus, daß bisherige Erfahrungen mit Erwerbsarbeit und ihre subjektive Beurteilung verhaltensrelevant sein werden. Auf beide Aspekte gehen wir im folgenden ein.

Arbeitsmarktprozesse und Perspektiven der Erwerbstätigkeit von Frauen in den neuen Bundesländern

Wie sich der Umfang, die berufliche Struktur und Qualität von Frauenerwerbsarbeit in den neuen Bundesländern in den nächsten Jahren entwickeln wird, kann zum gegenwärtigen Zeitpunkt niemand genau bestimmen und voraussagen. Wir können jedoch davon ausgehen, daß diese Entwicklung in ihrem Ausmaß und ihrer qualitativen Struktur in erster Linie von den Auswirkungen der

---

37 Bertram, Berufswahl (Anm. 10), S. 19

38 Vgl. Wolfgang Kühnel, Scheinbar konfliktfrei aneinander vorbei, in: Prokla H. 80/1990, S. 37 f

wirtschaftlichen Restrukturierung in den neuen Bundesländern auf den dortigen Arbeitsmarkt abhängig ist. Das heißt auch: Der bisherige und weiterhin anhaltende Beschäftigungsabbau - die Bundesanstalt für Arbeit (BA) gab in ihrer Erklärung am Jahresbeginn 1992 bekannt, daß sich nach ihrer Einschätzung die bisherige Zahl der Arbeitslosen im Laufe des Jahres auf mehr als 1,8 Mio verdoppeln werde - wird bis auf weiteres gleichsam zwangsläufig individuelle berufsbiographische Interessen und Orientierungen dominieren. Wir wollen daher an dieser Stelle zunächst einige Strukturlinien beschreiben und im Hinblick auf Arbeitsmarktchancen interpretieren, die der wirtschaftliche Transformationsprozeß innerhalb der letzten zwei Jahre auf dem Arbeitsmarkt für Frauen hinterlassen hat. Im weiteren sollen vor diesem Hintergrund über die Handhabung und Wahrnahme von AFG-politischen Instrumenten erste Rückschlüsse auf Arbeitsmarktbewegungen und erkennbare Ansätze von Arbeitsmarktverhalten gezogen werden.

Insgesamt betrachtet ist die derzeitige Entwicklung auf dem Arbeitsmarkt gekennzeichnet durch einen Prozeß des Kapazitätsabbaus in der Landwirtschaft und eine weitgreifende De-Industrialisierung mit einigen Schwerpunkten in bestimmten Branchen auf der einen Seite und - nach umfangreichem Personalabbau - durch einen sukzessiven Um- und Aufbau in den Dienstleistungsbranchen auf der anderen Seite.

Anhand von vorliegenden Strukturdaten zur Erwerbstätigkeit[39] und zur Arbeitslosigkeit nach Branchen bzw. Berufsgruppen[40] läßt sich zum einen zeigen, daß Frauen in erheblichem Umfang und insgesamt überproportional von dem anhaltenden Personalabbau in den ostdeutschen Betrieben betroffen sind, und zum anderen, daß sich in der Industrie und im Dienstleistungsbereich je un-

---

39 Vgl. Helmut Rudolph, Beschäftigungsstrukturen in der DDR vor der Wende, in: MittAB, H. 4. S. 474 - 503; Statistisches Jahrbuch der DDR 1990, hrsg. vom Statistischen Amt der DDR, Berlin 1990; Arbeitsmarkt-Monitor für die neuen Bundesländer. Reihe BeitrAB Nr. 148.1 (Umfrage 11/90; Basiserhebung) Hrsg. vom IAB. Nürnberg; Arbeitsmarkt-Monitor für die neuen Bundesländer. Reihe BeitrAB Nr. 148.2 (Umfrage 3/91; 2. Welle). Hrsg. vom IAB. Nürnberg

40 Vgl. ANBA 1991, Hefte 5, 8, 12

terschiedliche Bedingungen für die künftige Entwicklung von Frauenerwerbsarbeit abzeichnen.

Vergleichen wir die Zahl der berufstätigen Frauen von September 1989[41] mit der von März 1991[42], stellen wir einen Rückgang um mehr als 800.000 auf etwa 3,3 Mio fest. Bei den männlichen Erwerbstätigen beträgt die Differenz dagegen knapp 300.000. Ein relativ geringer Teil der Abnahme der Erwerbstätigenzahl dürfte auf Abwanderung in den Westen der Bundesrepublik zurückgehen. Ein bereits größerer Teil Erwerbstätiger ist durch Verrentung und die Inanspruchnahme von Vorruhestandsgeld bzw. Altersübergangsgeld aus dem Erwerbsleben ausgeschieden. Die Möglichkeit, vorzeitig in den Ruhestand zu gehen, wurde von Frauen nach vorliegenden Zahlen besonders stark im ersten halben Jahr nach der Wirtschafts-, Währungs- und Sozialunion durch gleich mehrere Altersjahrgänge genutzt, die die bis Oktober 1990 gültige Vorruhestandsregelung in Anspruch nahmen. Im Februar 1991 lagen nach Informationen der Bundesanstalt für Arbeit knapp 238.000 bewilligte Anträge von Frauen auf Vorruhestandsgeld vor; dies waren über die Hälfte der bis dahin insgesamt bewilligten Anträge. Demgegenüber wurde die anschließend geltende Regelung für den vorzeitigen Ausstieg aus Erwerbstätigkeit durch Altersübergangsgeld im Jahr 1991 auch nach der Absenkung der Altersgrenze für die Empfangsberechtigung bis Dezember von kaum mehr als 86.000 Frauen in Anspruch genommen. Dies deutet darauf hin,

---

41 Vgl. Statisches Jahrbuch der DDR 1990 (Anm. 39)

42 Vgl. Arbeitsmarkt-Monitor 1991 (Anm. 39);
Auf die Befragungsergebnisse des Arbeitsmarktmonitors mußte für den Vergleich mangels aktueller amtlicher Beschäftigungsstatistiken zurückgegriffen werden. Die Vergleichbarkeit der Zahlen ist wegen unterschiedlicher Erhebungsmethoden jedoch stark eingeschränkt. Da im Statistischen Jahrbuch die Erwerbstätigen nicht nach Geschlecht getrennt ausgewiesen wurden, haben wir auf die Berufstätigenzahlen zurückgegriffen. Im Unterschied zum Arbeitsmarktmonitor sind in der amtlichen Statistik der DDR außerdem die Beschäftigten des ehemals sogenannten X-Bereichs (NVA, Polizei, Strafvollzug, Feuerwehr, Zoll- und Grenztruppen, Staatssicherheit sowie die Beschäftigten der Parteien, der gesellschaftlichen Organisationen und der DSAG Wismut) ausgenommen. 1989 waren es ca. 700.000. (vgl. Rudolph, Beschäftigungsstrukturen, S. 475; Anm. 39)

daß sich aus den älteren Jahrgängen keine größere Zahl von Frauen mehr vorzeitig aus Erwerbstätigkeit zurückziehen wird.[43]

Die Mehrheit der durch Personalabbau betroffenen Frauen steht dem Arbeitsmarkt heute als Arbeitslose zur Verfügung. Insgesamt waren nach amtlichen Angaben im November 1991 über 631.000 Frauen arbeitslos gemeldet. Ein kurzer Blick auf die Entwicklung der Arbeitslosenquoten nach Geschlecht seit November 1990 bis November 1991 läßt erkennen, in welch größerem Ausmaß erwerbstätige Frauen von Arbeitslosigkeit betroffen waren und sind als Männer.

Tabelle 1: Arbeitslosenquoten von November 1990 bis November 1991 (neue Bundesländer)

Frauen						
1990	**11**	**12**				
	7,5	8,2				
1991	**11**	**10**	**9**	**8**	**7**	**6**
	14,6	14,9	14,3	14,6	14,5	11,2
	5	**4**	**3**	**2**	**1**	
	11,1	10,9	10,4	10,0	9,6	
Männer						
1990	**11**	**12**				
	5,9	6,4				

43 Vgl. Elke Holst/ Jürgen Schupp, Frauenerwerbstätigkeit in den neuen und alten Bundesländern, DIW Diskussionspapiere Nr. 37, Berlin 1991; Presseinformation der Bundesanstalt für Arbeit, Nr. 56/91 vom 30.9.1991

1991	**11**	**10**	**9**	**8**	**7**	**6**
	8,9	9,0	9,1	9,6	9,8	8,0
	5	**4**	**3**	**2**	**1**	
	8,1	8,2	8,0	7,9	7,6	

(Quelle: ANBA, versch. Hefte)

Wenn wir genauer betrachten, aus welchen Berufen die Frauen arbeitslos wurden, zeigt sich, daß ein beträchtlicher Teil der arbeitslosen Frauen aus Berufen stammt, die solchen Schrumpfungsbranchen zuzuordnen sind, in denen nahezu irreversibel nicht nur Produktions- und Personalkapazitäten reduziert, nicht nur einzelne Betriebsteile oder ganze Betriebe geschlossen werden, sondern wo zum Teil bisherige Berufsfelder gänzlich wegbrechen. Dies betrifft neben landwirtschaftlichen Berufen insbesondere die Textil-, Bekleidungs- und Ernährungsberufe sowie einige Berufsfelder in der Leichtindustrie, aus denen von den arbeitslosen Frauen der Industrie im September 1991 insgesamt mehr als 25 % stammten. Schaut man sich zudem die zur Zeit noch betriebsgebundenen Bestände an Kurzarbeitern in den genannten Industriebereichen an, so können wir eher mit einer weiteren Erhöhung der Arbeitslosenzahlen rechnen als mit deren Abbau: ihr Anteil an den Beschäftigten wird mit 60 - 70 % angegeben.[44]

Die Anforderungen, die an die Bewältigung der auf diese Weise erzwungenen beruflichen Mobilität gestellt werden, sind zugleich für alle Betroffenen dadurch erschwert, daß sie sich ohne entsprechende Erfahrung auf einem bislang noch wenig konturierten Arbeitsmarkt zurechtfinden und verhalten müssen. Für die arbeitslosen bzw. von Arbeitslosigkeit bedrohten Frauen in diesen Bereichen, die weiterhin erwerbstätig sein wollen, steht nicht nur die Suche nach einem neuen Arbeitsplatz im gewohnten Beruf auf der

---

44 IAB/ IWW/ Treuhandanstalt, Beschäftigungsperspektiven von Treuhandunternehmen, 1991, S. 7 u. 11

Tagesordnung. Vielmehr stellt sich für sie die Frage nach neuen beruflichen Orientierungen, für einige auch die Notwendigkeit, sich durch Fortbildung oder gar Umschulung auf neue Arbeitsfelder bzw. Berufe vorzubereiten. Die Brüche in der individuellen Berufsbiographie gehen im Vergleich zu denjenigen, die noch Anknüpfungspunkte in ihrem Berufsbereich erkennen können, für diese Frauen besonders tief.

Anders stellt sich die Entwicklung von Frauenarbeitslosigkeit im Dienstleistungsbereich dar. In den verschiedenen Branchen dieses zu zwei Dritteln von Frauen dominierten Sektors hatte bereits früh ein starker Abbau von Beschäftigung eingesetzt,[45] der zu einem raschen Anstieg der Arbeitslosigkeit in den Dienstleistungberufen geführt hatte. Insgesamt stammten 1991 47 % der Arbeitslosen aus diesen Berufsgruppen. Davon sind der überwiegende Teil Frauen.

Tabelle 2: Arbeitslose Frauen und Männer nach Berufsgruppen im Dienstleistungssektor (Angaben in Tausend)

	F¹)	M¹)	F²)	M²)	F³)	M³)
Warenkaufleute	69,0	4,8	52,7	3,9	47,4	3,5
Dienstleistungs-kaufleute	3,8	1,4	3,4	1,2	3,9	1,5
Verkehrsberufe	7,5	36,1	5,7	32,9	5,2	32,0

45 Insbesondere Beschäftigte aus den betrieblichen Verwaltungen, den Partei- und Staatseinrichtungen wurden in großer Zahl relativ früh entlassen. Die hohe 'Einstiegszahl' in der Arbeitslosenstatistik September 1990 (58.000), der damals hohe Anteil von Arbeitslosen dieser Berufe (30 % derer aus dem Dienstleistungsbereich) und die anschließend relativ geringen Wachstumsraten sprechen dafür.

Lagerverw., Lager-/Transport-arbeiter	17,4	37,3	11,5	32,1	9,9	29,9
Org., Verw.-/Büroberufe	115,5	13,3	88,3	11,6	83,8	11,5
Ordnungs-/ Sicherheitskräfte	6,4	20,1	5,1	20,2	4,5	21,6
Publizisten, Bibliothekare, Dolmetscher	2,9	1,4	2,5	1,5	2,3	1,4
Künstler u. zugeh. Berufe	4,7	4,2	4,0	3,8	3,7	3,5
Gesundheits-dienstberufe	16,5	1,8	1,5	13,5	1,5	
Sozial-/Erzie-hungsberufe a.n.g. geistes-/natur-wiss. Berufe	29,0	9,1	20,6	7,1	20,7	7,7
Körperpfleger	4,6	0,1	4,5	0,1	4,3	0,1
Gästebetreuer	17,0	6,5	14,0	5,6	14,8	6,1
Hauswirtschaft-liche Berufe	8,5	0,5	7,9	0,6	7,6	0,4
Reinigungsberufe	41,2	5,0	35,1	4,5	31,0	4,4

1) September 1991; 2) Juni 1991; 3) März 1991
(Quelle: ANBA, Nr. 5, 8, 11/1991)

Trotz des hohen Personalabbaus und des größeren Anteils der Dienstleistungsberufe an den Arbeitslosen überwiegt im Vergleich zu November 1990 mittlerweile die Zahl der Dienstleistungsbeschäftigten gegenüber der der Beschäftigten im Verarbeitenden Gewerbe.[46] Dies resultiert zum einen aus einem insgesamt stärkeren Personalabbau in der Industrie, zum anderen ist es auch Ergebnis eines beginnenden Strukturwandels: Die Personalbewegungen in den Dienstleistungsbranchen weisen hier sehr viel stärker auf innovative Prozesse hin. So waren im März 1991 in den Branchen Handel, Verkehr/Bahn/Post und in den sonstigen Dienstleistungen nur noch etwas über 70 % im selben Betrieb beschäftigt wie 1989.[47] Besonders fallen Banken und Versicherungen auf, wo nur noch knapp über 50 % der derzeit Beschäftigten aus 'alten' Belegschaften stammen. Komplementär dazu verzeichnen die Dienstleistungsbranchen einen im Vergleich zur Industrie sehr viel höheren Zugang an neuen Beschäftigten bzw. Betriebswechslern. Eindeutiger Schwerpunkt von Eintritten in Erwerbstätigkeit war der Bereich "sonstige Dienstleistungen" und Handel, hier überwiegend aus Arbeitslosigkeit heraus. Da keine amtlichen oder durch Untersuchungen gewonnenen repräsentativen Bewegungsdaten existieren, muß offen bleiben, aus welchen Branchen und Berufen die Erwerbstätigen gewechselt haben.

Betrachten wir die zwei bisher skizzierten Tendenzen der Wirtschafts- und Beschäftigungsentwicklung - De-Industrialisierung in der Fläche mit Schwerpunkten unter anderem in typischen Frauenbranchen sowie Um- und Aufbau von Kapazitäten in den bislang von Frauen dominierten Dienstleistungsbranchen -, so liegt die Vermutung nahe, daß die quantitative Dimension des Abbaus oder Erhalts der Erwerbsbeteiligung von Frauen auch davon abhängen wird, inwieweit es den weiblichen Arbeitskräften gelingt, die bislang hohen Beschäftigungsanteile im Dienstleistungssektor zu halten und auszubauen und wie sehr sie dabei Verdrängungsme-

46 Vgl. Arbeitsmarkt-Monitor 1990 und 1991 (Anm. 39)
47 Vgl. ebd.

chanismen seitens der arbeitslos gewordenen Männer aus diesen oder anderen Branchen ausgesetzt sind.

Ein Blick auf Ergebnisse aktueller Arbeitsmarktuntersuchungen[48] zeigt: Die Hoffnung, daß der Dienstleistungssektor in den neuen Bundesländern zum Schrittmacher bei der Schaffung neuer Frauenarbeitsplätze werden könne, scheint sich nicht uneingeschränkt zu erfüllen. So zeichnete sich in der zweiten Erhebungswelle des Arbeitsmarktmonitors (Befragungszeitpunkt März 1991) ein Trendwechsel in der Personalrekrutierungspolitik in den künftig weiter an Bedeutung gewinnenden Dienstleistungsbranchen Banken und Versicherungen ab. Diese hatten als einzige einen absoluten Zuwachs an Beschäftigten zu verzeichnen. Aber während der Anteil der weiblichen Beschäftigten zum Erhebungszeitpunkt im November 1990 noch 79 % betrug, ging er in einem Zeitraum von nur vier Monaten auf 71 % im März 1991 zurück. In diesen Bereichen hatte offensichtlich eine Verdrängung von weiblichen Dienstleistungsbeschäftigten durch männliche Konkurrenten stattgefunden. Ob es sich bei dieser Entwicklung um einen Sonderweg der beiden Branchen handelt oder sich hierin bereits generelle Trends für die qualifizierten Dienstleistungsbereiche ankündigen, läßt sich nicht ohne weiteres ausmachen. Aus einzelnen Erfahrungsberichten von Arbeitsverwaltungen und Kammern ist allerdings bekannt, daß nach und nach Männer in bisher von Frauen besetzte Erwerbsfelder nachrücken. Die Zurückdrängung von weiblichen Beschäftigten aus den bisher von ihnen dominierten Dienstleistungsberufen wäre insofern schwerwiegend, als Ausweichmöglichkeiten auf qualifizierte Beschäftigungsfelder anderer Wirtschaftsbereiche, insbesondere in den industriellen Berufen weitgehend fehlen oder nicht offen stehen. Eine solche Entwicklung könnte insgesamt mittelfristig auf einen Abbau von Frauenerwerbsbeteiligung hinauslaufen. Für die arbeitslosen Frauen gerade aus qualifizierten Berufen, die weiterhin auf Erwerbstätigkeit orientieren und neue Arbeit suchen, wären Rückkehrmöglichkeiten

[48] Vgl. ebd.

auf qualifikationsadäquate Arbeitsplätze durch neue männliche Konkurrenten auf dem Arbeitsmarkt zunehmend blockiert. In diesen Fällen würde das Ausweichen auf alternative Arbeitsplätze mit einiger Wahrscheinlichkeit einen Prozeß der tendenziellen Abwärtsmöbilität in Gang setzen bzw. verstärken.

"Die ostdeutschen Frauen gehen nicht freiwillig in die Nicht-Erwerbstätigkeit" - Beschwörungsformel oder Tendenz?

Die momentane Arbeitsmarktlage von Frauen - sofern aus den zur Verfügung stehenden Strukturdaten entnehmbar - weist auf erhebliche Widerstände hin, auf die Wünsche zur Realisierung von Berufstätigkeit treffen, und die von Seiten der Betriebe gesetzten Rahmenbedingungen für die Herausbildung beruflicher Neuorientierungen und Entscheidungen auf dem Arbeitsmarkt sind noch wenig eindeutig und eher unsicher. Es fehlen weiträumig regionale Strukturentwicklungskonzepte, und zahlreiche Betriebe sind mangels eigener ökonomischer Perspektive mit konstruktiven personalpolitischen Entscheidungen noch sehr zurückhaltend. Dennoch scheint es neuere Hinweise darauf zu geben, daß anders als die Protagonisten der westdeutschen Normalität der Erwerbsstruktur annehmen und verfolgen möchten, sich zunächst unabhängig von Realisierungschancen ein großer Teil der verbliebenen weiblichen Erwerbsbevölkerung aus den neuen Bundesländern nicht freiwillig in die Nicht-Erwerbstätigkeit abdrängen lassen bzw. zurückziehen will.

Nach Untersuchungsergebnissen der zweiten Welle des Sozioökonomischen Panels (SOEP) für Ostdeutschland hat sich die Nichterwerbsquote der dortigen Frauen insgesamt zwar um 5 Prozentpunkte auf 15 % erhöht. Nach Altersgruppen betrachtet ergibt sich dieser Anstieg zu 80 % durch den Rückzug von Frauen zwischen 55 und 60 Jahren vom Arbeitsmarkt. Dagegen nahmen die Anteile der jüngeren und mittleren Altergruppen an den Nichterwerbstätigen bis März 1991 leicht ab. Mit Verweis auf diese Befunde und die Alterstruktur der Kurzarbeiterinnen und arbeitslosen Frauen wird in einem auf den Befunden des SOEP basierenden

Diskussionspapier darüberhinaus die Vermutung geäußert, daß mit den auf dem Arbeitsmarkt bisher verbliebenen Frauen auch weiterhin zu rechnen sein wird.[49] Demnach ist, wie bereits erwähnt, aus der Altersgruppe der 50 - 60jährigen kein Abgang vom Arbeitsmarkt in nennenswertem Umfang mehr zu erwarten. Die vom Erwerbspotential her größte Altersgruppe der 35 - 49jährigen ist von Arbeitslosigkeit und insbesondere Kurzarbeit relativ am wenigsten betroffen. Diese Frauen sind mit einer meist guten formalen Ausbildung einerseits und großer empirischer Berufserfahrung andererseits ausgestattet.Dies läßt vermuten, daß für sie Erwerbstätigkeit subjektiv von großer Bedeutung ist. Einen großen Teil der Mehrfachbelastung durch Beruf und Familie haben die Mütter unter ihnen bereits in der Vergangenheit bewältigen müssen und haben sich, wie wir aus früheren Untersuchungen aus der DDR wissen, bei der jeweiligen Rückkehr in die Erwerbstätigkeit häufig auch durch Berufswechsel und damit verbundenen betrieblichen Weiterbildungsanstrengungen an neue Alltagsbedingungen angepaßt bzw. anpassen müssen. Es läßt sich also mutmaßen, daß gerade Frauen dieser Altersgruppe auch in der heutigen Umstellungssituation eine vergleichsweise hohe Bereitschaft zu beruflicher Mobilität und somit Beharrungsvermögen auf dem Arbeitsmarkt aufweisen.

Andererseits waren, wie bereits ausgeführt, gerade erwerbstätige Frauen dieser mittleren Altersgruppe und auch hier vor allem Mütter in besonderem Maße an der Inanspruchnahme von Teilzeitarbeit interessiert, um die mit ihrer Rolle als Hausfrau, Mutter und Berufstätiger verbundenen Belastungen zu reduzieren. In dem Maße, wie inzwischen die Versorgung mit Einrichtungen zur Kinderbetreuung zurückgenommen wurde, deren Lage und Öffnungszeiten auch mit dem Arbeitsweg und den Arbeitszeiten der Mütter bzw. Väter verträglich sind, könnte Teilzeitarbeit im Interesse an der aufrechtzuerhaltenden Vereinbarkeit von Familie und Beruf noch einmal stärker nachgefragt werden. Wie die Ergebnisse der

[49] Vgl. Holst/Schupp, Frauenerwerbstätigkeit (Anm. 43), S. 7 - 12

Basiserhebung des Arbeitsmarktmonitors zeigen,[50] ist in den neuen Bundesländern das ausdrückliche Interesse an bzw. die grundsätzliche Bereitschaft zur Teilzeitarbeit bei den Frauen tatsächlich relativ groß. Sie strebten zwar zu 61 % eine Vollzeitbeschäftigung an (Männer: 93 %!), waren jedoch auch zu einem Viertel nicht festgelegt (Männer: 5 %). Diese Offenheit für Teilzeitarbeit nahm auch mit steigenden Altersklassen leicht zu.

Zwei Sollbruchstellen für das Festhalten an Erwerbstätigkeit unter diesen Voraussetzungen lassen sich auf einen ersten Blick ausmachen. Wie vormals aus der ehemaligen DDR ist auch aus den alten Bundesländern bekannt, "daß die Nachfrage nach Teilzeitarbeitsplätzen mit qualifizierter Teilzeitarbeit nach wie vor das Angebot übersteigt".[51] Ein Teilzeitarbeitsmarkt existiert in der alten BRD nur in bestimmten Branchen vor allem des Dienstleistungssektors, und die Inanspruchnahme von Teilzeitarbeit ist in der Regel mit dem Verzicht auf eine qualifizierte Arbeit und eine berufliche Karriere verbunden. Nun kommt die sektorale Verteilung von Teilzeitarbeitsmöglichkeiten mit Schwerpunkt in den Dienstleistungsbranchen der Verteilung der erwerbstätigen Frauen auf die Wirtschaftsbereiche schon recht weit entgegen. Unter dem Einfluß einer in Ansätzen bereits zunehmenden Konkurrenz mit männlichen Bewerbern für qualifizierte Dienstleistungsberufe könnte hier allerdings die Möglichkeit verstellt werden, daß auch qualifizierte Teilzeitarbeitsmöglichkeiten für Frauen entstehen. Damit würde deren Verdrängung auf weniger qualifizierte Teilzeitarbeitsplätze in größerem Umfang festgeschrieben. Für Frauen mit Teilzeiterfahrungen in bisher technischen Berufen des verarbeitenden Gewerbes[52] und für die (allerdings wenigen) Frauen in leitenden Positionen dürften sich eher keine Anknüpfungsmöglichkeiten auf dem schmalen Teilzeitarbeitsmarkt bieten.

---

[50] Vgl. Arbeitsmarkt-Monitor 1990 (Anm. 39)

[51] Frauenpolitische Aspekte der Arbeitsmarktentwicklung in Ost- und Westdeutschland, in: DIW-Wochenbericht H. 30/1991, S. 424

[52] Der Anteil von weiblichen Teilzeitbeschäftigten lag in der DDR unter anderem im produzierenden Handwerk mit 44,7 % über dem Durchschnitt. (vgl. Winkler, Sozialreport (Anm. 33, S. 108)

Ein weiteres und in der gegenwärtigen ökonomischen Situation der Haushalte entscheidendes Problem wird in der Tatsache liegen, daß anders als bisher in der DDR, wo bei einem recht hohen Stundenanteil von den teilzeitarbeitenden Frauen ein weitgehend existenzsicherndes Einkommen erzielt werden konnte, es bei dem derzeitigen Stand der Arbeitszeitentwicklung in den alten Bundesländern ausgeschlossen ist, daß dieser hohe Zeitanteil für Teilzeitarbeitende aus der ehemaligen DDR erhalten bleibt. Die meisten Teilzeitangebote gehen in der BRD von einer Wochenarbeitszeit von unter 20 Stunden aus. Insbesondere für die hohe Zahl der alleinlebenden und erst recht der alleinerziehenden Frauen[53] wird dann das Einkommen aus Teilzeitarbeit allein nicht zur Existenzsicherung ausreichen. Dies betrifft vermutlich eher die Frauen der jüngeren Altersjahrgänge. Solche Aussichten schränken die bisherigen individuellen Entlastungsmöglichkeiten durch Teilzeitarbeit ein oder lassen sie unbrauchbar werden bzw. eröffnen sie auch heute nicht. Es ist unsicher, wie dies in den mehr oder weniger unfreiwilligen individuellen Erwägungen zur Neuordnung von Arbeits- und Lebensvorstellungen Niederschlag findet.

Etwas anders sehen die Ausgangsbedingungen für die Altersgruppe der 16-34jährigen aus. Diese stellten nach den Ergebnissen des SOEP im Frühjahr 1991 mit 60 % das Gros der arbeitslosen Frauen. Zwei Gruppen dürften nach den vorliegenden Zahlen des SOEP für diesen hohen Anteil verantwortlich sein: die jungen Mütter mit Kleinkindern, die als "Risikogruppe" mit zu den ersten vom Personalabbau bedrohten Belegschaftsteilen und zu den bei Neueinstellungen benachteiligten Gruppen gehörten, und die Auszubildenden, deren Ausbildungsbetrieb geschlossen wurde oder deren Ausbildungsberuf obsolet geworden war. Bei beiden Gruppen können wir jedoch auch von einem großen Beharrungsvermögen auf dem Arbeitsmarkt ausgehen. Darauf weisen zu Teilen empirische Daten wie die des SOEP hin.

---

53 Laut Volkszählung in der DDR 1981 gab es in diesem Jahr 15 % Alleinerziehende.

Bei den Auszubildenden ist demnach der Anteil derer, die zwischen Juni 1990 und Frühjahr 1991 nach Abschluß oder Abbruch der Ausbildung ganz aus der Erwerbstätigkeit ausgetreten sind, äußerst gering. Ein nur kleiner Teil der "Abbrecher" hat "von vorne angefangen" und eine neue Ausbildung in einem anderen Beruf angenommen. Ein entscheidender Grund dafür dürften die akuten Engpässe bei den Ausbildungsplätzen in einer großen Zahl von Berufen sein. Die hohe Zahl derjenigen, die seit Juni 1990 eine Erwerbstätigkeit aufgenommen haben, spricht dafür, daß neben denen, die nach Abschluß ihrer Ausbildung einen Arbeitsplatz bekamen, ein großer Teil Auszubildender ohne Berufsabschluß erwerbstätig geworden ist - sei es prophylaktisch als Ausweg aus einer Ausbildungssackgasse, sei es mangels Ausbildungsalternativen oder aus vorausgehender Arbeitslosigkeit. Über die beruflichen Aspirationen dieser Gruppe können wir nichts Gesichertes sagen. Mit einiger Wahrscheinlichkeit ist jedoch zu unterstellen, daß es sich bei dieser Entscheidung überwiegend nicht um einen endgültigen resignativen Rückzug aus qualifizierter Berufsarbeit handelt, sondern daß diejenigen, die nach einem erzwungenen Abbruch der Ausbildung vor der Wahl zwischen Arbeitslosigkeit und einer wenn auch unqualifizierten Erwerbsarbeit standen, sich aus Gründen der Einkommenssicherung für einen solchen Arbeitsplatz entschieden haben.

Unter den jungen erwerbstätigen Frauen mit Kindern oder Kinderwunsch dürften wir heute diejenigen finden, die in den DDR-Untersuchungen der achtziger Jahre zu der "Töchtergeneration" gezählt wurden, die den bei den Müttern beobachteten Konflikten in der Vereinbarkeit von Beruf und Kindern bzw. Familie zu entgehen versuchten.[54] Wir können nicht mit Sicherheit sagen, ob die heute festellbaren Verhaltensweisen der jungen Frauen die Prägung dieser Aufbruchbemühungen tragen oder ob sie unabhängig davon der exzeptionellen Situation auf dem Arbeitsmarkt und den

---

[54] Vgl. Bertram, Berufswahl (Anm. 10)

schwierigen Bedingungen der Einkommenssicherung geschuldet sind.

In dem Diskussionspapier zu den Ergebnissen des SOEP gehen auch die Autoren von einem hohen Interesse junger Frauen und Mütter an Erwerbstätigkeit aus. Als Beleg führen sie den abrupten "Rückgang der Geburten, eine steigende Zahl von Schwangerschaftsabbrüchen und ein(en) 'enorm steigende(n) Drang nach Sterilisation' bei ostdeutschen Frauen" an,[55] worin sich eine eindeutige Entscheidung dieser Frauen gegen Kinder und eventuell Familie als Voraussetzung für die Ausübung einer Erwerbstätigkeit ausdrücke.

Ein derart kategorisches Verhalten anzunehmen, ist nur eine denkbare Interpretationsmöglichkeit - und vielleicht nicht die wahrscheinlichste. Eher noch als ein langfristiges Kalkül wären solche Verhaltensformen aus akuter Desorientierung und Unsicherheit plausibel. Möglicherweise deutet dieses Entscheidungsverhalten auch auf ein Arrangement zwischen Beruf und Kindern bzw. Familie, auf ein un-traditionelles Lebensmuster hin, in dem das Problem der Vereinbarkeit dieser Lebensansprüche durch größere Ungleichzeitigkeit und das Einrichten von unterschiedlichen Lebensphasen bewältigt wird.

Qualifikationspolitischer Pragmatismus - verhinderte Aspirationen

Die vorausgegangenen Überlegungen sollten einige Anhaltspunkte zur Beantwortung der Frage bündeln, wie ausgeprägt die traditionell hohe Erwerbsorientierung von Frauen aus der ehemaligen DDR unter den Bedingungen der Restrukturierung des Arbeitsmarkts und neuen sozialpolitischen Sicherungen auf absehbare Zeit sein wird. Demnach spricht einiges dafür, daß Frauen, die noch auf dem Arbeitsmarkt vertreten sind, zu einem großen Teil auch weiterhin versuchen werden, erwerbstätig zu bleiben

---

[55] Holst/Schupp, Frauenerwerbstätigkeit (Anm. 43), S. 12

oder wieder zu werden. Wie anhaltend solche Bemühungen, wie stabil bestimmte Orientierungen sind, wird nicht zuletzt davon abhängen, welche Bedingungen gegeben sein werden, um die genannten Ansprüche an unterschiedliche Lebensarrangements zu realisieren.

Angesichts der enormen Verwerfungen auf dem Arbeitsmarkt, die hier skizziert wurden, stellt sich für viele Frauen - wie auch für zahlreiche männliche Erwerbstätige - die Frage, ob und auf welchem qualifikatorischen Niveau sie den Anschluß an eine Erwerbstätigkeit gewinnen oder halten, und die Beantwortung wird im Konkreten davon abhängig sein, welche Möglichkeiten der Arbeitsförderung und der beruflichen Um- und Weiterqualifizierung ihnen zur Verfügung stehen und welche von ihnen genutzt werden. Gemessen an dem Grad der Arbeitslosigkeit von Frauen sind diese an AFG-geförderten Maßnahmen insgesamt nur unterdurchschnittlich beteiligt. Bei den Arbeitsbeschaffungsmaßnahmen ist das Mißverhältnis besonders ausgeprägt: Im September 1991 waren nur etwas über 34 % der ABM-Beschäftigten Frauen. Wie sich aus Angaben verschiedener Arbeitsverwaltungen und aus einzelnen Regionalstudien zum Arbeitsmarkt ergibt,[56] liegt ein wesentlicher Grund dafür in der Art der ABM-Angebote. Ein überwiegender Teil der Arbeitsplätze ist angesiedelt im Bereich Betriebs- und Landschaftssanierung, für die Frauen wegen der meist schweren Arbeitsbedingungen nicht vorgesehen sind bzw. für die sie sich nicht bewerben.

Bei den Fortbildungs- und Umschulungsmaßnahmen (FuU) dagegen ist der Anteil der Frauen insgesamt größer als der der Männer. Bis Oktober 1991 hatten ca. 402.000 Frauen eine FuU-Maßnahme begonnen, bei den Männern waren es ca. 311.000. Betrachten wir jedoch die Verteilung von Frauen und Männern nach Maßnahmetypen, so können wir feststellen, daß Frauen relativ weniger an berufsspezifischen, zertifizierten Qualifizierungsmaß-

---

56 Vgl. Sigrun Kabisch/ Regina Metze, Beschäftigungswirkungen von Arbeitsbeschaffungsmaßnahmen, Leipzig 1991

nahmen teilnehmen als dies bei den Männern der Fall ist. Im Zeitraum Januar bis Oktober 1991 befanden sich immerhin über 90 % der Fortbildungsteilnehmerinnen in berufsunspezifischen Kurzzeitmaßnahmen ohne Abschluß. Das sind mehr als zwei Drittel aller FuU-Teilnehmerinnen. Zwar ist der Anteil von TeilnehmerInnen an solchen Maßnahmen insgesamt sehr hoch. Auffällig ist dennoch, daß Frauen im Unterschied zu den männlichen Fortbildungsteilnehmern in diesem Zeitraum an Maßnahmen mit qualifizierten Abschlüssen (Meister, Techniker, Betriebswirte u. a.) insgesamt nur geringfügig beteiligt waren.

Tabelle 3: Eintritte in FuU 1991 (TeilnehmerInnen-Quote)

	Frauen1)	Männer1)	Frauen2)	Männer2)
Kurzzeitmaßnahmen der Fortbildung	72,3	62,6	70,1	59,5
Fortbildung mit Zertifikat	1,1	3,8	0,9	2,9
Umschulung	14,1	16,0	14,1	13,5
Einarbeitung (im Betrieb)	8,9	12,3	11,2	19,1

1) Januar - April; 2) Januar - Oktober.
(Quelle: ANBA, Nr. 6 und 12/1991; eigene Berechnungen)

Auf den ersten Blick überraschend ist demgegenüber der im Vergleich zur Struktur der männlichen Qualifizierungsteilnehmer gewachsene Anteil von Umschülerinnen an den Frauen in FuU-Maßnahmen. Ein Blick auf die absoluten Zahlen und die Teilnehmer-Quoten zeigt jedoch, daß diese Veränderung keine Verbesserung der Qualifizierungsstruktur unter den FuU-Teilnehmerinnen bedeutet, sondern vielmehr auf eine Verschiebung der Eintritte in FuU zur öffentlich geförderten betrieblichen Einarbeitung vor allem bei den Männern zurückgeht.

Insgesamt ergibt sich der Eindruck, daß im Verhältnis zum erkennbaren Veränderungs- und Anpassungsdruck auf dem Arbeitsmarkt für Frauen diese zum einen durch die Angebotsstruktur von arbeitsfördernden und qualifizierenden Maßnahmen deutlich benachteiligt sind. Das schließt nicht aus, daß trotz einer in der früheren DDR-Forschung festgestellten und auch in aktuellen Untersuchungen bestätigten hohen Weiterbildungsbereitschaft von erwerbstätigen Frauen diese heute nicht realisiert wird, weil - und dies trifft in gleicher Weise für die Männer zu - die entsprechende Motivation in der Regel früher stark an absehbare Arbeitsplatzperspektiven gebunden war. In dem Maße, wie Frauen vor der Aufgabe stehen, heute individuelle Qualifizierungsinitiativen für einen anonymen Arbeitsmarkt in zum Teil unbekannten Berufsfeldern oder Spezialisierungen zu entwickeln, könnte sich eine solche soziale Mitgegebenheit in Form praktischer Zurückhaltung als eine Qualifizierungsblockade auswirken.

Darüber hinaus ist für einen großen Teil der arbeitslosen oder von Arbeitslosigkeit bedrohten Erwerbspersonen die kurzfristige Orientierung auf Beschäftigung und Verbesserung bzw. Absicherung ihrer materiellen Situation (Einkommen, Unterhaltsleistungen) dominant. Dies konnten wir bereits am Verhalten eines nennenswerten Teils der Auszubildenden feststellen. Darin nimmt - wenn überhaupt - Weiterbildung keinen strategischen Stellenwert für die Gestaltung ihrer beruflichen Zukunft ein - eher einen pragmatischen im Interesse der notwendigen Einkommenssicherung.

Anhaltspunkte für den hohen Stellenwert der materiellen Existenzsicherung finden wir zum einen darin, daß eine Steigerung der FuU-Zahlen in bedeutendem Umfang erst nach der Installation von Sanktionsmaßnahmen (Androhung einer Sperre von Kurzarbeitergeld bei unbegründeter Verweigerung einer FuU-Maßnahme) und materiellen Anreizen zur Weiterbildung (Erhöhung der Grenze für betriebliche Zulagen auf die Unterhaltsleistungen) durch die Bundesanstalt für Arbeit zu verzeichnen war. Danach nahm fast ausschließlich die Zahl an berufsunspezifischen Kurzzeitmaßnahmen zu, die überwiegend von Frauen besucht werden. Zum anderen könnte die Tatsache, daß bereits im ersten halben Jahr nach der Wirtschafts-, Währungs und Sozialunion Selbsteinschätzungen von befragten Erwerbspersonen zufolge im Anschluß an einen Arbeitsplatzwechsel mehr Arbeitskräfte als zuvor unterhalb ihrer Qualifikation eingesetzt waren,[57] darauf hindeuten, daß für viele zur Vermeidung oder Begrenzung von Brüchen in der Erwerbsbiographie die Aufrechterhaltung bzw. rasche Wiederherstellung von Erwerbstätigkeit um fast jeden Preis sehr hohe Bedeutung hatte. Dadurch wäre der Zugang zur Entwicklung strategischer Orientierungen im Berufsleben, in denen Weiterbildung eine Schlüsselrolle spielt, zumindest vorläufig verstellt.

Die skizzierten Prozesse auf dem Arbeitsmarkt gestatten auch dort, wo bei der Interpretation von Strukturdaten Rückschlüsse auf aktive Verhaltensweisen naheliegen, noch keine Prognosen über die Herausbildung neuer Arrangements von Frauen zwischen Erwerbstätigkeit und Leben zu Hause. Für die Auseinandersetzung um die Perspektiven von Frauen in Erwerbstätigkeit ist festzuhalten, daß, nachdem in der 'Wende'-Zeit allmählich eine Öffentlichkeit für Auseinandersetzungen über bisherige Lebens- und Arbeitsbedingungen von Frauen entstanden war, parallel dazu entscheidende Voraussetzungen bisheriger Orientierungen wegbrachen: die faktische Zentralität von Arbeit für einen beträchtlichen Teil der Frauen und die gesellschaftliche Normalität von Frauenerwerbstätigkeit. Der offenbar anhaltend große Teil Frauen, der an Erwerbsbeteiligung resp. Berufstätigkeit interessiert ist, findet sich seither auf dem Arbeitsmarkt und zusehends auch politisch-ideologisch in der Defensive. In dieser Situation wäre eine Politik gefordert, die sowohl Berufschancen ermöglicht als

---

57 Vgl. IAB-Kurzbericht vom 18.4.1991

auch zur Kenntnis nimmt, daß Frauen formulieren, worauf es ihnen ankommt, und die mehr als einheitliche Standardlösungen anzubieten hat, in denen Frauen als auch Männer ihre Lebensmuster einrichten können.

Wirtschaftlicher Strukturwandel und soziale Anpassungsprozesse - Fallanalysen in Bitterfeld und Greifswald

Dorothea Angelus (Halle)

Zur Analyse der Veränderung von Einstellungen und Verhaltensweisen der Menschen im Verlaufe der Transition der DDR-Gesellschaft bietet sich der Vergleich verschiedener historisch gewachsener Industrieregionen an. Trotz aller Probleme, die im Transitionsprozeß entstehen, bleiben die engen Beziehungen der Menschen zu diesen Regionen erhalten, Beziehungen, die vorerst noch fester sind, als die neu belebten Bindungen an die traditionellen, kulturellen und landschaftlichen sowie mentalen Besonderheiten in den deutschen Ländern. Solche Bindungskräfte zeigen sich überraschend auch in den großen Kohle-Chemie-Regionen um Halle, Leipzig und Bitterfeld und in den industriell wenig erschlossenen Gebieten des Landes Mecklenburg/Vorpommern, beispielsweise im Raum Greifswald, der lange Zeit durch das nunmehr stillgelegte Kernkraftwerk "ernährt" wurde.

Es erhebt sich nun die Frage, inwieweit dieses Phänomen auf mangelnde soziale Mobilität, Trägheit, Resignation und Reaktanz zurückzuführen sind oder inwieweit hier eine Verwurzelung in den schon vor der DDR entstandenen Industrie- und Facharbeitertraditionen vorhanden ist. Angesichts der zwar rückläufigen, aber doch anhaltenden Migration von Ost- nach Westdeutschland ist es wichtig zu wissen, was die Menschen in Ostdeutschland hält, aus welchen objektiven und subjektiven Gründen sie in ihrer Region bleiben wollen oder müssen und welche Erwartungen sie damit verbinden. Informationen darüber sind auch eine Voraussetzung für das Verständnis der im ostdeutschen Raum gewachsenen Einstellungen und Verhaltensweisen und die Analyse ihrer Veränderung.

Das Erbe der Planwirtschaft

Das Verhalten der Menschen in der DDR bewegte sich in einem Spannungsfeld zwischen dem Eingebundensein in eine scheinbar homogene Gesellschaft und dem Streben nach Unabhängigkeit und Individualität. Resignation und Unzufriedenheit resultierten vor allem daraus, daß viele Bemühungen um eine Erhöhung der eigenen Leistung und um die Verbesserung von "Arbeits- und Lebensbedingungen" an wirtschaftlicher Ineffizienz, politischer Bevormundung oder fachlicher Inkompetenz von Entscheidungsträgern scheiterten. Die Lösung der daraus entstehenden Widersprüche wurde vor allem in Kompromissen, in der Organisation von Freiräumen, im Aufbau eigener Handlungsfelder und durch Improvisieren und Experimentieren auf unterster Ebene gesucht.

Ein typischer Kristallisationspunkt eines solchen Verhaltens war die Beziehung von Arbeitern und Angestellten in der Industrie zu den Vorgaben der staatlichen Wirtschaftspläne. Solche Planvorgaben waren einerseits immer an politischen Kriterien orientiert, nicht an Marktkriterien, waren häufig wirtschaftlich nicht sinnvoll und meistens nicht erfüllbar. Andererseits konnte man nichts tun, was nicht wenigstens scheinbar für die Planerfüllung gedacht war, und so eröffnete der zentrale Plan auch die Spielräume, in denen sich die Fachleute behaupten konnten, und produzierte zugleich die Reibungsflächen, mit denen sie sich auseinanderzusetzen hatten.

In diesem Spannungsfeld wurde durchaus Kreativität entwickelt und immer wieder ein Weg zu fachlicher Leistung und Qualitätsarbeit gesucht. Im Chemiekombinat Bitterfeld, das 1969 aus den elektrochemischen Werken und der Farbenfabrik Wolfen hervorgegangen war, spielte dabei eine aus der Vor- und Nachkriegszeit stammende traditionelle Berufsehre des "Chemiearbeiters" noch lange Zeit eine große Rolle. Die Angehörigen dieses Berufsstandes waren Facharbeiter, die sich durch einen besonderen Erfahrungsschatz auszeichneten, den man sich nur vor Ort zulegen konnte. Die Überwachung ständig ablaufender chemischer Prozesse und der ununterbrochene Betrieb hochkomplexer Anlagen erforderten sowohl Detailkenntnis als auch Gesamtüberblick, Genauigkeit, Pünktlichkeit und Disziplin sowie Sorgfalt bei der Pflege und Wartung. Die Herstellung chemischer Stoffe in großen Mengen, deren Qualität von der exakten Fahrweise der Anlagen abhängt und die nur an bestimmten Standorten möglich ist, war etwas besonderes. Hinzu kamen die Aufgaben der Instandhaltung, die immer eine große Herausforderung für Spezialisten waren. Noch Ende der 60er und zu Beginn der 70er Jahre war es üblich, daß Fachleute aus verschiedenen Handwerksbetrieben in die Chemieindustrie gingen, weil sie dort anspruchsvollere Aufgaben, ein größeres Ansehen und höheres Einkommen erwarteten, weil sie dort die Möglichkeit hatten, mit moderner Technik zu arbeiten und sich zu qualifizieren. All diese Ansprüche und Tugenden gingen aber mit dem zunehmenden Verschleißgrad der Anlagen seit Mitte der 70er Jahre verloren. Während die ältere Generation sich bemühte, das traditionelle Arbeitsregime aufrechtzuerhalten und gegen die zunehmend unsinnigen Entscheidungen der zentralen Leitungen anzukämpfen, war es ihr nicht möglich, auch jüngere Kollegen zu diesem Anliegen heranzuziehen. Statt dessen sorgten staatliche Stellen durch Vergünstigungen in der Lehrausbildung, zusätzliche Verdienstmöglichkeiten im Schichtbetrieb und Vergabe von Neubauwohnungen an junge Eheleute für den notwendigen "Facharbeiternachwuchs".

Ähnliche Phänomene waren mit einer gewissen Phasenverschiebung auch im Kernkraftwerk Greifswald zu verzeichnen. Auch hier wurde ein qualifizierter Facharbeiterstamm von erfahrenen Kraftwerkern versammelt und angesiedelt. Als 1967 der Bau des Kernkraftwerkes begann, galt es als Privileg, daran mitzuwirken, und das wurde von vielen Spezialisten auch so empfunden. Dabei spielten sowohl das traditionell hohe Ansehen des Kraftwerkers als auch die spezielle Verantwortung, die mit dem Bau und dem Betrieb von Atomreaktoren zusammenhängt, eine Rolle. In den 70er Jahren wurde aber sehr bald deutlich, daß die in Greifswald/Lubmin installierte Energieproduktion viel zu kostenaufwendig und zu personalintensiv betrieben wurde. Hinzu kam eine zunehmende Geheimhaltung in zentralen Bereichen, so daß bei einem immer größeren Anteil der Belegschaft das Engagement und die Arbeitsmoral verfielen. Alle Bemühungen, dem entgegenzuwirken, scheiterten an den Grenzen des politisch dominierten wirtschaftlichen Systems und an der sozialen Versorgung der Menschen durch den Staat. An solchen Schranken ging Innovations- und Kritikpotential verloren, wurde die Eigeninitiative der Menschen zerstört und wirtschaftliche Substanz aufgebraucht und abgebaut.

Das, was von vielen für einen Vorteil gehalten wurde, nämlich sozial gesichert zu sein, verwandelte sich in einen Nachteil, weil es zugleich Verschleiß und Verzehr der eigenen Zukunft bedeutete. So trugen nicht nur die bezahlten Funktionäre zur Stabilisierung des bestehenden Systems bei, sondern auch diejenigen Akteure, die versuchten, gegen den Plan oder neben ihm im wirtschaftlichen Interesse ihres Betriebes zu handeln, etwas für eine sinnvolle Arbeitsorganisation, für eine Verbesserung des Lebens zu tun. Das inoffizielle Arrangement von Gruppen in den Betrieben diente auch dazu, materielle Defizite und wirtschaftliche Ineffizienzen zu kompensieren und zugleich Vorteile für die jeweiligen Belegschaften zu erbringen.

Zieht man all dies in Betracht, so wird deutlich, daß sich unter der Decke der offiziellen Strukturen des sozialistischen Systems ein ganzes Geflecht informeller Beziehungen herausgebildet hatte, in denen und mit deren Hilfe Interessen auch gegen offizielle Institutionen oder neben ihnen realisiert und Bedürfnisse befriedigt werden konnten. Dies war allerdings kein Geflecht des "Widerstandes". Es war ein Beziehungsgefüge, in dem ein gewisser Überschuß an Motivation und Leistungsbereitschaft zum Tragen kam, der weder auf der Grundlage der offiziellen Planungsmechanismen noch in den sogenannten "privaten Nischen" realisiert werden konnte. Natürlich wurden mit dem Aufbau solcher informeller Beziehungen vor allem persönliche Zwecke verfolgt. Diese waren aber auf sehr diffizile Weise mit systembedingten Zwecken verbunden. Es ist daher folgerichtig, daß mit dem Zusammenbruch des sozialistischen Systems auch die Beziehungen der inoffiziellen, nichtorganisierten und informellen Struktur zerfallen oder zerstört werden. Dennoch versuchen viele Menschen, sich wenigstens die übriggebliebenen persönlichen Beziehungen als ein Stück der alten "Geborgenheit" zu erhalten. In verschiedenen Altersgruppen wird häufig das Bedürfnis geäußert, sich von dem alten Freundes- und Bekanntenkreis möglichst nicht zu trennen. Zugleich sieht sich der einzelne vor die Notwendigkeit gestellt, ein neues Selbstwertgefühl außerhalb der informellen Kreise aufzubauen, seine alte Vertrautheit und Privatheit aufzugeben, stärker in das "Licht der Öffentlichkeit" zu treten und sich selbst zu präsentieren. Komplizierte biographische Umstellungen sind notwendig, um Zugang zu den wirklichen, hinter dem offiziellen Schein verborgenen Sozialbeziehungen der westlichen Gesellschaft zu finden. Diese Beziehungen haben vermeintlich mehr ausgleichenden Charakter, in ihnen kommen scheinbar viel weniger Konflikte zum Tragen als das in der DDR-Gesellschaft der Fall war. Bei der Lösung der Identitätsprobleme in Ostdeutschland geht es in der Hauptsache um eine Ablösung des Individuums von der "Gemeinschaft", wie sie bisher bestanden hatte, um einen Lernprozeß, in dem der einzelne das Risiko seines Scheiterns allein tragen und Sicherheit für sein "Überleben" in eigener Verantwortung schaffen muß.

Ein hauptsächliches Hemmnis für Mobilität und Flexibilität in der beruflichen Neuorientierung besteht in der verbreiteten Angst vor dem Verlust der eigenen sozialen und personalen Identität. Die Gründe dafür liegen zum einen darin, daß der Verlust des Arbeitsplatzes im Osten viel umfangreichere Konsequenzen hat als im

Westen (gleichbedeutend mit dem Verlust wesentlicher Sozialkontakte), und zum anderen darin, daß Ostdeutsche nur in seltenen Fällen sofort einen gleichberechtigten Platz unter westdeutschen Kollegen finden, sich behaupten müssen, Einschränkungen in Kauf nehmen, fremder Hilfe bedürfen und häufig lieber "unter sich" bleiben wollen. Die Organisation sinnvoller, für den einzelnen anspruchsvoller Arbeit bildet die Grundlage für absehbare und erfahrbare Hoffnung in Ostdeutschland. Obwohl mitunter auch die Wendung "lieber arbeitslos und frei" als Alternative zur scheinbaren "Vollbeschäftigung" im Sozialismus geäußert wird, werden die Erhaltung des Arbeitsplatzes, die geachtete Stellung und der Erwerb höherer Qualifikation nach wie vor als Existenzgrundlage, Chance und Voraussetzung für wirkliche Freiheit und Unabhängigkeit angesehen. Die Anerkennung in der Arbeit bleibt bislang ein zentrales Kriterium für die Wahrung der eigenen Identität, das nur allmählich in weiteren Gesichtspunkten wie hohes Einkommen, Karriere, Familie, Selbständigkeit seine ursprüngliche Ergänzung wiederfindet.

Häufig wird versucht, der Gefahr des Identitätsverlustes durch anderweitige, zum Teil nicht erwerbsmäßige Beschäftigung, durch Kontakte zum ehemaligen Betrieb und die Hoffnung auf Rückkehr an den eigenen bzw. einen qualifikationsgerechten Arbeitsplatz in der Region zu begegnen. Das zeigt sich

- bei Arbeitnehmern, die zeitweilig im Westen gearbeitet haben, gependelt und wieder zurückgekehrt sind, weil sie sich an die westliche Umgebung nicht gewöhnen können,
- bei Fach- und Führungskräften, die Stellenangebote im Westen abgelehnt haben, weil sie ihren Wohnort nicht wechseln können oder wollen,
- bei ehemaligen Angestellten, die wegen ihres Alters oder ihrer einseitigen beruflichen Ausbildung und Erfahrung keine anderweitige Chance für sich sehen oder sehen wollen.

Zugleich gibt es Betriebe, in denen nach zu langer Entscheidungsphase die für die nunmehr beschlossene Sanierung notwendigen Qualifikations- und Wissensträger bereits wieder fehlen, weil zu viele mittlere Leiter in den Vorruhestand geschickt wurden, junge, ungebundene Leute aus dem Westen nicht mehr zurückkehren und andere zur Qualifizierung geeignete Kräfte bereits in der Selbständigkeit ihr Glück versuchen bzw. eine völlig andere berufliche Entwicklung eingeschlagen haben. Daraus ergeben sich die Hoffnungen derjenigen, die meinen, in Ostdeutschland sozusagen "überwintern" zu können, "bessere Zeiten abzuwarten", weil sie ihre Chance eher in einem "natürlichen Hineinwachsen" in eine neue wirtschaftliche Struktur sehen als darin, im Westen "ganz von vorn" anzufangen.

Strukturwandel und soziale Anpassungsprozesse

In den beruflichen und familiären Bereichen in Ostdeutschland beginnen sich Sozialisationsmechanismen herauszubilden, die sich von denen der DDR-Gesellschaft unterscheiden. Persönliche Lebenswege werden neu bilanziert und bewertet. Der Erfolg der persönlichen Umstellungen liegt dabei weniger in einer "neuen Anpassung" als vielmehr in der Aktivierung individueller Fähigkeiten, Lebenserfahrungen und Wertorientierungen, die bisher zu wenig genutzt wurden. Dies ist mit komplizierten sozialen Lern- und Selbsterkennungsprozessen und mit der Veränderung von Einstellungen und Verhaltensweisen verbunden.

Ausgehend von den obengenannten Vorüberlegungen wurden zu dieser Problematik in der Zeit von März bis Oktober 1991 150 Personen an zentralen Industriestandorten Ostdeutschlands in Gruppengesprächen und Einzelinterviews befragt. 38 Führungs- und 20 Fachkräfte von den in der Chemie-AG Bitterfeld/Wolfen befragten Personen hatten im Rahmen ihrer beruflichen Weiterbildung ein zwei- bzw. viermonatiges Praktikum in westlichen Firmen absolviert und somit die Möglichkeit eines Ost-West-Vergleichs aus eigener Anschauung. 27 von ihnen erhielten Stellenangebote im Westen, 12 Personen lehnten diese Angebote aus verschiedenen Gründen ab. Von den 60 Gesprächspartnern im stillgelegten Kernkraftwerk Greifswald sind 16 noch in der Instandhaltung, Umrüstung und Entaktivierung tätig und leisteten im Rahmen von Spezialaufträgen zum Teil mehrwöchige Arbeiten in den alten Bundesländern. Die übrigen Befragten befinden sich in Kurzarbeit bzw. in Umschulung.

Im Ergebnis der Befragungen wurde ein grobes Bild von Meinungen, Empfindungen und Wahrnehmungen aus einer Zeit des Umbruchs und der persönlichen Umorientierung gezeichnet, das jetzt im einzelnen zu verfeinern ist. Eine Reihe von Gesprächspartnern wurde für die fortgesetzte Dokumentation ihres Lebensweges gewonnen. Die ersten Gesprächsprotokolle lassen sich in verschiedenen Richtungen und für weitere Fragestellungen auswerten, von denen hier nur einige angedeutet werden sollen:

- Wie beschreiben die im Osten Gebliebenen heute ihre Erfahrungen mit der "Planwirtschaft"?
- Wie nehmen sie "Marktwirtschaft" wahr?
- Wie schätzen die von dem Umbruch Betroffenen ihr eigenes Verhalten dazu ein?
- Wie erscheinen Lebenswerte und menschliche Eigenschaften im Westen aus Ostperspektive?

Bitterfeld

In den Gesprächen in Bitterfeld wurde davon ausgegangen, daß die chemische Industrie als ein typisches Beispiel für die Zweigleisigkeit der Produktion in der DDR angesehen werden kann, die zumeist auf völlig veralteten und zum Teil aber auf vergleichsweise modernen Anlagen "gefahren" wurde. Hohe Reparaturanfälligkeit, geringe Arbeitsproduktivität, schwankende Erzeugnisqualitäten und Belastung der Umwelt waren die Folgen. Die damit verbundenen Altlasten in den hochindustrialisierten Zentren Ostdeutschlands wirken heute für Investoren stark abschreckend. Insbesondere die chemische Industrie der alten Bundesländer zeigt sich, wenn man einmal von dem Engagement der BASF-AG in Schwarzheide und dem Neubauvorhaben der Bayer-AG in der Gemeinde Greppin absieht, desinteressiert.

Die Bildung von Kombinaten war in der DDR mit einer starken Konzentration von Macht verbunden, nicht nur im Sinne einer großen Bedeutung und Einflußnahme im wirtschaftlichen Bereich. Vielmehr besaßen die Kombinate auch eine flächendeckende Dominanz in der Gesamtheit ihrer Einzugsbereiche, wo sie als soziale und kommunale Versorgungsträger auftraten und eine entsprechende Hegemonie ausüben konnten. Auch das hatte zur Folge, daß keine Diversifizierung der Produktion stattfand, demokratische Entscheidungsfindungen stark eingeschränkt waren und keine Konkurrenz entstehen konnte. So wuchs die Großindustrie in konservativen Strukturen, was durch die Autarkiedoktrin der "Schaffung von geschlossenen Reproduktionskreisläufen" und der "relativen Unabhängigkeit vom nichtsozialistischen Wirtschaftsgebiet" noch verstärkt wurde. Ein sehr drastisches Symptom dafür ist die Tatsache, daß der Ausstieg aus der Braunkohle sowohl in der Energieerzeugung als auch in der chemischen Produktion wieder und wieder vertagt wurde. Dies ging nicht nur zu Lasten der Natur, sondern vor allem zu Lasten der Menschen.

Inzwischen wurden fast 40 % der Anlagen in der chemischen Industrie Ostdeutschlands ersatzlos stillgelegt, 60 % der Beschäftigten dieses Industriezweiges sind davon betroffen. Etwa die Hälfte von ihnen war in der Instandhaltung tätig gewesen. Mit dem Abbau der Überbeschäftigung wurde vor allem hochqualifiziertes Techniker- und Ingenieurpersonal freigesetzt, weil die vielen sinnlosen Reparaturarbeiten jetzt wegfallen. Gerade Forschung und Entwicklung waren immer wieder abgebrochen und eingeschränkt worden durch die einseitige Produktion von Grundstoffen für den Westexport und die überstürzte Einführung von

"Ersatzproduktionen" für kleintonnagige Spezialstoffe, um Devisen für deren Import zu sparen. Nunmehr ergibt sich die Chance, eine Reihe von Forschungsprojekten wiederaufzugreifen und die Entwicklung neuer Verfahren systematisch fortzusetzen. Dies wird durch Arbeitsbeschaffungsmaßnahmen (ABM) auch versucht.

Weitere Chancen für den Einsatz qualifizierter Kräfte können in der Erweiterung der Bau- und Umweltindustrie, in der Wiederherstellung der Infrastruktur sowie der Bereitstellung von Mitteln für regionale Förderprogramme gesehen werden. Hierzu könnten auch die bei den Facharbeitern und Ingenieuren stark vorhandenen Motivationen genutzt werden, die endlich selbst etwas für die Befreiung ihrer Region von Altlasten tun wollen, zumal sie die Hintergründe, die dazu geführt haben, gut kennen. Das betrifft die Stillegung und den Abriß von Altanlagen, die schon zu DDR-Zeiten mehrfach auf der Tagesordnung gestanden hatten, ebenso wie die Überwindung der "Zweigleisigkeit" und des technisch-technologischen Rückstands zum Westen, der das Leistungsniveau stark beeinträchtigt. Dabei wissen die Beschäftigten und Kurzarbeiter sowie die bereits Entlassenen sehr wohl, daß die "Sicherheit ihrer Arbeitsplätze" in der Vergangenheit trügerisch war, daß es eine verdeckte Arbeitslosigkeit gab. Sie sind aber ungeduldig und können nicht verstehen, daß für die vielen notwendigen Arbeiten kein Geld da ist. Nur wenige haben die Chance, bei der Verselbständigung kleinerer Anlagen, Produktionsstätten, Reparatur- und Servicebetriebe mitzuwirken.

Weit verbreitet ist der Ärger darüber, daß die alten Leiter vielfach noch in ihrem Amt sind, sofern sie das nötige Geld aufbringen, um sich als Gesellschafter zu beteiligen, oder von den jeweiligen Käufern als Führungskräfte übernommen werden. Auch die Treuhand beschäftigt noch die alten Leiter vor allem in den mittleren Ebenen der von ihr verwalteten Betriebe, wo diese scheinbar willkürlich Entlassungen vornehmen müssen, weil es keine "gerechten" Kriterien dafür geben kann. Diesen Personen wird häufig die Schuld dafür gegeben, daß nicht schnell genug neue Arbeitsplätze geschaffen werden.

Viele Facharbeiter sind frustriert, weil sie sich schon lange mit moderner Technik und Technologie, zum Teil auch mit dem speziellen Gebiet der Umwelttechnik, beschäftigt haben (Arbeit an westlichen Geräten, Beschaffung westlicher Literatur) und jetzt die Möglichkeit hätten, ihre Arbeit sinnvoll zu organisieren. Die Schwachstellen, an denen man in ihrem Betrieb beginnen muß, kennen sie ganz genau. Da aber die Entlassungen nun aus finanziellen Gründen, ohne Berücksichtigung der Qualifikation, ohne klare strukturelle Vorstellung und nach vorwiegend "sozialen" Kriterien vorgenommen werden, stehen viele geeignete Fachleute draußen, während ungeeignete zur, wenn auch befristeten, "sozialen Aufbewahrung" im Betrieb bleiben. Hinzu kommt, daß auch leistungsfähige, moderne und rentable Anlagen nicht weiter produzieren oder Produktionsstätten mit gutem Absatz nicht gehalten werden können, weil die Treuhand beispielsweise notwendige Gebäudesanierungen nicht finanziert oder am Standort zu hohe Energiepreise zu zahlen sind.

Dies alles erschwert es vielen, die in die "Null-Stunden Kurzarbeit" geschickt werden, sich umzuorientieren, sich von ihrem Betrieb oder ihrem Heimatort zu verabschieden. Denn: "Wenn es mit rechten Dingen zuginge, hätten wenigstens die Besten Arbeit." Und: Gemessen an den Hoffnungen und Erwartungen bilden auch die Bildungsangebote in der Region keinen Anreiz. "Ich sehe nicht ein, jetzt irgendeine Umschulung zu machen. Dazu bin ich zu stolz auf meinen Beruf und meine Qualifikation." Viel stärker interessiert man sich für das weitere Schicksal des Betriebes, für laufende und vorgesehene Strukturveränderungen und die sich daraus ergebenden Chancen. Zu diesem Zweck halten viele "Null-Stunden-Kurzarbeiter" Kontakt untereinander und zu ihren im Betrieb verbliebenen Kollegen, zum Teil mit der trotzigen Erwartung, "von diesen unfähigen Bonzen endlich eine Arbeit zu bekommen", zum Teil in der Hoffnung, Informationen für die weitere persönliche

Planung zu erhalten bzw. die Lücken zu entdecken, in denen sie wieder gebraucht werden könnten. Berechtigte Hoffnungen für die Erhaltung von Arbeitsplätzen ergeben sich aus folgenden Gründen:

1. Die meisten ostdeutschen Industrie- und insbesondere Chemiestandorte bleiben bestehen, weil Neuaufschlüsse in ganz Deutschland kaum noch möglich sind und weil dies auch der günstigste Weg zu Sanierung und Entgiftung der jeweiligen Gelände ist. Wasser- und Energieversorgung sind zumeist gesichert. Der Bau moderner Entsorgungseinrichtungen hat begonnen.

2. Die ehemaligen Chemiekombinate bilden noch funktionierende Einheiten. Die jeweils interne Infrastruktur und der Transport-, Instandhaltungs- und Rohstoffverbund sind erhalten. Diese werden zwar im Moment von niemandem gekauft, interessierte Investoren, die Teilbetriebe in der chemischen Industrie übernehmen, können sich aber kostengünstig daran beteiligen.

Das darauf aufbauende mit der Treuhand ausgehandelte Konzept der Chemie-AG Bitterfeld/Wolfen sieht folgende Schritte vor:

1. Sanierung der erhaltenswerten Anlagen, wenn ein Markt vorhanden oder erschließbar und Umweltverträglichkeit gegeben ist;

2. Neuansiedlung durch Drittfirmen, welche die vorhandene Chlorproduktion, in Bitterfeld speziell die Ionenaustauscher zur Wirkstoffreinigung, Hochtemperaturanlagen und Dampferzeuger sowie die im Bau befindlichen Abwasserklärwerke nutzen;

3. Ausgliederung und Privatisierung von Bereichen wie Umwelttechnologie, Schrottverwertung, Lagerwirtschaft, Baubetrieb und Instandhaltungsservice;

4. Schaffung einer geeigneten Organisationsstruktur für einen Chemieindustriepark auf der Grundlage zukunftsträchtiger, später zu privatisierender Produktionsgruppen;

5. Aufbau einer eigenen Marktforschung und einer Vertriebsorganisation für Deutschland sowie Erhalt der Ostmarktpräsenz.

Ausgehend von diesen Überlegungen wäre es möglich, bei einem Personalabbau um fast 50 % (in der Chemie-AG Bitterfeld/Wolfen beispielsweise von 13000 einschließlich Null-Stunden-Kurzarbeitern 1991 auf 6700 Mitarbeiter 1995) eine Umsatzsteigerung um fast 25 % (in Bitterfeld von 680 Mio DM 1991 auf 990 Mio DM 1995) zu erreichen. In diesem Falle würden die Kosten für die Sanierung des ehemaligen Chemiekombinates die Stilllegungskosten erheblich unterschreiten. Gelingt es nicht, die vorgesehene Umsatzsteigerung zu erreichen, geraten die Fortführungs- in die Nähe der Stillegungskosten und besteht Gefahr für die Realisierung des Konzepts. Sollte es jedoch gelingen, können auch die freiwerdenden Arbeitskräfte in einem regionalen Förderprogramm, zum Teil zunächst über ABM, untergebracht werden und zwar vor allem:

- im Dienstleistungsbereich,
- durch die Schaffung industrieller und kommunaler Gewerbeflächen,
- in der Rekonstruktion der Städteentwicklung, der Kultur-, Wissenschafts- und Verwaltungszentren,
- im Umweltschutz, in der Landschaftsgestaltung und im Tourismusbereich,
- in der modernisierten Braunkohlegewinnung und -veredelung.

Im Zusammenhang mit diesen Absichten wurden an den Industriestandorten mit westlicher Beteiligung große Bildungsfirmen eingerichtet, die zum Teil aus den ehemaligen Kombinatsstrukturen (Betriebsakademien, Berufsschulen) hervorgehen. In Bitterfeld entstand eine "Bildungs-, Qualifizierungs- und Projektierungsgesellschaft" unter Beteiligung der größeren in der Region ansässigen Firmen, der Gewerkschaften und der Gemeinden, welche das Anliegen verfolgt, die Aktivitäten aller an der Restrukturierung beteiligten Betriebe und Bildungsträger zu koordinieren. Über das Jahr 2000 hinaus soll sie in Arbeitsbeschaffungs-, Fortbildungs- oder Umschulungsmaßnahmen sowie in befristeten gewinnabwerfenden Projekten bis zu 12000 Mitarbeiter haben. Damit wird aber nicht irgendeine Beschäftigung, sondern die zielgerichtete Schaffung von neuen Strukturen angestrebt. Das betrifft zunächst einmal die Einflußnahme auf das ungünstige Berufsprofil in der Region, das einseitig auf den Chemiefacharbeiterabschluß ausgerichtet ist und einen viel zu hohen Anteil von Frauen aufweist, die in Schichten oder unter körperlich schweren und gesundheitsschädigenden Bedingungen gearbeitet haben. Hierzu ist eine umfangreiche Betreuung, Information und Beratung der Kurzarbeiter und Arbeitslosen notwendig. vielfach sind die sich abzeichnenden Entwicklungschancen nicht bekannt, und es ist außerordentlich schwierig, mit der Enttäuschung, dem Mißtrauen, der Resignation sowie der zunehmenden Qualifizierungsunwilligkeit fertig zu werden.

Bei all diesen Bemühungen zeichnen sich zwei grundsätzliche Schwierigkeiten ab: Zum einen ist das Verhalten der Menschen vielfach dadurch gekennzeichnet, daß unter den Bedingungen der Planwirtschaft "für sie gedacht" wurde und sie kaum die Möglichkeit hatten, selbst zu entscheiden. Zum anderen fehlt die Motivation, solange die Perspektiven für den einzelnen unklar bleiben.

Es ist daher kein Zufall, daß bei den Befragungen zu Einstellungen und Verhaltensweisen häufig die Geschichte des Werkes oder der Region aus der einen oder anderen Sicht erzählt wird. Auf diesem Wege suchen viele Menschen nach Anerkennung der eigenen Leistung und nach Ansätzen für ihre neue Orientierung. "Wir haben Jahrzehnte lang unter schwierigsten Bedingungen gearbeitet und Traditionen erhalten, die einmal von großer Bedeutung waren. Eigentlich gehört es zu unserer Berufsehre, die Potenzen, die noch darin stecken, wieder zur Wirkung zu bringen."

Bereits vor fast hundert Jahren entstanden in der Region Bitterfeld/Wolfen Betriebe, die große Wirkungen auf die deutsche Industrieentwicklung ausüben sollten. Mit ihnen wurde eine fortwährende Kombination zur industriellen Nutzung miteinander verflochtener chemischer Prozesse in Gang gesetzt, die das Gesicht ganzer Industriezweige von der stofflichen Seite her veränderten. Von der Errichtung erster Chloralkalieelektrolysen im Jahre 1894 und der Aufnahme der Anilinfabrikation sowie der Produktion von

Farbstoffen 1895 über den Bau eines großen Aluminiumwerkes 1916 bis hin zur großtechnischen Erzeugung von PVC und der Herstellung von Schwefelsäure aus Gips seit 1938 fanden hier bedeutende Verfahren eine praktische Anwendung.

Nach dem zweiten Weltkrieg wurde die Produktion an den Standorten Bitterfeld und Wolfen rasch wieder aufgenommen, und sie entwickelte sich zu einer wichtigen Grundlage für den Wiederaufbau in Ostdeutschland und für die Volkswirtschaft der DDR. Nachdem mit dem Chemieprogramm der DDR ("Chemie bringt Wohlstand, Schönheit und Brot") erhöhte Investitionen in diesem Industriezweig getätigt worden waren und die damit verbundenen Berufe eine propagandistische Aufwertung erfahren hatten, blieben jedoch die Mittel für die notwendigen Sanierungen und Erneuerungen der inzwischen "aus den Nähten platzenden" Anlagen in den 70er Jahren fast völlig aus. Das führte spätestens seit 1980 zu einem sprunghaften Ansteigen des Verschleißgrades der technischen und baulichen Ausrüstungen sowie zu wachsenden Verlusten in der Produktion, die wegen der Unverzichtbarkeit der chemischen Erzeugnisse und wegen des Mangels an Devisen dennoch aufrechterhalten wurde. Die Leidtragenden dieser Entwicklung waren letztlich alle Bewohner der Region und vor allen jene in den Chemiebetrieben Beschäftigte, die sich bemühten, trotz allgemein sinkender Arbeitsmotivation und -disziplin ihrer Verantwortung an den hochgefährlichen Anlagen gerecht zu werden, die glaubten, durch ihre Arbeit einen Beitrag zu der allseits geschätzten sozialen Sicherheit der Bevölkerung zu leisten. Diese Menschen fühlen sich heute in mehrfachem Sinne betrogen.

1. Sie hatten wieder und wieder gehofft, daß es mit der angeblich wachsenden Leistungskraft der sozialistischen Wirtschaft möglich sein würde, die veralteten Anlagen stillzulegen und durch neue zu ersetzen. Insbesondere Forscher und Techniker aber auch Führungskräfte hatten immer wieder Projekte zur Verbesserung der Verfahrensökonomie und des Umweltschutzes in Angriff genommen, in der Auseinandersetzung mit den Ministerien aber nur

vereinzelt den Bau moderner Anlagen direkt neben den schrottreifen erwirken können.

2. Die angeblich hohe Wertschätzung für den Chemiearbeiter war nur Schein. Eine Reihe "sozialer Leistungen" wie die Vergabe von Urlaubsplätzen und Kuren, von Neubauwohnungen und Gratifikationen dienten dazu, Menschen in einer Region zu halten, in der ohne Rücksicht auf ihre Gesundheit und auf Kosten der natürlichen Umwelt für die Aufrechterhaltung des sozialistischen Staates produziert wurde. Die Fähigkeiten der verschiedenen Fachkräfte, Anlagenfahrer, Laboranten, Ingenieure, ihre detaillierte Kenntnis chemischer Prozesse, ihre Findigkeit bei der Reparatur und Überwachung der Anlagen sind nach Meinung der Befragten heute nichts mehr wert und würden in der modernen Produktion "nach westlichem Standard" nicht mehr gebraucht.

3. Die Bewohner der Region geraten in die deprimierende Lage, sich und anderen erklären zu müssen, wie sie eigentlich in dieser schadstoffbelasteten Gegend leben und arbeiten konnten und warum sie das ihren Kindern zugemutet haben. Dabei werde die Diskussion in der Öffentlichkeit nicht durch sachgerechte Bestandsaufnahme, Beurteilung der Situation und Suche nach Auswegen bestimmt, an der sich die Betroffenen beteiligen könnten. Dominant seien vielmehr im Stile von Sensationsmeldungen gehaltene Medienberichte, in denen der Raum Bitterfeld als Gruselkabinett dargestellt werde, wogegen verantwortungsbewußt denkende Fachleute und Politiker scheinbar machtlos seien. Viele in der Region Verbliebene, Arbeitslose, Kurzarbeiter aber auch Vollbeschäftigte, hätten daraus bereits den Schluß gezogen, daß es besser sei, die Arme zu verschränken und erst einmal abzuwarten.

4. Im Gegenzug dazu seien die neuen Entscheidungsträger in der Region geneigt, eine Art Zweckoptimismus zu verbreiten, der sich zumeist auf eine vollkommene Abkehr von der bisherigen Entwicklung, das "Anlocken" von Investoren und großangelegte Konzepte der regionalen Förderung stütze. Viele fühlten sich dadurch "an der Nase herumgeführt", nicht ernst genommen, weil nur ein

geringer Teil der jetzt Erwerbslosen in absehbarer Zeit wieder Arbeit finden kann. Die Treuhandanstalt zur Verwaltung des ehemaligen "Volkseigentums" sehe ihre Hauptaufgabe darin, möglichst rasch und billig zu verkaufen bzw. anderenfalls zu schließen. Sie sei nicht in der Lage, moderne, zukunftsträchtige Anlagen zu sanieren, sondern müsse zunächst auf die mehr gewinnabwerfenden setzen, die oft sogar weniger umweltfreundlich seien. Sie könne nicht nach einer inneren technisch-technologischen Logik handeln. Viele Spezialisten seien nicht nur wegen des höheren Lebensstandards in den Westen gegangen, sondern weil sie die Erfahrung gemacht hätten, daß sie dort sinnvoller arbeiten und sich qualifizieren können.

Für die aus verschiedenen Gründen in der Region bleibenden Menschen besteht lediglich eine vage Hoffnung. Diese wird weniger aus den Versprechungen der Regierungen als vielmehr aus eigenem Wissen über Hintergründe und innere Zusammenhänge der bisherigen regionalen wirtschaftlichen und ökologischen Entwicklung sowie die damit verbundenen Defizite und Chancen gespeist. Zugleich ist sie von Skepsis begleitet.

Skepsis ist insofern angesagt, als die wirtschaftlichen Existenzgrundlagen der Region im Grunde genommen zerstört sind und neue aufgebaut werden müßten. Speziell die chemische Industrie gehört zu den 26 Branchen Ostdeutschlands, deren Produktion 1991 rückläufig war und zu den elf Branchen, die auch 1992 schrumpfen werden. Geht man von einem jährlichen Wachstum der Arbeitsproduktivität von 2 % in den alten Bundesländern aus, so wäre eine jährliche Steigerungsrate von 6 % in den neuen Ländern notwendig, um in 20 Jahren eine Angleichung des wirtschaftlichen Niveaus erreichen zu können.[1] Dem stehen eine Reihe Fakten entgegen:

---

[1] Diese und die folgenden Zahlenangaben sind einem Gutachten des Instituts für angewandte Wirtschaftsforschung (IAW) Berlin "Zur Lage und zu den Aussichten der Wirtschaft in den neuen Bundesländern" vom 10.10.1991 entnommen.

- Der Anteil von Produktion aus der ostdeutschen Wirtschaft auf dem ostdeutschen Binnenmarkt beträgt 30 %.
- Der Export in die ehemaligen RGW-Länder ist um 60 % zurückgegangen.
- Auf den Westmärkten konnten keine wesentlichen Vorstöße erzielt werden. Dazu wären neue Erzeugnisse, höhere Qualität, Kostensenkungen und bessere Lieferbedingungen erforderlich.
- Das seit 1980 anhaltende Sinken der Anlageninvestitionen konnte erst 1991 gestoppt werden. Diese betragen jetzt 40 % der Bruttoanlageninvestitionen in den alten Bundesländern pro Kopf der Bevölkerung.
- Bei einem jährlichen Investitionszuwachs von 20 % könnte bis 1995 ein Investitionsvolumen erreicht werden, das den schon jetzt absehbaren Erfordernissen der Modernisierung von Wirtschaft und Infrastruktur entsprechen würde.
- Die Transferzahlungen von West- nach Ostdeutschland dienen vorrangig einkommenspolitischen Zwecken und werden nur zu 38 % für Investitionen genutzt.
- Die Steuereinnahmen der ostdeutschen Länder und Gemeinden betragen zur Zeit 28 % des westdeutschen Niveaus und können bei günstiger Entwicklung bis 1995 lediglich 45 % erreichen.

Bei all den laufenden Planungen und Bemühungen wäre es notwendig, neben der Hoffnung auf westliche Investoren sowie der Entwicklung der klein- und mittelständischen Industrie auch die inneren Akkumulationsquellen zur Erhaltung der großindustriellen Wirtschaftsstandorte zu erschließen und so einen sich selbst tragenden "Aufschwung Ost" zu ermöglichen.

Greifswald

Eine solche Schlußfolgerung ergibt sich auch aus der Analyse der Lage im ehemaligen Kernkraftwerk Greifswald. Ein Vergleich der Greifswalder mit der Bitterfelder Region bietet sich insofern an, als sie ebenfalls ihre wichtigsten Existenzgrundlagen verliert und vorschnell ihr "Sterben" vorausgesagt wurde. Eine Besonderheit im Raum Greifswald/Lubmin kann darin gesehen werden, daß hier prinzipielle Unterschiede in der Beurteilung der Situation durch zur Zeit und ehemals im Kernkraftwerk Beschäftigte einerseits und durch die übrige Bevölkerung (in der Nachrichtenelektronik Tätige, die zum Teil bereits von Siemens übernommen wurden, Angestellte der Universität, Beschäftigte aus dem Dienstleistungsbereich) andererseits bestehen. Während in Bitterfeld/Wolfen über Generationen eine Verbundenheit mit der, wenn auch unliebsamen, Chemieindustrie gewachsen war, hat der Beginn des Baus eines Kernkraftwerkes in Lubmin 1967, dessen erster Reaktorblock 1973 in Probebetrieb ging, tiefe "Spaltungen" unter den Anwohnern hinterlassen.

Auf der Baustelle des KKW arbeiteten insgesamt mehr als 6000 Menschen, während für den Betrieb von vier bzw. zuletzt fünf Reaktorblöcken im Jahre 1989 fast 4000 Beschäftigte, darunter 1000 Instandhalter, notwendig waren. Viele Handwerker, Meister und Ingenieure wurden zu diesem Zweck aus der Chemieregion Halle/Merseburg, aus den Lausitzer Kohlerevieren und aus konventionellen Kraftwerken nach Greifswald geholt.

Im Laufe der 70er Jahre stieg die Einwohnerzahl der Stadt auf das Doppelte. Die Familien der "Kernwerker" wurden bevorzugt mit Neubauwohnungen versorgt. Jährlich erhielten 600 Lehrlinge im KKW Ausbildungs- und Internatsplätze, nachdem sie vor den sonst üblichen Terminen an den Schulen ausgewählt worden waren. In der offiziellen Propaganda war von der "Stärkung der Arbeiterklasse" die Rede, sehr zum Leidwesen vieler Greifswalder Bürger, die damit den Verlust geistiger Werte einhergehen sahen. Mitarbeiter der Universität fühlten sich zurückgesetzt, da für ihre Projekte vergleichsweise viel zu wenig Mittel zur Verfügung standen, die Denkmalpflege wurde vernachlässigt. Die Beschäftigung mit Geschichte, Kultur und Traditionen Pommerns geriet vollkommen in Vergessenheit. Zwar stellte das KKW umfangreiche

Mittel für das Leben in der Stadt zur Verfügung, dies fand und findet jedoch heute im Rückblick weniger Aufmerksamkeit als eine als ungerecht empfundene "Bevorzugung der Zugezogenen". Auch aus solchen Erfahrungen heraus ist es zu erklären, daß die Anwohner des Greifswalder Bodden nicht gerade durch Sympathie mit dem Kernkraftwerk verbunden sind und dessen Stillegung begrüßen. Hinzu kommt die Befürchtung, daß ein Weiterbetreiben des Kraftwerks bzw. seine Nutzung als Endlager für radioaktives Material Umweltschäden mit sich bringen könnte, zumindest aber die Ausgestaltung der Region für touristische Zwecke stark einschränken würde.

Demgegenüber sind die weiterhin im KKW (jetzt Energiewerke-Nord GmbH) Beschäftigten von der technischen Sicherheit und Zuverlässigkeit ihrer Anlagen überzeugt. Als Argument führen einige Mitarbeiter an, daß ständig Modernisierungen zur Erhöhung der Sicherheit an den Reaktoren vorgenommen wurden, diese zum Teil mit westlicher Überwachungstechnik ausgerüstet waren und alles der Kontrolle durch die Internationale Atomenergiebehörde unterstand. Sie nennen vor allem zwei Gründe, die ihrer Auffassung nach für die Stillegung angeführt werden müßten. Zum einen ideologische: Auf deutschem Boden dürfe kein Kernkraftwerk sowjetischer Bauart stehen. Zum anderen markt- und konkurrenzpolitische: Mit dem Verkauf des DDR-Anteils am Energieverbundnetz des RGW an die drei größten deutschen Energiefirmen sei das Aus für das KKW vorprogrammiert gewesen.

Der ganze Widersinn dieser Handlungsweise zeige sich darin, daß die Energieversorgung großer Teile der Stadt Greifswald heute mittels eines ölbetriebenen Notaggregats erfolge und in Rostock ein neues Kohlekraftwerk gebaut werde. Hinzu kommt nach Meinung vieler der 2000 in der Energiewerke-Nord-GmbH verbleibenden Handwerker und Techniker, daß sie jetzt einem "Rufmord" zum Opfer fielen. Zu DDR-Zeiten seien ihre Leistungen nur intern gewürdigt worden. Nichts davon und schon gar nicht die inneren Probleme und Schwierigkeiten des KKW waren an die Öffentlichkeit gedrungen. Weil man nicht zusätzlich auf den ohnehin schon von den Ostseeanliegerstaaten mit Skepsis betrachteten Atomenergiestandort aufmerksam machen wolle, hülle man ihn in Schweigen. Die Bevölkerung der Region habe sich damit abgefunden und versuche, der Sache ihre positiven Seiten abzugewinnen. Heute werde das Werk scheinbar nur noch negativ gesehen, woraus nicht nur diverse Boulevardblätter, sondern auch verschiedene politische Richtungen ihren Profit bezögen.

Auch viele Greifswalder sind bereits in Richtung Westen gezogen, weil sie davon ausgingen, daß nach dem Einsturz "ihres" Energiegiganten und der gesamten darauf ausgerichteten Infrastruktur nicht so schnell etwas Neues entstehen kann. Was aber haben die "Daheim"gebliebenen vor?

Eine erste Recherche in der Abteilung Bildung und Qualifizierung der Energiewerke-Nord-GmbH in Greifswald, die als eine selbständige Bildungsgesellschaft ausgegliedert werden soll, ergab zunächst folgendes Bild:

Die Qualifikation, welche die Beschäftigten im Kernkraftwerk Greifswald erworben haben, kann westlichen Ansprüchen durchaus genügen. Das führt zum einen dazu, daß viele Spezialisten ihre Perspektive in den komplizierten und verantwortungsvollen Aufgaben der Stillegung des Kraftwerkes sehen, die bis zu 20 Jahre in Anspruch nehmen können und für die sich im gesamten ehemaligen RGW-Bereich ein großer Markt auftut. Zweitens gelang es solchen Spezialisten, sich in neu gegründeten bzw. ausgegliederten Instandhaltungsservicebetrieben bereits ein recht hohes Einkommen zu erarbeiten. Zum dritten haben nicht wenige einen Arbeitsplatz im Westen gefunden. Und viertens schließlich folgt daraus für die in Null-Stunden-Kurzarbeit befindlichen bzw. bereits entlassenen Kollegen, daß die Weiterbildungsangebote für sie ziemlich deprimierend wirken, da die Ursache für ihre Lage ja nicht in mangelnder Qualifikation liegt, sondern entweder in ihrem Alter (über 50), ihrem Geschlecht (weiblich), am Wohnungsmangel im Westen oder einer familiären Unabkömmlichkeit, wobei sich in

Mecklenburg/Vorpommern für qualifiziertes Personal bislang viel zu wenige Alternativen bieten.

Individuelle und kollektive Bewältigungsstrategien

Trotz der unterschiedlichen Ausgangssituationen in Bitterfeld und in Greifswald wurden in den Gruppendiskussionen und Einzelinterviews zu folgenden Fragen weitgehend übereinstimmende Aussagen getroffen:

1. Welche Erfahrungen haben Sie mit der "Planwirtschaft" gemacht (positive, negative)?
2. Wie schätzen Sie Ihre Begegnung mit der "Marktwirtschaft" ein (im Osten, im Westen)?
3. Was fällt Ihnen bei Ihrer persönlichen Umstellung am schwersten?
4. Welche Unterschiede können Sie in der Lebensweise in Ost- und Westdeutschland feststellen?

1. Nach ihren Erfahrungen mit der "Planwirtschaft" befragt, wurde von den Gesprächspartnern immer soziale Sicherheit an erster Stelle genannt, die man als Freiheit von Existenzangst empfunden und die durchaus motivierend gewirkt habe. Dafür sei jedoch ein viel zu hoher Preis gezahlt worden. Niemand hätte ein Interesse daran gehabt, das System als Ganzes zum Einsturz zu bringen, woraus sich dann prinzipiell zwei Möglichkeiten ergaben: Entweder man rieb sich in der Auseinandersetzung um die Konflikte zwischen den Bestrebungen, gute Arbeit zu leisten, einerseits und den unrealistischen Forderungen von oben andererseits auf oder man verfiel in eine Gleichgültigkeit, indem man versuchte, sich selbst durch tägliche Pflichterfüllung zu beruhigen und zu befrieden. Jede der befragten Personen hat mehr oder weniger und in der einen oder anderen Weise diese Möglichkeiten durchlebt. Ein Lebensinhalt, der nicht von diesem Wechselspiel zwischen Aufbegehren und Pflichterfüllung berührt worden wäre, war kaum gege-

ben. Nur sehr kleinen Bevölkerungsgruppen war es möglich, auf eine feste Anstellung zu verzichten, nicht "in einem Kollektiv eingebunden" zu sein oder Sozialkontakte zu pflegen, in denen die damit verbundenen Probleme keine Rolle gespielt hätten. Folgende wesentliche Nachteile der "Planwirtschaft" wurden am häufigsten genannt:

- die Einschränkung der persönlichen Kreativität und der Eigeninitiative,
- die Bevormundung durch Parteifunktionäre und deren Einmischung in betriebliche Prozesse,
- eingeschränkte fachliche Entwicklungsmöglichkeiten,
- krasse ökologische Mängel,
- das Fehlen einer marktgerechten Produktion,
- Überbilanzierung und Mangelwirtschaft,
- unrealistische Planung, Betrug und Selbstbetrug,
- Subventionierung und Verschwendung,
- unqualifizierte Stellenbesetzung auf der einen Seite, sinnlose Qualifikationen auf der anderen Seite,
- der Versuch, ein Gegensystem zu den westlichen Wirtschaftsmodellen zu schaffen,
- die Zerstörung der Privatindustrie und der Privatinitiative,
- das Außerkraftsetzen menschlicher Leistungsanreize.

2. Eine wichtige Erfahrung der Befragten im Übergang zur Marktwirtschaft bestand darin, daß damit die vorgenannten Defizite und Probleme nicht automatisch gelöst werden. Die Vorteile, die sich nach dem Beitritt der DDR zur Bundesrepublik ergaben, werden vor allem in einem Zugewinn an persönlicher Bewegungsfreiheit gesehen, in Herausforderungen an die eigenen Fähigkeiten und an die Veränderung des individuellen Lebensstils. Um so größer ist die Enttäuschung darüber, daß die alten Vorgesetzten nicht

sofort verschwinden und nicht unbedingt durch bessere ersetzt werden können. Nach Aussagen der Befragten sei eher ein Zuwachs an Bürokratie sowie Undurchsichtigkeit und Verschlüsselung gesellschaftlicher Angelegenheiten zu verzeichnen. Ein logisch geordnetes, sinnvolles gesellschaftliches Umfeld, wie sie es sich früher einmal gewünscht hätten, sei nicht zu erwarten. Allerdings zeigten sich viele Gesprächsteilnehmer bereit, eine Zeitlang soziale Härten auf sich zu nehmen. Das sei ihnen lieber als die verdeckte Arbeitslosigkeit im Sozialismus. Dabei erwarteten sie von den Entscheidungsträgern in der Region und im Betrieb klare, analytisch gestützte Aussagen über mögliche Perspektiven als Grundlage für ihre individuelle Lebensplanung. Ein wesentlicher Mangel wird im Verharren im Ungewissen gesehen. In einigen Gesprächsgruppen wurde darauf hingewiesen, daß von einer funktionierenden Marktwirtschaft in Ostdeutschland noch nicht die Rede sein könne, woraus eine Reihe negativer Erfahrungen resultiere. Im Moment zeigten sich die Vorteile für viele lediglich in der Teilnahme am westlichen Konsum und Lebensstandard. Es komme aber vielmehr darauf an, wieder selbständig zu denken und zu handeln, d. h. eigene Chancen selbst zu erkennen und zu nutzen, eigene Kenntnisse über Marketing, Betriebskostenrechnung und Bilanzierung zu aktivieren und zu erweitern, ob für die Verbesserung der eigenen Position auf dem Arbeitsmarkt, die persönliche Vorsorge oder den Weg in die Selbständigkeit. Folgende Erwartungen wurden mit dem Übergang in die Marktwirtschaft verbunden:

- einschneidende Reduzierung des überflüssigen Personals und Verbesserung der materiell-technischen Arbeitsbedingungen,
- optimaler Arbeitsablauf ohne Materialmangel,
- Behandlung der Arbeitszeit als ökonomische Größe,
- Qualifizierung an moderner Technik,
- Abbau der "Überorganisation" durch Einführung strenger bürokratischer Vorschriften,

- mehr Engagement der Beschäftigten aufgrund der drohenden Arbeitslosigkeit,
- Auslese der effektivsten Firmen durch die Konkurrenz.

3. Weitere detaillierte Befragungen sind notwendig, um die Wirkungen der veränderten Lebensumstände auf das Verhalten der Menschen genau zu erfassen. In den bisherigen Interviews wurde in der Regel davon ausgegangen, daß die "Planwirtschaft" einen unkontinuierlichen Arbeitsstil geprägt habe. Mangel an Material und Ersatzteilen, ständige Qualitätseinschränkungen, Flickschusterei und Improvisation im Arbeitsablauf hätten die Achtung vor der eigenen Arbeit immer weiter absinken lassen.

Angesichts der heutigen Anforderungen erweise es sich als besonders nachteilig, daß in der "sozialistischen Produktion" kaum mit Perspektivzielen gearbeitet werden konnte. Ständige Unterforderung auf der einen Seite und Stoßarbeiten auf der anderen hätten Unlust und Entwertung von Wissen und Können sowie des Bestrebens nach Korrektheit und Sicherheit am Arbeitsplatz mit sich gebracht. Bei der Umstellung auf die Bedingungen der Marktwirtschaft falle es daher besonders schwer,

- bestimmte Leistungen dauerhaft, beständig und auch unter Druck zu erbringen,
- ein flexibles Arbeitszeitregime selbständig einzuhalten,
- Engagement aus eigenem Antrieb zu entwickeln, obwohl man weiß, daß jede Arbeitskraft auswechselbar ist,
- das nötige Feingefühl für richtiges Verhalten gegenüber den Kollegen und den Vorgesetzten aufzubringen.

Viele der Befragten bedauerten allerdings, daß sie nunmehr auf ihre gewohnten "Arbeitskollektive" verzichten müßten. Die dort üblichen "Kollektivbeziehungen" waren für sie neben der Familie ein zweites Auffangnetz, ein zweiter Ort sozialer Geborgenheit. Gute Kollegen waren des weiteren ein wichtiges Motiv dafür, daß der einzelne gern zur Arbeit ging und seine Berufstätigkeit trotz der widrigen Bedingungen mit Freude ausüben und die "kleinen

Erfolge" erzielen konnte. Jetzt müsse jeder sich selbst orientieren, sei auf sich allein gestellt. Wie nicht anders zu erwarten, würden sich daher die Beziehungen der Menschen am Arbeitsplatz abkühlen. Ein distanzierteres Verhalten und weniger Verbindlichkeit in den persönlichen Kontakten zu Kollegen wäre angebracht. Das hätte aber auch zur Folge, daß weniger Verständnis füreinander und weniger Solidarität untereinander bestehe.

Ein wesentlich neuer Aspekt für das eigene Verhalten wird schließlich darin gesehen, daß jeder einzelne jetzt die Konsequenzen für sein Handeln auch selbst tragen muß. Dazu sei aber die Fähigkeit, die Folgen eigener Entscheidungen umfassend abzuschätzen, noch viel zu wenig ausgeprägt bzw. unter den gegenwärtigen Bedingungen in Ostdeutschland auch nicht entwickelbar. Hier zeigten sich gravierende Defizite gegenüber westdeutschen Kollegen, was einige der Befragten davon abgehalten hat, sich einem Vergleich und einem beruflichen Neuanfang im Westen zu stellen. Dies wiegt offenbar noch schwerer als die eigene Qualifikation, die sich vielfach als der westlichen ebenbürtig erweist.

4. Häufig verwiesen die Gesprächspartner darauf, daß es für sie sehr wichtig war, eine Zeitlang im Westen gearbeitet zu haben. So konnten sie selbst einschätzen, inwieweit sie einem Vergleich mit den Leistungen ihrer westlichen Kollegen standhalten können, was ihre Qualifikation in einem funktionierenden Unternehmen heute wert ist und wo eigene Stärken und Schwächen liegen. Das hätte ihnen ein gutes Gefühl und wieder mehr Selbstsicherheit gegeben.

- "Ich weiß jetzt wieder, daß ich doch etwas kann, aber im Westen leben möchte ich nicht. Die Unterschiede in der Lebensweise und im Umgang miteinander sind doch zu groß."
- "Wer einen guten Job im Westen bekommt, bleibt natürlich dort. Wer sich aber etwas zutraut, bleibt eventuell auch hier, wenn er eine Chance bekommt oder beispielsweise ein Haus hat, Rücksicht auf die Familie nehmen muß und im Westen keine Wohnung finden kann."

- "Irgendwie hat man ja noch Hoffnung, daß es hier wieder besser wird. Alle können doch nicht weggehen. Es fragt sich nur, wie man die Zeit überbrücken soll. Die ewigen Umschulungen bringen nichts."
- "Meine Entwicklungschancen liegen jetzt in der Praxis, nicht in irgendeiner Qualifizierung allein. Die mir fehlenden praktischen Erfahrungen habe ich mir im Westen in wenigen Monaten angeeignet, muß aber damit leben, daß ich nicht die entsprechende Anerkennung dafür bekommen kann und mich zum Teil wie ein Anfänger behandeln lassen muß."

In allen Gesprächen wurde immer wieder der Eindruck bekräftigt, daß eine Verständigung zwischen Ost- und Westdeutschen kein sehr großes Problem sei. Es sei klar, daß die Westdeutschen kein Verständnis für Verhaltensweisen entwickeln können, die aus der DDR-Gesellschaft stammen. Informationen über das Alltagsleben in der DDR fehlten fast völlig. Umgekehrt falle es einem Ostdeutschen leichter, allmählich die Verhaltensweisen der Westdeutschen zu verstehen. Auffallende Merkmale dessen wurden in etwa wie folgt beschrieben:

- "Die Atmosphäre in den Betrieben ist viel freier und offener. Es gibt nicht so viel Geheimniskrämerei. Andererseits fehlt auch die Kumpanei. Das ist angenehmer."
- "Hinter der allgemeinen großen Freundlichkeit verbirgt sich klare Berechnung. Auch wir müssen kühler rechnen lernen sowohl im persönlichen Interesse als auch im wirtschaftlichen. Moral spielt dabei keine Rolle."
- "Die fachlichen Interessen sind im Westen sehr speziell orientiert. Zwar will man immer flexibel sein, aber die Fähigkeit, das Ganze zu überblicken und auch mal im Nachbarbereich mitzudenken ist kaum anzutreffen."
- "Wenn mal etwas nicht wie geplant läuft, sind die Kollegen hilflos bzw. auch nicht bereit, unter Einschränkungen oder widrigen Umständen zu arbeiten, zu improvisieren."

- "Freude am Leben wird vorwiegend im Freizeitbereich gesucht. Das ist für Ostdeutsche mitunter noch schwer nachvollziehbar. Vor allem ist unverständlich, wie man ständig so hohe Schulden machen kann. Auch hier müssen wir noch etwas lernen, denn tut man es nicht, dann bleibt man zurück."

Mit einer schriftlichen Befragung wurde versucht, die Vorstellungen über Eigenschaften und Lebenswerte von Ost- und Westdeutschen in den jeweiligen Gesprächsgruppen zu erfassen. Dabei wurde betont und z. T. von den Befragten selbst hervorgehoben, daß damit nur Empfindungen und Vermutungen zum Ausdruck gebracht werden können, die Tatbestände und Erfahrungen sich in nächster Zeit aber sicher ändern werden.

Im Durchschnitt aller Befragungen ergaben sich folgende Werte:

Bei der Bewertung von Eigenschaften in einer Skala von 1 (sehr stark ausgeprägt) bis 5 (sehr schwach ausgeprägt):

	für Westdeutsche	für Ostdeutsche
Disziplin/ Zuverlässigkeit	2,3	2,1
Verantwortungsbewußtsein	2,4	2,1
Kinderfreundlichkeit	3,5	1,9
Risikofreude	2,1	3,3
Ehrgeiz	1,8	2,2
Fleiß	1,9	1,8
Solidarität untereinander	3,7	2,0

Unternehmensgeist	1,7	3,1
Flexibilität/ Disponibilität	2,1	3,0
Mobilität	2,0	3,0

Bei der Angabe einer Rangfolge bestimmter Lebenswerte von 1 bis 8:

	für West- deutsche	für Ost- deutsche
gesellschaftliches Engagement/politi- sche Tätigkeit	7,1	7,7
Freundeskreis/so- ziale Beziehungen	6,6	4,5
Karriere	2,5	8,0
Familie	4,1	2,1
Bildung/ Qualifizierung	4,7	4,8
Urlaub/Freizeit Hobbies/Reisen	4,7	5,7
Hohes Einkommen	2,0	3,0
interessante Tätigkeit	3,8	2,8

Zwischenbilanz: Hoffnungen - Erwartungen - Enttäuschungen

Der derzeitige Stand der Fallanalysen zeigt, daß es sich lohnt, die Befindlichkeit der Menschen in der Transition der DDR-Gesellschaft tiefer auszuloten und eingehender zu hinterfragen. Die praktizierte Herangehensweise erlaubt es, sowohl zustimmende als auch ablehnende Haltungen zu verstehen sowie subjektive Quellen für das Austarieren neuentstandener Interessenlagen zu erschließen. In diesem Zusammenhang wurden gewisse Züge einer DDR-spezifischen Lebensweise ausfindig gemacht, die zwar als Elemente eines Gesellschaftsmodells nicht überleben, in den Einstellungen und Verhaltensweisen aber fortbestehen und wohl als eine Farbe in die regionalen Profile der deutschen Länder Eingang finden. Eine Herausforderung an diesbezüglich weiterführende Forschungen besteht darin, daß die aus Ostdeutschland in das vereinigte Deutschland mitgebrachten lebensweltlichen Voraussetzungen durch ein in sich widersprüchliches Prisma, bestehend aus spezifisch ostdeutschen regionalen Traditionen, persönlicher Lebensgeschichte in der DDR sowie den ständig präsenten westlichen Konsumbedürfnissen und Lebenswerten gebrochen erscheinen.

In den Gesprächen zu beiden Fallanalysen zeigten sich hohe Erwartungen gegenüber den Möglichkeiten der Marktwirtschaft. Diese resultieren vorwiegend aus den Erfahrungen mit Defiziten in der "Planwirtschaft", die nun behoben werden müßten. Sie bringen aber auch zusätzliche Erschwernisse für die berufliche Neuorientierung mit sich, weil sie dazu veranlassen abzuwarten, bis "alles richtig in Gang gekommen ist". Viele Erwartungen sind wegen ungeklärter Eigentumsverhältnisse, der Stillegung "einst wertvoller" Ressourcen und des Mangels an Kapital im Osten enttäuscht worden. Es ist nun sehr schwer zu erkennen, wie die Bedingungen für ein besseres Funktionieren der Marktwirtschaft geschaffen werden sollen, und in demselben Maße wird ein Rückgang der Qualifizierungsmotivation spürbar.

Noch sind die Menschen in den untersuchten Regionen nicht bereit, irgendeine Arbeit oder eine beliebige Umschulung anzunehmen. Die dort bestehenden Bildungsangebote sind vordergründig an den gerade aktuellen Trends des Westens orientiert bzw. auf vorhandene Defizite in der sozialen Betreuung, im Dienstleistungsbereich oder im Steuerberatungs- und Versicherungswesen zugeschnitten. Eine Dominanz von Stellenangeboten solcher Firmen, die lediglich ihren Markt auf Ostdeutschland ausdehnen, ist nicht zu übersehen. Im Unterschied dazu erwarten in den untersuchten Industrieregionen ansässige ehemalige Facharbeiter und solche, die vor ihrer Entlassung stehen, als Voraussetzung für ihre berufliche Umorientierung persönliche Entwicklungschancen, die aus der Restrukturierung einer modernen Industrie entstehen, sowie die Möglichkeit, an vorhandene Kenntnisse, Erfahrungen und Fähigkeiten anknüpfen zu können. Sicher ist in den meisten Berufen eine sogenannte Anschlußqualifizierung notwendig. Diese müßte aber vorwiegend in der Praxis erfolgen. Da dies nur selten möglich ist, sitzen viele auf den Umschulungsbänken, um ihre Zeit des Bezugs von Arbeitslosengeld zu verlängern oder einen Beleg für eventuelle Bewerbungen zu erhalten. Einige nutzen die Lehrgänge, um ihre PC-Kenntnisse zu erweitern oder ihre Fähigkeiten in der Kommunikation zu verbessern. Eine Vorstellung, was sie im Anschluß konkret machen wollen, liegt bei den wenigsten Teilnehmern vor.

In den Befragungen wurde eine zunehmende Polarisierung von Resignation, die auf fast alle Lebensbereiche des einzelnen übergreift, auf der einen Seite und Bestrebungen, neue Chancen zu ergreifen bzw. selbst zu schaffen, auf der anderen Seite sichtbar. Dabei fiel auf, daß die Resignation, die schon zu DDR-Zeiten gewachsen war, bei vielen Menschen fast nahtlos in eine erneute Resignation übergeht ("Wir haben ja nichts zu sagen." "Die neuen Chefs sind auch nicht besser."), während diejenigen, die sich schon unter den Bedingungen der "Planwirtschaft" aus verschiedenen Motiven heraus mit Widrigkeiten auseinandergesetzt haben, auch jetzt wieder zu den Aktiveren gehören und versuchen, ihrem Leben einen neuen Sinn zu geben. Solche Polarisierungen vollziehen sich scheinbar unabhängig von Alter und Geschlecht und auch in Gruppen, die wenig Chancen für einen beruflichen Wiedereinstieg haben.

Die Vorzüge des Westens wurden allgemein anerkannt. Sie lägen vor allem in einer größeren persönlichen Freiheit, im effektiveren Wirtschaften, in den Konsummöglichkeiten und in den breit gefächerten Aufstiegschancen. Obwohl davon ausgegangen wurde, daß diese Vorzüge in Ostdeutschland noch nicht voll zur Wirkung kommen können, zeigten sich viele Gesprächsteilnehmer nicht bereit, im Westen zu leben oder die westliche Lebensweise zu übernehmen. Das Leben im Westen sei zu sehr eingerichtet und verlaufe nach Regeln, die man schwer erlernen könne. Vielmehr wolle man im Osten bleiben, um dort aus den eigenen Fehlern zu lernen. Auch diejenigen, welche bereits in den Westen gegangen sind, hätten dies vor allem deshalb getan, weil ihnen die Entfaltung ihrer Fähigkeiten und der Aufbau einer unabhängigen Existenz im Osten bislang immer noch unmöglich sei.

Als Begründung für die eigene "regionale Verwurzelung" wird oft angegeben, daß man aus den alten Traditionen, die man während der Zeit des Sozialismus "hinübergerettet" habe, und den Hoffnungen, mit denen man gelebt hat, etwas machen wolle. Dabei spielt auch das Bedürfnis eine Rolle, mitzuerleben, "was aus der Sache nun wird". Bei näherem Hinterfragen zeigt sich jedoch, daß solche Art "Pioniergeist" mit der Angst, sich von der gewohnten Umgebung zu trennen, mit Trägheit und Reaktanz gepaart ist. Das Gefühl der Verantwortung für die entstandenen Lebensumstände ist dabei scheinbar vollkommen abhanden gekommen. Viele der Befragten gaben an, sich gegenüber der "neuen wie der alten Obrigkeit" abwartend zu verhalten und sich "unschuldig" zu fühlen. Nur wenige bekannten sich dazu, im Osten zu bleiben, weil sie hier "noch etwas in Ordnung zu bringen" hätten, weil es weitergehen müsse.

Der Abbau von Machtkonzentration, der mit der Auflösung der DDR Industriekombinate einherging, nährte die Illusion, daß größere Freiräume für die Leistungen der Beschäftigten entstehen und die Ressourcen besser genutzt werden könnten. Bevor dies möglich wird, sind aber eine Reihe unangenehmer Aufgaben zu erledigen: Stillegungen, Entlassungen, Neuverteilung von Eigentum. Solche Vorgänge sind für die meisten Angestellten, Kurzarbeiter und Bewohner der Region schwer zu durchschauen, die dahintersteckenden Interessenlagen und Entscheidungen kaum bekannt. Auch das führt zu abwartenden Haltungen und schließlich zu der Enttäuschung darüber, daß auch die besten Leistungen und Fähigkeiten mitunter keine Anwendung mehr finden können. Vielfach wird die Erwartung geäußert, daß die Entscheidungsträger sowohl in der Chemieregion als auch im Einzugsgebiet des Kernkraftwerkes mit den Betroffenen sprechen, sich zu erkennen geben und sich nicht nur zu den Fragen der sozialen Abfederung, sondern auch zu den Möglichkeiten und Unmöglichkeiten des Wiedereinstiegs für qualifizierte Fachleute erklären. Dabei werden nicht nur die Ost-West-Unterschiede im Lohnniveau und die Existenz von Investitionshemmnissen beklagt, sondern wird vor allem auch ein fairer Umgangston in den von der Treuhand verwalteten Unternehmen vermißt. Auf diesem Gebiet gibt es im Grunde genommen noch keine Alternative zu der Umgangs"kultur", die in den DDR-Betrieben üblich war.

Der Zusammenbruch des politischen und des wirtschaftlichen Systems in der DDR hat zu tiefen Brüchen und zum Teil schmerzhaften Einschnitten im Leben der Menschen sowie zu grundlegenden Veränderungen geführt. Die Auswertung der Gespräche in Bitterfeld und Greifswald aber zeigt, daß es dennoch eine Reihe persönlicher Lebensbereiche gibt, in denen das Beharrungsbestreben überwiegt. Während die Ost-West-Migration ein Aussterben bestimmter Gebiete der ehemaligen DDR befürchten ließ, bleibt die Hoffnung auf Wiederbeschäftigung in den untersuchten Industrieregionen offenbar bestehen. Dies wird zum Teil dadurch gestützt, daß viele ehemalige Facharbeiter und Ingenieure sich inzwischen in den angrenzenden ländlichen Gebieten angesiedelt haben oder von daher stammen. Immer wieder wiesen die befragten Personen auf eine Lebensstrategie hin, wonach sie bei den schwindelerregenden gesellschaftlichen Veränderungen vor allem an solchen relativ konstanten Werten wie Familientradition, Handwerker- bzw. Facharbeiterehre, Lokalpatriotismus, Hobbies und Freundeskreis festhielten. Ihre persönliche Identität sahen sie dabei in dem von ihnen erreichten Qualifikations- bzw. Sozialstatus. Weiterbildungen, Umschulungen oder andere persönliche Veränderungen müßten diesem sozialen Habitus entsprechen, ihn weiterhin glaubhaft erscheinen lassen, was dann das besagte Beharrungsbestreben in dem gegebenen sozialen Kontext nach sich zieht: "Wo mich keiner kennt, bin ich nichts."

All das legt die Vermutung nahe, daß nicht unbedeutende Personengruppen, speziell aus intakten Familien der in der Transformation befindlichen DDR-Gesellschaft, im privaten Bereich im Grunde genommen so weiterleben wollen wie bisher. Danach werden veränderte Lebensumstände und notwendige Entscheidungen gemessen und bewertet, dafür sollen auch die genannten Vorzüge der westlichen Gesellschaft genutzt werden.

Die Wende fand nicht nur auf der Straße statt - Aus dem Innenleben des Stahlwerkes in Brandenburg

Astrid Segert (Berlin)

Der Zusammenbruch des sozialistischen Systems in der DDR und ihr Beitritt zur Bundesrepublik Deutschland veränderte neben vielen anderen Alltagsgegebenheiten auch das gesamte Bedingungsgefüge der Vertretung von Arbeitnehmerinteressen. Nicht nur die alten Oganisationsstrukturen zerfielen, auch die in vielem wichtigeren, weil für die Arbeiter effizienteren informellen Beziehungen[1] zur Durchsetzung ihrer Interessen an den offiziellen Strukturen vorbei verloren ihre wesentliche Bedeutung.

Entstehen in diesem politischen und sozialen Zerfallsprozeß unter Nutzung der durch die deutsche Einigung gewonnenen neuen Möglichkeiten lebensfähige neue Arbeitnehmervertretungen, die an der Umgestaltung der Lebensverhältnisse und Strukturen erfolgreich teilnehmen können? Welche ost-/westdeutschen Kräfte sind daran beteiligt? Auf welchen historisch gewachsenen, aktuell anpassungs- und entwicklungsfähigen Verhaltens- und Wertemustern basieren ihre Aktivitäten? Wo sind deren Grenzen zu suchen? Sterben sie mit den alten Gesellschaftsverhältnissen ab oder reproduzieren sie sich in neuen politikfähigen Formen?

Die Entstehungsgeschichte des Betriebsrates in der Stahl- und Walzwerk GmbH Brandenburg (SWB) im Zeitraum 1989/91 ermöglicht erste Antworten auf diese Fragen. Er steht als Beispiel für jene Betriebe, in denen es gelang, erfolgreich von immer uneffizienter werdenden informellen Formen der betrieblichen Arbeitnehmervertretung zu öffentlichen überzugehen; das heißt zu For-

---

1 Vgl. Horst Kern, Rainer Land: Der "Wasserkopf" oben und die "Taugenichtse" unten. Zur Mentalität von Arbeitern und Arbeiterinnen der ehemaligen DDR. In: Frankfurter Rundschau vom 13.2.1991.

men, in denen die neuen demokratischen rechtsstaatlichen Möglichkeiten im eigenen Interesse genutzt werden.

Die Untersuchungen dazu sind Teil eines von der Böckler-Stiftung geförderten gemeinsamen Forschungsprojektes von ost- und westdeutschen WissenschaftlerInnen, das anhand regionaler ostdeutscher Fallbeispiele milieuspezifische soziokulturelle Potentiale und Risiken des gesellschaftlichen Transformationsprozesses in Deutschland analysiert.[2] Eine der ausgewählten Regionen ist die Stadt Brandenburg. Sie ist mit ihren heute noch 89.000 Einwohnern ein typisches Beispiel eines traditionsreichen mittleren Industriestandortes mit zentraler Bedeutung für sein landwirtschaftlich bewirtschaftetes Umland.

Gerade das 1950 neu errichtete Stahlwerk wirkte durch seine guten Verdienst- und Arbeitsmöglichkeiten über mehrere Jahrzehnte als Anziehungs- und Sammelpunkt qualifizierter Arbeitskräfte aus der gesamten Region und darüber hinaus. Es entwickelte sich sehr rasch zum größten örtlichen Arbeitgeber, der 1989 noch ca. 9.000 Arbeitskräfte beschäftigte.

Darüber hinaus erfuhr das Werk - im Unterschied zu manchem anderen ostdeutschen Betrieb - zu DDR-Zeiten mehrere Modernisierungsschübe, so daß sich zumindest in einigen Bereichen stets auch bestimmte betriebliche und persönliche Perspektiven eröffneten. Nicht zuletzt dadurch gelang es dem Werk - im Unterschied zu den meisten DDR-Betrieben - sich ca. 40 % seines Absatzes im Westen zu sichern. Auf dieser Grundlage gehörte es nach dem Beitritt zur Bundesrepublik Deutschland zu jenen Unternehmen, die sich trotz branchenspezifischer Krise - wenn auch unter erheblichen Einschnitten - eine gewisse Zukunft ausrechnen konnten.

Aufgrund seiner regionalen Funktion ist das Stahl- und Walzwerk im Rahmen der Beschreibung traditionaler Arbeiter- und Mittelschichtenmilieus und ihrer auf betrieblicher und regionaler Ebene agierenden politischen Vertreter für Brandenburg von be-

---

2 Vgl. Michael Vester: Der Wandel der Sozialstruktur und die Transformation sozialer Milieus in den neuen Bundesländern. 1991, Forschungsantrag an die Böcklerstiftung.

sonderer Bedeutung. Als größtes Werk der Region, das sich auf der Grundlage eines traditionellen Industriestandortes herausbildete und als Stammbetrieb des entsprechenden Kombinates mit einem breiten innovativen Potential lassen sich an seinem Beispiel im großen Maßstab die Folgen einer erfahrungsgeleiteten, auf Improvisation wie auf Innovation gleichermaßen gerichteten Arbeiter- und Technikerkultur erforschen.

Das gewählte Beispiel läßt einen konzentrierten Blick auf die über Generationen gewachsenen Milieus in der Industrielandschaft der ostdeutschen Nachkriegszeit zu. Es eröffnet gleichzeitig einen Zugang zum Spannungsverhältnis zwischen bisherigen Elitebedingungen/-bewußtsein einer bestimmten sozialen Gruppe der Region (Stahlwerker) und dem aktuellen Prozeß der widersprüchlichen Neuformierung regionaler und sozialer Subjekte.

Vorboten einer Entwicklung

Wie überall in der DDR bedeuteten die Herbstereignisse des Jahres 1989 auch im Stahl- und Walzwerk Brandenburg keine Stunde "null". Sie wurden auch hier durch einen längeren schleichenden Zerfallsprozeß staatlicher, betrieblicher und anderer gesellschaftlicher Strukturen vorbereitet.

Er wurde im SWB durch die Wahl der Zentralen Gewerkschaftsleitung des Werkes (ZBGL)[3] im März 1989 beschleunigt. In ihr trat der bisherige Vorsitzende nicht mehr zur Wahl an. Der noch nach den alten Regeln eingesetzte neue Mann an der betrieblichen Gewerkschaftsspitze hielt danach nicht mehr an der Durchsetzung aller politischen Tabus und Rituale fest. Die betrieblichen

---

3 Durch die Größe und zentrale Bedeutung des Werkes wurde die in anderen Betrieben übliche Gewerkschaftshierarchie der jeweiligen Organisationsebenen durch eine zusätzliche erweitert. Sie sollte die einheitliche ideologische und organisatorische Beherrschung des Gesamtwerkes ermöglichen. Sie entsprach einer analogen Hierarchie der Betriebsparteiorganisation der SED: Zentrale Betriebsgewerkschaftsleitung (ZBGL), Betriebsgewerkschaftsleitungen (BGL), Abteilungsgewerkschaftsleitungen (AGL) und Vertrauensleute, Kassierer, Kulturobleute usw. in den Gewerkschaftsgruppen.

Machtstrukturen begannen sich zu zersetzen. So zensierte die ZBGL zum Beispiel nicht mehr die Diskussionsbeiträge für die Vertrauensleutevollversammlungen (VVV) und verweigerte im Sommer 1989 die Organisation der sinnlos erscheinenden betrieblichen "Plandiskussion".

Der latente Zerfall betrieblicher politischer Strukturen hielt bis zum Herbst an. Erst dann trat - ausgelöst durch die Auflösung der gesamtgesellschaftlichen Machtstrukturen - auch die der betrieblichen in ihre akute Phase.

Im Brandenburger Stahlwerk manifestierte sie sich in mehreren Versammlungen, die von den jeweiligen SED- bzw. Gewerkschaftsverantwortlichen zum Zweck der Schadensbegrenzung einberufen, aber spontan als Tribüne der offenen Kritik umfunktioniert wurden. Darüber hinaus wurde die Betriebszeitung von Teilen der Belegschaft für eine kurze Zeit als machtfreies, allen offenes Diskussionsmedium genutzt.

Ohne in diesem Rahmen auf die damit zusammenhängenden Ereignisse genauer eingehen zu können[4], soll hier nur festgehalten werden, daß in dieser Phase im SWB noch keine neuen gewerkschaftlichen Strukturen entstanden. Es begann lediglich der Prozeß der personellen Erneuerung, der neben der Öffnung für neue Kräfte auch die Umorientierung bisher verantwortlicher "alter" Gewerkschaftsfunktionäre einschloß.

Die eigentliche Zuspitzung der politischen Situation im Betrieb erfolgte im November/Dezember 1989. Sie erfaßt neben der Gewerkschaft auch die SED-Betriebsorganisation.[5]

Unter dem Druck der Belegschaft muß die ZBGL auf einer Vertrauensleutevollversammlung am 30. November die Vertrauensfrage stellen. Daran schlossen sich ähnliche Versammlungen in vielen Gewerkschaftsorganisationen auch auf unteren Ebenen an.

---

4 Vgl. genauer Astrid Segert: Wie ein streitfähiger Betriebsrat entsteht. Metamorphose einer betrieblichen Arbeitnehmervertretung am Beispiel des Stahl- und Walzwerkes Brandenburg. unveröffentlichtes Manuskript.

5 Vgl. ebenda.

In ihrem Ergebnis wurden im Winter 1989/90 ca. 50 % der Vertrauensleute, 80 % der AGL-Vorsitzenden und 75 % der BGL-Vorsitzenden ausgewechselt. Von den Mitgliedern der ZBGL wurde zunächst die Mehrheit in ihrer Funktion bestätigt, allerdings verbunden mit der massiven Forderung, demokratische Wahlen vorzubereiten und eine strukturelle und thematische Erneuerung der Arbeitnehmervertretung einzuleiten.

Dadurch gerieten die bestätigten Funktionäre unter starken Handlungszwang, den sie auch annahmen.

Sie erarbeiteten eine neue produktionsorientierte Gewerkschaftsstruktur, die den Wahlen zugrundegelegt wurde. Durch sie fielen viele Überorganisationsformen, zum Beispiel auch die ZBGL selbst weg. In den wahlvorbereitenden Versammlungen wurden neue Kräfte nicht mehr in ihrer öffentlichen Artikulation behindert. In diesem Rahmen trat zum Beispiel der spätere Betriebsratsvorsitzende in die betriebliche Öffentlichkeit. Alte Felder gewerkschaftlicher Arbeit wie der sozialistische Wettbewerb u. ä. wurden ad acta gelegt. Neue Handlungsfelder wie die "Sicherung von Arbeitsplätzen unter marktwirtschaftlichen Bedingungen" wurden eröffnet.

Der Druck durch die Gewerkschaftsbasis und der (unterschiedlich entwickelte) Erneuerungswille der bestätigten Gewerkschaftsfunktionäre schufen im Brandenburger Stahlwerk die Voraussetzungen für die Herausbildung neuer Arbeitnehmervertretungen, die durch die demokratischen Wahlen im März ihren entscheidenden Impuls erhielt.

Die erste geheime Betriebsgewerkschaftswahl:

Beginnende Umstrukturierung

Mit der BGL-Wahl im März 1990 wurde die personelle Erneuerung der Arbeitnehmervertretung im SWB zunächst abgeschlossen. Von 29 BGL-Mitgliedern wurden 24 erstmalig gewählt. Alle Bereiche des Betriebes waren vertreten. Insgesamt wurden 8 Kollegen freigestellt.

Mit der Konstituierung der neuen Leitung wurde Anfang April der bisherige Vorsitzende der Zentralen Betriebsgewerkschaftsleitung (wieder-)gewählt. Er hatte sich in den vergangenen Monaten in den Augen des aktiven Teils der Gewerkschafter profiliert. Darüber hinaus konnte er in der ersten geheimen Wahl 67 % der Stimmen auf sich vereinen. Das bedeutete bei 63 % Wahlbeteiligung die Zustimmung eines relativ großen Teils der Belegschaft. Gleichzeitig begannen sich die "Neuen" erst in dem begonnen Umstrukturierungsprozeß einen Namen zu machen. Alternativen waren zu diesem Zeitpunkt noch nicht entstanden.

Alle gewählten Arbeitnehmervertreter erhielten durch den freien und geheimen Charakter der Wahl eine grundlegende Legitimierung, wie es sie bisher im Betrieb nicht gegeben hatte. Sie schloß im SWB mehrere Kollegen ein, die bereits vor der Wende bis in die Ebene der ZBGL hinein Funktionen bekleidet hatten, also auch Verantwortung für die damalige Gewerkschaftsarbeit trugen.

Das hieß aber nicht, daß diese Gewerkschafter damit automatisch unter allen Kollegen des Werkes als legitime Arbeitnehmervertreter anerkannt wurden. Im Gegenteil, der Unmut gegen die "Alten" blieb und bleibt bis heute unter einem Teil der Metaller wach. Darin liegt auch die Ursache, daß die Konstellation "Alte" und "Neue" in einer demokratisch gewählten Leitung im SWB noch einmal im Prozeß der Betriebsratswahlen in Frage gestellt wurde.

Die neu gewählte Leitung setzte die bereits begonnene Doppelstrategie fort: strukturelle Erneuerung der Betriebsgewerkschaftsorganisation bei thematischer Umorientierung auf neue, aus dem Übergang zur Marktwirtschaft erwachsende Aufgaben.

Dafür reklamierten die Brandenburger Gewerkschafter die gleichen Arbeitnehmerrechte für sich, wie sie ihre westdeutschen Kollegen haben: Betriebsverfassungsgesetz, Kündigungsschutz, Tarifvertragsgesetz. Gemäß dieser Schwerpunktsetzung in ihrer Arbeit lautet ihre Forderung gemeinsam mit der IGM: Durchsetzung der Rechtsstaatlichkeit auch im Osten. In diesem Sinne hieß es auf einem Flugblatt zum 1. Mai:

"Wir demonstrieren für Demokratie, Rechtsstaatlichkeit und soziale Sicherheit!"[6]

Selbstbewußt gingen die Arbeitnehmervertreter des SWB daran, ihre Rechte im betrieblichen Rahmen durchzusetzen. Als Voraussetzung dafür galt ihnen die Organisation ihrer Arbeit gemäß dem bundesdeutschen Betriebsverfassungsgesetz. Deshalb orientierten sie auf den fließenden Übergang ihrer Tätigkeit in die gemeinschaftliche Arbeit von Betriebsgewerkschaftsorganisation und dem neu zu wählenden und aufzubauenden Betriebsrat. Ihr Ziel war nach wie vor, eine einheitliche Interessenvertretung zu gewährleisten.

In dieser Intension stand die Organisation der BGL-Arbeit nach thematischen Gesichtspunkten, das heißt in Arbeitsgruppen, wie sie das Betriebsverfassungsgesetz für Betriebsräte ermöglicht. Sie bildeten die Grundlage, die Interessenvertretung frühzeitig in der angestrebten Komplexität zu realisieren, indem sie auf breite Schultern verlagert wurde.

Gleichzeitig stellten die Arbeitsgruppen einen Ort dar, wo ein größerer Kreis von Kollegen den Umgang mit den neuen demo-

---

6 Als Quellenmaterial liegen der Untersuchung neben Flugblättern weitere Dokumente der gewerschaftlichen und Betriebsratsarbeit zugrunde, wie Versammlungsprotokolle und Betriebsvereinbarungen. Daneben wurde die Betriebszeitung ausgewertet, die unter je verschiedener Verantwortung erschien. Eine weitere wichtige Quelle bildeten zahlreiche Experteninterviews mit Betriebsräten, aber auch mit unterschiedlichen Vertretern der Belegschaft.

kratischen Möglichkeiten üben konnte. Das ist deshalb von Bedeutung, da niemand im Betrieb bis dato einfach auf Erfahrungen mit den neuen Formen zurückgreifen konnte. Auf diese Weise lagen bis zur Betriebsratswahl im Herbst 1990 bereits einschlägige Ergebnisse und Erfahrungen mit solchen neuen kollektiven Arbeitsformen vor, an die die Kommissionsarbeit der neu gewählten Betriebsräte direkt anknüpfen konnte. Sie bildeten ein Stück Kontinuität in der Entwicklung der Arbeitnehmervertretungen des SWB.

Die Orientierung der Brandenburger Arbeitnehmervertreter fand ihre politische Bestätigung durch den Beschluß der Volkskammer vom Mai 1990, der die demokratisch gewählten Betriebsgewerkschaftsleitungen der DDR-Betriebe legitimierte, bis zur ordnungsgemäßen Wahl Betriebsratsrechte wahrzunehmen. In dieser Frage - wie in einigen anderen auch - nahmen die Betriebsräte des SWB durch ihre selbständige Arbeit den politischen Trend in gewisser Weise vorweg. Sie gestalteten so in ihrem Wirkungsbereich die Verhältnisse mit.

Als sichtbares Zeichen ihrer Dopppelfunktion tragen die Dokumente dieser Zeit das Signum: BGL/BR[7].

Vorbereitung der ersten Betriebsratswahl

Breiten Raum nahm ab Sommer 1990 die Vorbereitung der ersten Betriebsratswahl ein. Auch in dieser Frage holten sich die Betriebsräte Rat von ihren westdeutschen Kollegen. Nach übereinstimmenden Einschätzungen der Betriebsvertreter wie auch der Vertreter der IGM ist hier der entscheidende Punkt zu suchen, wo die westlichen Partner unmittelbaren praktischen Einfluß auf die Arbeit nahmen.

Es sollte eine ordnungsgemäße Wahl gewährleistet werden, die gleichermaßen durch die Kollegen wie durch die Geschäftsführung anerkannt wird. Sie sollte nicht aus Unwissenheit an Formfehlern scheitern. Ihre Vorbereitung durfte aber auch nicht die gesamte

7 BR steht hier für "Betriebsrat".

Arbeitskapazität der Arbeitnehmervertreter beanspruchen, da die betriebliche Arbeit selbst drängte. Aus diesen Gründen ist die Unterstützung der Funktionäre der IG Metall bei der Einhaltung aller gesetzlich vorgeschriebenen Formfragen der Wahl von besonderer Bedeutung.

Im Ergebnis der umfangreichen Vorbereitungsmaßnahmen konnte am 11. September 1990 auf einer stark besuchten Betriebsversammlung ordnungsgemäß der Wahlvorstand für eine Betriebsratsneuwahl bestellt werden. Es wurde eine Liste der IGM aufgestellt, auf der alle im Prozeß der Wende aktiv Beteiligten vertreten waren, die auch weiterhin zur Verfügung stehen wollten. Im Rahmen einer Vertrauensleutevollversammlung wurde ihre Reihenfolge für den Wahlvorschlag diskutiert und beschlossen.

Aus der Erfahrung realsozialistischer "Einheitslisten" mißtrauisch, reagierte ein Arbeiter des Werkes auf diesen Vorschlag mit einer Einzelliste. Er wollte verhindern, daß wieder "die roten Socken ans Ruder kommen". Mit Aushängen über seine Kandidatur und Beweggründe trat er in die betriebliche Öffentlichkeit und traf den Nerv eines nicht geringen Teils von Kollegen. Die Betriebsratswahl war Thema im Betrieb. Ein Teil der Metaller sah noch einmal nur die Möglichkeit der passiven Verweigerung, was sich in der relativ niedrigen Wahlbeteiligung von 44 % der gesamten Belegschaft ausdrückte.[8]

In der Wahl wurde der genannte Kollege gewählt. Da er aber auch IGM-Mitglied ist, konnte der Betriebsrat dennoch auf 100 % Gewerkschaftsmitglieder verweisen. Auch "der aktive Kern, der (in der bisherigen BGL/BR) die Arbeit gemacht hatte", so der heutige Betriebsratsvorsitzende, "erhielt in der Wahl mehrheitlich das Vertrauen der Kollegen". Der ehemalige ZBGL-Vorsitzende und dann demokratisch gewählte BGL-Vorsitzende erhielt sogar die meisten Stimmen.

---

8 Vgl. die Gesamtergebnisse in: "Stahl. Betriebszeitung der Stahl- und Walzwerk Brandenburg GmbH" vom 28.11.1990, S. 2.

An die Spitze des Betriebsrates trat Ende November 1990 ein Kollege, der erst im Prozeß der Wende seinen Weg in die Gewerkschaftsarbeit gefunden und dann aber deren Profilierung wesentlich vorangetrieben hatte.

Er war nicht nur durch frühere Parteimitgliedschaft oder politische Funktionen unbelastet. Er hatte bereits in Vorbereitung auf den außerordentlichen Gewerkschaftskongreß des FDGB den richtigen Ton im Interesse der Kollegen gefunden, so daß sie ihn zu einem der zwei Delegierten des Betriebes wählten, obwohl er vorher kaum bekannt war. Er verstand es auch, die unterschiedlichen Positionen miteinander ins Gespräch zu bringen und zu einem einheitlichen Konzept zu bündeln.

In seiner Person vereinte er Engagement für alle Kollegen, Kompetenz in fachlichen Fragen, Gesprächsbereitschaft, Hartnäkkigkeit und Verhandlungsgeschick. Er setzte sich gegenüber seinem wieder zur Wahl stehenden Vorgänger in deutlicher Weise durch, da seine Person für die neugewählten Gewerkschaftsfunktionäre den angestrebten Neuanfang symbolisierte. Das traf offensichtlich auch das Interesse eines großen Teils der Belegschaft des SWB.

Themenwechsel in der Gewerkschaftsarbeit:

Ein Sanierungskonzept wird erarbeitet

Das Bemühen um demokratische Strukturen und ihre Anerkennung durch die Belegschaft sowie die Geschäftsführung bildete nur einen Teil der Interessenvertretung im Betrieb. Im Zentrum der inhaltlichen Arbeit stand in diesem Zeitraum die Sicherung von Arbeitsplätzen durch die Erarbeitung von Vorschlägen für ein seriöses Sanierungskonzept, flankiert durch einen breit gefächerten Maßnahmekatalog zur sozial verträglichen Überleitung des Betriebes in wettbewerbsfähige Strukturen.

Der Betriebsrat sah sich hier in der Grundfrage mit der Geschäftsführung einig. Beide Seiten des Betriebes verfolgten das Ziel, den Betrieb so weit wie möglich als Ganzes zu sanieren, statt eine schnelle Teilprivatisierung zu erreichen. In vielen Fragen entwickelte sich eine regelmäßige und intensive Zusammenarbeit, konnten die Arbeitnehmer auch aufgrund ihrer branchenspezifischen Kompetenzen ihren Einfluß auf die Konzeptbildung geltend machen.

Wie in vielen anderen Betrieben auch erkannten die Arbeitnehmervertreter im SWB an, daß zum Zwecke der Marktfähigkeit des Unternehmens Arbeitsplätze im SWB abgebaut werden mußten. Sie befanden sich in dieser Frage auch mit der Geschäftsführung nicht im Streit.

Zu keinem Zeitpunkt vertraten sie den Standpunkt, alle Arbeitsplätze erhalten zu wollen. Aber nach wie vor hieß ihre Losung in Abstimmung mit der betrieblichen Arbeitgeberseite: Keiner wird aus betrieblichen Gründen entlassen. Statt dessen sollten Übergangslösungen, wie Umschulungen, Arbeitsbeschaffungsmaßnahmen und Vorruhestandsregelungen die über mehrere Jahre hinweg einzusparenden Kollegen sozial auffangen.

Die Brandenburger Stahlwerker wußten, daß sich die ostdeutsche Stahlindustrie insgesamt in einer doppelten Krise befand. Einerseits bestand ein erheblicher technologischer Rückstand gegenüber den westlichen Konkurrenten. Er wirkte sich seit der Währungsunion ungehindert auf dem Markt aus. Andererseits befand sich die gesamte Branche in Deutschland in der Krise, verschlechterten sich die Marktbedingungen insgesamt.

Daher unterstützten sie Überlegungen, wie neben der Sicherung von Arbeitsplätzen im Betrieb die Schaffung neuer Arbeitsplätze durch Industrieansiedlungen u. a. m. vorangetrieben werden konnte. In diesem Sinne hieß ihr Ziel: Durchsetzung einer mittelfristigen sozialverträglichen Umwandlung des Stahlstandortes Brandenburg in einen erfolgreichen gemischten Industriestandort.

Die Hauptkraft ihrer Anstrengungen widmeten sie allerdings der Arbeitsplatzsicherung durch die Modernisierung der betriebseigenen Stahlproduktion. Hier entwickelten sie auch die konkretesten Vorstellungen, konnten ihre fachlichen Kompetenzen einbringen. In der Frage der Neuansiedlung von anderen Industrieanbietern auf dem Werksgelände ging es dagegen aus unterschiedlichen Gründen weniger voran. Auch die Geschäftsführung entfaltete hier ihre Kräfte nicht wie in anderen Fragen.

Aus der Erfahrung der 1991/92 nachfolgenden Treuhandentscheidung über den isolierten Verkauf des Elektrostahlwerkes muß diese Konzentration auf ausschließlich einen Weg der Arbeitsplatzsicherung durch Gesamtsanierung inzwischen in Frage gestellt werden. Die Ansiedlung neuer Industrien war durch alle Vertreter des SWB in ein Konzept der Gesamterhaltung des Betriebes eingeordnet worden.

Bei aller Flexibilität, die die Arbeitnehmervertreter des SWB im Interessenkampf mit der Treuhand bewiesen, hätte möglicherweise die intensivere Vorbereitung auf alternative Entwicklungen die eingetretenen Verluste weiter minimieren können. Es scheint dies aber nicht allein eine Frage der Brandenburger Betriebsräte zu sein, sondern der übergreifenden Konzeptbildung in der entsprechenden Industriegewerkschaft.

Einer der in diesen Fragen besonders engagierten Betriebsräte des SWB formulierte die Bedeutung, die die Stahlwerker der Erhaltung ihres Werkes beimaßen, sehr drastisch so:

> "Entweder der gesamte Betrieb geht unter oder wir halten hier für die (laut Sanierungskonzept ökonomisch haltbaren - A.S.) dreieinhalb Tausend einen Arbeitsplatz, ob das nun ein Stahlarbeitsplatz oder ein anderer Industriearbeitsplatz ist, das ist erst mal ganz egal. Aber für die anderen dreieinhalb Tausend, die weggegangen sind, müssen sozialverträgliche Pläne geschaffen werden."

Hier wird deutlich, wie sehr sich die betrieblichen Arbeitnehmervertreter selbst in die Pflicht nahmen. Der Betriebsratsvorsitzende macht darüber hinaus deutlich, daß sie als solche auch Ansprüche an die verantwortlichen Politiker und Parteien stellen:

> "Uns genügt es nicht, und das ist der entscheidende Vorwurf eigentlich, uns genügt es nicht, wenn eine politische Entscheidung z. B. für den Standort fällt, wie's ja de facto für die Stahlstandorte der Fall ist.[9] Wir erwarten dann aber auch eine politische Entscheidung in sozialer Hinsicht. Es kann nicht sein, daß die Treuhand bei Sozialplänen und so mit einem Mal die marktwirtschaftliche Elle anlegt. Das ist etwas was wir nicht verstehen können. Wenn ich einmal sage, rein wirtschaftlich ist es (Erhaltung der ostdeutschen Stahlstandorte - A. S.) nicht vertretbar, aber ich entscheide mich politisch dafür, dann muß ich also auch für die sozialen Geschichten eine politische Entscheidung treffen. Und da kann ich nicht die marktwirtschaftliche Elle anlegen und sagen: 'Ich kann Euch nur zahlen, wenn der Betrieb Geld hat.' Das geht irgendwie nicht zusammen."

Die Ansprüche, die die Arbeitnehmervertreter des SWB an ihre eigene Arbeit stellten, setzten sie in der Folgezeit in eine ganze Reihe von Betriebsvereinbarungen um. In vielfältiger Weise vertraten sie mit Erfolg die sozialen Interessen ihrer Kollegen.

Bereits im März trat eine mit der Betriebsleitung erzielte "Vereinbarung zur materiellen Stimulierung der Beschäftigten des Betriebes zur Erzielung eines hohen Gewinns" in Kraft. Damit wurde die Orientierung aller Kollegen an der Erwirtschaftung hoher Gewinne des SWB finanziell gefördert, was auch grundlegen-

---

9 Wie die späteren Kämpfe mit der Treuhand und dem Land Brandenburg zeigten, hieß "Standorterhaltung" in der Lesart der Politiker durchaus nicht, daß damit die meisten Arbeitsplätze durch Sanierung und flankierende Umstrukturierung erhalten bleiben. Standorterhaltung konnte durchaus auch als Minimalvariante mit hohen Enlassungszahlen verbunden werden. Möglicherweise lassen sich in diesem Zusammenhang auch Illusionen der Arbeitnehmervertreter über "ihre" Politiker aufdecken.

den Interessen der Kollegen an einer leistungsgerechten Entlohnung näher kam.[10]

Mit Wirkung vom 1. Mai 1990 gelang es, bereits im Vorgriff auf die Tarifverhandlungen in einer Vereinbarung zwischen dem Generaldirektor und der BGL die 40-Stunden-Arbeitswoche für alle Beschäftigten des SWB zu sichern.[11]

Ein weiteres neues Aufgabenfeld:

Die betriebliche Beschäftigungsgesellschaft

Einer der ersten großen Erfolge des neuen BGL/Betriebsrates im SWB, bestand in der Initiierung einer Beschäftigungsgesellschaft im Betrieb. Sie wurde unter ihrer intensiven Mitwirkung als erste Beschäftigungsgesellschaft der Region Brandenburg gegründet.

In ihrem Rahmen wurden zwei Schwerpunkte realisiert:

1. Die Umschulung von Arbeitnehmern, deren Arbeitsplatz im Betrieb nicht mehr gesichert ist, in zukunftsträchtige Berufe.

2. Die Organisation von Arbeitsbeschaffungsmaßnahmen, die die Weiterbeschäftigung von Arbeitnehmern sichert, die aktuell keine Arbeitsmarktchance haben.

Die Geschäftsführung des Betriebes nutzte die neu geschaffene Einrichtung, um alle aus dem Arbeitsprozeß Auszugliedernden, die nicht in den Vorruhestand gehen konnten, in diese Beschäftigungsgesellschaft zu "schicken". Das betraf bereits Mitte 1990 ca. 1200 Stahlwerker, darunter viele Frauen.

Als von der Geschäftsleitung in diesem Zusammenhang (trotz anderer Absprachen mit den Arbeitnehmervertretern) Kündigungen ausgesprochen wurden, setzte sich die BGL wie ein Betriebsrat dafür ein, daß diese rückgängig gemacht wurden und die Beschäftigungsgesellschaft im Betrieb eingegliedert blieb. Das bedeutete für die Betroffenen, daß sie in der Umschulung oder Beschäftigungsmaßnahme weiterhin nach Stahltarif bezahlt wurden.

---

10 Vgl. "Stahl" vom 5.4.1990, S.1.

11 Vgl. die Ergebnisse in "Stahl" vom 3.5.1990, S.1.

Das bedeutete weiter, daß sie nach deren Beendigung entsprechend den geltenden Montanrechten behandelt werden mußten.

Als die Beschäftigungsgesellschaft des SWB am 1.Juli 1991 ihre Tätigkeit aufnahm, entlastete sie auch die Kommune. Diese verfügte zu diesem Zeitpunkt noch nicht über die organisatorischen Voraussetzungen für die Bewältigung der Aufgaben von Umschulungs- und Arbeitsbeschaffungsmaßnahmen, schon gar nicht in den für das Stahlwerk erforderlichen Größenordnungen.

Ein wichtiges Aufgabenfeld des Betriebsrates lag in der finanziellen Absicherung derjenigen, die vorzeitig in den Ruhestand gehen (mußten). Davon waren 1990 ca. 650 Kollegen betroffen. Durch die Anwendung der Montanregelung auch für die Ruheständler wurden diesen Bezüge von 82 % bzw. 85 % ihres bisherigen Einkommens garantiert. Damit wurde eine Regelung erreicht, die durch die Betroffenen als sozial verträglich akzeptiert wurde. Sie fühlten sich durch ihren Betriebsrat in ihren Interessen vertreten.

Darüber hinaus wurde im SWB für die Entlassenen die Möglichkeit geschaffen, daß sie alle Formalitäten, die sie ansonsten beim Arbeitsamt erledigen mußten, in ihrem Betrieb realisieren konnten. Damit sollte nicht vordergründig das städtische Arbeitsamt entlastet werden. Dennoch ermöglichte diese Kooperation unter den Bedingungen der erst entstehenden Verwaltungsstrukturen und -kompetenzen in der Stadt auch eine Effektivierung der Verwaltungsarbeit.

Das eigentliche Ziel der Betriebsräte war allerdings die zeitliche, vor allem aber die emotionale Entlastung der Betroffenen. Ihnen wurde von den "eigenen Leuten" ein "Bittgang" erspart, wie es die Arbeiter selbst sehen. Sie konnten alles in "ihrem" Betrieb und mit "ihren" Kollegen erledigen. Sie waren deren unmittelbarer Solidarität und Hilfe bei Problemen sicher.

Dieser "Fürsorge"-Standpunkt gegenüber den akut Betroffenen wurde auch in anderen Betrieben von Arbeitnehmervertretern, zum Teil sogar in Absprache mit der Geschäftsführung eingenommen.

Sie zeugt von einer sensiblen Wahrnehmung der psychologischen Situation der von ihnen vertretenen sozialen Gruppen und einem Verantwortungsgefühl ihnen gegenüber.

Wie lassen sich die Entwicklungen in der betrieblichen Arbeitnehmervertretung des Brandenburger Stahlwerkes zwischen der Betriebsgwerkschaftswahl im März 1990 und der akuten Veränderung der Betriebssituation Mitte 1991 zusammenfassen?

Insgesamt wurde dieser Zeitraum durch den Übergang zu einer Betriebsratsarbeit auf den Grundlagen des Betriebsverfassungsgesetzes (BVG) gekennzeichnet, die auf erste Erfolge verweisen konnte. Vorbereitet durch eine breite demokratische und langfristig angelegte Gewerkschaftsarbeit gewann die Betriebsratsarbeit im Unterschied zu manchen anderen (vor allem neu gegründeten) Betrieben rasch an Profil.

Sie war durch die intensive Erweiterung der eigenen politischen und ökonomischen und juristischen Kompetenz, durch betriebliche und überbetrieblich Kommunikation mit vielfältigen Partnern, durch Nutzung vielfältiger gesetzlich gesicherter Möglichkeiten zur Interessenvertretung und eine verantwortungsbewußte selbständige Erarbeitung komplexer langfristiger Konzepte im Interesse der Kollegen und des Werkes gekennzeichnet. Auf dieser Grundlage entstand rasch ein Selbstbewußtsein der Betriebsräte und Selbstvertrauen in die eigene Arbeit.

Diese Arbeitsweise ist neben der Kontinuität in den Arbeitsschwerpunkten eine wichtige Grundlage dafür, daß von einer einheitlichen Entwicklungsphase in der Arbeitnehmervertretung des SWB gesprochen werden kann, die den gesamten Zeitraum von März 1990 bis Juli 1991 umfaßt.

Sie erhielt zwar durch die Betriebsratswahl eine entscheidende Profilierung, änderte aber nicht die Prämissen ihrer Arbeit.

Auf der Basis eines breiten ökonomischen (EG-Gelder) und politischen (Parteien-)Interesses erschien die Perspektive des Unternehmens vorerst positiv. Auf dieser Grundlage wurden zwischen Betriebsrat und Geschäftsführung eine Reihe wichtiger Vereinbarungen im Interesse der Kollegen unterzeichnet bzw. an weiteren gemeinsamen Konzepten gearbeitet.

Erste große Bewährungsprobe für die Betriebsratsarbeit:

Die Treuhand betritt die Bühne

Bis zum Frühjahr 1990 erschien die Situation des Gesamtbetriebes trotz erheblicher Probleme nicht ohne Perspektive.

Am 1. Mai 1990 war der bis dato volkseigene Betrieb (VEB) in eine GmbH umgewandelt worden und trat noch im selben Monat der neu gegründeten "Wirtschaftsvereinigung Stahl der DDR" bei.

Bereits im März hatte sich der Betrieb nach Brüssel an die EG um Unterstützung im Rahmen der Montanregelungen gewandt und sein Anliegen bis zum Sommer in Antragsform eingereicht. Konzipiert wurde ein Pilotprojekt in Brandenburg, das in Absprache mit zwei großen Konzernen sowie dem Wirtschafts- und Umweltschutzministerium die Einführung eines umweltfreundlichen Schmelzverfahrens vorsah.

An der Finanzierung sollten sich neben dem Unternehmen auch die Autoindustrie, die beiden Ministerien sowie die EG beteiligen. Als möglich wurde für die Einführung des neuen Schmelzverfahrens ein Zeitplan bis etwa 1992 angesehen. Nach den Worten des Geschäftsführers der Walzstahl GmbH, sah das

> "technische Konzept vor, daß neben dem Schmelzaggregat mit einer maximalen Leistung von 100 t/h eine pfannenmetallurgische Anlage und eine Stranggußanlage unter weitgehender Nutzung der vorhandenen Infrastruktur und Hallensubstanz aufgebaut wird".[12]

Geplant war, für die Übergangsphase den Marktanteil zu erhalten, indem das alte Siemens-Martin-Werk (SMW) weiterproduzierte. Das bedeutete gleichzeitig den Erhalt von Arbeitsplätzen für

---

12 Vgl. "Stahl" vom 26.7.1990, S.1.

diesen Zeitraum und damit die Bindung wichtiger qualifizierter Arbeitskräfte für die neue Produktion.

Das Zauberwort, das auch die Türen in Brüssel öffnete, lautete: Den Stahlstandort Brandenburg erhalten, wettbewerbsfähig und umweltfreundlich machen. Das Werk schien ein positives Beispiel regionaler Standorterhaltung durch die sozial abgefederte Einführung einer umweltgerechten, technologisch hochmodernen Produktion zu werden. Die Politiker begannen, sich im Werk die Klinke in die Hand zu geben.

Eine positive Reaktion der Treuhand stand jedoch aus. Dadurch verstrich wertvolle Zeit. Durch die Verzögerung einer Entscheidung der Treuhand für die vorgeschlagene Sanierung des Unternehmens wurden die Aussichten des SWB nicht besser. Das Unternehmen benötigte zur Konsolidierung der Produktion und des Unternehmens dringend finanzielle Mittel und eine berechenbare Perspektive, die die Entscheidungen für einzelne Maßnahmen sinnvoll und rational erscheinen ließen.

Die ökonomisch schwierige Situation des Unternehmens hatte unmittelbare Folgen für die Arbeitnehmer. Durch die sich verschlechternde Auftragslage mußten viele Stahlwerker Ende August in die Kurzarbeit gehen. Das betraf nicht nur die 4.700 Arbeiter und Ingenieure des Bereiches Produktion, von denen noch 770 Arbeit hatten. Insgesamt arbeiteten in der letzten Augustwoche noch knapp 1,5 Tausend von den noch ca. 7000 Beschäftigten des SWB.[13]

Die schlechte ökonomische Situation des Betriebes beeinträchtigte auch die Verhandlungen zwischen Betriebsrat und Geschäftsführung. Die vorerst größte Niederlage ihrer Arbeit mußten die Betriebsräte hinnehmen, als ihr unter komplizierten Bedingungen erarbeiteter Sozialplan trotz ursprünglicher Zusage der Geschäftsführung im Juni 1991 nicht unterzeichnet wurde.

Die Treuhand verweigerte die finanzielle Beteiligung, da sie Sozialplankosten nur für zahlungsunfähige Betriebe übernehmen

13 Vgl. "Stahl" vom 30.8.1990, S.1.

wollte. Das traf aber auf das SWB nicht zu, auch wenn der Betrieb nicht in der Lage war, die Gesamtkosten zu tragen. Gleichzeitig sollten nach Vorstellung der Treuhand die Mittel der Montanregelung auf die zu zahlenden betrieblichen Abfindungen in Anrechnung kommen. Sie konnte sich dabei auf eine Vereinbarung mit dem DGB berufen.[14]

Die SWB GmbH war aufgrund ihrer ökonomischen Situation unter diesen Bedingungen nicht in der Lage, allein die Verpflichtungen des vereinbarten Sozialplanes zu tragen. In Frage standen damit vor allem die Abfindungen der Kollegen, die das Werk verlassen mußten.

Darüber hinaus sah sich die zum 1. Juli neu eingesetzte Geschäftsführung des Betriebes unter dem Druck der Treuhand veranlaßt, die Zusage, daß es 1991 keine betriebsbedingten Entlassungen geben werde, zu stornieren. Sie legte aber zunächst keine neuen eigenen Konzepte vor.

"Der Betriebsrat hing in der Luft." Nicht nur die Stahlwerker, auch ihre Betriebsräte wurden verunsichert. Wertvolle Zeit verging, besser gesagt: sie wurde von der Arbeitgeberseite vertan. Der Betriebsrat seinerseits mußte sich fragen lassen, ob er mit seinen langen internen Diskussionen über den Sozialplan den unter der alten Geschäftsführung möglichen Abschluß selbst mit verspielt hatte.

Der Betriebsrat stand in doppelter Hinsicht vor einem deutlichen Einschnitt in seiner Arbeit. Das betraf erstens die Dimension seiner Arbeit und zweitens das Verhältnis zwischen Belegschaft und Arbeitnehmervertretung.

---

14 Vgl. die "Richtlinie zu Sozialplänen" der Treuhand, die auf der Grundlage der am 13.4.1991 mit dem DGB und der DAG unterzeichneten gemeinsamen Erklärung beruht. In ihr heißt es auf Seite 5: "Soweit das Unternehmen eigene, verfügbare Mittel hat, muß es diese vorrangig einsetzen. Das gilt auch, wenn das Unternehmen Leistungen von dritter Seite erhalten kann, die für Abfindungen oder vergleichbare Leistungen vorgesehen sind."

Spontaner Übergang zu einer neuen Dimension der Arbeitnehmervertretung

Bisher schien das im Betrieb entworfene Konzept einer langfristigen Sanierung zu tragen. Das sicherte den Metallern zunächst überdurchschnittlich gute soziale Bedingungen gegenüber den Brandenburgern, die in anderen Betrieben arbeiteten, wo seit längerem bereits entlassen wurde. Sie basierten auf der Wirtschaftskraft des ortsgrößten Werkes und auf der aktiven Struktur- und Sozialpolitik im SWB. Nun aber geriet das Unternehmen als Ganzes akut unter den Druck der gesellschaftlichen Gesamtpolitik. Die daraus erwachsenden sozialen Bedrohungen der Kollegen konnten nicht allein auf betrieblicher Ebene gelöst werden.

Darauf mußten die Arbeitnehmervertreter in ihrem Interessenhandeln reagieren. Sie waren aber von der verschärften Situation auch persönlich betroffen. Zunächst herrschte unter ihnen eine Stimmung der Enttäuschung und Verbitterung: Ohne ihr Verschulden war eine Situation eingetreten, die in ihrem Wesen durch die Arbeitnehmerseite scheinbar nicht mehr zu beeinflussen war. Der Glaube an die "gerechten", im eigenen Interesse nutzbaren Spielregeln des neuen Gesellschaftssystem wurde erschüttert.

Zum Teil wurde die Ursache in der Neubesetzung der Geschäftsführung mit Westlern gesucht. Feindbilddenken bekam unverhofft wieder Konjunktur. Es traf sich auch mit dem Denken eines Teils der Kollegen: Mehr Power gegenüber der Arbeitgeberseite ist notwendig.

Darüber hinaus schien die ungeheure Arbeitsanspannung der letzten Monate plötzlich persönlich und kollektiv sinnlos, da ihre Ergebnisse offenkundig jederzeit durch nicht vorherseh- und beeinflußbare Mächte entwertet werden konnten. Diese Stimmung beherrschte allerdings den Betriebsrat des SWB im Sommer 1991 nur sehr kurz, ohne daß sie von allen seinen Mitgliedern ganz überwunden werden konnte.

Bestimmend wurde relativ schnell wieder die eigene Aktivität, die zu neuen Teilerfolgen (oft nur in Gestalt von Zeitgewinn) und über diese zu neuer Zuversicht führte.

Das gilt aber für die Belegschaft insgesamt nicht in gleicher Weise. Unter dem Druck der sich verschlechternden Verhältnisse erhielt die Skepsis gegenüber den darauf reagierenden Maßnahmen der eigenen Interessenvertretung in einem Teil der Belegschaft wieder Auftrieb.

Trotz der zunehmenden Spannungen kann angesichts der Herausforderung der Verhältnisse von einer Profilierung der Betriebsratsarbeit im SWB gesprochen werden. Eine entscheidende Basis dafür lag in den intensiven Verbindungen zwischen dem Betriebsrat und den verschiedenen Ebenen der IG-Metall.

Sie begannen bereits auf der Ebene der Ortsverwaltung. Darüber hinaus war der im Prozeß der Neuwahlen Betriebsratsvorsitzende bis in den Vorstand der IGM gewählt worden.

Die betrieblichen Arbeitnehmer des SWB hatten so nicht nur unmittelbaren Zugang zu ihrer überbetrieblichen Interessenvertretung, über den sie diese Ebene auf ihre Probleme aufmerksam machen konnten. Sie verstanden sich - gestärkt durch diese Kontakte - selbst auch wesentlich als Gewerkschaftsvertreter. Das hieß für sie, daß sie als Betriebsvertreter gerade in der neuen Situation gegenüber der Arbeitgeberseite über den betrieblichen Rahmen hinaus aktiv wurden.

Im einzelnen stellte sich die Situation im September folgendermaßen dar. Allen Arbeitnehmern des SWB, die sich bisher unter der Obhut des Betriebes in der Umschulung, in einer Arbeitsbeschaffungsmaßnahme, im Vorruhestand bzw. in der Warteschleife befanden, sollte zum Jahresende gekündigt werden.

Als die Entlassungen ausgesprochen waren, verzichtete der Betriebsrat unter Vorbehalt auf den Widerspruch. Als Bedingung wurde vor dem Inkrafttreten der Entlassungen gefordert: "die verbindliche Vereinbarung des Sozialplanes bis zum 18. Oktober" und "bis zum 1.12. 1991 die Gründung der Gesellschaft ABS", in die "der zu kündigende Personenkreis integriert wurde".[15]

Dadurch sollte gesichert werden, daß die Betroffenen sozial aufgefangen werden. Zu diesem Vorgehen gab es innerhalb des Betriebsrates auch eine kritische Fraktion, die auf die nicht vorhandene rechtliche Absicherung eines "Verzichtes auf Widerspruch unter Vorbehalt" verwiesen. Das befürchtete Ergebnis trat dann auch ein, der Vorbehalt hatte nicht den gewünschten Druck auf die Geschäftsführung ausgeübt, die Bedingungen wurden nicht eingehalten.

Nach Verstreichen der Frist und ausbleibender verbindlicher Regelung legte der Betriebsrat dann Widerspruch ein. Gleichzeitig ermutigte die Vertrauenskörperleitung (VKL) alle Betroffenen, von ihrem Recht auf Kündigungsschutzklage Gebrauch zu machen und bot rechtliche Unterstützung an. Obwohl den Kollegen klargemacht wurde, daß dies für sie persönlich wenig Erfolg bringen würde, aber die politische Kraft der Gewerkschaft stärkt, gingen ca. 350 Kündigungsschutzklagen ein. (Unter Druck der Arbeitgeberseite zogen allerdings nach Inkrafttreten des Sozialplanes Anfang 1992 ein Teil der Kollegen ihre Klage wieder zurück und schwächten so ihre eigene Gewerkschaft.)

Anfang September wurde offensichtlich, daß sich die Treuhand mit der Absicht trug, das Elektrostahlwerk des Betriebes separat zu verkaufen. Das aber bedrohte zusätzlich jeden zweiten Arbeitsplatz der noch im Betrieb Beschäftigten.

Die VKL mobilisierten daraufhin am 12. September 1991 die Belegschaft zu einem Protestmeeting, an dem etwa 1000 Metaller des Werkes teilnahmen. In einem ihrer Flugblätter dazu heißt es:

> "Es ist 5 Minuten vor 12 - in 14 Tagen könnte es zu spät sein!
>
> Es geht um den Stahlstandort Brandenburg - es geht um unsere Arbeitsplätze! ...

---

15 Vgl. den Beschluß des Betriebsrates vom 26.9.1991.

Überzeugen wir die Treuhandanstalt, daß die Brandenburger gewillt sind, den Stahlstandort zu erhalten. Sie sollen davon überzeugt werden, daß die Strategie des SWB-Unternehmens zum Gesamterhalt tragbar ist und eine kurzfristige Entscheidungsfindung notwendig wird.

Es ist schon zu viel Zeit verloren gegangen, es muß investiert werden, um auf dem Markt bestehen zu können!"

Die Stimmung auf dieser Veranstaltung war denkbar schlecht, da die angesagten Treuhandvertreter nicht erschienen. Die Arbeitnehmervertreter des SWB brachen aber von sich aus die Kontakte zur Treuhand nicht ab, im Gegenteil.

Angesichts der drohenden völligen Niederlage der gesamten betrieblichen Interessenvertretung ging der Betriebsrat gegenüber der Treuhand in die Offensive. Er bemühte sich, um Gespräche mit den verantwortlichen Vertretern der Treuhand, um sie im direkten Kontakt von den Vorzügen des Sanierungskonzeptes des SWB für den Betrieb und die Region Brandenburg zu überzeugen.

Die Arbeitnehmervertreter verließen sich in dieser Frage nicht darauf, daß die Geschäftsleitung die Interessen der Belegschaft in angemessener Weise in den Privatisierungsverhandlungen mit der Treuhand vertreten würde. Sie verließen sich schon gar nicht auf die Treuhand.

Statt dessen übernahmen sie in vielen Einzelfragen selbst die Initiative des Vorschlages für unternehmerisch und sozial verträgliche Lösungen. Es kam im September und Oktober 1991 zu einer ganzen Terminkette von Gesprächen zwischen Treuhand, Geschäftsführung des SWB und seinem Betriebsrat, in denen in zähen Verhandlungen um eine Lösung für Brandenburg gerungen wurde.

Daß auch die Hoffnung der Belegschaft auf einen Weg in ihrem Interesse noch nicht verbraucht war, zeigte auch die Belegschaftsversammlung mit Treuhandvertretern am 21. Oktober, an der wiederum ca. 1500 Kollegen teilnahmen.

Die entscheidenden Auseinandersetzungen begannen jedoch Ende November, als der Verhandlungsrat der Treuhandanstalt ein Umlageverfahren eröffnete, das alle bisherigen Bemühungen der Brandenburger Betriebsräte ad absurdum führte. Es beinhaltete den de facto Verkauf der modernen Kernbereiche des Werkes an den renomierten italienischen Stahlkonzern Riva. Betroffen war ebenso die Belegschaft des Henningsdorfer Stahlwerkes, die daraufhin ihren Betrieb aus Protest besetzte.

Der Brandenburger Betriebsrat solidarisierte sich sofort mit den Henningsdorfer Kollegen, behielt sich aber die Betriebsbesetzung als letztes Mittel vor. Die Brandenburger blockierten bei einer öffentlichen Belegschaftsversammlung mit etwa 3.000 teilnehmenden Stahlwerkern die vor dem Werk gelegene Bundesstraße 1. Tags darauf fuhren sie gemeinsam mit ihren Henningsdorfer Kollegen zu Hunderten nach Potsdam, um der Landesregierung ihre Probleme vor Augen zu führen.

Gleichzeitig erkämpften die Betriebsräte eine neue Verhandlungsrunde mit der Treuhand, auf der auch die Landesregierung vertreten war.

Der Verkauf an Riva konnte durch die Arbeitnehmervertreter nicht verhindert werden, da er inzwischen von der Bundesregierung als Symbol für ausländische Anbieter aufgegriffen wurde. In den Verhandlungen konnte jedoch erreicht werden, daß die Treuhand gegenüber dem Investor vertraglich eine Verpflichtung durchsetzte, 1.400 Mitarbeiter zu übernehmen. Ihr ursprüngliches Angebot bezog sich auf weit weniger als 1.000.

Nicht weniger bedeutsam war das Verhandlungsergebnis mit der Treuhand und dem Land Brandenburg in bezug auf die Umstrukturierung des Altwerkes. Erkämpft wurde die Zusage für die Sicherung der schrittweise auslaufenden Produktion des SM-Werkes bis 1994. Damit konnten für den Augenblick 1.500 Arbeitsplätze gesichert werden, deren schrittweiser Abbau durch die Neuansiedlung unterschiedlicher mittlerer und kleinerer gewerblicher Investoren aufgefangen werden soll. Der Treuhand und der Landesregierung konnte die Zusage zu einer Reihe unterstützender, auch finanzieller Maßnahmen abgerungen werden, ohne daß damit die baldige Massenentlassung weiterer "unrentabler" Altwerker schon vertraglich ausgeschlossen wäre. Der ausgehandelte Kompromiß enthält bereits ein neues Konflikt- und Kampffeld zwischen Arbeitnehmervertretern und Treuhand.

Trotzdem über den Kampf der Gewerkschafter viele Arbeitsplätze zunächst gesichert wurden, konnte die Entlassung von 1.800 Kollegen zum Jahresende 1991 nicht verhindert werden. Auch das folgende Jahr wird für die Brandenburger Stahlarbeiter erneute Entlassungen bringen. Die Losung: "Kein Metaller wird aus betrieblichen Gründen entlassen" konnte nicht verwirklicht werden. Wenn das Verhandlungsergebnis als Erfolg gewertet werden soll, so nur in dem Sinne, daß ein Abbau in noch größeren Dimensionen verhindert werden konnte. Das heißt, es wurde erfolgreicher Widerstand geleistet. Das erarbeitete sozialverträgliche Sanierungskonzept konnte aber nicht durchgesetzt werden.

Im Vergleich zu anderen ostdeutschen Betrieben mit ähnlichen Ausgangsbedingungen ist das angesichts der Treuhandpolitik schon viel. Die eigentliche Bedeutung dieses Arbeitskampfes liegt aus meiner Sicht aber in der Tatsache, daß es in diesem Fall gelungen ist, die Treuhand und das Land zu unmittelbaren Verhandlungen mit betrieblichen und Gewerkschaftsvertretern zu zwingen.

Verhältnis Betriebsrat - Belegschaft unter Druck

Der Betriebsrat des SWB hatte bis zum Sommer 1991 in betrieblichen Dingen viele Einzelfragen im Interesse der Kollegen lösen können. Die Kollegen verließen sich auf die Zusicherung: Kein Metaller wird aus betrieblichen Gründen entlassen. Mit den angekündigten Entlassungen zum Jahresende 1991 wurde diese

Zusage - für viele völlig unverständlich und scheinbar auch mit Billigung des Betriebsrates - zurückgenommen.

Der Betriebsrat drohte deshalb für die Belegschaft unglaubwürdig zu werden, das war im persönlichen Kontakt sehr deutlich zu spüren. Ein Betriebsrat faßt seine Erfahrungen mit gewerblichen Arbeitnehmern so zusammen:

> "Im Prinzip wird der Betriebsrat hier als Sündenbock hingestellt für viele Sachen, weil sie (die Kollegen - A.S.) einfach nicht erkennen, wer der Schuldige eigentlich ist, der für den ganzen Personalabbau verantwortlich ist. Das wird auch geschickt vom Personalchef so rübergebracht: 'In Zusammenarbeit mit dem Betriebsrat wurden die Leute entlassen.' Dabei heißt doch nicht, wenn wir mit ihnen in der paritätischen Personalkommission zusammenarbeiten, daß wir auch für die Entlassungen sind."

Die Aussage macht den Konflikt deutlich, in den die Betriebsräte durch den zunehmenden wirtschaftlichen Druck gerieten. Ein Teil von ihnen trug die Massenentlassungen nur erzwungenermaßen, ohne sie annehmen und von dieser neuen Grundlage aus beeinflussen zu können. Im Verständnis dieser Betriebsräte schloß sich ihr Handlungsspielraum in einem Maße, daß sie kaum noch Möglichkeiten zur Verwirklichung sozialer Interessenvertretung sahen. Andere handelten sich, indem sie sich auf die neue Situation als unabänderliche Tatsache einließen, den Vorwurf ein, nur noch im Interesse der Unternehmensleitung zu handeln.

Der Konflikt schien kaum lösbar. Die Arbeitnehmervertreter des SWB waren nicht nur unter einen Handlungsdruck völlig neuer Dimension geraten, sie gerieten auch unter Legitimationsdruck gegenüber ihrer Basis, mindestens aber unter den Zwang, die Belegschaft über die Kompliziertheit der Situation und die eingeschränkten Handlungsoptionen aufzuklären.

Die Enttäuschung in der Belegschaft und die Angst vor Entlassungen suchte unter diesem Druck vielfach nach altem Muster einen Schuldigen. Nicht selten war das für sie der Betriebsrat. Die Ursachen dafür sind unterschiedlicher Natur.

Eine entscheidende Rolle spielte die Unübersichtlichkeit der Situation des Betriebes, der Branche, der Region und Ostdeutschlands insgesamt. Woher sollten die Kollegen ein rationales Urteilsvermögen über die Sanierungschancen ihres Betriebes und damit über den Erhalt ihrer Arbeitsplätze erlangen?

Ein verschärfender Faktor findet sich weiterhin darin, daß die Belegschaft auch angesichts des Tempos der Veränderungen keinen annähernden Überblick über die in diesem Konfliktfeld agierenden Akteure unterschiedlicher Ebenen und Machtfülle erhalten konnten.

Selbst die agierenden Betriebsräte und IG-Metaller hatten Schwierigkeiten, ständig auf dem Laufenden zu bleiben und eigenständige Handlungsoptionen zu entwerfen. Da blieb nur wenig Zeit, um alle Kollegen immer in der notwendigen Weise zu informieren.

Dazu gibt es auch im Betriebsrat kritische Stimmen. Einer der Betriebsräte, der mit dieser Frage durch seine Aufgaben als Gewerkschaftsfunktionär besonders stark konfrontiert wurde, formuliert das so:

> "Wir haben uns oft zu schlecht an die Leute verkauft. Das ist unser Hauptproblem im Betriebsrat, wir sind zu wenig an der Basis. Normalerweise müßte man viel mehr Überzeugungsarbeit leisten. Aber das liegt daran, daß wir ständig von einem Problem ins nächste geschleudert werden. Da bleibt eben oft keine Zeit für ein Flugblatt."

Erstaunlicherweise funktionierte auch die Aufteilung der Verantwortung für die Information jeweils bestimmter Betriebsteile unter den 31 Betriebsräten nicht hinreichend. So kam es immer wieder vor, daß wichtige Flugblätter in bestimmten Bereichen des Betriebes gar nicht erst auftauchten. Dieses Problem reicht bis in die Gegenwart. Der Informationsfluß zwischen Interessenvertretern und Belegschaft wurde im SWB, wie überall, auch noch dadurch beeinträchtigt, daß die Gewerkschaftstrukturen noch nicht hinreichend aufgebaut sind. Es kann nicht einfach auf ein System tradierter gewerkschaftlicher Informationskanäle zurückgegriffen werden. Neue Formen gewinnen aber erst langsam an Profil.

Das Hauptproblem, das angesichts der sich verschärfenden Situation nun in der Problematisierung der Beziehung Belegschaft-Betriebsrat zum Ausdruck kam, hat seine Wurzeln in der Geschichte.

Vor allem unter den gewerblichen Arbeitnehmern zeigten sich spätestens zu diesem Zeitpunkt erhebliche Illusionen über die Handlungsmöglichkeiten eines Betriebsrates unter den neuen gesellschaftlichen Bedingungen. Dabei trafen zwei entgegengesetzte Vorstellungen zusammen und verstärkten sich in eigentümlicher Weise. Auf der einen Seite wurden die juristisch verbrieften Rechte der Arbeitnehmervertretung - vor allem aus Unkenntnis ihrer Inhalte - überschätzt. Der Betriebsrat müßte nur wollen, dann würde er - notfalls mit Hilfe der Gerichte - auch mehr durchsetzen. "Solange man es nicht probiert hat, kann man auch nicht wissen, ob es klappt." Auf der anderen Seite wurde von einem nicht geringen Teil die Macht der Betriebsräte abgekoppelt von der Aktivität der Belegschaft vorgestellt. Das heißt, die Handlungsverantwortung wurde im Ganzen an die Interessenvertreter delegiert.

Damit wird an Wert- und Verhaltensmuster angeknüpft, die in den letzten Jahrzehnten entstanden bzw. gefestigt wurden: Interessenvertretung ist Aufgabe ganz bestimmter Leute. Sie haben in den Augen der so Denkenden eine Art "Fürsorgepflicht".

Das bedeutet, es wird zwar auf das bürgerliche Recht, vor allem das BVG verwiesen, (das in vielem gar nicht bekannt ist). Es müsse im Interesse der Kollegen "bis zum letzten ausgereizt" werden. Das Subjekt dieser Art Interessenvertretung wird im Betriebsrat gesehen, der selbst aber oft losgelöst von den unterstützenden gewerkschaftlichen Aktivitäten der Belegschaft gedacht wird.

In diesem Sinne spricht ein Gewerkschaftsvertreter der gewerblichen Arbeitnehmer von "zwei Strömungen in der Belegschaft":

Die einen werfen dem Betriebsrat vor, daß zu wenig getan werde für die Belegschaft. Aber, "wenn man mit ihnen redet, sehen sie oft ein, daß was gemacht wird". In Bezug auf gemeinsame Aktionen vertreten sie den Standpunkt: 'Das bringt sowieso nichts.', "meckern aber dafür auch am meisten." Die anderen, "die verstehen, worum es geht". Sie kommen auch schon mal selber, um sich zu erkundigen, was los ist oder ob etwas zu tun ist. Von ihnen hängen auch die Erfolge von Gewerkschaftsaktionen ab. Mit diesem Teil der Belegschaft können die Gewerkschaftsvertreter im Auseinandersetzungsfall rechnen.

Zu diesem Teil der Belegschaft gehören viele Angestellte, während unter den Arbeitern ein größerer Teil nach wie vor der ersten Gruppe zuzurechnen ist. Gerade unter ihnen müßten die Vertreter der IGM nach ihrer eigenen Vorstellung verstärkt aufklärend arbeiten. Doch dafür bleibt bisher oft zu wenig Zeit.

Aus diesem Grunde ist mit größerer Wahrscheinlichkeit nicht damit zu rechnen, daß die beschriebene Polarisierung der Arbeitnehmerschaft in bezug auf die Art und Weise der Interessenvertretung in absehbarer Zeit abgebaut wird.

Resignation und Wut, die Suche nach Sündenböcken können durch die anstehenden Entlassungen unter den Betroffenen noch verstärkt werden. Isolation und Schwächung der Interessenvertretungen der Arbeitnehmerseite sind die Folge.

Die Entfaltung eines vertrauensvollen und verantwortungsvollen Wechselspiels zwischen Belegschaft und Betriebsrat ist dagegen an erlebbare Erfolge solchen Handelns gebunden.

Der inzwischen erfolgte separate Verkauf des Elektrostahlwerkes und der mit der Treuhand ausgehandelte Kompromiß wird innerhalb der Belegschaft ganz unterschiedlich bewertet. Je nach Betroffenheit, Grad an Informiertheit über die Gesamtsituation, Problemen und beteiligten Kräften sowie je nach dem Grad der aktiven Einbeziehung in die Interessenvertretung erscheinen die gleichen Ergebnisse ganz unterschiedlich. Den einen sind sie ein machbarer Kompromiß, auch wenn unter dem Druck der Verhältnisse nur Schlimmeres verhütet werden konnte. Für andere sind sie das Symbol für die Niederlage im Kampf um die Sicherung von Arbeitsplätzen durch die Werksanierung oder gar für die Ohnmacht der Arbeitnehmervertretung.

Die Entwicklung von Motivation und Kompetenz zu neuen Formen der Interessenvertretung in der ostdeutschen Arbeitnehmerschaft hängt, wie das Beispiel in der SWB GmbH zeigt, nur zu einem geringen Teil von den Fähigkeiten der Interessenvertreter ab. Die Überwindung tradierter distanzierter Verhaltensmuster in der Arbeitnehmerschaft gegenüber ihren eigenen offiziellen Interessenvertretungen hängt in nicht geringem Maße von der aktuellen Beeinflußbarkeit ihrer sozialen Existenzbedingungen ab.

Die analog den westdeutschen Vorbildern entstehenden Strukturen sind davon offenkundig überfordert. Viele Lösungen sind nicht im betrieblichen Rahmen oder über Tarifkämpfe möglich. Das weitaus größere Problemfeld und die damit entstehenden Interessenstrukturen erfordern die Vernetzung betrieblicher, regionaler, branchenspezifischer und übergreifender gesamtnationaler Strukturen der Arbeitnehmerinteressenvertretung.

Die Brandenburger Metaller sind - unter dem Druck der Verhältnisse - spontan in diese Richtung aufgebrochen.

Neue Probleme und neue Zwänge für die Ausbildung handlungsfähiger Arbeitnehmervertretungen

Das Verhältnis der Arbeiter und Angestellten zu ihrem Betriebsrat wird darüber hinaus in Zukunft voraussichtlich auch noch stärker von internen Interessendifferenzierungen innerhalb der Belegschaft tangiert werden. Erste Problemkreise deuten sich bereits an. Sie werden in dieser Phase der Entwicklung öffentlich arbeitender Interessenvertretungen jedoch noch durch das Problem der Erhaltung des Stahlstandortes und damit einer Gesamtheit von Arbeitsplätzen überdeckt. Das heißt, daß es für die Arbeitnehmer des

SWB in der gegenwärtigen Phase noch ein für alle übergreifendes Thema der Interessenvertretung gibt, das alle anderen Sonderinteressen noch auf die Plätze verweist.

Erste handlungsrelevante Differenzierungen deuten sich jedoch schon an. So entstanden mit der Möglichkeit des alleinigen Verkaufes des Elektrostahlwerkes (ESW) Widersprüche zwischen der Belegschaft von Alt- und Neuwerk. Damit müssen sich die Gewerkschaftsvertreter bereits auseinandersetzen, wenn ihnen die Kollegen mir Vorwürfen entgegentreten.

> "Wir als Betriebsrat blockieren die Privatisierung, damit es denen besser geht. Die gucken nicht über den Tellerrand, sehen nur ihr eigenes Problem und sehen nicht, daß ihr Arbeitsplatz nicht um einen Deut sicherer ist, wenn das Neuwerk privatisiert wird. Weil die personell immer noch so überbesetzt sind, dann wird man auch noch mal mit der Harke rübergehen. Der neue Besitzer würde da, sag ich mal, 30 % etwa abbauen."

Weitere Interessendifferenzierungen wurden auch durch die tarifliche Neueingruppierung der gesamten Belegschaft nach den Stahltarifen von NRW provoziert. Dadurch machten viele Gehaltsempfänger in ihrem Einkommen einen erheblichen Sprung, während die Steigerung bei Lohnempfängern aufgrund ihrer besseren Ausgangsposition und der geringeren Wertigkeit ihrer Arbeit unter den neuen Bedingungen wesentlich geringer ausfiel. Insbesondere im Neuwerk sowie bei Anlerntätigkeiten mußte zum Teil die Besitzstandsregelung in Kraft treten, da die neu errechneten Bezüge unter den alten lagen. Das führte natürlich zu Diskussionen unter den Arbeitern, wobei die Meinungen hier offensichtlich geteilt sind. Ein Teil der Arbeiter erkennt die bisherige Unterbezahlung vieler Gehaltsempfänger und damit ihre "gerechte" Steigerung an. Ein anderer Teil ist gegenteiliger Meinung und drückt dies auf drastische Weise aus, wenn behauptet wird, daß "die Angestellten schon immer bevorzugt wurden und jetzt das Geld schaufelweise in den Arsch gesteckt kriegen".

Interessenkonflikte erwachsen auch aus dem Modell der tariflichen Eingruppierung, das nur die tatsächlich geleistete Tätigkeit honoriert, nicht aber erworbene Qualifikationen einbezieht. Damit werden aber gerade jene Arbeiter benachteiligt, die sich in der DDR ein überdurchschnittliches Maß an sozialer Mobilität erwarben, indem sie sich weiterbildeten und oft über anerkannte Mehrfachqualifizierungen verfügen. So wie sie jetzt im Zuge der Umstrukturierung eingesetzt werden, nur so werden sie bezahlt, im Extremfall wie ein Ungelernter, wenn kein anderer Arbeitsplatz mehr zur Verfügung steht.

Der Betriebsrat des SWB hatte bisher wenig Kraft, sich auf solche neuen Probleme seiner Arbeit im einzelnen einzulassen.

Der Verkauf des Neuwerkes brachte für die Arbeitnehmervertretung des SWB neue Unruhe mit sich. Mit der Massenentlassung zum Jahresende 1991 wurde der bisherige Betriebsrat in gewisser Weise selbst in seiner bisherigen Größe und Zusammensetzung in Frage gestellt. Die Gewerkschaftsstrukturen müssen erneut korrigiert werden. Der Betriebsrat reagierte darauf zunächst mit der Reduzierung seiner Freigestellten. Drei Kollegen im Vorruhestandsalter verließen zum Jahresende aus Solidarität mit allen anderen davon betroffenen Kollegen den Betriebsrat. Darüber hinaus müssen in den beiden entstanden Werken Betriebsratsneuwahlen stattfinden. Sie stellen eine erneute Herausforderung der aktiven Schicht der Metaller dar.

Ein Problem erwächst aus der bisherigen Konzentration der Akteure aus dem SM-Werk. Vor allem von den bisher freigestellten Betriebsräten bleibt die überwiegende Mehrheit aus ganz unterschiedlichen Gründen im Altwerk. Auf sie kommt nun die Sicherung der Arbeitnehmerinteressen durch die bisher eher als zweite Aufgabe bewertete Umstrukturierung von der Stahlproduktion auf eine breitgefächerte Industrieproduktion als Herausforderung zu. Dabei kann nicht einfach auf Kompetenzen, Erfahrungen und Beziehungen aus dem Stahlbereich zurückgegriffen werden. Erneut müssen neue Dimensionen der Arbeitnehmervertretung ausgeschritten werden.

Für die Elektrostahlwerker, deren Werk an einen ausländischen Investor verkauft wird, bedeutet die neue Situation, daß hier in vielem nicht auf inzwischen erfahrene Betriebsräte zurückgegriffen werden kann. Hier müssen sich die Kräfte der Arbeitnehmervertretung im wesentlichen neu konstituieren.

Damit wird ein grundlegendes Problem der Entwicklung neuer Arbeitnehmervertretungen und von Interessenhandeln unter den Arbeitern insgesamt deutlich. Mit der ständigen Veränderung von Betriebsstrukturen geraten auch die aktiv arbeitenden Vertretungen unter "Strukturdruck". Mit Entlassungen oder Schließungen werden sie in der gerade erst aufgebauten Zusammensetzung und Arbeitsweise schon wieder "überflüssig". Sie werden also in ihrer kollektiven Entwicklung bereits am Beginn gestört. Bei Betriebsschließungen werden die begonnenen kollektiven Entwicklungen wieder atomisiert. Jeder einzelne nimmt zwar seine Erfahrung des Neubeginns im Interessenhandeln mit, aber diese wird zunächst durch eine Niederlage abgeschlossen und sie kann sich zunächst nicht des kollektiven Rückhaltes versichern. Damit können selbst die so schwierig begonnenen Entwicklungen wieder abreißen.

Die Bedrohung des Werkes hat darüber aber auch für die Motivation der beteiligten Kollegen Konsequenzen. Sie sind in keiner vergleichbaren Weise wie westdeutsche Betriebsräte sozial geschützt. Sie können für sich nicht mittelfristig relativ sicher disponieren. Das gilt zum Beispiel, wenn zu entscheiden ist, ob ein Betriebsrat Arbeitsangebote in anderen (westlichen) Betrieben annehmen soll, obwohl er im Betrieb noch gebraucht wird. Das gilt im SWB auch wenn zu entscheiden ist, wer von den aktiven Altwerkern in das Neuwerk wechselt (und damit bei den von Riva angekündigten 300 Entlassungen für 1992 einem Kollegen dort den Arbeitsplatz wegnimmt). Noch größerem Druck sind unter diesen Bedingungen die Vertrauensleute der IG-Metall ausgesetzt, sie unterliegen nicht einmal zwischen den größeren betrieblichen Umstrukturierungsphasen dem Schutz des BVG. Daher ist es für die Gewerkschaften schwierig, Kandidaten für die Vertrauensleutewahlen zu finden.

Die eigentümerrechtliche Trennung von Nord- und Südwerk beendet nicht nur die Existenz des Stahl- und Walzwerkes Brandenburg. Sie beendet auch die Entwicklungsetappe der Arbeitnehmervertretung, die ihr die erste existentielle Bewährungsprobe brachte.

Insgesamt läßt sich für die Etappe zwischen Mitte 1991 und dem Verkauf des Neuwerkes folgendes zusammenfassen. Sie wurde eingeleitet durch eine grundsätzliche Verschlechterung der Lage des Betriebes und damit der Rahmenbedingungen für Interessenarbeit. Das gerade erst in den äußersten Anfängen beginnende Wechselspiel zwischen gewerkschaftlichen Basisaktivitäten und Betriebsratsarbeit geriet dadurch unter starken äußeren Druck.

Die Arbeitnehmervertreter des SWB reagierten auf die neue Situation mit der Kopplung ganz unterschiedlicher Kampfmethoden: öffentlicher Protest, unterstützt durch die Massenaktion der Kollegen, multipliziert mit der Wirkung der Medien auf der einen Seite und dem Einstieg in einen direkten Verhandlungsprozeß mit den Vertretern der Treuhand und der Landesregierung auf der anderen Seite.

Damit ist die Entstehungsgeschichte eines ostdeutschen Betriebsrates in bisher vier Etappen umrissen. Sie steht hier als ein Beispiel für jene Betriebe, in denen es in den vergangenen zwei Jahren gelungen ist, die alten offiziellen Strukturen der Arbeitnehmerseite aufzulösen und funktionsfähige neue zu installieren.

Dies trifft in Brandenburg nur auf einen Teil der weiterbestehenden Werke zu. Noch größere Probleme gibt es in den ausgegründeten Betrieben, überhaupt erst einmal Betriebsräte zu wählen. Der Angst der Arbeitnehmer um ihren Arbeitsplatz stehen dort keinerlei funktionierende Strukturen entgegen und die bisherigen informellen Beziehungen, soweit sie personell nicht schon zerfallen sind, werden durch die Arbeitgeberseite wirkungsvoll unter Druck gesetzt.

Im SWB gelang es dagegen, die sich auflösenden Strukturen für die Profilierung von Arbeitnehmervertretern mit neuen Ansprüchen und Kompetenzen zu nutzen, bevor diese völlig zerfielen und bevor auch die betriebliche Situation sich existentiell bedrohlich zuspitzte. In dieser Übergangszeit wurden arbeitsfähige demokratische Strukturen für die betriebliche Interessenvertretung geschaffen.

Der Anstoß für diese Entwicklung kam, wie in anderen Betrieben auch, von Kollegen, die schon zu DDR-Zeiten für die Interessen ihrer Kollegen eintraten. Ein Teil von ihnen war bisher in basisnahen ehrenamtlichen Gewerkschaftsfunktionen, wie Vertrauensmann, AGL- oder BGL-Mitglied usw., aktiv. Ein zweiter Teil kann zur Gruppe der informellen Sprecher ihrer Kollektive gerechnet werden.

Eine Besonderheit gegenüber anderen Betrieben[16] bestand im SWB jedoch darin, daß es zwei bisherigen Funktionären der zentralen betrieblichen Gewerkschaftsleitung, die im Werk unter Kritik stand, gelang, die Legitimation in demokratischen Wahlen zu erhalten. Darüber hinaus wurde dieses Verhältnis von "Alten" und "Neuen" durch die beteiligten Betriebsräte angenommen und der daraus erwachsende Kompetenzzuwachs im Interesse der Arbeitnehmer genutzt.

Besondere Bedeutung für die rasche Entwicklung eines selbstbewußten, eigenständigen konzeptionellen Arbeitsstils hatte das Engagement von Gewerkschaftern aus dem Angestelltenbereich. Insbesondere in den Treuhandverhandlungen kamen die fachlichen Kompetenzen der freigestellten Betriebsräte mit Ingenieurausbildung bei der Sicherung eines Kompromisses im Interesse der Stahlwerker zum Tragen. Sie trugen auch wesentlich den

---

[16] Vgl. auch die Fallbeispiele einer Vorstudie von Jürgen Kädtler, Gisela Kottwitz: Betriebsräte zwischen Wende und Ende der DDR. In: Berliner Arbeitshefte und Berichte zur sozialwissenschaftlichen Forschung, Nr. 42, Freie Universität Berlin 1990, S.III.

"kommunikativen Stil" in der Interessenvertretung gegenüber der Arbeitgeberseite wie auch gegenüber überbetrieblichen Partnern mit gleichen Interessen.

In den von uns untersuchten Brandenburger Betrieben stellten sich die Betriebsräte nicht gegen einen für die Gewinnung der Produktivität des Unternehmens notwendigen Personalabbau. Meist lautete das Ziel: Maximale Arbeitsplatzsicherung durch Sanierung, deren Verständnis auch eine Pesonalreduzierung einschloß. Das trifft auch auf den Betriebsrat des SWB zu. Bemerkenswert ist in diesem Fall jedoch die Konsequenz und die Flexibilität, mit der das entworfene Konzept auch in einer fast ausweglosen Situation verfolgt wurde. Diese ließen den Brandenburger Betriebsrat die betrieblichen Grenzen überschreiten. Er setzte direkte Verhandlungen mit der Treuhand und der Landesregierung und einen nachträglichen Kompromiß mit sozialen Regelungen durch.

Abzuwarten bleibt, inwieweit die erreichten Kompromisse auch unter den sich weiter verschlechternden konjunkturellen Bedingungen und der anstehenden Teilung der Arbeitnehmerkräfte in zwei Werke aufrechtzuerhalten sein wird. Der wirtschaftliche Druck, dem die Betriebsratsarbeit in den ostdeutschen Betrieben ausgesetzt ist, erschwert die Interessenvertretung in außerordentlicher Weise. Er läßt in vielen Fragen kaum Handlungsräume für die beteiligten Akteure. Damit wird aber das erst entstehende Verständnis und die Beteiligung durch ihre Basis ständig neu in Frage gestellt. Ein Kreislauf zwischen Mißerfolgen und Resignation ist durchaus möglich.

Abzuwarten bleibt auch, ob diese durch die Arbeitnehmerseite spontan erzwungenen Kontakte zwischen betrieblichen, gewerkschaftlichen, regionalen, Landes- und Bundesakteuren strukturelle Spuren für die Regionalentwicklung hinterlassen werden. Die betrieblichen Arbeitnehmervertretungen können dafür nur einen Anstoß geben. Von nicht geringer Bedeutung dürften hier neben anderen lokalen Akteuren aus dem sozialen und kulturellen Bereich auch übergreifende Initiativen starker Industriegewerkschaften [17], wie der IGM und die Interessen der kommunalen und Landesverwaltungen sein.

[17] Vgl. u. a. die Überlegungen zur Entwicklung des Strukturpolitischen Konzeptes der IGM für die Anforderungen in den neuen Bundesländern, z. B. in: Werner Hoffmann: Arbeit dort, wo die Menschen leben. In: Der Gewerkschafter, 1990, Heft 10, S.18. und Franziska Fitting: Neue Ideen braucht das Land. ebenda, S. 24.

Was kommt nach der Einheit? Die öffentliche Verwaltung in der ehemaligen DDR zwischen Blaupause und Reform

Christoph Reichard (Berlin), Manfred Röber (Berlin)

Problemstellung

Nach der mit dem Beitritt der DDR zur Bundesrepublik vollzogenen formalen Vereinigung rücken die Fragen nach den inhaltlichen Problemen des Zusammenwachsens der ehemaligen beiden deutschen Staaten inzwischen immer stärker in den Mittelpunkt des politischen Interesses. Eine dieser Fragen richtet sich darauf, wie die Verwaltung in den neuen Bundesländern so leistungsfähig gemacht werden kann, daß sie in der Lage ist, die aus der Vereinigung resultierenden Anforderungen effektiv und effizient zu bewältigen. Obgleich Verwaltungsprobleme normalerweise nicht im Zentrum der öffentlichen Diskussion stehen, will in diesem Falle sogar die breite Öffentlichkeit wissen, auf welche Weise und wie schnell die Verwaltung in den neuen Bundesländern erfolgreich umgestaltet werden kann. Unter "erfolgreich umgestaltet" wird in der Regel verstanden, daß die Verwaltung in den neuen Bundesländern nach westlichem Muster aufgebaut wird, weil - nach weit verbreitetem Urteil - nur so die drängendsten wirtschaftlichen und sozialen Probleme in der augenblicklichen Transitionsphase zu lösen sind.

Kritische Beobachter des administrativen Umbauprozesses stellen aber immer häufiger die zweifelnde Frage, ob die "alt-bundesrepublikanische" Verwaltung wirklich das Ideal ist, das den ostdeutschen Ländern als leuchtendes Vorbild zur Nachahmung empfohlen werden sollte. Fraglich ist zumindest, ob dieses Modell mit allen seinen Facetten und Details - und mit seinen vor der Wende kritisch diskutierten und allseits bekannten Schwächen - ohne jede Veränderung auf die neuen Länder übertragen werden sollte. Mit dieser Frage wollen wir uns im folgenden intensiver auseinandersetzen. Dabei wird es zunächst um die kritische Analyse dessen gehen, was beim Aufbau der Verwaltung in der ehemaligen DDR beobachtet werden kann - nämlich die weitgehende Übernahme des westlichen Modells öffentlicher Verwaltung. Dieses von uns als Blaupausen-Ansatz bezeichnete Vorgehens-Modell soll in seinen Grundzügen skizziert und in seiner schon jetzt absehbaren Begrenztheit, die Probleme der Zukunft zu bewältigen, kritisch durchleuchtet werden. Danach werden wir uns dann den Elementen eines von uns als Reform-Ansatz apostrophierten Entwicklungsmodells zuwenden. Dieses Modell zielt auf die Nutzung der mit dem Vereinigungsprozeß verbundenen Innovationschancen ab, die - zumindest vor der Vereinigung - auch von vielen Verwaltungspolitikern nicht nur als Wunschträume aus einem administrativen Glasperlenspiel, sondern als politisch ernst zu nehmende Option betrachtet wurden.

Blaupausen-Ansatz

Zur Notwendigkeit eines Verwaltungsumbaus in Ostdeutschland

Der Umbau der Verwaltungsstrukturen in den neuen Ländern ist unvermeidlich.[1] Niemand zweifelt daran, daß die sozialistische

---

[1] Vgl. allgemein zur Problematik des Verwaltungsumbaus in Ostdeutschland: Bernet, W., H. Lecheler, Der Umbau der DDR-Verwaltung. Bonn 1990; König, K., Verwaltung im Übergang - Vom zentralen Verwaltungsstaat in die dezentrale Demokratie. In: DÖV 1991, S. 177 - 184; Pitschas, R. (Hrsg.), Rechtsvereinheitlichung und Verwaltungsreform in den neuen Ländern der Bundesrepublik Deutschland. Bonn 1991; Seibel, W., A. Benz, H. Mäding (Hrsg.), Verwaltungsreform in Ostdeutschland. Baden-Baden 1992; Reichard, C., Auf dem Wege zu einer neuen Verwaltung in Ostdeutschland - Tagungsbericht. In: Staatswissenschaften und Staatspraxis 1991, S. 389 - 401.

Kaderverwaltung in eine rechtsstaatliche, demokratisch legitimierte, bürgernahe und effektive Verwaltung im Sinne der "klassisch-europäischen Verwaltung" transformiert werden muß.[2] Die verkrusteten Strukturen des sozialistischen Staatsapparats, die lediglich ein Spiegelbild des insgesamt völlig immobilen und gänzlich reformunfähigen Gesellschaftssystems der DDR waren ("Marxismus-Senilismus"), haben sich letztlich noch nicht einmal fähig erwiesen, die Herrschaft der SED zu sichern, geschweige denn, den Anforderungen an eine moderne Dienstleistungs- und Gestaltungsverwaltung in einer komplexen Industriegesellschaft gerecht zu werden. Die DDR-Verwaltung wurde an der kurzen Leine der SED gehalten und fungierte lediglich als Vollzugsorgan der Partei. Intern wurde der Staatsapparat der DDR, der auf die Parteistrukturen ausgerichtet war und von diesen häufig überlagert wurde, bis ins Detail zentralistisch gesteuert - mit der Folge, daß die DDR-Verwaltung in ihrem Handeln relativ unselbständig und letztlich ohne entscheidende gesellschaftliche Gestaltungskraft blieb.

Errungenschaften der DDR-Verwaltung, die es zu bewahren und zu verteidigen gäbe, lassen sich demzufolge kaum finden. Insofern zweifelt eigentlich niemand an der Notwendigkeit, die Verwaltung in der ehemaligen DDR faktisch neu aufzubauen. Erhebliche Zweifel und Kritik gibt es allerdings an der Art des Neubaus, bei dem das Verwaltungsmodell der alten Bundesrepublik weitgehend kopiert und ohne größere Abstriche auf die neuen Bundesländer übertragen wird. Diese Adaption findet in nahezu allen Bereichen statt - sei es bei den Makrostrukturen auf der staatlichen und kommunalen Ebene, sei es bei den Mustergliederungsplänen für einzelne Behörden, sei es bei dem rechtlichen Instrumentarium einzelner Politikfelder - bis hin zu der Tatsache, daß - wie Jörg Bischoff in der Zeitung DER TAGESSPIEGEL süffisant vermerkte -

---

2 Vgl. hierzu i. e.: König, K., Zur Transformation einer real-sozialistischen Verwaltung in eine klassisch-europäische Verwaltung. Speyerer Forschungsberichte Nr. 99, Speyer 1991.

"selbst das westdeutsche Nachtbackverbot von den HO-Betrieben Besitz ergreifen mußte".

Die Einschätzung, daß beim Verwaltungsneubau fast ausschließlich das "West-Modell" kopiert wird, teilen fast alle Beobachter der ostdeutschen Verwaltungsentwicklung. Während die einen diese Entwicklung für eine Katastrophe - zumindest für eine solche kleineren Ausmaßes - halten, sind die anderen davon überzeugt, daß dieser Ansatz die einzige Möglichkeit sei, den neuen Bundesländern schnell zu Verwaltungsstrukturen zu verhelfen, die wenigstens ein Mindestmaß an Funktionsfähigkeit gewährleisten.[3]

Argumente zur Rechtfertigung des Blaupausen-Ansatzes

Nach dem vor nicht allzu langer Zeit noch völlig undenkbaren Zusammenbruch der staatlichen Ordnung in der ehemaligen DDR einschließlich der damit korrespondierenden Verwaltungsstrukturen ist das Bemühen um den raschen Aufbau einer funktionsfähigen Verwaltung natürlich nicht überraschend - zumal wir in den neuen Bundesländern vor einem administrativen Trümmerhaufen stehen. Die Verhältnisse vor Ort sind zum Teil chaotisch, weil die alten Strukturen zerbrochen sind und sich die Umrisse der neuen Verwaltung erst langsam abzuzeichnen beginnen. Vor allem auf der kommunalen Ebene geht die Schere zwischen den drängendsten Problemen, die die Verwaltung zu bewältigen hat, und den nur langsam wachsenden Verwaltungskapazitäten immer weiter auseinander - obwohl Bürgermeister und Landräte mit zum Teil unvorstellbarer Energie an ihre Herkules-Aufgabe, die Verwaltung zu erneuern, herangehen. Vor diesem Hintergrund ist das Drängen der ostdeutschen Bevölkerung mehr als verständlich, über den Blaupausenansatz so schnell wie möglich zu einer funktionsfähigen

3 Vgl. beispielhaft zu dieser Auffassung: Linde, J., Der Neuaufbau eines Landes: das Beispiel Brandenburg. In: Staatswissenschaften und Staatspraxis 1991, S. 282 - 303 (S. 301).

Verwaltung - und damit meint man in aller Regel eine Verwaltung westlichen Zuschnitts - zu kommen.

Der Trend zur Blaupause wird durch Einstellungen und Erwartungen des Verwaltungspersonals in den neuen Bundesländern, das zum überwiegenden Teil aus dem Staatsapparat der ehemaligen DDR stammt, verstärkt. Obwohl dieses Personal teilweise über Erfahrungen aus der ehemaligen DDR-Verwaltung verfügt, sind die dortigen Spielregeln - trotz manchmal ähnlich scheinender bürokratischer Prozeduren - gänzlich andere als in der Bundesrepublik gewesen. Wegen der abrupten Einführung des bundesrepublikanischen Rechtssystems haben alle Verwaltungsmitarbeiter - natürlich auch die wenigen, die ohne Verwaltungserfahrung als sogenannte Seiteneinsteiger in die neuen Verwaltungen gekommen sind - einen enormen Nachholbedarf an westlichem Verwaltungswissen. Unter den gegebenen schwierigen Verhältnissen vor Ort glauben sie, sich dieses Wissen am leichtesten im Rahmen einer Übernahme anscheinend bewährter Verwaltungsstrukturen aus der alten Bundesrepublik aneignen zu können. In einer solchen Situation wird man schwerlich erwarten können, daß sie zusätzlich zu den aus dem Westen scheinbar mundgerecht servierten Modellen über eigene, situationsadäquatere Weiterentwicklungen des westlichen Verwaltungsmodells nachdenken.

Die Tendenz, das westliche Verwaltungssystem so schnell wie möglich zu adaptieren, wird allerdings auch durch das Verhalten der westlichen Berater gefördert. Diese sind außerordentlich erfahren, wenn es darum geht, die in Rechtsvorschriften gegossenen politischen Ziele in bürokratisch handhabbare Segmente zu zerlegen und geltende bundesrepublikanische Vorschriften im Verwaltungsalltag anzuwenden. Aus ihrer Überlegenheitsposition heraus sowie aufgrund des herrschenden Problemdruckes werben sie uneingeschränkt für das von ihnen beherrschte Westmodell. Im übrigen scheinen die westlichen Partnerbundesländer sorgsam darauf zu achten, daß sich die östlichen Länder nicht allzu stark von den im jeweiligen westlichen Partnerland präferierten Strukturen und

Prozeduren entfernen. Auch hiervon geht natürlich ein starker Druck aus, westliche Modelle als Vorlage für die Gestaltung der eigenen Verwaltung zu benutzen.

Überdies wird sowohl auf westlicher als auch auf östlicher Seite befürchtet, daß alte SED- und Blockpartei-Seilschaften bemüht sein könnten, Positionen und Einflußsphären zu erhalten. In einer Phase des Experimentierens mit neuen Verwaltungsstrukturen und -prozeduren könnte - so wird befürchtet - noch mehr Unübersichtlichkeit in den ohnehin schon reichlich undurchschaubaren Reform- und Umgestaltungsprozeß kommen - mit der Folge, daß diese Seilschaften (noch) besser in der Lage wären, ihre Leute zu plazieren und alte Machtstrukturen zu konservieren.

Schließlich hat auch der Einigungsvertrag die Blaupausen-Orientierung mit erzwungen: weil mit diesem Vertrag das gesamte Rechts- und Verwaltungssystem der BRD in äußerst kurzer Zeit "in geballter Ladung" auf die ehemalige DDR übertragen wurde. Nunmehr zwingen die einheitliche Rechtsordnung sowie das hohe Maß an Politik- und Bürokratieverflechtung zwischen Bund, Ländern und Gemeinden dazu, mehr oder weniger einheitliche Verfahrensregeln einzuhalten. Hieraus ergibt sich ein gewisser Zwang, auf vorhandene aufbau- und ablauforganisatorische Strukturen der alten Bundesrepublik zurückzugreifen. Das gleiche gilt in noch stärkerem Maße für jene Fälle, in denen die neuen Länder und die Kommunen vom Bund angebotene Förderprogramme und bereitgestellte Finanzmittel schnell und effektiv nutzen wollen. Die damit verbundenen, mehr oder weniger komplizierten Antragsmodalitäten werden die Verwaltungsmitarbeiter in den neuen Ländern nur dann verstehen und anwenden können, wenn sie das westliche Rechts- und Verwaltungssystem nicht nur in seinen Grundzügen, sondern auch in seinen Details kennen. Man erwartet daher verständlicherweise von den ostdeutschen Behörden und ihren Mitarbeitern, daß sie sich zügig das nötige Know-how aneignen, um die verfügbaren Fördermittel zu akquirieren. Westliches Systemwissen ist insofern zumindest mittelbar eine Voraussetzung dafür, daß die

Lebensverhältnisse in Ost und West möglichst schnell angeglichen werden können - ein Ziel, das angesichts der schwierigen ökonomischen Entwicklung in der ehemaligen DDR und den daraus resultierenden Implikationen für die gesamte Bundesrepublik so schnell wie möglich erreicht werden muß.

Die Legitimation für den Blaupausenansatz wird nicht zuletzt auch daraus abgeleitet, daß die westdeutsche Verwaltung - gerade auch im internationalen Vergleich - über ein gewisses Maß an Effektivität und Berechenbarkeit verfügt. Ihr entscheidender Vorzug liegt vor allem darin, daß sie für Private relativ sichere Rahmenbedingungen setzt und - im Zusammenspiel mit der Judikative - ein hohes Maß an Rechtsstaatlichkeit garantiert. Allein aus diesem Grunde ist überhaupt nicht zu bestreiten, daß die bundesrepublikanische Verwaltung im Vergleich zu dem, was zuvor in der DDR an öffentlicher Verwaltung existierte, eine Reihe von Vorzügen aufweist und damit als Blaupausen-Vorbild für eine neu aufzubauende Verwaltung nicht unattraktiv ist.

Bei aller Wertschätzung, die die bundesrepublikanische Verwaltung verdient und die augenblicklich in nahezu allen Stellungnahmen aus Politik, Wirtschaftsverbänden und veröffentlichter Meinung zur Notwendigkeit von Verwaltung als Voraussetzung und Motor von Entwicklung zum Ausdruck gebracht wird, sollte allerdings nicht vergessen werden, daß es vor der "Wende" eine sehr intensive Diskussion in der alten Bundesrepublik über die Mängel des Verwaltungsaufbaus und die Defizite des Verwaltungshandelns gegeben hat, die sich mit der Vereinigung nicht einfach auf wundersame Weise in Luft aufgelöst haben. An der Tatsache, daß die bundesrepublikanische Verwaltung einen gewaltigen "Modernisierungsbedarf" aufweist, weil sie zukünftigen Herausforderungen mit ihrer in den Grundzügen aus dem vorigen Jahrhundert stammenden Struktur kaum gerecht werden kann und weil sie in vielen Bereichen weitaus weniger leistungsfähig als die Privatwirtschaft ist, hat sich überhaupt nichts geändert. Insofern bestehen erhebliche Zweifel, ob die Kopie der westdeutschen

Verwaltung als Ausbauziel für eine Verwaltungstransformation in der ehemaligen DDR generell zu empfehlen ist und ob eine solche Verwaltungskopie selbst in der augenblicklichen Transitionsphase wirklich - wie immer wieder betont wird - in der Lage ist, den akuten Problemen, die auf die öffentliche Verwaltung zukommen, angemessen zu begegnen.

Auf diese im wesentlichen von westlicher Seite vorgetragene Skepsis und auf den häufig implizit formulierten Vorwurf - der Blaupausen-Ansatz verschütte alle Möglichkeiten von Verwaltungsinnovation und drehe auch die Uhr der Verwaltungsreform-Entwicklung in der alten Bundesrepublik zurück - wird allerdings von Bürgerinnen und Bürgern der ehemaligen DDR zum Teil sehr empfindlich reagiert. Diese weisen in solchen Diskussionen darauf hin, daß die Westverwaltung im Vergleich zu dem, was es zuvor an Verwaltung in der DDR gegeben habe, vor allem unter dem Gesichtspunkt der Rechtsstaatlichkeit und Rechtssicherheit uneingeschränkt positiv zu bewerten sei. Man wisse gerade die mit dem Rechtsstaatsgrundsatz verbundenen Vorteile viel stärker zu schätzen als die seit langem daran gewöhnten "Wessis". Insofern beschreibt auch der inzwischen zum geflügelten Wort gewordene Satz Bärbel Bohleys "Wir haben Gerechtigkeit erwartet und den Rechtsstaat bekommen" zumindest in dieser Formulierung die Befindlichkeit der "gelernten" DDR-Bürgerinnen und -Bürger nicht zutreffend. Der Rechtsstaat wird - trotz aller Schwierigkeiten der Übergangszeit - als wertvolle Errungenschaft geschätzt. Ein eventuelles Unbehagen bezieht sich eher auf die verwinkelten Pfade des "Rechtswegestaates", der für eine an den Interessen der Bürger orientierte Handlungsweise der öffentlichen Verwaltung einige auch für westliche Beobachter nur schwer verständliche Hürden enthält. Diese Hürden erscheinen im übrigen auch für den Vereinigungsprozeß hinderlich; sie werden letztlich wegen der vielen daraus resultierenden Rechtsstreitigkeiten vor allem den Effekt eines "Arbeitsbeschaffungsprogramms" für Juristen haben.

Überdies wird geargwöhnt, daß sich hinter den scheinbar gut gemeinten Ratschlägen von westlichen Verwaltungsreformern, etwas "Neues" zu erproben, nur "alte Hüte" aus fehlgeschlagenen Verwaltungsreformbemühungen in den alten Bundesländern verbergen. Die westlichen Verwaltungsreformer wollten eigentlich nur versuchen, längst verlorenes Verwaltungsreform-Terrain zurückzugewinnen und der ehemaligen DDR das aufzuschwatzen, was in der alten Bundesrepublik politisch nicht durchgesetzt werden konnte. An solchen wenig aussichtsreichen Reformexperimenten habe man - so wird dann argumentiert - allerdings kein Interesse. Sollte diese Auffassung in der politischen Diskussion die Oberhand behalten - und vieles deutet darauf hin, daß dies der Fall sein wird - dann ist die Frage, welche Verwaltung in Ostdeutschland nach der Einheit kommen wird, relativ simpel zu beantworten. Es wird dann - zumindest für längere Zeit - genau die gleiche Verwaltung sein, die wir auf dem Gebiet der alten Bundesrepublik haben.

Einwände gegenüber dem Blaupausen-Ansatz

Trotz aller verständlichen Argumente für den Blaupausen-Ansatz werden von Verwaltungswissenschaftlern und -praktikern eine Reihe von kritischen Hinweisen und Warnungen vorgetragen, beim Verwaltungsneubau in den neuen Bundesländern nicht in alte Fehler zu verfallen und mit einer unkritischen Übernahme des bundesrepublikanischen Modells längst erkannte Fehlentwicklungen einzuleiten, die später nur schwer korrigiert werden können.

Ein zunächst mehr grundsätzlicher Einwand gegen das Blaupausen-Verfahren richtet sich gegen den Versuch, die unter zum Teil gänzlich anderen Bedingungen entstandene "West-Verwaltung" gleichsam originalgetreu zu übertragen. Der Kontext des Verwaltungshandelns in den neuen Ländern unterscheidet sich in vielerlei Hinsicht von demjenigen in den "Alt-Ländern", und er wird auch langfristig einige Besonderheiten aufweisen. Die so "transplantierten" Strukturen werden - wie aus allen kontingenztheoretischen Untersuchungen abgeleitet werden kann[4] - bestenfalls nur begrenzt wirksam sein, weil sie den besonderen Herausforderungen des gewaltigen gesellschaftlichen, politischen und wirtschaftlichen Umbaus in Ostdeutschland nur bedingt Rechnung tragen können. Es ist auch nicht auszuschließen, daß bereits minimale Unterschiede in den Rahmenbedingungen bei einem Modelltransfer nur schwer zu kontrollierende exponentielle Wirkungen haben können. Eine der schon jetzt zu beobachtenden Folgen des schematischen Transfers ist z. B., daß die öffentliche Verwaltung ihre aus der alten Bundesrepublik bekannte rechtsstaatliche Sicherungs- und Gestaltungsfunktion (z. B. bei der Wirtschaftsansiedlung und Flächennutzungsplanung) in den neuen Bundesländern nicht voll entfalten kann. Damit entsteht die Gefahr, daß das Vertrauen der Bevölkerung in die neuen politisch-administrativen Strukturen erschüttert wird, bevor es sich überhaupt richtig hat entwickeln können.

Diese Tendenz wird durch die Tatsache verschärft, daß das in Jahrzehnten in der alten Bundesrepublik gewachsene und zum Teil sehr sophistische Normengefüge von einem Tag auf den anderen auf die neuen Bundesländer übertragen wurde. Das paradoxe Ergebnis ist, daß gerade wegen des vollständigen Transfers des westlichen Rechtsstaates ein rechtsfreier Raum in den neuen Bundesländern entstanden ist. Dort ist kaum jemand in der Lage, das komplizierte Rechtssystem auch nur annähernd so zu handhaben, wie wir dies in der alten Bundesrepublik gewohnt sind.[5] In diese Rechtsstaatslücke stoßen mittlerweile Glücksritter aller Art, die die unübersichtliche Situation weidlich zu ihren Gunsten auszunutzen verstehen.

---

4 Vgl. zur kontingenztheoretischen Interpretation von Verwaltungsstrukturen Röber, M., Organisationsstruktur und Planungsorganisation. Frankfurt/M.-Bern 1981.

5 Verschiedene empirische Studien belegen mittlerweile, daß ostdeutsche Verwaltungsmitarbeiter die Bürokratisierung und Normenflut, die mit dem Transfer des westdeutschen Verwaltungssystems verbunden ist, als einen besonders belastenden und ärgerlichen Faktor wahrnehmen; vgl. dazu z. B. den Beitrag von E. Schröter im gleichen Band.

An dieser Rechtsstaatslücke können in der Regel auch die nach groben Schätzungen über 22.000 West-Beamten, die in der ehemaligen DDR als "Verwaltungshelfer" tätig sind, nicht viel ändern.[6] Bei diesen Beamten handelt es sich in der überwiegenden Mehrzahl um solide Regelanwender, die mit einer wohlstrukturierten Verwaltungsumwelt und einer begrenzten und kalkulierbaren gesellschaftlichen Dynamik umgehen können, die aber nicht gelernt haben, außergewöhnliche Herausforderungen professionell zu meistern. Überdies ist aus der Verwaltungspraxis zuweilen zu vernehmen, daß nicht nur die leistungsstärksten West-Beamten nach Osten gegangen sind.[7] Gerade diese Verwaltungshelfer - die inzwischen in den neuen Bundesländern eine Karriere gemacht haben bzw. noch machen werden, die ihnen in der westlichen Verwaltung, zum Teil aus guten Gründen, niemals zu machen möglich gewesen wäre - werden ohnehin nur auf sehr beschränkte Art mit dem westlichen Modell umgehen können und damit nicht unwesentlich zum lediglich suboptimalen Gelingen des Blaupausen-Ansatzes beitragen. Die Dominanz der Westberater führt im Verein mit dem Schockerlebnis des urplötzlich übergestülpten fremden Systems im übrigen bei vielen ostdeutschen Verwaltungsmitarbeitern zu gewissen Lernblockaden. Ein schrittweiser, selbstbestimmter Umstellungsprozeß wird dadurch eher behindert.

Die vom westlichen Verwaltungsmodell kopierten Strukturen werden in vielen Fällen auch deshalb nicht situationsgerecht sein,

---

6 Vgl. zu Erfahrungen mit der Verwaltungshilfe in den neuen Ländern z. B.: Bauer, T., Aufbau der Verwaltung in den fünf neuen Ländern - Erfahrungen eines bayerischen Beamten im Thüringer Innenministerium. In: Staatswissenschaften und Staatspraxis 1991, S.378 - 388; Kempf, R., H. Lühr, Von der "Kommune als örtlichem Staatsorgan" zur "Kommunalen Selbstverwaltung" - Situation der Kommunalverwaltung in den neuen Bundesländern (unveröff. Ms Bremen 1991); Meyer-Hesemann, W., Hilfen zum Aufbau von Verwaltung und Justiz in den neuen Ländern. In: Verwaltungsarchiv 1991, S. 578 - 591; Scheytt, O., Verwaltungshilfe für die Kommunen in den neuen Ländern der Bundesrepublik Deutschland. In: Archiv für Kommunalwissenschaften 1991, S. 3 - 16; Schulz, H., W. Schroeder, Erfahrungen beim Aufbau der Steuerverwaltungen in den neuen Bundesländern. In: H. Edling, E. Fischer (Hrsg.), Steuerverwaltung und Entwicklung. Baden-Baden 1991, S. 333 - 341.

7 Vgl. zum Rollenverständnis von westlichen Beratern z. B.: Bosetzky, H., Verwaltungsmissionare gesucht. In: Zitty 6/1991, S. 14 ff.

weil sich in den 40 Jahren DDR eine andere Verwaltungskultur mit Werten und Einstellungen entwickelt hat, die denen des "klassischen Bürokraten" sehr nahe kommen und die sich damit teilweise beachtlich von denjenigen ihrer Westkollegen unterscheiden. Erste empirische Vergleichsstudien von Ost- und West-Verwaltungsmitarbeitern belegen, daß die ostdeutschen Mitarbeiter andere Einstellungen gegenüber der Politik und dem Bürger haben als ihre westlichen Kollegen und daß sie in administrativen Problemen auch anders zu reagieren gewohnt sind.[8]

Zudem wird die öffentliche Verwaltung in Ostdeutschland auf längere Zeit mit einer ungleich schlechteren Ausstattung an Finanzmitteln auskommen müssen, als dies bei ihrem westlichen Pendant der Fall ist, weil sie angesichts der bestehenden ökonomischen Probleme nur über geringe eigene Einnahmen verfügt und für eine längere Übergangsphase am Tropf westlicher Transferzahlungen hängen wird. Diese Transferzahlungen werden bei den sich abzeichnenden finanzpolitischen Entwicklungen in den alten Bundesländern und auf der Bundesebene nicht so üppig wie eigentlich erforderlich ausfallen können, so daß sich die propagierten "Westlösungen" vielfach als nicht finanzierbar erweisen werden.

Und schließlich bleiben natürlich - abgesehen von den Überlegungen zur Transitionsphase - erhebliche Zweifel, ob das "alt-bundesrepublikanische" Verwaltungsmodell in der Lage sein wird, die sich aus den bevorstehenden gesellschaftlichen Veränderungen

---

8 Vgl. zum Konzept "Verwaltungskultur" in Ost- und Westdeutschland Schröter, E., Verwaltungskultur in den neuen Bundesländern - Design eines Forschungsprojektes. Heft 22 der Beiträge aus dem FB 1 der FHSVR, Berlin 1991; zu den genannten empirischen Befunden vgl. den Beitrag von E. Schröter im gleichen Band, ferner: Röber, M., E. Schröter, Verwaltungsführungskräfte aus Ost und West - ein Vergleich ihrer Rollenverständnisse und Werthaltungen. In: T. Ellwein u. a. (Hrsg.), Jahrbuch zur Staats- und Verwaltungswissenschaft 1991, Baden 1991, S. 209 - 226; Reichard, C., E. Schröter, Berliner Verwaltungseliten - Rollenverhalten und Einstellungen von Führungskräften in der (Ost- und West-)Berliner Verwaltung. In: W. Seibel, A. Benz, H. Mäding (Hrsg.), Verwaltungsreform in Ostdeutschland. Baden-Baden 1992 (im Erscheinen).

(Wertewandel, technologische Entwicklung, Ressourcenknappheit etc.) ergebenden Zukunftsaufgaben so zu bewältigen, daß das Vertrauen in Verwaltung und Politik nicht grundlegend erschüttert wird. Es wäre fatal, wenn in den neuen Bundesländern ein "bürokratisches Auslaufmodell" eingeführt würde, das nicht zuletzt wegen seiner Ineffizienz in absehbarer Zeit über Bord geworfen und durch ein zeitgemäßeres Konzept ersetzt werden müßte.

Daß in den neuen Bundesländern die mit der augenblicklichen Umbruchsituation verbundenen Entwicklungschancen durchaus gesehen werden, zeigt z. B. der folgende Ausschnitt aus einem Interview mit dem sächsischen Ministerpräsidenten Biedenkopf: "Wir können in Ostdeutschland .. neue, bessere Wege zur Lösung neuer Probleme gehen, weil Ostdeutschland nicht durch Besitzstände zugestellt ist. ... Wir haben eine für die Bevölkerung sehr schmerzhafte, aber auf der anderen Seite auch sehr chancenreiche Situation, weil wir die Dinge eben neu gestalten müssen und bei dieser Neugestaltung auf die Verhältnisse, wie sie in der Vergangenheit bestanden, keine Rücksicht zu nehmen brauchen. ... Wir (können) eine ganze Menge Dinge leisten, von denen heute behauptet wird, sie seien in Westdeutschland politisch nicht mehr durchsetzbar".[9]

Reform-Ansatz

Mit dem Blaupausen-Ansatz wird - obwohl er zweifellos relativ rasch ein gewisses Mindestmaß an Funktionsfähigkeit der ostdeutschen Verwaltung bewirkt - der Blick auf zukunftsbezogene Verwaltungsstrukturen und auf die durchaus vorhandenen Spielräume für dringend erforderliche Verwaltungsinnovationen verstellt. Im folgenden wollen wir deshalb darstellen, aus welchen Elementen und aus welchem zentralen Handlungsprinzip ein Alternativ-Modell zur Blaupause bestehen könnte. Damit sollen zugleich die Chancen für angemessenere und

---

9 Interview im Berliner Tagesspiegel vom 27. 11. 1991, S. 5.

wirksamere Problemlösungen, die mit einem reformorientierten Umbaukonzept verbunden sind, angedeutet werden. Außerdem wird zu prüfen sein, inwieweit sich in den neuen Ländern unter dem Mantel der Blaupause aufgrund des faktischen Problemdrucks - vielleicht auch eher zufällig und ungeplant - neuartige Lösungsansätze herausbilden konnten. Und schließlich wollen wir versuchen, den Spielraum für zukünftige Reformen im Anschluß an die Blaupause - also in der Zeit nach "erfolgreicher" Einführung der tradierten Weststrukturen in der ostdeutschen Verwaltung - abzuschätzen.

"Vision" einer situationsgerechten, angepaßten Verwaltung

Wie könnte eine Verwaltung in Ostdeutschland aussehen, die dem oben angedeuteten Kontext Rechnung trägt und geeignet erscheint, die derzeit und künftig anstehenden administrativen Probleme zu lösen? Im folgenden werden wir ein solches Verwaltungsmodell thesenartig mit wenigen groben Federstrichen skizzieren und uns dabei auf den aktuellen Stand der Verwaltungsreformdiskussion in der alten Bundesrepublik beziehen.[10]

1. Die Verwaltung wird generell stärker die "Umbausituation" in der ehemaligen DDR berücksichtigen müssen.

Zu den Besonderheiten der Umbausituation gehören u. a. andere Werte und Einstellungen der ostdeutschen Bevölkerung und daraus

---

[10] Vgl. zur bundesdeutschen Verwaltungsreformdiskussion und dort entwickelten "Visionen" z. B.: Beyer, L., H. Brinckmann, Kommunalverwaltung im Umbruch. Köln 1990; Glasl, F. (Hrsg.), Verwaltungsreform durch Organisationsentwicklung. Bern-Stuttgart 1983; Menz, L., u. a., Erneuerung der Führungsstruktur im Land Baden-Württemberg. In: DÖV 1987, S. 457 - 463; Prätorius, R., Verwaltungspolitik und Verwaltungsreform. In: T. Ellwein u. a. (Hrsg.), Jahrbuch zur Staats- und Verwaltungswissenschaft (Band 1). Baden-Baden 1987, S. 465 - 472; Röber, M., Auf der Suche nach betriebswirtschaftlich orientierten Anreizsystemen in neueren Konzepten zur Verwaltungsreform. In: G. Schanz (Hrsg.), Handbuch Anreizsysteme. Stuttgart 1991, S.1105 - 1128; Schimanke, D., Verwaltungsentwicklung und Verwaltungsreformen. Beiträge zur Verwaltungswiss., Hochschule der Bundeswehr Hamburg, 1984; Wilkes, C., Die Reform der Ministerialorganisation. In: Verwaltungsarchiv 1989, S. 460 - 479.

abzuleitende Bürgerbedürfnisse (z. B. eine stärkere materialistische Orientierung aufgrund des z. T. enormen Nachholbedarfs). Gleiches gilt für Mitarbeiterinteressen und Politikererwartungen. Zusätzlich sind auch die sich jetzt schon abzeichnenden demographischen Trends und die für längere Zeit schwierige Finanzlage zu berücksichtigen. Als Leitmodell für eine Verwaltung, die auf diesen teilweise gänzlich anderen Bedingungsrahmen besser als die klassische Verwaltung eingestellt ist, kann das Konzept der "Entwicklungsverwaltung" herangezogen werden. Dieses Verwaltungskonzept, das in der Entwicklungspolitik diskutiert wird, zielt auf eine aktive Förderung des technischen und ökonomischen Entwicklungsprozesses des Staates anstelle eines lediglich passiven Reagierens auf Umweltimpulse ab.[11]

2. Die Verwaltung wird "schlanker" werden und auf ihre Kernfunktionen reduziert werden müssen.

Randfunktionen, die auch andere gesellschaftliche Leistungsträger erbringen können, sollten nach dem Subsidiaritätsprinzip auf diese verlagert werden. Zu diesen Trägern zählen neben den am Markt operierenden Institutionen vor allem solche des Dritten Sektor (gemeinnützige Einrichtungen, Wohlfahrtsverbände usw.), die zwischen Markt und Staat zunehmend wichtige Funktionen erfüllen und häufig kostengünstiger und flexibler arbeiten als staatliche Institutionen.

3. Die Verwaltung wird deutlicher als bisher auf die Bedürfnisse und Interessen der Bürgerinnen und Bürger eingehen müssen.

Angesichts des in der Öffentlichkeit nicht besonders schmeichelhaften Bildes von der öffentlichen Verwaltung[12] wird die Verwaltung in Zukunft - um durch ihr Verhalten nicht noch stärker zur Staatsverdrossenheit beizutragen - wesentlich mehr Wert auf

---

11 Vgl. zum Konzept der Entwicklungsverwaltung z. B. König, K., Zum Konzept der Entwicklungsverwaltung. In: Ders. (Hrsg.), Öffentliche Verwaltung und Entwicklungspolitik. Baden-Baden 1986, S. 11 - 43.

12 Vgl. als neueres Beispiel zu Imageanalysen des öffentlichen Dienstes die vom Deutschen Beamtenbund 1991 bei Emnid in Auftrag gegebene Umfrage, die ausgesprochen kritische Einstellungen der Bevölkerung gegenüber "den Beamten" zutage gefördert hat.

eine bürgerorientierte Handlungsweise legen müssen. Das heißt, daß sie im Sinne einer effektiven Dienstleistungsverwaltung schneller, wirksamer und differenzierter auf gesellschaftliche Problemlagen reagieren muß, um zu verhindern, daß sich die Bürgerinnen und Bürger noch stärker der Verwaltung entfremden. Hierzu gehört auch, daß die Bevölkerung in stärkerem Maße an Planungen und Entscheidungen der Verwaltung beteiligt wird.

4. Die Verwaltung wird die Instrumente ihres Handelns stärker diversifizieren müssen.

Der im politisch-administrativen Handeln bereits seit einiger Zeit wahrnehmbare Trend, staatliche Vollzugsinstrumente zu diversifizieren und zu pluralisieren, wird vor allem durch den fortschreitenden Aufgabenwandel (von Ordnungsaufgaben über Leistungsaufgaben hin zu Gestaltungsaufgaben) und durch die immer komplizierter und "intelligenter" werdenden Umsysteme der Verwaltung in Verbindung mit anspruchsvolleren Erwartungen der Bürger induziert. Das hat zur Folge, daß das bisherige administrative Hauptinstrument, die gesetzlich normierte Sanktion, durch weitere Instrumente wie finanzielle und nichtfinanzielle Anreize, Überzeugungsarbeit, "informelles Verwaltungshandeln" sowie öffentliche Dienstleistungen ergänzt werden muß.[13] Dieser Diversifizierungstrend eröffnet auch die Chance, die Regelungsdichte verwaltungssteuernder Normen im Vollzugsprozeß (weiter) abzubauen ("Verwaltungsvereinfachung").

5. Die Verwaltung wird verstärkt mit modernen Managementinstrumenten arbeiten müssen.

Die bisherige Art einer bürokratisch-zentralistischen Verwaltungsführung mit ihren kleinteiligen Eingriffen in die Handlungsspielräume einzelner Organisationseinheiten und einzelner Mitarbeiter ist inzwischen in nahezu allen entwickelten Industriestaaten an die (engen) Grenzen ihrer Leistungsfähigkeit gestoßen. In

---

13 Vgl. zum Überblick Windhoff-Héritier, A., Policy-Analyse. Frankfurt-New York 1987; zur Lage in den neuen Ländern vgl. z. B. Kasper, R., Informales Verwaltungshandeln - Perspektiven und Möglichkeiten in den neuen Bundesländern Deutschlands. In: LKV 1991, S. 33 - 35.

vielen Staaten werden neue Steuerungskonzepte für die Verwaltung diskutiert und erprobt, die den Akteuren klare Resultatsverantwortung zuweisen und die Verwaltungsführung befähigen, eine wirksame Rahmensteuerung zu betreiben.[14]

6. Die Verwaltung wird das bürokratische Organisationsmodell mit seiner starken Hierarchieorientierung, das nach wie vor strukturprägend ist, schrittweise auflockern und zugunsten einer organischen Organisation abwandeln und differenzieren müssen.

Das bedeutet, daß - wo immer dies möglich ist - flexible, zeitlich befristete Strukturen mit flachen Leitungs-Pyramiden und mehrdimensionalen (Matrix-) Strukturelementen eingesetzt werden. Horizontale Kooperations- und Koordinationsformen haben Vorrang vor hierarchischen Lösungen. Dabei sollte auch daran gedacht werden, ganzheitliche und bürgernahe Arbeitsformen zu verwirklichen, die die Sinnzusammenhänge von Verwaltungstätigkeiten nicht verlorengehen lassen. Die Stichworte in der aktuellen verwaltungspolitischen Diskussion sind hierzu u. a. "ganzheitliche Sachbearbeitung", "Mischarbeitsplätze" und "Delegation von Verantwortung".

7. Die Verwaltung wird sich auf einen leistungsfähigeren und motivierteren Personalkörper stützen müssen.

Der in diversen bürokratiekritischen Untersuchungen geäußerten Befürchtung, daß das Personal zum entscheidenden Engpaß einer leistungsfähigen Verwaltung zu werden droht, kann nur mit einem offensiven Personalmanagement-Konzept begegnet werden. Das heißt, daß die Verwaltung durch eine aktivierende Personalpolitik - zu der leistungsorientierte Rekrutierung, Qualifizierung, Förderung, Führung und Kontrolle des Personals gehören - in die Lage versetzt wird, die Umbauarbeit aktiv und eigenverantwortlich zu vollziehen. Dazu gehören in den neuen Bundesländern allerdings

---

14 Vgl. z. B. Banner, G., Von der Behörde zum Dienstleistungsunternehmen. Die Kommunen brauchen ein neues Steuerungsmodell. In: VOP 1991, S. 6 - 11; Reichard, C., Auf dem Wege zu einem neuen Verwaltungsmanagement. In: J. Goller u. a. (Hrsg.), Verwaltungsmanagement. Handbuch für öffentliche Verwaltungen und öffentliche Betriebe. Stuttgart (Loseblattwerk, Ergänzungslieferung) 1992.

auch eine angemessene Arbeitsplatzsicherheit und eine gerechte Bezahlung für die erbrachten Leistungen. Insgesamt wird man den materiellen und immateriellen Leistungsanreizen angesichts der im Vergleich zur Privatwirtschaft sinkenden Attraktivität des öffentlichen Dienstes ohnehin mehr Aufmerksamkeit widmen müssen.

Anforderungen an ein reformfähiges Verwaltungssystem

Mit diesem - manchem Reformskeptiker möglicherweise unrealistisch erscheinenden - generellen Leitbild vor Augen lassen sich einige konkretere Anforderungen an die gegenwärtig im Umbauprozeß in Ostdeutschland zu schaffenden Verwaltungsstrukturen formulieren. Die ostdeutsche Verwaltung muß - wie mehrfach betont - rasch funktionsfähig werden. Sie kann sich dabei weder in finanzieller noch in personeller Hinsicht auf eine dem Weststandard vergleichbare Ressourcenausstattung stützen. Dies bedeutet, relativ einfache, schnell greifende Strukturen zu schaffen, die - wenn nötig - auch sehr schnell revidiert und neuen Situationen angepaßt werden können. Daher sollten die Organisationsstrukturen in der ostdeutschen Verwaltung möglichst flexibel und "umbaubar" konzipiert, die Mitarbeiter möglichst breit und vielseitig einsetzbar qualifiziert und die Vollzugsinstrumente möglichst einfach handhabbar und anpassungsfähig ausgestaltet werden. Im einzelnen bedeutet dies für Organisation und Personal folgendes:

- Man versucht in besonderem Maße, selbstlernende und anpassungsfähige Strukturen zu etablieren, die später relativ einfach umgebaut werden können. Organisationsmuster (z. B. Ämterzuschnitt, Stellenzuordnungen u. ä.) sollten unbedingt revidierbar sein, um eine jetzt "mit der heißen Nadel genähte" Struktur in absehbarer Zeit, wenn sie sich als unwirksam bzw. veraltet erweist, umzugestalten. Schon aus diesem Grunde ist an zeitlich begrenzte Organisationsformen - wie z. B. die des Projektmanagements - zu denken. Maßnahmen der Stellenwirtschaft - z. B. Anbringen von Umwandlungsvermerken in Stellenplänen im Hinblick auf geplante zukünftige Strukturveränderungen - können solche Flexibilisierungsversuche unterstützen.

- Die erwünschte Innovations- und Anpassungsfähigkeit der Verwaltung hängt auch von der Rekrutierung des "richtigen" Mitarbeitertyps ab: Angesichts der zu erwartenden künftigen Aufgabenveränderungen sind anpassungsfähige, breit einsetzbare Mitarbeiter gefragt. Dementsprechend ist bereits bei der Auswahl und Qualifizierung des Personals darauf zu achten, daß die Mitarbeiter in verschiedenen Tätigkeitsbereichen eingesetzt werden können. Hier werden auch in dienstrechtlicher und personalpolitischer Hinsicht Weichen für die Zukunft zu stellen sein: Zum einen fragt es sich, ob eine umfassende Verbeamtung von Verwaltungsangehörigen in den neuen Ländern - aus europapolitischen Aspekten wie hier vor allem auch aus Flexibilitätsüberlegungen - heute noch zeitgemäß ist. Zum anderen wird man sich mit einer Flexibilisierung des öffentlichen Angestelltenrechts befassen müssen, um eine bedarfsbezogene Einsetzbarkeit von Angestellten - heute oft an rechtlichen Barrieren scheiternd - zu ermöglichen.

- Von großer Bedeutung für das künftige Innovationsverhalten sind ferner Personaleinsatz und -durchmischung. Dabei sind vor allem Rolle und Verantwortung der in den meisten Ost-Verwaltungen eingesetzten westlichen "Leihbeamten" zu klären. Fungieren sie lediglich als (Kurz- oder Langzeit-)Berater, oder sind sie fest - und dauerhaft - in den Stellenplan eingebunden? Wie bringen sie ihre "Westmodelle" in den Umbauprozeß ein? Welche Verantwortung tragen sie für die Folgewirkungen der von ihnen empfohlenen Lösungen? Wie werden sie für ihre Beratungs- und Transferrolle qualifiziert?[15] Dies sind einige Fragen, die man in den einzelnen Verwaltungen schnell und

[15] Vgl. als positives Beispiel: KGSt, Partnerschaftliche Kommunalberatung in den neuen Bundesländern. KGSt-Bericht 12/1990.

verbindlich klären muß. Dort, wo westliches Personal in größerer Anzahl eingesetzt wird, sollte auf den Grad der "Durchmischung" von östlichen und westlichen Verwaltungsmitarbeitern geachtet werden. Erste Beobachtungen zeigen, daß die Innovationschancen für die Verwaltung umso größer sind, je intensiver "Wessis" und "Ossis" mit ihren unterschiedlichen Sozialisationen und Erfahrungen zusammenarbeiten.

- Von ausschlaggebender Bedeutung sind schließlich Maßnahmen der beruflichen Qualifikation (Aus- und Weiterbildung), die Fach- und Führungswissen, aber auch die erwünschten Verhaltensweisen vermitteln. Qualifizierungen müssen dabei gleichzeitig auf zwei Ebenen ansetzen: Einerseits im Hinblick auf "handwerkliche" Fähigkeiten zur Bewältigung der Tagesprobleme. Andererseits aber zur Vermittlung von Hintergrundwissen sowie von allgemeinen Problemlösungsfähigkeiten, um auch zukünftigen Problemen und Herausforderungen gegenüber gewachsen zu sein. Die Qualifizierungsmaßnahmen sollten in einen längerfristigen Prozeß der Personalentwicklung eingebettet sein und über kurzzeitige, oberflächliche Aktionen zur Wissensvermittlung hinausgehen. Wichtig ist dabei, daß Weiterbildungsmaßnahmen für die Teilnehmerinnen und Teilnehmer konkrete berufliche Konsequenzen haben (wie gesichertere Arbeitsplätze, interessantere Tätigkeiten, Stellenwechsel, Beförderung). Neben den z. T. unvermeidlichen Schulungslehrgängen sollte das Lernen "on-the-job" - z. B. im Rahmen eines systematischen Rotationsprogramms oder durch Hospitationen in Westverwaltungen - einen hohen Stellenwert haben, weil dadurch praktisches Handlungswissen, Verhaltensweisen und zum Teil auch Einstellungsprägungen transferiert werden können. Angesichts der oben geschilderten Erfahrungsmängel und Unsicherheiten von Verwaltungsmitarbeitern müßten Weiterbildungsmaßnahmen vor allem auch zu eigenständigem und innovativem Problemlösen - anstatt zu blindem Kopieren von Westmodellen - ermutigen. Dies setzt geeignete, die Selbständigkeit fördernde Lern- und Arbeitsformen wie z. B. Organisationsentwicklungsprozesse und Problemlösungs-Workshops voraus.

Angesichts der Entwicklungstrends, die wir seit einiger Zeit in anderen Großorganisationen (z. B. Unternehmungen) beobachten können, handelt es sich bei den aufgezeigten Perspektiven und Anforderungen um alles andere als unrealistische akademische Spekulationen, sondern eher um säkulare Trends. Die öffentliche Verwaltung tut sich allerdings nach wie vor ziemlich schwer, wenn es darum geht, auch nur einige Elemente der zuvor genannten Strukturalternativen zu verwirklichen. Insofern ist es natürlich nicht überraschend, wenn sich in den neuen Bundesländern - insbesondere vor dem Hintergrund der weiter oben geschilderten Gründe für den Blaupausenansatz - der Enthusiasmus in Grenzen hält, etwas einzuführen, was in der westlichen Verwaltung noch nicht ausgiebig erprobt worden ist. Nachdenklich stimmt es hingegen, daß es selbst gegenüber solchen Ansätzen, die in der bundesrepublikanischen Verwaltung inzwischen die Modellversuchsphase erreicht haben, anscheinend unüberwindbare Vorbehalte gibt.

Das bewußt vertagte Reformmodell - ein Fallbeispiel aus der Kommunalverwaltung

Dies gilt z. B. für das von der Kommunalen Gemeinschaftsstelle für Verwaltungsvereinfachung (KGSt) entwickelte neue kommunale Steuerungsmodell, das für den Aufbau der Kommunalverwaltung in den neuen Bundesländern praktisch nirgendwo ernsthaft in Erwägung gezogen wird. Statt dessen werden die traditionellen westlichen Kommunalstrukturen mit Mustergliederungsplänen und entsprechenden Dezernats- und Ämterzuschnitten in der ostdeutschen Kommunalverwaltung eingeführt. Im Sinne der Blaupausen-Philosophie erhofft man sich davon, so schnell wie möglich eine leistungsfähige Verwaltungsführung aufzubauen, die im Sinne des Prinzips der kommunalen Selbstverwaltung zu eigenständigem und verantwortlichem lokalen Handeln in der Lage ist.

Die Folge hiervon ist, daß in den einzelnen Kommunen ein einflußreicher zentralisierter Verwaltungsapparat mit relativ starken Querschnittsämtern (dazu gehören vor allem das Haupt- und Personalamt sowie die Kämmerei) entsteht, der nach westdeutschem Muster den Großteil der Ressourcenbereitstellung und -steuerung übernimmt und indirekt über seine Ressourcenentscheidungen zum mächtigen Mitspieler in fachpolitischen Fragen wird.[16] Einer der Effekte dieses in den ostdeutschen Kommunen gegenwärtig eingeführten Konzepts der zentralen Ressourcensteuerung besteht darin, daß die nach dem früheren Strukturmuster der DDR-Kommunalverwaltung ohnehin mit sehr geringen Kompetenzen ausgestatteten Facheinheiten wie z. B. Bauamt oder Jugendamt[17] nunmehr "an die kurze Leine" der Ressourceneinheiten genommen werden, d. h. unter steuerungstheoretischen Gesichtspunkten vom Regen in die Traufe kommen.

Diese "Strategie" ist angesichts der Entwicklung in der westdeutschen Kommunalverwaltung einigermaßen erstaunlich. Dort sind gerade aufgrund der Kritik, die sowohl von Politikern als auch von Verwaltungsführungskräften an den überkommenen Steuerungsstrukturen und -mechanismen in den Kommunen geübt wird, die zentralen Querschnittsämter und die von diesen praktizierten Steuerungsmechanismen in besonderem Maße ins Gerede gekommen.[18] Seit kurzem diskutiert man deshalb in der alten Bundesrepublik über ein neues kommunales Managementkonzept, das sich deutlich an privatwirtschaftlichen "Corporate Management"-Vorbildern orientiert und das insgesamt eine wirksamere Verwaltungs-

16 Vgl. hierzu schon Downs, A., Inside Bureaucracy. Boston 1967; siehe zu einem praktischen Beispiel aus der Ministerialverwaltung Röber, M., Fallstudie zum Verhältnis von Querschnitts- und Fachabteilungen. In: Verwaltungsrundschau 1986, S. 386 - 388.

17 In der früheren DDR waren die kommunalen Einrichtungen zumindest partiell von ihrem kommunalen Zentrum abgekoppelt, weil sie im Sinne des in der DDR geltenden "Prinzips der doppelten Unterstellung" sowohl der Kommune wie der jeweiligen übergeordneten zentralen Fachbehörde (Fachministerium usw.) unterstellt waren.

18 Vgl. Banner, G. a. a. O. (FN 14), der in diesem Zusammenhang von "bürokratischem Zentralismus" und von "organisierter Unverantwortlichkeit" spricht.

steuerung durch Politik und Verwaltungsführung ermöglichen soll.[19] Dieses neue Managementkonzept, das inzwischen in einigen westdeutschen Großstädten erprobt wird, zielt u. a. auf eine neue, klarere Kompetenz- und Verantwortungsaufteilung zwischen den kommunalen Fachämtern und den Querschnittsämtern ab. Man strebt eine "dezentrale Ressourcenverantwortung" an, d. h. die Fachämter haben auch die volle Resultatsverantwortung für die inhaltlichen Aspekte ihres Handelns wie für die dabei eingesetzten Ressourcen zu übernehmen.[20] Die Querschnittsämter sollen sich dagegen stärker auf planerische und konzeptionelle Funktionen sowie auf Steuerungsunterstützung der Verwaltungsführung konzentrieren.

Das offenkundige Dilemma in bezug auf unser Thema "Blaupause oder Reform" besteht nun darin, daß im Sinne einer schnellen Mindestfunktionsfähigkeit der ostdeutschen Verwaltung relativ starke Querschnittsämter aufgebaut werden und diesen ein hohes Maß an Ressourcenverantwortung zugewiesen wird - obwohl man im Westen gleichzeitig dabei ist, diese Verantwortung wegen der schlechten Erfahrungen, die man mit diesem Modell gemacht hat, mühselig von den Querschnitts- auf die Fachämter zu übertragen.

Obgleich auch hier natürlich eine Reihe von plausiblen Argumenten für die Einführung des alten westlichen Modells formuliert werden kann, wird die Problematik des "Blaupausenansatzes" an diesem Beispiel besonders deutlich. Warum soll man das alte Konzept jetzt mühsam einführen, wenn das alternative Modell in der westdeutschen Verwaltung inzwischen schon erprobt wird? Warum wird jetzt ein Konzept installiert, das mit großer Wahrscheinlichkeit in einigen Jahren von einem anderen, neuen Steuerungsmodell abgelöst werden wird? Warum nimmt man mit an Sicherheit grenzender Wahrscheinlichkeit den mit der "Blaupause"

---

19 Vgl. i. e. Reichard, C. a. a. O. (FN 14).

20 Auf diese Fragestellung stellt auch der erste Baustein der KGSt-Konzeption ab: KGSt, Dezentrale Ressourcenverantwortung: Überlegungen zu einem neuen Steuerungsmodell. KGSt-Bericht 12/1991.

verbundenen doppelten Änderungsaufwand in Kauf, der dadurch entstehen wird, daß jetzt und dann in wenigen Jahren erneut die gegebenen Verwaltungsstrukturen "aufgetaut" und umgebaut werden müssen? Und warum ergreift man nicht die Chance für ein wirksameres, auf effizienteren Ressourceneinsatz abzielendes Management in den ostdeutschen Kommunen, das gerade während der Aufbauphase - im dringend erwarteten Prozeß der Infrastrukturverbesserung und Leistungserbringung - von besonderer Bedeutung wäre?

Die kommunalen Praktiker in der Bundesrepublik haben sich entgegen der in diesen Fragen angedeuteten Argumentationslinie anders entschieden; der risikoärmere Blaupausenansatz genießt eindeutig Vorrang. Man folgt offensichtlich dem Motto "Zuerst kopieren, um zu konsolidieren, danach - vielleicht - innovieren". Insofern fügt sich dieses Fallbeispiel nahtlos in die in der Verwaltung schon immer befolgte Maxime des "Vorrangs des Kurzfristigen" ein. Schnelle (wenn auch suboptimale) Funktionsfähigkeit hat in der Verwaltung allemal Priorität vor mittelfristigen Reformperspektiven.

Eigenständige Ansätze und Lösungen

Ansätze und Lösungen im Sinne eines geplanten organisatorischen Wandels auf der Basis von westlichen Verwaltungsreformkonzepten gibt es demzufolge beim Umbau der öffentlichen Verwaltung in der ehemaligen DDR nicht. Interessant ist allerdings die Frage, ob sich in der ostdeutschen Verwaltung Beispiele dafür finden lassen, daß aufgrund der z. T. gänzlich anderen Herausforderungen für die öffentliche Verwaltung und dem daraus resultierenden Problemdruck gewollt oder ungewollt eigenständige Problemlösungen, Entscheidungsprozeduren oder Organisationsformen entwikkelt worden sind, die den skizzierten Idealen einer angepaßten Verwaltungsstruktur nahekommen. Eine verbindliche Antwort auf diese Frage kann in der gegenwärtigen Phase natürlich noch nicht gegeben werden, weil bislang - wozu es wohl auch noch zu früh ist

- jegliche über sporadische Einzelfälle hinausgehende empirische Basis fehlt. Die folgenden Beispiele können aber vielleicht ein Anhaltspunkt dafür sein, inwieweit Spielräume für eigenständige Lösungen bestehen.[21]

1. Im Bereich der Gesetzgebung gibt es einige Fälle, die auf die Besonderheiten der ostdeutschen Situation Rücksicht nehmen. Als ein ausgesprochen positives Beispiel - das allerdings noch in die Endphase der formalen Eigenständigkeit der DDR fällt - kann die am 17.5.1990 von der Volkskammer der DDR beschlossene Kommunalverfassung angeführt werden, die die Erfahrungen mit den verschiedenen bundesdeutschen Kommunalverfassungssystemen berücksichtigt, dabei aber auch ostdeutsche Traditionen und Strukturbesonderheiten einbezieht und in verschiedener Hinsicht westliches Kommunalrecht weiterentwickelt.[22] Auch bei der konkreten Umsetzung der Kommunalverfassungen in den Kommunen sind verschiedentlich Demokratisierungselemente aus der Zeit des politisch-gesellschaftlichen Umbruchs besonders betont worden.[23] Es ist jedoch zu befürchten, daß die kommunalverfassungsrechtlichen Innovationen, die in der DDR-Kommunalverfassung enthalten sind, in den neuen Bundesländern, in deren Kompetenz die Entscheidung über die zukünftigen Kommunalverfassungen liegt, zugunsten der in den jeweiligen westlichen Partnerländern praktizierten Kommunalverfassungen zurückgenommen werden.

---

21 Vgl. zur Analyse bestehender Spielräume im kommunalen Bereich: Wollmann, H., Politik- und Verwaltungsinnovation durch die Kommunen? In: Th. Ellwein u. a. (Hrsg.), Jahrbuch zur Staats- und Verwaltungswissenschaft 1991, Baden 1991.

22 Vgl. Melzer, H., Die Verwaltungsreform in der DDR. In: DVBl 1990; 404 ff.; Kilimann, K. (Hrsg.) Kommunalverfassung in den Ländern Mecklenburg-Vorpommern, Brandenburg, Sachsen-Anhalt, Sachsen und Thüringen. Herford 1990; vgl. im übrigen zu den - teilweise durchaus genutzten - Spielräumen eigenständiger Landesverfassungen in den neuen Ländern: v. Mutius, A., T. Friedrich, Verfassungsentwicklung in den neuen Bundesländern - zwischen Eigenstaatlichkeit und notwendiger Homogenität. In: Staatswissenschaften und Staatspraxis 1991, S. 268 ff.

23 Vgl. Kempf, R., H. Lühr, a. a. O. (FN 6), S. 4, die speziell auf das Beispiel Rostock verweisen.

2. Im Hinblick auf die Formen politisch-administrativer Problem- und Konfliktlösung scheinen sich in den neuen Ländern - zumindest während der Aufbauphase - stärker "nichtbürokratische", weniger an Zuständigkeitskategorien ausgerichtete Kooperations- und Kommunikationsformen herausgebildet zu haben. Eine relativ gut funktionierende ressort- und abteilungsübergreifende Kooperation in den Verwaltungen trägt häufig dazu bei, besonders drückende Probleme "unbürokratisch" zu lösen (Bsp.: regionale Aufbaustäbe oder Ansiedlungsgruppen). Auch die Kommunikation und Kooperation zwischen den Parteien in den politischen Vertretungskörperschaften, z. B. Gemeinderäten, scheint besser als im Westen zu funktionieren; die Segmentierungs- und Abschottungserscheinungen sind offensichtlich noch nicht so ausgeprägt wie in den alten Bundesländern. All dies sind Tendenzen, die den "alten westlichen Verwaltungshasen" zumindest eine Vorstellung davon vermitteln könnten, daß Kommunikations- und Entscheidungsprozesse in der öffentlichen Verwaltung auch anders organisiert werden können.

3. Wenngleich hinsichtlich der Neugestaltung der territorialen Verwaltungsstrukturen (Kreis- und Gemeindereform) inhaltlich im wesentlichen auf die westlichen Rahmenbedingungen (Einwohnerzahl, Fläche usw.) zurückgegriffen wird, scheint man doch zumindest in bezug auf den Implementationsprozeß aus den westlichen Erfahrungen der 70er Jahre zu lernen und mit mehr Liberalität, Freiwilligkeit sowie Partizipation das Re-Arrangement der Kreise und Gemeinden zu steuern. Man hat offensichtlich rechtzeitig begriffen, daß die Bürger in Ostdeutschland für eine längere Zeit die Geborgenheit und Identifikation ihrer Gemeinde und Heimatregion benötigen und geht die unvermeidliche Reform demzufolge relativ behutsam an. Weiterhin fällt auf, daß man sich in einigen der neuen Länder entgegen den Empfehlungen der jeweiligen Partnerländer, die die Einrichtung einer staatlichen Mittelebene (Bezirksregierung) empfohlen hatten, zu einem lediglich zweistufigen Verwaltungsaufbau entschlossen hat. Schließlich sei

erwähnt, daß es im Umfeld einiger Großstädte (bspw. in Leipzig) neuartige Ansätze zur Einbeziehung formal selbständig bleibender Umlandgemeinden in die großstädtische Infrastruktur gibt ("erweiterte Stadtkreise").

4. Auch in bezug auf die verwaltungsinternen Organisations- und Managementstrukturen gibt es zumindest vereinzelt Beispiele für Innovationen. Als ein Beispiel sei das (Ost-)Berliner Bezirksamt Weißensee angeführt: Diese lokale Verwaltungseinrichtung unternimmt im Zuge des Aufbaus einer neuen Verwaltungsstruktur Anstrengungen zur Einführung effektiver, bürgernaher Organisationsstrukturen, die es in dieser Form in den Westbezirken von Berlin nicht gibt. Zwar wird das Gesamtstrukturkonzept (Gliederung in Abteilungen und Ämter) im wesentlichen unverändert aus dem Westen übernommen. Man plant jedoch Reformen, die in den Westbezirken zum Teil zwar bereits jahrzehntelang diskutiert, aber bislang nicht realisiert wurden. Es geht dabei vor allem um:

- Eine Aufgabenintegration der bislang von verschiedenen Ämtern (Sozial-, Jugend-, Gesundheitsamt) wahrgenommenen Sozialdienste.
- Die Einführung eines über bloße Informations- und Beratungs dienste hinausgehenden Bürgerbüros als Erstanlaufstelle für antragstellende und ratsuchende Bürger, das durch den Einsatz neuartiger Formen der technikgestützten Informationsverarbeitung einen universellen, ressortübergreifenden Service bieten soll.
- Die Neuverteilung von Serviceaufgaben (Personal, Haushalt, Beschaffung, Grundstücksverwaltung usw.) zwischen Fach- und Querschnittsabteilungen im Sinne des oben skizzierten KGSt-Steuerungsmodells.

Der Berliner Senat, der den Aufbau dieses "Modell-Bezirksamtes" nachdrücklich unterstützt, erwartet sich vom geschilderten Vorhaben Impulse für Reformmaßnahmen in weiteren östlichen und vor allem auch in den westlichen Bezirken von Berlin.

Zieht man zum gegenwärtigen Zeitpunkt ein Zwischenresumée aus der Beobachtung administrativer Umbauprozesse in den neuen Ländern, so muß man feststellen, daß auf der kommunalen Ebene Verwaltungsinnovationen vergleichsweise häufiger und engagierter angepackt werden als auf der Ebene der Landesverwaltungen. Diese größere Innovationsneigung ist zum einen sicherlich auf den wesentlich stärkeren Handlungsdruck zurückzuführen, der von seiten der (lokalen) Politik wie der Bürger auf die Kommunalverwaltung ausgeübt wird. Kommunalverwaltung muß schnell und problemadäquat auf Bürgerbedürfnisse reagieren. Zum anderen ist dies aber wohl auch Ergebnis der weniger intensiven "Westinfiltration" im Vergleich zur Landesverwaltung. Die Landesbehörden sind im allgemeinen fest in der Hand der jeweils betreuenden Altbundesländer, die ihre Struktur- und Handlungsmodelle in der Regel ohne größere Änderungen durchsetzen.

Zukünftige Reformchancen

Zumindest während der noch einige Zeit andauernden Umbauphase bieten sich in der Verwaltung Ostdeutschlands umfassendere Gestaltungschancen und -spielräume als in der erstarrten Westverwaltung - obgleich Reformen gegenüber aufgeschlossene westliche Verwaltungshelfer immer häufiger betonen, daß sich der "Mehltau westlichen Haushalts- und Dienstrechts" inzwischen unaufhaltsam auch über die östliche Verwaltung zu legen beginnt. Der gesellschaftliche und ökonomische Auf- bzw. Umbauprozeß fordert allerdings immer noch kreative und energische Initiativen heraus. Der ständige Problemdruck vor Ort verhindert in vielen Fällen zunächst noch das Vordringen lähmender bürokratischer Routine. Beim östlichen Verwaltungshandeln wird deshalb noch für längere Zeit das Motto "Gestalten statt Verwalten" im Vordergrund stehen.

Dabei muß man allerdings beachten, daß die Verwaltungsmitarbeiter aus den neuen Bundesländern - welche in der DDR über längere Zeit nach dem Prinzip von Befehl und Gehorsam sozialisiert worden sind - schon jetzt einige Schwierigkeiten haben, mit den "transplantierten" westlichen Verwaltungsstrukturen so umzugehen, daß die in diesen Strukturen steckenden Chancen für ein eigenständiges Handeln sinnvoll genutzt werden. Bei einem Transfer modernerer Struktur- und Managementkonzepte würde die Kluft zwischen den Anforderungen, die sich aus solchen neuen Konzepten ergeben, sowie den Einstellungen und Arbeitsorientierungen der Verwaltungsmitarbeiter aus der ehemaligen DDR eher noch größer werden. Wir haben es demzufolge mit einem "Reformdilemma" zu tun, welches darin besteht, daß die westlichen Verwaltungsstrukturen weder dem Typus des in der DDR sozialisierten Verwaltungsmitarbeiters noch den gesellschaftlichen Herausforderungen, die auf die öffentliche Verwaltung zukommen, gerecht werden. Einen Königsweg aus diesem Dilemma gibt es natürlich nicht. Alle Zeichen deuten allerdings darauf hin, daß mittelfristig auch die neuen Bundesländer nicht daran vorbeikommen werden, Verwaltungsstrukturen und -verfahren einzuführen, mit denen die staatlichen und kommunalen Zukunftsaufgaben bewältigt werden können. Dies setzt jedoch voraus, daß das Verwaltungspersonal im Rahmen von vorausschauenden Personalentwicklungskonzepten rechtzeitig geschult wird. Nur so wird es in der Lage sein, mit diesen neuen Strukturen wirksam umzugehen.

Gleichwohl muß der Umbau der ostdeutschen Verwaltung ein ständiger Abwägungsprozeß bleiben, in welchem sorgfältig zu klären ist, ob unter Kosten-/Nutzen-, Zeit- und Risikoaspekten im Einzelfall die Blaupause oder die Reform zweckmäßiger ist. Einerseits gilt es dabei auf Strukturadäquanz mit dem westlichen System zu achten, d. h., daß Rechtsnormen und Organisationsstrukturen übereinstimmen, wo Gleichartigkeit gefordert ist. Andererseits sind beim Umbau zumindest eingebaute Flexibilitäten zu schaffen, damit Strukturen nicht "zubetoniert" werden, die sich binnen kurzem als ineffizient und veraltet erweisen könnten.

Generelles Prinzip des Umbauprozesses sollte es also sein, Innovationschancen und -spielräume soweit wie irgend möglich auch zu nutzen und spätere Anpassungsmöglichkeiten einzubauen. Empfehlenswert erscheint dabei eine Doppelstrategie, die zur Zeit vorhandene Optionen nicht vorschnell verschüttet: Man wird kurzfristig wirksame, stabile und bewährte Strukturen schaffen müssen, die aber so ausgelegt sind, daß sie in hohem Maße flexibel, selbstlernfähig und umgestaltbar sind. Verwaltungsumbau muß sich an dem Ziel orientieren, Strukturen nicht dauerhaft "einzufrieren", sondern sie für längere Zeit anpassungsfähig zu halten.

Ein Weg in diese Richtung könnten beispielsweise Modellversuche sein: In Ministerien, Kommunen, nachgeordneten Institutionen der neuen Länder sollten administrative Innovations-"Spielwiesen" gefördert werden, um dort neue Strukturen und Instrumente zu erproben und die gesammelten Erfahrungen auf die anderen Verwaltungseinrichtungen zu übertragen. Dabei wird eine verwaltungswissenschaftliche Begleitforschung gute Transferhilfen leisten können. Bei der Auswahl der Felder, in denen Reformen erprobt werden sollen, wird man im übrigen gut beraten sein, solche Bereiche zu bevorzugen, die bereits in kurzfristiger Sicht Entlastungen zu bringen versprechen.

Die Hoffnungen von nicht wenigen Verwaltungswissenschaftlern und auch manchen Praktikern, daß man "auf der grünen Wiese" in den neuen Ländern Verwaltungsinnovationen erproben könnte, die dann später auch in die Altländer zurücktransportiert werden könnten, haben sich bislang allerdings als weitgehend unrealistisch erwiesen. Eine Resthoffnung keimt bislang noch, daß die eine oder andere positive Erfahrung mit einfacheren Vorschriften oder mit wirksameren Organisationsstrukturen in Ostdeutschland zum Transfer in die alten Länder und zum "Abspecken" und Umgestalten der Gesamt-BRD-Verwaltung ermutigen könnten. Vergegenwärtigt man sich das Ausmaß der Transformation des politisch-administrativen Gesamtsystems der Bundesrepublik,[24] so ist es ziemlich wahrscheinlich, daß am Ende dieses Prozesses nicht mehr die "alte BRD" vorhanden sein wird, sondern daß sich die Bundesrepublik als Gesamtstaat - auch aufgrund der Rückwirkung von Innovationen in den neuen Ländern - maßgeblich verändert haben wird. In welchem Ausmaß und in welchen Sektoren resp. auf welchen Ebenen solche Innovationen erfolgen werden, ist bislang allerdings nur schwer vorauszusehen.

---

24 Vgl. König, K. a. a. O. (FN 1).

Was trennt Bürokraten in einer vereinigten Bürokratie? Einstellungen und Werthaltungen (Ost- und West-) Berliner Verwaltungsführungskräfte

Eckard Schröter (Berlin)

Verwaltungspersonal und Verwaltungskultur

Verwaltungspersonal als Konstante im Transformationsprozeß

Mit der Konstituierung des aus der Wahl vom 6. Dezember 1990 hervorgegangenen Gesamt-Berliner Abgeordnetenhauses am 11. Januar 1991 wurden die beiden Stadthälften Berlins staatsrechtlich wiedervereinigt und damit auch die öffentlichen Angelegenheiten Berlins wieder einer einheitlichen Verwaltung zur Erledigung übergeben.[1] Damit übernahm die voll entwickelte Administration des Westberliner Senats die Zuständigkeit für die Aufgaben der Hauptverwaltung in den östlichen Bezirken, während für die entsprechenden Einrichtungen des Ostberliner Magistrats die Option der "Abwicklung" gewählt wurde. Zuvor waren bereits die

---

1 Gemäß Art. 16 des Einigungsvertrages wurde Berlin als Ganzes seit dem 3. Oktober 1990 vom Kuriosum des "Magisenats" regiert. Infolgedessen existierten die jeweiligen Senats- und Magistratsverwaltungen weiterhin nebeneinander, obwohl sich auch hier die Dominanz des westlichen Parts im Vereinigungsprozeß an der Besetzung der Führungspositionen in der Ost-Verwaltung deutlich widerspiegelte: Im Bereich der Ostberliner Stadträte für Stadtentwicklung, Wohnen und Verkehr sowie für Bauwesen, waren im Herbst 1990 auf der Ebene der Abteilungsleiter bereits zwei Drittel der Posten und im Falle der Referatsleiter etwa die Hälfte der Stellen von Beamten des Senats besetzt. Darüber hinaus blieben in Erwartung des Zusammenschlusses der Verwaltungen eine Anzahl von Positionen unbesetzt.

Verwaltungsstrukturen des demokratisch legitimierten Magistrats und der Ostberliner Bezirksämter anhand Westberliner Blaupausen nachgezeichnet, um die Ost-Verwaltungen - so ein unter Mitarbeitern häufig benutzter Begriff - "paßfähig" zu machen. Ebenso fehlte es nicht an Schritten, die zur Vereinheitlichung des Berliner Landesrechts führten, worunter im Regelfall die Übernahme bzw. Übertragung des in Westberlin gültigen Normengefüges zu verstehen ist.[2] Doch mit diesen holzschnittartig aufgezeigten Entwicklungen ist der Prozeß der Zusammenführung der Berliner Spitzenverwaltungen weder umfassend geschildert noch inhaltlich abgeschlossen. Vielmehr ist es die bisher ausgesparte Frage der Integration des Ostberliner Personals in die bestehenden West-Verwaltungen, die bei der Beurteilung des Erfolges dieses Prozesses von entscheidender Bedeutung ist. Obwohl die Mehrzahl der Magistratsmitarbeiter mit ihren Behörden "abgewickelt" wurden, stellt der dennoch spürbare Anteil des in die westlichen Senatsverwaltungen übernommenen Ost-Personals die dortigen Verantwortlichen nun vor die Herausforderung, einen spürbaren Anteil von ehemaligen DDR-Verwaltungsmitarbeitern an einen etablierten Personalkörper nicht nur "anzuhängen", sondern ihn darin wirksam zu integrieren und diese neuen Beschäftigten für die Bewältigung der immensen Aufgabenfülle der öffentlichen Verwaltung in der Gesamtstadt im Rahmen der Vereinigungspolitik nutzbar zu machen. Diese Konstellation kennzeichnet ebenfalls die Situation in der Ministerialverwaltung des Bundes, die mit einem vergleichbaren Ost-West-Personal-Mix konfrontiert ist. Unter umgekehrten Vorzeichen sehen sich darüber hinaus auch die administrativen

---

2 Vergleiche die Gesetze über die Vereinheitlichung des Berliner Landesrechts vom 28.09.1990 (Gesetz- und Verordnungsblatt für Berlin, Senatsverwaltung für Justiz (Hrsg.), S. 69) und vom 29.09.1990 (Gesetz-, Verordnungs- und Amtsblatt, Magistrat von Berlin (Hrsg.), Nr. 8). Zuvor hatte die Ostberliner Stadtverordnetenversammlung eine Verfassung verabschiedet (Verfassung von Berlin vom 23.07.1990, Gesetz-, Verordnungs- und Amtsblatt, Nr. 1), die hinsichtlich der Passagen zur öffentlichen Verwaltung der West-Berliner Regelung praktisch gleichkam.

Systeme der fünf neuen Bundesländer einem derartigen Personalproblem gegenüber: Dort wird diese Zeit des Systemumbruchs - trotz der in der Hauptsache von den "westlichen" Partnerländern geleisteten personellen Verwaltungshilfe - zum größeren Teil mit ehemaligen Mitarbeitern des DDR-Staatsapparates und neu zu rekrutierendem Personal aus den betreffenden Ländern zu bewältigen sein.[3] Neben dem Problem der Verfügbarkeit erfahrenen Verwaltungspersonals aus Westdeutschland rückt überdies zunehmend das Anliegen der ostdeutschen Verantwortlichen ins Blickfeld, möglichst viele Mitarbeiter aus den jeweiligen Regionen zu beschäftigen. Im Unterschied zu den Organisationsformen und den Rechtsvorschriften - wo eine relativ schnelle (formale) Angleichung an westdeutsche (bzw. Westberliner) Verhältnisse erreicht wurde, ist beim "Faktor Personal" jedoch eine solche Implantation westlicher Standards - unabhängig davon, wie man deren Qualität und Zweckmäßigkeit beurteilt - nicht möglich. Die Human-Ressource bildet damit eine relative Konstante, ein Symbol für Kontinuität inmitten eines Prozesses des fundamentalen Um- und Neubaus der Administration in Ostdeutschland - ein Prozeß, der trefflich als Transformation einer "Kaderverwaltung" in eine "klassisch-europäische" Verwaltung zu bezeichnen ist.[4] Folgerichtig nehmen gerade die Probleme des

---

3 Vergleiche zur Unterschiedlichkeit der Problemlagen im Land Berlin und in den anderen ostdeutschen Ländern sowie zur - möglicherweise innovativen - Rolle des neuen Verwaltungspersonals: E. Schröter, Verwaltungskultur in den neuen Bundesländern - Design eines Forschungsprojekts zu Werten und Einstellungen in der Ministerialverwaltung des Landes Brandenburg, Heft 22 der Beiträge aus dem FB 1 der Fachhochschule für Verwaltung und Rechtspflege Berlin, Berlin 1991.

4 Siehe zu diesen Begriffen K. König, Verwaltung im Übergang - Vom zentralen Verwaltungsstaat in die dezentrale Demokratie, in: Die öffentliche Verwaltung 1991, S. 177 - 184. Zu den Grundzügen dieses Transformationsprozesses vergleiche auch R. Pitschas, Verwaltungsentwicklung in den ostdeutschen Bundesländern, in: Deutsches Verwaltungsblatt 1991, S. 457 - 466. Zum Idealtypus der "Kaderverwaltung" vergleiche in der Hauptsache B. Balla, Kaderverwaltung, Stuttgart 1972, W. Lipp, Bürokratische, partizipative und Kaderorganisation als Instrument sozialer Steuerung, in: Die Verwaltung 1978, S.

Personals in den öffentlichen Verwaltungen Ostdeutschlands einen hervorragenden Platz in der populären wie fachwissenschaftlichen Diskussion ein, mit der Aussicht, auch mittelfristig das sensibelste verwaltungspolitische Thema zu bleiben.

Konzept der Verwaltungskultur

Der Ansatz der hier vorgestellten Untersuchung[5] stellt somit die subjektiven Dimensionen des Verwaltungshandelns in das Zentrum der Überlegungen. Nicht den institutionellen Arrangements, nicht der Zweckmäßigkeit der Organisationsstrukturen oder Verfahrensregeln, sondern der "Paßfähigkeit" der beiden über Jahrzehnte hinweg voneinander isolierten Personalkörper der Ost- und West-Verwaltungen gilt daher das besondere Interesse. Das Augenmerk des Forschungsprojektes richtet sich in diesem Zusammenhang auf die während der Sozialisation im ehemals westlichen oder östlichen Gesellschafts- und Verwaltungssystem erworbenen individuellen Wert- und Einstellungsmuster der Verwaltungsmitarbeiter. In Anlehnung an die dominierende politologische Begriffsbestimmung und an eine breite Strömung innerhalb der Organisationswissenschaft werden die jeweils vorherrschenden, für die Verwaltungsfunktionen relevanten Attitüden und Werthaltungen der Organisationsmitglieder als "Kultur" einer Verwaltung verstanden.[6] Der hierbei verwendete Kulturbegriff entfernt sich

---

3 - 25 und K. König, Zum Verwaltungssystem der DDR, in: K. König (Hrsg.), Verwaltungsstrukturen der DDR, Baden-Baden 1991, S. 9 - 44.

5 Ausführlicher zum Forschungsdesign siehe E. Schröter/C. Reichard/M. Röber, Verwaltungseliten in Ost und West, Heft 14 der Beiträge aus dem FB 1 der Fachhochschule für Verwaltung und Rechtspflege Berlin, Berlin 1990. Vergleiche auch M. Röber/E. Schröter, Verwaltungsführungskräfte aus Ost und West - ein Vergleich ihrer Rollenverständnisse und Werthaltungen, in: T. Ellwein/J. J. Hesse/R. Mayntz/F. W. Scharpf (Hrsg.) Jahrbuch zur Staats- und Verwaltungswissenschaft 1991, Baden-Baden 1991 (i.E.) und C. Reichard/E. Schröter, Berliner Verwaltungseliten - Rollenverhalten und Einstellungen von Führungskräften in der (Ost- und West-) Berliner Verwaltung, in: W. Seibel/A. Benz/H. Mäding (Hrsg.), Verwaltungsreform in Ostdeutschland, Baden-Baden 1991 (i. E.). Das Projekt wird im Rahmen der Berlin-Forschung von der Freien Universität Berlin gefördert.

6 Zu den verschiedenen Konzeptionen der "Verwaltungskultur" vergleiche W. Jann, Staatliche Programme und Verwaltungskultur, Opladen 1983.

vom traditionellen, insbesondere durch die angelsächsische Anthropologie geprägten umfassenden Kulturverständnis, das sowohl Werte und Sinndeutungen als auch typische Verhaltensweisen, Artefakte und Strukturen einschließt. Vielmehr wird hier in Übereinstimmung mit Kroeber und Parsons die konstitutive Bedeutung der die typischen Handlungsmuster tragenden Geistesverfassung für das Kulturkonzept herausgestellt: "We suggest that it is useful to define the concept culture for most usages more narrowly than has been generally the case in the American anthropological tradition, restricting its reference to transmitted and created content and patterns of values, ideas and other symbolic-meaningful systems as factors in the shaping of human behavior and the artefacts produced through behavior."[7] Diese Sichtweise hat sich auch die Hauptrichtung der Politischen-Kultur-Forschung zu eigen gemacht.[8] In zunehmenden Maße findet dieser Kulturansatz auch in betriebswirtschaftlich orientierten Organisationsforschungen Verwendung.[9] Diese Arbeiten zur Organisationskultur, auf die hier Bezug genommen werden soll, entsagen ebenfalls einem holistischen Kulturkonzept und konzentrieren ihre Analyse auf die in einer Organisation vorherrschenden Wert- und Orientierungsmuster, welche sie als eine von mehreren Variablen zur Charakterisierung einer Organisation auffassen. So betrachten die Vertreter dieser auch hier vertretenen Forschungsrichtung die Kultur einer Organisation - in den Worten von Hofstede - als

---

7 Siehe A. Kroeber/T. Parsons, The Concepts of Culture and of Social System, in: American Sociological Review 1958, S. 582 - 593, S. 583.

8 Vergleiche dazu vor allem die klassische Arbeit von G. Almond/S. Verba, The Civic Culture, Princeton/New York 1965. Vergleiche auch F. U. Pappi, Politische Kultur - Forschungsparadigma, Fragestellung, Untersuchungsmöglichkeiten, in: M. Kaase (Hrsg.) Politische Wissenschaft und politische Ordnung, Opladen 1986, S. 279 - 291. Kritisch zu diesem Kulturkonzept argumentiert P. Reichel, Politische Kultur, in: Politische Vierteljahresschrift 1980, S. 382 - 399.

9 Einen Überblick zu dieser Forschungsrichtung liefern insbesondere H. Kasper, Organisationskultur - Über den Stand der Forschung, Wien 1987, E. Dülfer (Hrsg.), Organisationskultur: Phänomene, Philosophie, Technologie und M. Ebers, Organisationskultur - Ein neues Forschungsparadigma? Wiesbaden 1985.

"collective programming of the mind which distinguishes the members of one human group from another".[10]

Das besondere Interesse an den subjektiv-psychologischen Denk- und Orientierungsmustern wird durch die Annahme gerechtfertigt, daß in diesen kognitiven und evaluativen Verhaltensdispositionen ein wesentlicher Bezugsrahmen für das tatsächliche Verhalten der Organisationsmitglieder zu sehen ist. Dieses wahrnehmungs- und verhaltenssteuernde Potential wird insbesondere bei Klages betont, der Werte als "situationsübergreifende, objektunspezifische Orientierungsleitlinien zentralen Charakters" definiert, "die den Systeminput einer Person (ihre Wahrnehmung wie auch die in ihr ablaufende Inputverarbeitung) selektieren, organisieren und akzentuieren und gleichzeitig auch ihren Output, d. h. ihr Reaktions- und Verhaltensschema regulieren".[11] Darüber hinaus ist es gerade der zeitüberdauernde Charakter der Werte und Attitüden, ihre relative Resistenz gegenüber kurz- und mittelfristigen Änderungseinflüssen, die sie ins Blickfeld einer solchen Studie rücken lassen.[12] So sind aufgrund dieser Stabilität in erster Linie die jeweiligen Werthaushalte und Einstellungsmuster der Ostberliner Befragten geeignet, die Kontinuität im Transformationsprozeß zu repräsentieren.

Mit Verwirklichung der staatlichen Einigung Deutschlands wurde der für das Gemeinwesen der Alt-Bundesrepublik gültige institutionelle Rahmen abrupt auf das Gebiet der ehemaligen DDR übertragen. Damit entstanden für nahezu alle gesellschaftlichen Teilsysteme neu- bzw. fremdartige Funktionsbedingungen, ohne daß sich über einen längeren Zeitraum in diesen Strukturen komplementäre handlungsleitende Wertorientierungen entwickeln

---

10 Siehe G. Hofstede, Culture's Consequences. International Consequences in Work-Related Values, Beverly Hills/London 1980, S. 25.

11 Siehe H. Klages, Handlungsrelevante Probleme und Perspektiven der soziologischen Wertforschung, in: H. Lenk (Hrsg.), Handlungstheorie IV, München 1972, S. 291 - 306, S. 295.

12 Zur Veränderbarkeit von grundlegenden Werten und berufsspezifischen Einstellungen vergleiche auch G. Hofstede, Sozialisation am Arbeitsplatz aus kulturvergleichender Sicht, in: G. Trommsdorf (Hrsg.), Sozialisation im Kulturvergleich, Stuttgart 1989, S. 157 - 173.

konnten. Versteht man diese Orientierungen im obigen Sinne als Kultur, so wird man in vielen Bereichen des staatlichen und gesellschaftlichen Lebens in Ostdeutschland von einer Dissonanz zwischen den nun gültigen "westlichen" Systembedingungen und der durch die DDR-Sozialisation geprägten Kultur der Ostdeutschen sprechen müssen. Für die effiziente Funktionsweise und die Stabilität eines Systems erscheint es jedoch notwendig, eine den Funktionsbedingungen des Systems adäquate "Systemkultur" zu etablieren.[13]

Mit Blick auf die politische Entwicklung in den ehemals realsozialistischen Staaten wurde bereits zu Beginn der achtziger Jahre festgestellt: "It would seem to be the case that institutional structures and even overt political behaviour can be changed much more quickly than political culture, so that a revolutionary change in the political system opens up the possibility of dissonance between political culture and the political system."[14] Für die Situation nach dem politischen Umbruch in der DDR wurde daher erwartungsgemäß bereits die These aufgestellt, daß "man im vereinten Deutschland durchaus von zwei politischen Kulturen auszugehen hat" - eine These, die durch erste empirische Untersuchungen bestätigt wurde.[15] In Analogie dazu kommt die Begleitforschung zu Unternehmenskooperationen zwischen "Ost" und "West" zu dem Ergebnis, derartige Firmenverbindungen immer noch als Auslandskooperationen zu betrachten und begründet dies mit der Existenz von kulturellen Problemen, "die aus Unterschiedlichkeiten in Wertvorstellungen, Überzeugungen, Sprachregelungen und

---

13 So eine Grundannahme der Politischen-Kultur-Forschung (vergleiche Almond/Verba, Civic Culture, Anm. 8).

14 Siehe A. Brown, Introduction, in: A. Brown/J. Gray (Hrsg.), Political Culture and Political Change in Communist States, New York 1979, S. 1 - 24, S. 4.

15 Siehe U. Feist, Zur politischen Akkulturation der vereinten Deutschen, in: Aus Politik und Zeitgeschichte, Nr. 11 - 12/1991, S. 21 - 32. Vergleiche auch D. Fuchs/H.-D. Klingemann/C. Schöbel, Perspektiven der politischen Kultur im vereinigten Deutschland, in: Aus Politik und Zeitgeschichte, Nr. 32/1991, S. 35 - 46.

Umgangsformen resultieren".[16] Schließlich wird auch für den Bereich des administrativen Systems postuliert, daß im "jetzt einsetzenden de facto Einigungsprozeß zwei Verwaltungskulturen aufeinander treffen, die sich wie Feuer und Wasser unterscheiden".[17] Auch wenn man sich dieser krassen Formulierung nicht anzuschließen vermag: in Anbetracht der beachtlichen Differenzen zwischen dem System des öffentlichen Dienstes, der Struktur und den Aufgaben des Verwaltungsapparates sowie dem politischen und gesellschaftlichen Umfeld der öffentlichen Verwaltungen in der Alt-Bundesrepublik und der ehemaligen DDR sind grundsätzliche Unterschiede auch hinsichtlich der jeweiligen subjektiv-psychologischen Orientierungsmuster der im ehemals östlichen und westlichen System sozialisierten Verwaltungsmitarbeiter zu erwarten.

Bei der Analyse dieser Organisations bzw. Verwaltungskulturen in Form der Einstellungen und Werthaltungen der Ost- und Westberliner Verwaltungskräfte konnte auf theoretische Konzepte und empirische Instrumente zurückgegriffen werden, die in den beiden vergangenen Jahrzehnten in der soziologisch orientierten Verwaltungsforschung entwickelt wurden.[18] Die vorhandenen

---

16 Siehe M. Gaulhofer/J. Sydow, Kooperation von ost- und westdeutschen Unternehmungen - Strukturelle und kulturelle Probleme, in: Zeitschrift Führung und Organisation 1991, S. 151 - 157, S. 151.

17 Siehe W. Bernet, Zur normativen Regelung des Staatsdienstes in der DDR und zum Rechtsverständnis der Staatsfunktionäre, in: Zeitschrift für Beamtenrecht 1991, S. 40 - 47, S. 45.

18 Vergleiche in erster Linie die Arbeiten von R. D. Putnam, Die politischen Einstellungen von Ministerialbeamten in Westeuropa, in: Politische Vierteljahresschrift 1976, S. 23 - 61 (zuerst veröffentlicht in englisch: The Political Attitudes of Senior Civil Servants in Western Europa, in: British Journal of Political Science 1973, S. 257 - 290, J. D. Aberbach/R. D. Putnam/B. A. Rockman, Bureaucrats and Politicians, Cambridge (Mass.) 1981 und H.-U. Derlien/R. Mayntz, Einstellungen der politisch-administrativen Eliten des Bundes 1987, Bamberg 1988. Darüber hinaus vergleiche auch P. Grottian, Strukturprobleme staatlicher Planung, Hamburg 1974, B. Steinkemper, Klassische und politische Bürokraten in der Bundesrepublik Deutschland, Köln 1974 sowie C. Campbell, Government under Stress, London u. a. 1984. Bei der vorliegenden Untersuchung wurde in der Hauptsache auf die von Derlien/Mayntz (1988) verwendeten Instrumente zurückgegriffen.

Fragebatterien wurden jedoch auf die speziellen Erfordernisse des Ost-West-Vergleichs angepaßt und um Fragestellungen zur Verwaltungsintegration ergänzt.

Zusammensetzung der Stichprobe: Konzentration auf Führungskräfte

Der Fokus der Untersuchung liegt auf den Führungskräften der jeweiligen Verwaltungsapparate. Diese leitenden Funktionsträger im administrativen System beeinflussen dessen Wirksamkeit erheblich, indem sie durch ihre Entscheidungen oder Nicht-Entscheidungen Richtung, Ausmaß und Geschwindigkeit des Systemwandels mitbestimmen. Vergegenwärtigt man sich die Funktionen der modernen Ministerialbürokratie, dann wird auch die gesellschaftliche Relevanz der Aktivitäten der Verwaltungsführungskräfte schnell offenbar. So trat neben die Implementation politischer Programme als klassischer Verwaltungsaufgabe eine konkrete politische und innovative Funktion, die in der langfristigen politischen Programmentwicklung ihren besonderen Ausdruck findet. Insbesondere die Verwaltungsspitzen wurden somit zunehmend zu "Mitspielern" im politisch-administrativen Willensbildungs- und Entscheidungsprozeß.[19] Gerade in der gegenwärtigen Situation, welche als Folge der deutschen Vereinigung das politisch-administrative System der Bundesrepublik mit einem nahezu übermächtigen Handlungsbedarf konfrontiert, wird die Leistungsfähigkeit der deutschen Spitzenverwaltungen davon abhängen, inwieweit die Führungskräfte fähig und willens sind, diese politische und innovative Funktion wahrzunehmen. Vor allem muß vor dem Hinter-

---

[19] Zur Rolle der Ministerialverwaltung im Poliy-Making-Prozeß vergleiche R. Mayntz, Problemverarbeitung durch das politisch-administrative System: Zum Stand der Forschung, in: J. J. Hesse (Hrsg.), Politikwissenschaft und Verwaltungswissenschaft, PVS-Sonderheft 13/1982, Opladen 1982, S. 74 - 89, dies., Politisierung der Bürokratie, in: H.-H. Hartwich (Hrsg.), Gesellschaftliche Probleme als Anstoß und Folge der Politik, Opladen 1983, S. 475 - 486, R. Mayntz/F. W. Scharpf, Policy-Making in the German Federal Bureaucracy, Amsterdam 1975, G. Schmidt/H. Treiber, Bürokratie und Politik, München 1975 und W. Jann, Verwaltung im politischen Prozeß, in: Verwaltungsrundschau 1984, S. 37 - 43.

grund der Verwaltungskultur-Konzeption die Vorbildfunktion der Führungskräfte beachtet werden. Nicht selten agieren sie als "Sinnproduzenten", deren Verhaltensweisen und Situationsdeutungen die Aktionen der anderen Organisationsmitglieder steuern. Gerade die mittlere Leitungsebene nimmt als Scharnier zwischen politischer Ebene und der Arbeitsebene eine entscheidende Stellung in der Verwaltungshierarchie ein, indem sie Ziele und Werte der Organisationsspitze auf die Mitarbeiter überträgt und auch zur gesamten Sozialisation dieser Mitarbeiter in die Organisation maßgeblich beiträgt. Daher können diese Führungskräfte auch als "culture carrier" verstanden werden.[20]

In die Befragung wurden insgesamt 95 Referats- und Abteilungsleiter aus sieben Ressorts der Westberliner Senatsverwaltung sowie der früheren Verwaltung des Magistrats von Ostberlin einbezogen. Dabei wurde die Auswahl so getroffen, daß zu etwa gleichen Teilen Mitarbeiter der technischen Fachverwaltungen als auch der gesellschaftspolitisch orientierten Verwaltungsbereiche berücksichtigt wurden. Zum gegenwärtigen Stand der Auswertung kann sich die vorliegende Analyse dabei auf 55 vollständig ausgewertete Interviews mit Führungskräften aus den für die Städtebau-, Stadtentwicklungs- und Verkehrspolitik zuständigen Verwaltungsressorts stützen, darunter 22 Gespräche mit Ostberliner Leitungskräften.[21] Darüber hinaus spiegeln sich die aufzuzeigenden Tendenzen auch in den Daten wider, die im Rahmen einer Vergleichsuntersuchung mit insgesamt 27 leitenden Mitarbeitern des Bundesverkehrsministeriums bzw. des ehemaligen Ministeriums für Verkehr der DDR gewonnen wurden.[22]

---

20 Siehe J. Jabes/D. Zussman, Organizational Culture in Public Bureaucracies, Papier zur Tagung des International Institute of Administrative Sciences vom 30.08. - 02.09.1988 in Budapest, Brüssel 1988, S. 6.

21 Diese Interviews wurden im November und Dezember 1990 durchgeführt, als diese Fachverwaltungen in Ost- und West-Berlin noch parallel existierten.

22 Dabei handelte es sich um Referatsleiter und höhere Ränge. Für die ostdeutschen Befragten (n = 14) war die letzte hierarchische Position im DDR-Ministerium maßgebend. Die Befragung fand im Januar und Februar 1991 statt.

Soziodemographischer Hintergrund

Die erfragten soziodemographischen Angaben über Alter, soziale Herkunft, Religionszugehörigkeit und Ausbildung geben indirekt Auskunft über die Selektionsprozesse der jeweiligen Gesellschaft und können - insbesondere im Fall der Variablen "Alter" und "Ausbildung" - in gewissem Umfang auch zur Erklärung von Werthaltungen herangezogen werden. Mit Blick auf diese Untersuchungsmerkmale geben die beiden Stichproben in mehrfacher Hinsicht ein sehr ähnliches Bild ab. Die Befragten aus den beiden Stadthälften sind im Durchschnitt nahezu gleichalterig und haben ihre wissenschaftliche Ausbildung überwiegend in den gleichen Fächergruppen erworben. In beiden Fällen sind die Teilnehmer der Untersuchung zu über 50 % ingenieurwissenschaftlich ausgebildet und gehören zu einem weiteren Drittel der Profession der Architekten an. Nur eine Minderheit - symptomatisch für technische Fachverwaltungen - kann gemäß ihrer Ausbildung als Sozialwissenschaftler oder Juristen bezeichnet werden, wobei letztere Berufsgruppe im Magistrat überhaupt nicht repräsentiert war.

Eine besondere Bedeutung als Hintergrundvariable - insbesondere für die berufsspezifischen Einstellungen und das Rollenverständnis der Verwaltungsmitarbeiter - ist auch den jeweiligen beruflichen Werdegängen zuzumessen. In diesem Umfeld sind auch erste charakteristische Unterschiede zwischen Untersuchungsgruppen zu registrieren. So ist für die Magistratsstichprobe ein vergleichsweise später Eintritt in den staatlichen Verwaltungsdienst typisch, auf den dann jedoch ein relativ schneller Aufstieg in eine Führungsposition folgte. Diese Ergebnisse reflektieren im wesentlichen die häufig in der DDR geübte Praxis, gezielt qualifizierte Mitarbeiter für die Staatsverwaltung aus den Betrieben oder wissenschaftlichen Einrichtungen zu rekrutieren. Überdies wurden derartige Karrieren durch die grundsätzlich fließenden Grenzen zwischen staatlichem und nicht-staatlichem Sektor in der DDR begünstigt. Dementsprechend weisen über zwei Drittel der Ost-Mitarbeiter, aber weniger als die Hälfte der West-Beamten einen

Sektorwechsel in ihrem beruflichen Werdegang auf. Zudem können 57 % der ehemaligen Magistratsführungskräften auf mindestens fünfjährige Erfahrungen außerhalb des Verwaltungsdienstes zurückblicken. Hingegen bleiben 75 % des Senats-Samples bei dieser Frage unterhalb der Fünfjahres-Marke. Hinweise auf unterschiedliche Karrieremuster finden sich auch in den Angaben zur praktischen Berufsausbildung, die deutlich häufiger von den Ostberliner Befragten absolviert wurde, wodurch die Eindrücke einer ausgeprägten Praxisorientierung der früheren Magistratsmitarbeiter noch verstärkt werden. Daneben schlagen sich diese Abweichungen vom bekannten Muster westdeutscher Karrieren im Bereich der Ausbildung in interessanten Varianten, wie nachträgliche Delegierung zum Studium oder Absolvierung von Fernstudien, nieder. Anzeichen für eine stärkere fachwissenschaftliche Ausrichtung der Ostberliner Teilnehmer sind insbesondere in der hohen Zahl von einschlägig promovierten Führungskräften in den Reihen der Magistratsverwaltung vom Herbst 1990 zu sehen. Diese Situation ist jedoch auch als Folge der Selektionskriterien für die Besetzung der Stellen durch den neuen, demokratisch legitimierten Magistrat zu betrachten. Dabei wurde gerade auf diese Spezialisten zurückgegriffen, deren Sachkompetenz zuvor in verselbständigten Verwaltungseinrichtungen, wie den Büros für Verkehrsplanung und für Städtebau, konzentriert war. Erst durch die - nach Westberliner Muster - erfolgte Umorganisation der Ostberliner Behörden wurden diese Einrichtungen zu integralen Bestandteilen der Magistratsverwaltung.

Aussagen über die vorherrschenden Selektionsprozesse in den beiden ehemaligen west- bzw. ostdeutschen Gesellschaften werden vorrangig durch die Daten zur sozialen Herkunft der Verwaltungsführungskräfte ermöglicht. Dabei sind die sozialen Aufstiege der DDR-Administratoren besonders auffällig. Nur der geringste Teil dieser Gruppe, jedoch etwa die Hälfte der Senatsmitarbeiter ist in einem "bildungsbürgerlichen" Elternhaus der oberen Mittelschicht oder der Oberschicht aufgewachsen. Dagegen gab die Mehrheit der ehemaligen Ost-Verwalter - ganz im Einklang mit den offiziellen Rekrutierungskriterien des DDR-Regimes - eine Herkunft aus dem Arbeitermilieu zu Protokoll.[23] Dabei kann wiederum jeder zweite leitende West-Beamte - immerhin aber auch jede dritte Ost-Führungskraft - auf nahe Verwandte verweisen, die ihrerseits im öffentlichen Dienst tätig gewesen sind. Während jedoch fast alle der betreffenden Magistratsmitarbeiter eine höhere Position in der Verwaltungshierarchie als diese Personen erreicht haben, ist dies nur bei einer klaren Minderheit der westlichen Interviewpartner der Fall.

Makro-Ebene: Allgemein-politische Werte und Einstellungen

Die Diskussion über den Wertewandel in den westlichen Industriegesellschaften nahm über die letzten beiden Jahrzehnte einen breiten Raum in der empirischen Sozialforschung ein. Diese Debatte wurde initiiert und wird bis zur Gegenwart zum wesentlichen Teil geprägt durch Ronald Inglehart's These von der "stillen Revolution", die durch die Verdrängung sogenannter materialistischer durch postmaterialistische Wertpräferenzen gekennzeichnet ist.[24] Dieser Annahme liegt die Vorstellung zugrunde, daß die zunehmend gebildeten und in Wohlstandsgesellschaften aufgewachsenen Generationen dem Verlangen nach Selbstverwirklichung und sozialen Bedürfnissen Priorität geben vor den Sicherheits- und Versorgungsbedürfnissen, welche sich etwa im Streben nach "Aufrechterhaltung von Ruhe und Ordnung" bzw. im "Kampf gegen steigende Preise und Arbeitslosigkeit" ausdrücken. Die Ergebnisse unserer Befragung bestätigen für die westberliner Stichprobe

23 Die Einordnung in diese Kategorien wurde auf der Basis der Angaben zur (Hoch-)Schulausbildung und zur Berufstätigkeit der Eltern vorgenommen.

24 Vergleiche dazu R. Inglehart, The Silent Revolution, Princeton 1977 und zuletzt ders., Kultureller Umbruch - Wertewandel in der westlichen Welt, Frankfurt a. M./New York 1989. Zur Diskussion der Wertorientierungen der Ostdeutschen vergleiche T. Gensicke, Sind die Ostdeutschen konservativer als die Westdeutschen? in: G.-J. Glaeßner/R. Reißig (Hrsg.), Das Ende eines Experiments, Berlin 1991, S. 268 - 295.

diesen postulierten Vorrang der als postmaterialistisch deklarierten Werte "Schutz des Rechts auf freie Meinungsäußerung" und "Steigerung des Einflusses der Bürger auf Entscheidungen der Regierung" nachdrücklich. So konnten drei Viertel der Senatsbeamten als überwiegend postmaterialistisch orientiert eingestuft werden. Innerhalb der Stichprobe aus den Reihen der Magistratsmitarbeiter hingegen hielten sich Materialisten und Postmaterialisten die Waage. Dieser Befund korrespondiert teilweise mit der Beobachtung, daß die befragten DDR-Administratoren stärker als ihre West-Kollegen dazu tendieren, die Meinungs- und Diskussionsfreiheit durch "sittliche Grundwerte" und "moralische Überzeugungen" begrenzt zu sehen. Ebenso lassen die Befragungsteilnehmer aus Ostberlin eine höhere Bereitschaft erkennen, die Ausübung der Freiheit politischer Propaganda einer sorgfältigen staatlichen Regulierung zu unterziehen. Dieses kritischere Verhältnis der Ost-Verwalter zur politischen Werbung, läßt sich jedoch auch als Symptom für eine spürbare Distanz gegenüber politischen Parteien interpretieren. Diese Haltung manifestiert sich besonders deutlich darin, daß in der mehrheitlichen Sicht der Magistratsmitarbeiter mit dem Parteibeitritt auf jeden Fall eine teilweise Aufgabe der persönlichen Unabhängigkeit verbunden ist. Überwiegend Zustimmung unter den Ostberliner Beteiligten findet auch die These, der zufolge Parteien politische Konflikte unnütz verschärfen. Im Senats-Sample hingegen wurden diese Ansichten nur von einer Minderheit geteilt.

Obwohl die vorliegenden Daten auf eine grundsätzliche Übereinstimmung der beiden Vergleichsgruppen hinsichtlich der Beurteilung demokratischer Spielregeln oder elementarer Funktionsprinzipien der pluralistischen Gesellschaft hinweisen, sind interessante Besonderheiten im Zusammenhang mit dem jeweils vorherrschenden Politik- und Verwaltungsverständnis zu identifizieren. Dabei ist zunächst eine geringfügig technokratischere Denkweise der in der Ost-Verwaltung Beschäftigten festzustellen.[25] Diese Orientierung schlägt sich in den von dieser Gruppe häufiger geäußerten Meinungen nieder, zur rationalen Bewertung von Verwaltungshandeln politische Erwägungen ausschließen und bei der Einschätzung sozialer und wirtschaftlicher Angelegenheiten technischen Überlegungen Vorrang vor politischen Faktoren einräumen zu müssen. Darüber hinaus deutet das Antwortverhalten der Leitungskräfte aus dem Magistrat aber auch auf die Neigung dieses Personenkreises hin, einem auf eine durchsetzungsstarke Exekutive zentrierten Politikverständnis nahezustehen. Diese Teilnehmer legten größeren Wert auf die Feststellungen, daß die Regierung allein an der Effektivität ihrer Politik zu messen sei und, daß es die Regierung sei, die letztendlich für die Politik zuständig und verantwortlich sein müßte. Folgerichtig bringen sie auch weniger Verständnis als ihre West-Kollegen dafür auf, wenn Interessengruppen - mit legalen Mitteln - versuchen, die Regierung am Vollzug ihres Programmes zu hindern. Diese Haltung wird unterstrichen durch die - in der Magistratsstichprobe zu notierende - Tendenz, der Stärke und Handlungsfähigkeit einer Regierung Vorrang vor ihrer Ausrichtung auf ein bestimmtes Programm einzuräumen. Eine derartige Prioritätensetzung traf bei etwa 70 % der Ost-Führungskräfte, jedoch bei weniger als der Hälfte der leitenden Senatsbeamten auf Zustimmung. Im Einklang mit diesen Befunden messen die Ostberliner Sample-Mitglieder auch der Stabilität und Kontinuität der Regierung ein größeres Gewicht bei als der Chance der Regierungsablösung durch die Opposition. Bei dieser Fragestellung treten die Einstellungsdifferenzen zwischen den Vergleichsgruppen bemerkenswert klar zutage: nur 30 % der West-Führungskräfte schlossen sich dieser Haltung an, welche

---

25 Vergleiche zur Diskussion der Bedeutung technokratischer Einstellungen R. D. Putnam, Elite Transformation in Advanced Industrial Societies: An Empirical Assessment of the Theory of Technocracy, in: Comparative Political Studies 1977, S. 383 - 412 und zur Messung dieser Einstellungen anhand eines Technokratie-Indexes J. D. Aberbach/H.-U. Derlien/R. Mayntz/B.A. Rockman, American and German Federal Executives - Technocratic and Political Attitudes, in: International Social Science Journal 1990, S. 3 - 18.

hingegen von 77 % des befragten Leitungspersonals aus dem Magistrat vertreten wurde.

Die Umfragedaten lassen darüber hinaus den Schluß zu, daß diese Vorliebe für einen pragmatischen, an den Idealen der Handlungs- und Durchsetzungsstärke ausgerichteten Regierungsstil auch mit einer Präferenz für ein "big government" gepaart ist. Die Ausweitung der Staatstätigkeit führte in den westlichen Staaten - bevorzugt in den siebziger und achtziger Jahren - zu einer intensiven Diskussion über die Rolle des Staates in der modernen Gesellschaft und über die Grenzen seiner Leistungsfähigkeit. Der Fragebogen weist in verschiedener Hinsicht Berührungspunkte zu dieser immer noch virulenten Debatte auf. Von zentraler Bedeutung ist in diesem Zusammenhang die Frage, inwieweit eine Reduzierung des öffentlichen Aufgabenbestandes befürwortet wird. Hier treten deutliche Differenzen in den jeweiligen Wahrnehmungen der West- und Ostberliner Verwaltungskräfte ans Tageslicht. Während 42 % der West-Administratoren den Abbau staatlicher Aufgaben für notwendig halten, teilten nur etwa 20 % der Teilnehmer aus Ostberlin diesen Standpunkt. Diese Konfliktlinie setzt sich fort, wenn die spezifischen Aufgabenfelder staatlichen Handelns zur Sprache kommen. Wie aus den protokollierten Antworten auf offene Fragen hervorgeht, ist es ein besonderes Anliegen der früheren DDR-Bürger, die sozialpolitischen Aktivitäten des ehemals westdeutschen Staates weiter zu entwickeln und auszubauen, mit dem Ziel, eine höhere Grundversorgung für alle Staatsbürger zu gewährleisten und das Gefälle zwischen den sozialen Schichten weitgehend auszugleichen. So wünschen sich etwa 60 % der Interviewpartner aus dem Osten Berlins eine Entwicklung der jetzigen Gesellschaft in die beschriebene Richtung. Hingegen spielten diese Gesichtspunkte in der Problemsicht der Westberliner Staatsdiener - bei einem Vergleichswert von 15 % - eine nur untergeordnete Rolle. In Übereinstimmung damit wurden die unterschiedlichen Meinungen in diesem Kontext auch mit Bezug auf die Bewertung des Ausgleichs der Einkommensunterschiede als berechtigte Regierungsaufgabe wieder offenbar. Der Zustimmung von nahezu drei Vierteln der Interviewten aus der Magistratsverwaltung steht eine knappe mehrheitliche Ablehnung dieser Sichtweise auf seiten des Senats-Samples gegenüber. Die aufgezeigten Tendenzen liefern damit Unterstützung für die Annahme, daß die Vorstellung, der Staat habe umfassende soziale Versorgungsleistungen bereitzustellen und soziale Risiken für die Individuen damit praktisch auszuschließen, tief im Wertehaushalt der DDR-Bürger eingegraben ist.[26]

Neben den Einstellungen zum Umfang und zur Zielrichtung staatlicher Tätigkeit bleibt schließlich noch die Frage im Raum, welche Instrumente zur Implementation öffentlicher Programme von den Verwaltungsführungskräften als besonders wirkungsvoll eingeschätzt werden. Diese Fragestellung wurde vor dem Hintergrund in die Untersuchung integriert, daß politische Programme der DDR-Regierung in der Hauptsache auf dem Wege staatlicher Bereitstellung von Dienstleistungen und Infrastruktur sowie dem Mittel der - auf Parteibefehle zurückzuführende - Ge- und Verbote umgesetzt wurden. Das Recht konnte dabei keine eigenständige Rolle entwickeln, finanzielle Instrumente sowie sachliche Aufklärung und Information der Bürger wurden geringgeschätzt. Mit welchen Einschätzungen begegnen die Leitungskräfte früherer Ost-Verwaltungen den nunmehr vielfältigen Policy-Instrumenten? Um Anhaltspunkte zur Beantwortung dieser Fragestellung zu finden, wurden am Beispiel der Umsetzung eines Konzeptes zur Abfallverminderung die Instrumente "Finanzielle Anreize", "Information", "Verbot" und "Staatliche Dienstleistung/Infrastruktur" zur Auswahl gestellt. Bei der Auswertung der Antworten sticht insbesondere die starke Konzentration (ca. 60 % der Fälle) der Ostberliner Nennungen auf den bevorzugten Instrumenten-Mix "Verbot und staatliche Dienstleistung/Infrastruktur" hervor, der jedoch nur etwa 25 % der West-Nennungen auf sich vereinigen

---

26 Siehe G.-J. Glaeßner, Der Schwierige Weg zur Demokratie, Opladen 1991, S. 212

konnte. Demgegenüber blieb auf Magistratsseite - im Gegensatz zur Senatsstichprobe - die Kategorie "Finanzielle Anreize/Information" unbesetzt. Sicher darf bei der Interpretation dieser Ergebnisse nicht aus den Augen verloren werden, daß die als Umschreibung für die Option "Staatliche Bereitstellung" gewählte Formulierung "Ein effizientes Wiederverwertungssystem unter staatlicher Regie einrichten" praktisch der - weitgehend positiv beurteilten - Regelung in der ehemaligen DDR entspricht. Dennoch erscheint es legitim, hinter diesem Antwortverhalten grundsätzliche, vom speziellen Anwendungsfall unabhängige Präferenzen für bestimmte Policy-Instrumente zu vermuten.

Mikro-Ebene: Berufsspezifische Einstellungen

Bei einem Vergleich der Verwaltungskulturen hinsichtlich der auf den eigentlichen Tätigkeitsbereich bezogenen Einstellungen verdient insbesondere die eingangs thematisierte Bereitschaft und Fähigkeit der Verwaltungsführungskräfte Beachtung, einen aktiven Beitrag zum Zustandekommen und zur Gestaltung staatlicher Policies zu leisten. Mit Blick auf diese besondere Funktion von Mitarbeitern der mittleren und oberen Leitungsebene in modernen Spitzenverwaltungen wurden die Untersuchungsteilnehmer direkt auf ihre vermeintliche Arbeit im sogenannten "Graubereich" zwischen politischer und administrativer Tätigkeit angesprochen. Während sich nahezu 80 % der Senatsführungskräfte an einer solchen Nahtstelle zwischen Politik und Verwaltung agieren sehen, traf das für Magistratsmitarbeiter nur in etwa 60 % der Fälle zu. Da diese Einschätzung auch als Reflektion der Rollenverteilung im Vereinigungsprozeß angesehen werden kann, in dem der Verwaltung Ostberlins als abzuwickelnder Institution nur der passivere Part zukam, kommt der grundsätzlichen Beurteilung dieser Aspekte der Arbeit eine noch größere Bedeutung bei der Interpretation zu. Dabei wird der Eindruck einer größeren Distanz auf Ostberliner Seite gegenüber diesem durch Interessenvermittlung, Konsensbeschaffung und politisches Taktieren charakterisierten Tätigkeitsfeld noch vertieft. So gewannen knapp 40 % der Untersuchungsgruppe aus der Senatsverwaltung diesem Teil ihrer Arbeit "sehr positive" Seiten ab und nur 9 % hatten an dieser Seite ihrer Tätigkeit gar keinen Gefallen. Im Falle der Ostberliner Interviewten liegen die entsprechenden Anteile um jeweils zwanzig Prozentpunkte niedriger bzw. höher. Die eingeschlagene Richtung der Interpretation wird auch durch andere weniger zeit- und situationsabhängige Befunde bestätigt. Demnach war bereits bei Eintritt in die öffentliche Verwaltung das politische Interesse sowie der Wunsch nach Einfluß im Verwaltungsapparat und nach gesellschaftlichen Gestaltungsmöglichkeiten auf westlicher Seite von größerer Bedeutung für die Berufswahl. Der Grundtenor der Interpretation wird auch dadurch unterstützt, daß in jedem dritten Fall die vorrangige Loyalität der Senatsbeamten der politischen Spitze des Hauses gilt, während sich kein Magistratsmitarbeiter für diese Option entschied.

Das sich abzeichnende Bild der Rollenverständnisse der Ost- und West-Administratoren wird durch die Eigenheit der Ost-Verwaltungskräfte ergänzt, die eigene Bindung an rechtliche Normen relativ deutlich zu betonen. So identifizieren sich diese Mitarbeiter stärker als ihre West-Pendants mit der Rolle des "Rechtsanwenders". Vor allem spiegelt sich diese Orientierung jedoch in den Einstellungen zu der These wider, daß leitende Beamte ihre Tätigkeit darauf beschränken sollten, die Gesetze präzise anzuwenden: nur 12 % der Senatsbeamten, doch 41 % der Magistratsmitarbeiter pflichteten dieser Aussage bei. In dieser Haltung kommt vermutlich sowohl eine demonstrative Abkehr von der mangelhaften Rechtsbindung des DDR-Verwaltungswesens als auch eine überhöhte Hoffnung auf die Steuerungskapazitäten des Rechts zum Ausdruck. Weiteren Aufschluß über die Rollenverständnisse der beiden Mitarbeitergruppen liefern die Erkenntnisse aus Fragen zu den wichtigsten Aufgaben von Führungskräften. Hier fällt insbesondere die geringere Wertschätzung für interne Koordinationsaufgaben und für Außenkontakte durch die Ostberliner Leitungskräfte ins Auge. Die Rangliste der wichtigsten Funktionen aus der Perspektive der Beschäftigten des Magistrats wird unangefochten von der "konzeptionellen Tätigkeit" angeführt. Hingegen wird diese Aufgabe von den Westberliner Befragten nur an dritter Stelle plaziert. Vielmehr stehen bei nahezu der Hälfte der West-Beamten - aber nur bei weniger als 20 % der Ost-Verwalter - "Koordination und Management" an der Spitze der Prioritätenliste. Die hervortretenden Konturen des beruflichen Selbstverständnisses der interviewten West-Führungskräften gleichen damit zunehmend denen eines "Verwaltungsmanagers", der nicht selten als "Facilitator" oder Prozeßmotor im politisch-administrativen Geschäft fungiert und daher auch gerade im Wissen um politische Zusammenhänge seine besondere Kompetenz sieht.[27] Folgerichtig nehmen sie tendenziell auch stärker die Rolle eines "Vermittlers zwischen konfligierenden Interessen" für sich in Anspruch. Dagegen weisen die Befragungsteilnehmer aus der Ost-Verwaltung dezidiert auf ihre professionelle Expertenorientierung (jedoch nicht als Verwaltungsexperten) hin. Mit Sicherheit sind diese Ergebnisse in engem Zusammenhang zu den Fragen der Ausbildung und des beruflichen Werdegangs zu sehen.

Eine wesentliche Facette der tätigkeitsbezogenen und der organisationsrelevanten Einstellungen sind die Orientierungen der leitenden Mitarbeiter hinsichtlich der Führungsstile. Die Gemeinsamkeiten in mehreren Aspekten des bevorzugten Führungsstils lassen die darüber hinaus bestehenden Differenzen umso deutlicher werden. Diese unterschiedlichen Sichtweisen kristallisieren sich überraschend klar an den Punkten heraus, in denen ein kollegialer, ja fürsorgender Vorgesetztentyp porträtiert wird. Während die im westlichen Verwaltungssystem sozialisierten Führungskräfte eine spürbare Distanz gegenüber privaten Angelegenheiten der Mitarbeiter wahren wollen und auf eine Trennung von dienstli-

27 Ein Fünftel der Senatsführungskräfte machte dieses besondere Kompetenz für sich geltend. In der Ostberliner Vergleichsstichprobe entschied sich niemand - auch nicht unter Berücksichtigung einer gewissen Einarbeitungszeit - für diese Option.

chen und privaten Kontakten mit den Beschäftigten Wert legen, ist für die ostdeutschen Befragten der ideale Vorgesetzte gerade durch Verhaltensweisen gekennzeichnet, die an stärkerer Verbindung von Arbeits- und Privatleben und einer Verantwortung für das Kollektiv ausgerichtet sind. So nahmen über 63 % der Gesprächspartner aus der Magistratsverwaltung - aber nur 37 % ihrer West-Partner - eine entschieden positive Haltung zu der Forderung ein, daß ein Vorgesetzter auch einmal nach Feierabend mit den Mitarbeitern beisammen sein sollte. In diesen Einstellungen der Ostberliner Verwaltungskräfte wirkt deutlich das hohe, für die damalige DDR typische Ansehen der Ausrichtung am Kollektiv nach, das häufig auch als Hort gegenüber Interventionen der Staatsmacht diente. Zugleich ist jedoch zu vermuten, daß darin auch Erfahrungen mit den objektiven Arbeitsbedingungen der DDR-Verwaltung, z. B. relativ überschaubaren Arbeitsgemeinschaften und in der Regel schlichten Verwaltungsverfahren reflektiert werden. Hand in Hand mit der geforderten Kollegialität und der geschätzten Kollektivorientierung geht in der Sichtweise der Ost-Mitarbeiter allerdings eine Präferenz für eine direktere Anleitung durch den Vorgesetzten, z. B. durch das Mittel der Fristensetzung. Der Anteil der Befürworter eines häufigen Einsatzes dieses Führungsmittels auf Magistratsseite übersteigt den entsprechenden Anteil in den Reihen der Senatsverwalter um mehr als zwanzig Prozentpunkte. Dieses Mosaik wird in der Berliner Umfrage noch ergänzt durch die geringfügig stärkere Zustimmung der Ostberliner zu dem Satz, daß der Vorgesetzte darauf zu achten hat, daß alles so ausgeführt wird, wie er es angeordnet hat. Diese Befunde weisen erkennbare Parallelen zu Umfrageergebnissen auf, die den präferierten Führungsstil von ostdeutschen Wirtschaftsmanagern betreffen. Auch in diesem Kontext kann eine stärkere Befürwortung der Willensbildung durch den Vorgesetzten und damit eine größere Nähe zu autoritärem Verhalten festgestellt werden.[28] Damit verdichtet sich der in

28 Siehe R. Wunderer, Kommentar, in: Personalwirtschaftliche Probleme in DDR-Betrieben, Sonderband 1990 der Zeitschrift für Personalforschung, S. 146 - 156, S. 153.

unserer Untersuchung entstehende Eindruck, daß das von den Ost-Führungskräften bevorzugte Führungsverhalten durch gewisse patriarchalische Züge gekennzeichnet ist.

Integrationsprobleme: Selbst- und Fremdbilder

Der Verlauf der Verwaltungsintegration wird zu einem gewichtigen Teil von den gegenseitigen Wahrnehmungen vom jeweiligen Partner und vom jeweils anderen Verwaltungssystem bestimmt. Diese Fremdbilder oder "mirror images" sind mit Sicherheit keine verzerrungsfreien Abbilder der Wirklichkeit, doch sie sind selbst Teil der sozialen Realität, auf deren Entwicklung sie wieder zurückwirken. Es drängen sich daher die Fragen auf, inwieweit sich die beiden Personalkörper als grundsätzlich unterschiedlich sehen und ob die jeweiligen neuen Kollegen mit "Vorschußlorbeeren" bedacht oder vielmehr in einem kritischen Licht gesehen werden. Darüber hinaus lassen die Antworten zu diesen Fragen auch Rückschlüsse auf die eigenen Selbstverständnisse der Verwaltungskräfte zu. In diesem Zusammenhang erscheint es gerechtfertigt, zunächst der Frage nachzugehen, welche Eindrücke die Leitungskräfte des Magistrats vom Typus der West-Verwaltung nach einem knappen Jahr der Verwaltungskooperation gewonnen haben und welches Bild von ihren Partnern aus der Senatsverwaltung dabei entstanden ist. Hier kann festgestellt werden, daß die Tätigkeit unter den neuen Systembedingungen durchaus positiv gewürdigt wird. Den bedeutendsten Anteil an dieser Einschätzung hat die nun größere Freiheit der Meinungsäußerung und die damit verbundene Vielfalt der Anschauungen. Ebenfalls als eine beachtliche Verbesserung gegenüber dem Verwaltungsstil der Vor-Wende-Zeit wird die spürbare Delegation von Handlungsverantwortung und der jetzt als größer eingeschätzte Spielraum bei der Erarbeitung fachlicher Vorlagen betrachtet.[29] In direkter Ver-

[29] Dieser Befund spiegelt die besondere Situation zur Zeit der Befragung wieder als die Verwaltungen der beiden Stadthälften nebeneinander existierten. Da die Führungskräfte des Magistrats nach der Abwicklung ihrer Behörden im Fall einer Einstellung in die Senatsverwaltung nur auf niedrigeren Posten beschäftigt

bindung dazu steht die als außerordentlich positiv empfundene Befreiung von politischer Bevormundung in Fachfragen.

Eine nicht minder große Mehrheit von Mitarbeitern der früheren Ost-Verwaltung führt jedoch auch neue negative Aspekte der Verwaltungstätigkeit unter westlichen Systembedingungen an, wodurch die genannten Pluspunkte sogleich relativiert werden. In den Augen vieler Magistratsmitarbeiter ist demnach die dogmatische Anleitung der ehemaligen Staatspartei lediglich durch das - ebenfalls als negativ bewertete - Eigeninteresse der Verwaltungsklienten und der Verbände sowie durch politisches Taktieren ersetzt worden. Gleichfalls stößt der motivierende Aspekt, neue Aufgaben im Interesse der gesamten Stadt bearbeiten zu können und mit größeren fachlichen Handlungsspielräumen ausgestattet zu sein, dort auf seine relativ engen Grenzen, wo die eigene "schöpferisch-wissenschaftliche" Arbeit, die vielfältigen operativen Aufgaben und die Funktion der direkten Anleitung nachgeordneter Einrichtungen - in der Sicht der Ost-Mitarbeiter - durch eher verwaltende Tätigkeiten wie Koordination, Finanzierung und Aufsichtsführung verdrängt wird. Überdies wirkt die elaborierte Maschinerie der West-Verwaltung - wie auch die dadurch geprägten Mitarbeiter - mit ihrer strengen Formbindung, den exakten Verwaltungsverfahren, weit verzweigten Zuständigkeiten sowie den engen Spezialisierungen und Kompetenzabgrenzungen auf die Ost-Mitarbeiter hochgradig bürokratisiert und damit zunächst abstoßend. Bedauert wird von seiten der Ostberliner Interviewpartner auch, daß die Arbeitsatmosphäre in der West-Verwaltung kälter und unpersönlicher sei, wohingegen die Kollektivbindung innerhalb der Magistratsverwaltung einen nicht zu vernachlässigenden Beitrag zur Arbeitszufriedenheit leistete.

Trotz dieser von den Ost-Führungskräften wahrgenommenen Differenzen zwischen den Verwaltungssystemen, tendiert jedoch die Hälfte dieser Befragungsteilnehmer dahin, den praktischen

---

wurden, spielte dieser positive Aspekt bei den 1991 geführten Interviews kaum eine Rolle.

Verwaltungsalltag im früheren östlichen und westlichen System wie auch die Eigenschaften der jeweiligen Verwaltungsmitarbeiter als prinzipiell gleichartig zu betrachten. Im krassen Unterschied dazu sind allerdings nicht mehr als 15 % bzw. 20 % der befragten West-Beamten der Meinung, daß sich die Eigenschaften der Magistrats- und Senatsführungskräfte "ziemlich ähnlich" sind und sich in der Praxis die Arbeit eines westlichen Spitzenbeamten von der seines östlichen Pendants im Grunde nicht unterscheide. Die darin erkennbare Abgrenzung der West-Beamten vom Bild der früheren Mitarbeiter der Ost-Verwaltung wird in erster Linie mit dem Hinweis auf unterschiedliche Verhaltensweisen und Einstellungen begründet. Erst an dritter Stelle werden die geringen Kenntnisse der Ostberliner in einschlägigen Gesetzes- und Verwaltungsvorschriften als Unterscheidungskriterium angeführt. Unübersehbare Vorbehalte werden in den Reihen der "Westler" aber auch gegen die Bestimmungsgründe der beruflichen Karriere der leitenden Magistratsmitarbeiter gehegt. Beinahe einmütig sind die Senatsbeamten der Meinung, daß Führungskräfte der Ost-Verwaltungen ihre Position vorrangig ihrem politischen Bekenntnis anstelle ihrer Qualifikation zu verdanken hätten.[30] Bei den genannten Unterschieden zwischen den beiden Mitarbeitergruppen steht in jedem zweiten Fall aus West-Sicht die vermeintlich unterentwickelte Eigeninitiative der Ost-Kollegen und ihre unzureichende Bereitschaft, Verantwortung zu tragen im Brennpunkt. Annähernd 40 % der westlichen Untersuchungsteilnehmer sehen die Magistratsmitarbeiter auch in einem für die West-Verwaltung untypischen Hierarchiedenken verhaftet und kategorisieren sie damit als überwiegend vorgabenorientiert und autoritär bzw. autoritativ im Führungsverhalten. Diese - vom westlichen Standpunkt aus - aufgeführten Unterschiede in der Art und Weise, an die Arbeit heranzugehen, werden hauptsächlich für die typischen Probleme in der

---

[30] Erwartungsgemäß läßt jedoch nur eine Minderheit von etwa 35 % des befragten Ostberliner Leitungspersonals diese Ansicht gelten. Andererseits wird auch von West-Seite im Einzelfall die fachtechnische Qualifikation der Ost-Partner geschätzt und als verbindendes Element hervorgehoben.

Zusammenarbeit zwischen Ost und West - von denen ca. 80 % der West-Mitarbeiter im Herbst 1990 berichteten - verantwortlich gemacht. Eine grundsätzlich andere Perspektive kommt jedoch zum Vorschein, wenn die Einschätzungen der Führungskräfte aus dem Magistrat in Betracht gezogen werden. Die Frage nach Schwierigkeiten bei der fachlichen Kooperation wird hier von zwei Dritteln der Befragten bejaht; diese Probleme werden allerdings in der Hälfte der Fälle auf die mangelnde Kooperationsbereitschaft, die Arroganz und die "Mauer im Kopf" der West-Mitarbeiter zurückgeführt. Ergänzend wird auf die Schwierigkeiten verwiesen, die aus dem rigorosen Überstülpen der westlichen Modelle und dem damit verbundenen Verlust eigener Ansätze sowie aus dem Umgang mit der Bürokratie erwachsen. Der nicht selten vorgetragene Eindruck der "Ostler", nicht genügend in die Arbeit der West-Verwaltung einbezogen, sondern lediglich geduldet zu werden, erscheint dann nicht unbegründet, wenn man sich vor Augen hält, daß immerhin 40 % der höheren Funktionsträger in den untersuchten Senatsressorts die Ansicht vertreten, auf die Erfahrungen und Kenntnisse der leitenden Mitarbeiter der Ost-Verwaltungen bei der Bewältigung der Aufgaben im geeinten Deutschland verzichten zu können.

In Kenntnis dieser Sichtweisen verwundert es kaum noch, daß lediglich eine krasse Minderheit von 14 % der Ost-Verwalter den uneingeschränkten Eindruck gewonnen hat, daß die Mitarbeiter der Magistratsverwaltung von denen der Senatsverwaltung als gleichberechtigte Partner akzeptiert werden. Als Indiz für eine problematisches Ungleichgewicht in der Problemwahrnehmung ist zu werten, daß in West-Ost-Richtung die Schwierigkeiten hinsichtlich der gegenseitigen Akzeptanz wesentlich geringfügiger erscheinen: von den Senatsbeamten sind knapp 50 % von der eindeutigen Akzeptanz der "Ossis" durch die "Wessis" überzeugt.

Die von Ostberliner Interviewpartnern geäußerten Ansichten über den Integrationsprozeß der Berliner Verwaltungen finden sich auch in deren Beurteilung des gesamtdeutschen Einigungsprozesses wieder. Zwar erteilt die klare Mehrheit den Überlegungen zu einer eventuellen Entwicklung der ehemaligen DDR in Richtung eines "Dritten Weges" noch eine nachträgliche Absage, dennoch kritisieren über drei Viertel der Befragten aus Ostberlin, daß "die Identität und die Eigenständigkeit der DDR-Gesellschaft im Vereinigungsprozeß derart preisgegeben wurde". Im Einklang mit dieser Haltung sehen Teile der Magistratsstichprobe gerade in der Übernahme DDR-spezifischer Ansätze und Regelungen eines der wichtigsten innenpolitischen Ziele in der jetzigen Bundesrepublik. Ein bezeichnendes Licht auf die Wahrnehmung der deutsch-deutschen Integration wirft auch der alarmierende Befund, daß von den Ost-Führungskräften explizit auch die Bürger in den neuen Bundesländern zu den benachteiligten Bevölkerungsgruppen in Deutschland gezählt werden.

Fazit: Forderung nach aktiver und kulturorientierter Personalpolitik

Die skizzierten Ergebnisse der Befragung von Ost- und Westberliner Führungskräften der öffentlichen Verwaltung belegen die Annahme, daß sich die vorherrschenden Wertpräferenzen und Einstellungen der Mitarbeiter aus dem vormals westlichen und östlichen System in wesentlichen Punkten deutlich voneinander unterscheiden. Unter dem Dach einer formal geeinten Organisation lassen sich damit zwei Verwaltungskulturen identifizieren, in denen sich die verschiedenen individuellen und kollektiven Sozialisationserfahrungen des ost- und westberliner Personals manifestieren. Dabei sind markante Abweichungen in den subjektiven Orientierungsmustern - die nicht von nur vorübergehendem Charakter sind - sowohl in den allgemein-politischen Attitüden als auch in den auf die konkrete Tätigkeit bezogenen Einstellungen zu registrieren. Diese Differenzen legen die Vermutung nahe, daß bei den abrupt mit dem westlichen politisch-administrativen System konfrontierten Ost-Mitarbeitern häufig mit einem "Verwaltungskulturschock" zu rechnen ist, dem man mit dienstrechtlichen

Regelungen und routinemäßigen personalpolitischen Maßnahmen nicht gerecht werden kann. Hier muß eine offensive kulturorientierte Personalpolitik ansetzen, die hauptsächlich in zwei Richtungen zu betreiben wäre. Zum einen wäre das Ziel zu verfolgen, den einsetzenden Prozeß der Akkulturation des ehemaligen DDR-Verwaltungspersonals zu steuern und zu beschleunigen. Damit ist im wesentlichen die Aufgabe der Beratung und der Qualifizierung angesprochen, die jedoch wesentlich über den Anspruch der reinen Wissensvermittlung auf dem Gebiet des Rechts- und Verwaltungswesens hinaus gehen muß, um die hier thematisierte Dimension der Einstellungen und Werthaltungen überhaupt zu erreichen. Zum anderen gilt es, die Aufmerksamkeit auf den eigentlichen Integrationsprozeß der beiden Mitarbeitergruppen zu richten, weshalb auch die West-Mitarbeiter zum Adressatenkreis der geforderten aktiven Personalpolitik gehören müssen. Wie die Umfrageergebnisse offenbaren, ist dieser Integrationsprozeß durch gegenseitige Vorurteile und Vorbehalte deutlich belastet. Eine effektive Durchmischung des Personals oder die Bildung von "Ost-West-Tandems" könnten zum Abbau dieser Barrieren beitragen.[31] Ebenso sind bereits einfache Methoden, wie die Förderung von gemeinsamen Gesprächsrunden oder die Berücksichtigung von spezifischen Eigenheiten mit Blick auf die gewünschte Arbeitsatmosphäre und das Vorgesetzten-Mitarbeiter-Verhältnis bei der Menschenführung, in ihrer positiven Wirkung auf den bislang eher kritisch zu bewertenden Integrationsprozeß nicht zu unterschätzen. Schließlich ist in diesem Zusammenhang aber auch eine sorgfältige Analyse des Potentials des Ost-Personals notwendig. Die in Teilen der West-Stichprobe spürbare Geringschätzung der Kenntnisse und Erfahrungen der ehemaligen DDR-Administratoren gibt jedoch zu der Sorge Anlaß, daß gerade in dieser Zeit des Systemumbruchs beachtliche personelle Ressourcen ungenutzt bleiben.

---

31 Vergleiche zur Diskussion verschiedener personalpolitischer Strategien C. Reichard/E. Schröter, Verwaltungseliten, Anm. 5.

Die Erfahrungen im Laufe der Untersuchung lassen den Eindruck entstehen, daß der Bedarf an aktiver personalpolitischer Unterstützung des Integrationsprozesses weit unterschätzt wird. Es ist zu befürchten, daß damit nicht nur einer Verhärtung der bestehenden Mißverständnisse und Friktionen Vorschub geleistet, sondern auch das Eintreten von sich selbst erfüllenden Prophezeiungen (z. B. mit Blick auf die aus westlicher Sicht beklagte mangelhafte Eigeninitiative der Ost-Mitarbeiter) wahrscheinlicher wird. Gerade um diesen Entwicklungen entgegenzuwirken, sind jedoch gezielte personalpolitische Maßnahmen notwendig, denn "die Beherrschung des interkulturellen Managements, das heißt, die Fähigkeit, Synergien zwischen Mitarbeitern und Führungskräften aus unterschiedlichen Kulturen zu erzeugen",[32] wird für die Leistungsfähigkeit der öffentlichen Verwaltungen im Prozeß der deutschen Einigung von entscheidender Bedeutung sein.

[32] Siehe J. P. Breuer, Syntomie und Interface. Konfliktlösungs-Service für deutsch-franzöische Kooperationen, in: Marktforschung und Management 1990, S. 22 - 26, S. 22. Vergleiche auch W. Schmeisser, Personalführung in unterschiedlichen Kulturen, in: Zeitschrift Führung und Organisation 1991, S. 159 - 165.

Vielfalt statt Einheitlichkeit. Zur Umgestaltung des Bildungssystems in den östlichen Bundesländern.

Irmhild Rudolph (Berlin)

Ein komplettes politisches System verschwindet in einer unerhört kurzen Zeitspanne von der historischen Bildfläche, ein anderes, dem bisherigen konträr - vor kurzem sagte man noch "antagonistisch" - gegenüberstehendes wird installiert. Aus der Erziehungsgesellschaft, die die DDR in spezifischer, nämlich ideologisierter Weise repräsentierte, ist eine Lerngesellschaft im umfassenden Sinne geworden: Im Grunde sieht sich die gesamte Bevölkerung in der Situation, sich in neuen Strukturen und Institutionen, die eben erst entstehen, zurechtfinden, neue Normen und Verhaltensweisen erlernen und einüben zu müssen - eine enorme individuelle und kollektive Anstrengung. Ihre sozialpsychologischen Dimensionen lassen sich noch gar nicht überschauen.

Eine zentrale Rolle in diesem Prozeß - und um einen solchen und zudem langfristigen kann es sich nur handeln - nimmt das Bildungswesen ein. Hier muß die Umstellung auf neue Inhalte und Strukturen bei laufendem Betrieb und weitgehend mit dem vorhandenen Personal erfolgen; denn man kann schulpflichtige Kinder oder Studenten nicht in die "Warteschleife" schicken, Schulen und Universitäten nicht in Gänze "abwickeln".

Im folgenden geht es nicht um eine inhaltliche pädagogische Diskussion und auch nicht darum, welche Reformnotwendigkeiten und -chancen für das Bildungswesen des geeinten Deutschland im Zuge der Umgestaltung des DDR-Bildungswesens negiert wurden und ungenutzt blieben. Vielmehr wird nachgezeichnet, was auf der formalen Ebene bisher an strukturellen Voraussetzungen geschaffen worden ist, die die Grundlage für den Neuaufbau des Bildungswesens in Ostdeutschland darstellen. Nur auf dieser Ebene ist zum jetzigen Zeitpunkt ein einigermaßen systematisches Vorgehen möglich. Das vorhandene Material ist vorläufig noch ausgesprochen "kleinteilig" und für eine Analyse der bildungs- und vor allem gesellschaftspolitischen Auswirkungen nur bedingt geeignet. Weiterhin wird nicht das gesamte Bildungswesen thematisiert, sondern lediglich die allgemeinbildenden Schulen und die Hochschulen. Die Berufsausbildung sowie der Sonderschulbereich finden keine Berücksichtigung.

Von der Einheitlichkeit zur Vielfalt

Spätestens mit dem Beginn des Schuljahres 1991/92 ist sie endgültig verschwunden - die Übersichtlichkeit des ehemals "einheitlichen sozialistischen Bildungssystems". Mitte der 60er Jahre in die Form eines Gesetzes mit umfassendem Regelungsanspruch gegossen, wurden seitdem seine Struktur und sein Inhalt nie mehr grundsätzlich diskutiert, daher auch nicht im eigentlichen Sinne reformiert, immer nur "weiter vervollkommnet".[1] Alles, was zusätzlich zu allgemeinbildender Schule, zur Berufsausbildung und zur Universität auch nur näherungsweise mit Wissensvermittlung und Bildungsbemühungen zu tun hatte, wurde unter die Programmatik des Bildungsgesetzes subsumieren, erhielt seine spezifische Funktionszuweisung für das Erreichen des ideologisch für

---

1 Dabei hätte nach dem Amtsantritt Honeckers 1971 genug Anlaß bestanden, sich zumindest von Passagen aus der Präambel des "Gesetzes über das einheitliche sozialistische Bildungssystem" vom 25.2.1965 zu distanzieren, denn sie standen im Gegensatz zur Abgrenzungspolitik, wie sie in den 70er Jahren massiv einsetzte. Vom sozialistischen Bildungswesen war u. a. nicht nur behauptet worden, "dem Bildungswesen in Westdeutschland um eine ganze historische Epoche voraus" zu sein, sondern auch, daß es "eine nationale Leistung, die für ganz Deutschland beispielhaft" sei, darstelle. Und die DDR sah noch 1965 "auch auf dem Gebiet des Bildungswesens ihre nationale Aufgabe darin, den Weg zu zeigen, der allein im Interesse des deutschen Volkes und seiner glücklichen Zukunft liegt." Das einheitliche sozialistische Bildungssystem setze "Maßstäbe einer lebensverbundenen, demokratischen und humanistischen Menschenbildung für die ganze deutsche Nation." Vgl. Gesetzblatt der DDR I, 1965, Nr. 6, S. 85 - 86.

allein gültig erklärten und darum dogmatisch gesetzten Ziels: die allseitig entwickelte sozialistische Persönlichkeit - Kinderkrippe und Kindergärten ebenso wie etwa das Vortragswesen der "Urania" oder die Aktivitäten des Kulturbundes. Die "einzelnen Glieder des Bildungswesens" waren, so bestimmte es das Gesetz, "inhaltlich und strukturell so zusammenzufügen, daß sie ein geschlossenes, in sich abgestimmtes Ganzes bilden".[2] Bildung und Erziehung sollten immer und überall stattfinden, die Erziehungs- und Bildungsbedürftigkeit der Individuen und Gruppen - genauer: Kollektive - erschien aus der Sicht der Partei- und Staatsführung unbegrenzt, allerdings nur in der einen Ausprägung, wie sie die Verfassung der DDR in Artikel 25 dann auch folgerichtig gewährleistete: als "kontinuierliche sozialistische (Hervorhebung: I. R.) Erziehung, Bildung und Weiterbildung".

Struktur, Intention und Funktionsweise des DDR-Bildungswesens sind in der alten Bundesrepublik unter pädagogischen, soziologischen, politologischen etc. Gesichtspunkten ausführlich und über viele Jahre hinweg analysiert worden, man muß es hier nicht rekapitulieren. Zu konstatieren aber ist, daß auch die überwiegende Zahl der westlichen Beobachter diesen bildungs- und letztlich gesellschaftspolitischen Großversuch, über das Bildungssystem den dem Gesellschaftsmodell adäquaten Menschen zu schaffen, längst pragmatisch als Normalität im Sinne der Veralltäglichung oder gar Banalisierung des ideologischen Anspruchs, dessen Implikationen nicht (mehr) reflektiert wurden, betrachtete, als einen Weg mitunter, der, mit einigen Abstrichen, als Beleg dafür angesehen wurde, daß das demokratische Ziel, die Gleichheit der Bildungschancen aller, zu realisieren sei.

Der strukturellen Einheitlichkeit entsprach die inhaltliche. Ihre ideologische Durchtränktheit und mehr noch: Determiniertheit trat für den Beobachter von außen zurück hinter der ostentativen Wissenschaftsorientiertheit - im schulischen Bereich vor allem in den mathematisch-naturwissenschaftlichen Fächern. Und die Erfolgs-

---

2 A. a. O., S. 86.

quoten, zum Beispiel der Pflichtschule und der Berufsausbildung, sprachen dafür, daß bis auf wenige Ausnahmen jedes Kind, jeder Jugendliche in der Lage schien, den hohen Anforderungen von polytechnischer Oberschule und Facharbeiterausbildung zu genügen. Die Geschlossenheit des Systems vermittelte zudem den Eindruck von Stringenz: von dem Ineinandergreifen von Institution, Inhalt und Ideologie ging durchaus eine gewisse Suggestion aus. Es zeigte sich aber schon seit langem - und der IX. Pädagogische Kongreß im Sommer 1989 demonstrierte es mit großer Deutlichkeit -, daß das Bildungswesen, vor allem im Bereich der allgemeinbildenden Schulen, im Grunde mechanistisch leer lief, unflexibel und nicht innovativ war. Aber gerade diese Kriterien haben seine ökonomische und politische Instrumentalisierbarkeit und Funktionalisierung befördert. So war das Bildungswesen zum Beispiel zu dem bestimmenden Faktor geworden, der die Sozialstruktur der DDR im ideologiespezifischen Klasse-Schicht-Verständnis konservierend reproduzierte, und es war zum Zulieferbetrieb der von der Wirtschaft benötigten Qualifikationen geworden. Das Input-Output-Denken, zu dem die Funktionalisierung kumulierte, hatte sich in den 80er Jahren schon in einer Weise verselbständigt, die Bildungssoziologen davon reden ließ, daß "auf dem gesamten Bildungssektor gegenwärtig große Anstrengungen unternommen (werden), um zum einen auf der Entstehungsseite von Bildung und Qualifikation durch eine Modernisierung der Inhalte den Gebrauchswert der vermittelten Kenntnisse und Fähigkeiten zu erhöhen und zum anderen auf der Verwendungsseite desselben vielfältige Diskrepanzen zwischen vorhandenen und tatsächlich benötigten Qualifikationspotentialen zu überwinden."[3] Der Anspruch auf "Allseitigkeit" der (Allgemein-)Bildung war eine Leerformel, obwohl oder weil Bildungstheoretiker und -politiker, insbesondere das Ministerium für Volksbildung, bis auf die Stelle hinter dem Komma genau die Prozentanteile zu wissen vorgaben,

3 Autorenkollektiv u. Ltg. von Rudi Weidig, Sozialstruktur der DDR, Berlin (DDR) 1988, S. 201.

in denen die Fächergruppen im Unterricht vertreten sein mußten, um das Bildungs- und Erziehungsziel zu erreichen.[4]

Die allgemeinbildenden Schulen - gesetzliche Grundlagen

An die Stelle der bisherigen Übersichtlichkeit tritt also mit dem Herbst 1991 das Patchwork der föderativen Bildungslandschaft, mehr oder weniger deutlich die jeweilige bildungs- und parteipolitische Mentorenschaft der westdeutschen Partner verratend. Von der Einheitlichkeit der Bildung nach Form und Inhalt vom "Kap Arkona bis zum Fichtelberg" und von der Elbe bis zur Oder erfolgt der z. T. abrupte Einstieg in die Vielfalt unbekannter Institutionen und neuer Inhalte, von der straffen Leine des zentralen vorgegebenen Lehrplanwerkes in die lockere Verbindlichkeit von auf Länderebene jeweils zu erarbeitenden, aber noch längst nicht überall und für alle Fächer vorhandenen Lehrplänen und -materialien. In der Tat erreicht mit der Umgestaltung "ein nahezu beispielloses schulpolitisches und verwaltungstechnisches Experiment ... seinen Höhepunkt: Veränderte, teilweise gänzlich neue Bildungsinhalte sollen auf der Grundlage neuer schul- und verwaltungsrechtlicher Bestimmungen umgesetzt werden. Neue, politisch und ideologisch unbelastete und deswegen notwendigerweise unerfahrene Direktorien, neu zusammengesetzte Lehrerkollegien sowie teilweise neu zusammengesetzte Schulklassen müssen in für sie unter Umständen neuen Umgebungen, d. h. fremden Schulgebäuden, zusammenarbeiten, zusammen lehren und lernen, und dabei ist die materielle Ausstattung der Schulen noch mangelhaft; es fehlen Lehrmittel und Lehrbücher. Für alle ist alles fremd."[5] Die in den dra-

---

4 Vgl. Das Bildungswesen der Deutschen Demokratischen Republik, Berlin (DDR) 1983, S. 53. Die dort in der Tabelle angegebenen "Proportionen zwischen den Bildungsbereichen" galten so schon seit Anfang der 70er Jahre.

5 Bernd-Reiner Fischer/Norbert Schmidt, Das zweifache Scheitern der DDR-Schule, in: Aus Politik und Zeitgeschichte. Beilage zur Wochenzeitung Das Parlament, B 37 - 38/91, S. 27.

matischen Umgestaltungsprozeß involvierten Menschen haben also auch auf diesem Gebiet eine gewaltige Lern- und Anpassungsbereitschaft zu erbringen.[6]

Zwischen der Konstituierung der neuen Länder nach den Wahlen vom 14. 10. 1990 und der Verabschiedung von Schul- und Hochschulgesetzen durch ihre Parlamente lagen nur einige Monate, eine zu kurze Spanne, um ausgereifte und in der Öffentlichkeit ausdiskutierte Regelungen in Kraft setzen zu können. Doch die Frist, bis zu der die von der letzten Volkskammer der DDR verabschiedeten gesetzlichen Regelungen ihre Gültigkeit behielten (bezogen auf die Thematik waren es die "Verordnung über Grundsätze und Regelungen für allgemeinbildende Schulen und berufsbildende Schulen - Vorläufige Schulordnung -" sowie die "Verordnung über Hochschulen (Vorläufige Hochschulordnung)" vom 18.9.1990[7]), war vom Einigungsvertrag bestimmt.

Thüringen machte von den neuen Bundesländern in der Schulgesetzgebung den Anfang und legte im März 1991 ein Bildungsgesetz vor, nicht nur ausdrücklich als "vorläufiges" apostrophiert, sondern zugleich mit der Bestimmung versehen, es am 31.7.1993 wieder außer Kraft zu setzen. Knapp heißt es dazu in der Präambel: "Das Bildungswesen in Thüringen muß in Folge der Bestimmungen des Einigungsvertrages kurzfristig neu gestaltet werden. Das endgültige Bildungsgesetz muß nach dem Willen der Bevölkerung gründlich und langfristig beraten werden."[8] Im April 1991 folgte Mecklenburg-Vorpommern mit seinem "Ersten Schulreformgesetz"[9], d. h. auch das nordöstliche Bundesland läßt diesem ein endgültiges Schulgesetz folgen, legt sich aber nicht auf eine Zeitspanne bzw. ein Datum fest. Sachsen-Anhalt und Brandenburg

---

6 Zur generellen Problematik des Veränderungsprozesses vgl. u. a. Wolfgang Bialas, DDR-Identität im Umbruch, in: Das Argument, Nr. 186/1991, S. 257 - 264; Rolf Reißig und Gert-Joachim Glaeßner (Hrsg.), Das Ende eines Experiments, Berlin 1991, vor allem Kap. III.

7 Vgl. Gesetzblatt der DDR I, 1990, Nr. 63, S. 1579 ff. bzw. 1585 ff.

8 Vgl. Vorläufiges Bildungsgesetz des Landes Thüringen (VBsG) vom 25.3.1991, abgedr. in: Deutsche Lehrerzeitung, Nr. 22/1991, S. 9 - 10.

9 Vgl. Erstes Schulreformgesetz des Landes Mecklenburg-Vorpommern (SRG) vom 25.4.1991, abgedr. in: Deutsche Lehrerzeitung, Nr. 23/1991, S. 9 - 10.

präsentierten nahezu zeitgleich Ende Mai 1991 Vorschaltgesetze für spätere Landesschulgesetze[10], wobei sich Sachsen-Anhalt zur Auflage macht, das Schulreformgesetz sogar schon bis zum Jahresende 1992 "im Rahmen einer Novellierung zu überarbeiten".[11] Nachdem Sachsen Anfang April 1991 einen Entwurf der Landesregierung veröffentlicht hatte[12], trat das "Schulgesetz für den Freistaat Sachsen" am 3.7.1991 in Kraft[13] - es war weder ein vorläufiges noch ein vorgeschaltetes, sondern selbstbewußt ein auf - zumindest relative - Dauer angelegtes. Für den Ostteil Berlins erübrigte sich ein Gesetzgebungsverfahren, die Westberliner Schulstruktur wurde auf die östlichen Bezirke ausgedehnt. Sachsen und Mecklenburg-Vorpommern setzten im übrigen als einzige der neuen Bundesländer explizit das "Gesetz über das einheitliche sozialistische Bildungssystem" von 1965 außer Kraft. Die Regelungsintensität der vorliegenden Schulgesetze scheint unabhängig zu sein von ihrer Gültigkeitsdauer. Obwohl nur Vorschaltgesetze, sind die von Sachsen-Anhalt und Brandenburg die ausführlichsten, so daß für ihre späteren novellierten Fassungen eher Detail- statt grundsätzliche Änderungen zu erwarten sind. Thüringen kompensiert seine Kurzfassung durch den Erlaß von Rechtsverordnungen und umgeht damit erst einmal in einer Reihe von Punkten Auseinandersetzungen im Parlament und mit der Öffentlichkeit.

---

10 Vgl. Schulreformgesetz für das Land Sachsen-Anhalt (Vorschaltgesetz) vom 24.5.1991, abgedr. in: Deutsche Lehrerzeitung, Nr. 24/1991, S. 9 - 10 (Teil I) und Nr. 25/1991, S. 9 - 10 (Teil II); Erstes Schulreformgesetz für das Land Brandenburg (Vorschaltgesetz zum Landesschulgesetz), abgedr. in: Deutsche Lehrerzeitung, Nr. 29/1991, S. 9 - 10 (Teil I) und Nr. 30/1991, S. 9 - 10 (Teil II u. Schluß).

11 Vgl. Schulreformgesetz Sachsen-Anhalt, a. a. O.

12 Vgl. Deutsche Lehrerzeitung, Nr. 19/1991, S. 13 - 14.

13 Vgl. Sächsisches Gesetz- und Verordnungsblatt, hrsg. von der Sächsischen Staatskanzlei, Nr. 15/1991 vom 9.7.1991, S. 213 ff.

Fünf neue Bildungslandschaften

Wie sieht die neue Bildungslandschaft im Bereich der allgemeinbildenden Schulen nun jeweils aus? In den neuen Bundesländern löst ein mehr oder weniger gegliedertes Schulwesen die Einheitlichkeit ab, wobei der Umfang der Gliederung zum Teil auf die traditionelle Dreigliedrigkeit hinausläuft.[14] Trotzdem muß man genauer hinschauen, denn es wird zum Teil mit Bezeichnungen operiert, die vertraut klingen, aber Neues meinen, und umgekehrt.

Die Dreigliedrigkeit ist in Mecklenburg-Vorpommern erklärtes schulpolitisches Programm: Als "Regelschularten" werden die vierjährige Grundschule und als weiterführende allgemeinbildende Schule die Hauptschule, die Realschule und das Gymnasium eingerichtet. Für die Zulassung der ursprünglich überhaupt nicht gewollten Gesamtschulen werden die Hürden hoch gebaut: Es wird Dreizügigkeit verlangt, der Schulträger muß den Nachweis erbringen, daß entsprechend viele Eltern ihre Kinder an der Gesamtschule anmelden möchten und last but not least letztere darf "die Schulen des gegliederten Schulwesens in ihrem Bestand nicht gefährden", und für alle Schüler müssen die Regelschulen "in zumutbarer Weise erreichbar sein".[15] Trotzdem startet das dünn besiedelte Bundesland mit immerhin 20 Gesamtschulen in die neue Schulära.[16] 340 Realschulen mit Grund- und Hauptschulteil, 63 eigenständige Realschulen, 302 Grundschulen, 37 Hauptschulen mit Grundschulteil, 101 Sonderschulen sowie 92 Gymnasien werden die Schullandschaft prägen.[17] Von den 280 000 Schülern der allgemeinbildenden Schulen, die von der Neustrukturierung betroffen sind, besuchen vom Herbst 1991 an 20 Prozent die Haupt-

---

14 Als "Roßkur für alte Struktur" wurde die Umgestaltung des Bildungswesens kritisch charakterisiert. Vgl. Wochenpost, 32. Jg. (1991), Nr. 20 v. 8.5.1991, S. 46.

15 Vgl. Erstes Schulreformgesetz des Landes Mecklenburg-Vorpommern, a. a. O.

16 Vgl. Uwe Schlicht, Die Zahl der Gesamtschulen hat sich verdoppelt, in: Der Tagesspiegel v. 14.9.1991, S. 18.

17 Ingrid Ebert, Viel Bewegung in Mecklenburg-Vorpommerns Schulstruktur, in: Deutsche Lehrerzeitung, Nr. 34/1991, S. 3.

schule, 50 Prozent die Realschule und 30 Prozent das Gymnasium.[18]

Sachsen geht einen eigenen und heftig diskutierten Weg einer Beinahe-Zweigliedrigkeit, es hat "eine neue Schulform erfunden".[19] An die ebenfalls vierjährige Grundschule schließt sich nämlich die "differenzierte Mittelschule" an, die die Verbindung von Haupt- und Realschule darstellt. Mit den Orientierungsstufen in den Klassen 5 und 6 endet sie nach dem 9. Schuljahr mit dem Hauptschul- und nach dem 10. Schuljahr mit dem Realschulabschluß. Beide Male müssen Prüfungen abgelegt und bestanden werden, um den Abschluß zu erhalten. Ab der 7. Klasse erfolgt eine "schulartenspezifische und abschlußbezogene Differenzierung".[20] Außerdem werden Profilbereiche u. a. mit sprachlicher, musischer, sportlicher, technischer und mathematisch-naturwissenschaftlicher Ausrichtung angeboten. Der Unterricht soll weitgehend im Klassenverband erfolgen, und zugleich setzt die neue Schulform auf Durchlässigkeit. So soll auch in der 7. Klasse und nach der 10. Klasse mit dem Realschulabschluß der Übergang ins Gymnasium möglich sein. Im letztgenannten Fall bedeutet es aber, nochmals die 10. Klasse in einem sog. "Synchronisationsjahr"[21] auf dem Gymnasium zu wiederholen und somit erst nach 13 Schuljahren das Abitur abzulegen. Absolventen der Mittelschule können aber auch mit dem Realschulabschluß auf ein berufliches Gymnasium übergehen, wenn sie vorher zum Beispiel ein technisches oder wirtschaftliches Profil durchlaufen haben. Die beruflichen Gymnasien sind gewissermaßen die bildungspolitische Reminiszenz an die Berufsausbildung mit Abitur aus DDR-Zeiten. Nach ebenfalls 13 Schuljahren erlangen die Absolventen die allgemeine Hochschulreife. Haupt- und Gesamtschule als eigenstän-

---

18 Ebda.

19 Uwe Schlicht, Die Zahl der Gesamtschulen hat sich verdoppelt. a. a. O.

20 Vgl. Wolfgang Schmidt, Die Neustrukturierung der allgemeinbildenden Schulen in den neuen Bundesländern, in: Aus Politik und Zeitgeschichte. Beilage zur Wochenzeitung Das Parlament, B 37 - 38/91 v. 6.9.1991, S. 41.

21 Sachsen erprobt eine neue Schulform, Tagesspiegel-Interview mit Stefanie Rehm, in: Der Tagesspiegel v. 3. 10. 1991, S. 26.

dige Schularten gibt es damit in Sachsen nicht. Die Entscheidung gegen die Gesamtschule, die von einer erheblichen Zahl von Eltern gewünscht worden war, begründete die sächsische Kultusministerin - selbst Lehrerin - pädagogisch: Man wolle die Schüler "im Klassenverband" lernen lassen und sie nicht "nach gewissen Leistungskursen in jedem Jahr neu zusammenwürfeln".[22] Die anderen Schulformen - die Mittelschule und das Gymnasium des üblichen Zuschnitts mit dem Abitur (einem Zentralabitur nach der 12. Klasse), werden erst mit dem Schuljahr 1992/93 voll eingeführt, um den Übergang reibungsärmer zu gestalten.

Nach Aussage der Kultusministerin erfolgt eine enge bildungs- bzw. schulpolitische Zusammenarbeit insbesondere mit Thüringen und Sachsen-Anhalt mit dem Ziel, "daß dort dieselben Inhalte und Abschlüsse geboten werden".[23]

Thüringen etabliert weder eigenständige Haupt- noch Realschulen und ebensowenig Gesamtschulen - letztere jedenfalls offiziell nicht. Nach dem vierjährigen Besuch der Grundschule stehen den Schülern die "Regelschule" und das Gymnasium offen. Orientierungsstufen sind weder bei der einen noch bei der anderen Schulart vorgesehen. Die Regelschule ist ähnlich konzipiert wie die sächsische Mittelschule: Sie umfaßt die Klassenstufen 5 bis 9 und 10; sie "vermittelt eine allgemeine und berufsvorbereitende Bildung und schafft Voraussetzungen für eine qualifizierte Tätigkeit".[24] Im 7. Schuljahr beginnt eine "Differenzierung nach Schwerpunkten". Der Hauptschulabschluß und damit die Berufsreife wird nach der 9. Klasse erworben, die mit einer erfolgreichen Prüfung beendete 10. Klassenstufe vermittelt den Realschulabschluß, also die "mittlere Reife". Ein Übergang zum Gymnasium noch zu diesem Zeitpunkt erfordert, wie in Sachsen, ein weiteres Mal die 10. Klasse, nämlich die des Gymnasiums, zu durchlaufen. Regulär wird das Abitur mit dem Abschluß der 12. Klasse erworben, Real-

---

22 Ebda. Paragraph 15 des sächsischen Schulgesetzes ist aber, wenn auch nicht expressis verbis, ein Weg zur Gesamtschule in Form eines Schulversuchs.
23 Ebda.
24 Vgl. Vorläufiges Bildungsgesetz des Landes Thüringen, a. a. O.

schüler brauchen allerdings wiederum 13 Schuljahre. Die Durchlässigkeit der Regelschule soll aber auch schon zu einem früheren Zeitpunkt gewährleistet sein, indem der Übergang zum Gymnasium auch noch nach dem 5. und 6. Schuljahr von der erstgenannten Schulform aus möglich ist.

Thüringen beginnt den Einstieg in die neue Schulstruktur mit 770 Grund- und 458 Regelschulen sowie 105 Gymnasien und 103 Sonderschulen; 7 Schulversuche sind genehmigt, 3 davon als im Schulgesetz ebenfalls sonst nicht erwähnte Gesamtschulen. Weiterhin wurden 25 Anträge auf Privatschulen gestellt.[25] Eine der 3 Gesamtschulen ist eine Jenaplan-Schule, sie hat - in Jena - Anfang September 1991 mit dem Unterricht begonnen.[26]

Sachsen-Anhalt gliedert sein Schulwesen in "Schulformen" und "Schulstufen".[27] Die Schulformen der allgemeinbildenden Schulen sind die Grundschule, die "Sekundarschule" mit "Hauptschulbildungsgang" und "Realschulbildungsgang", weiter das Gymnasium sowie die Sonderschule. Die Grundschule umfaßt die ersten vier Schuljahre, danach setzen die Sekundarschule oder das Gymnasium ein. Wie die Regelschule in Thüringen und die Mittelschule in Sachsen führt die Sekundarschule bis zum Abschluß der 9. bzw. der 10. Klasse. Der 5. und 6. Schuljahrgang gelten als "differenzierende Förderstufe", in der "die Schüler in ihren individuellen Fähigkeiten gefördert und in die Lernschwerpunkte und Lernanforderungen der weiterführenden Bildungsgänge eingeführt"[28] werden. In einzelnen Fächern kann der Unterricht "leistungsdifferenziert und klassenübergreifend" erteilt werden. Nach dem 6. Schuljahr - immer als "Schuljahrgang" bezeichnet - werden Empfehlungen über die weitere Schullaufbahn abgegeben: für den Hauptschulbildungsgang, den Realschulbildungsgang, aber auch für das Gymnasium. Ab der 7. Klasse verteilen

---

25 Marianne Schreier, In Thüringen ist alles klar, aber ..., in: Deutsche Lehrerzeitung Nr. 35/1991, S. 7.
26 Vgl. Deutsche Lehrerzeitung Nr. 46/1991, S. 9.
27 Vgl. Schulreformgesetz für das Land Sachsen-Anhalt, a. a. O.
28 Ebda.

sich die Schüler: auf den Hauptschulbildungsgang, der nach dem 9. Schuljahr endet, wobei aber auch ein 10. Schuljahrgang eingerichtet werden kann, quasi als erweiterter Hauptschulabschluß; den Realschulbildungsgang, der nach dem 10. Schuljahr abschließt, wobei die Schüler sich einem Kolloquium unterziehen müssen, das den "erfolgreichen Abschluß" bestätigt. Beide Bildungsgänge ermöglichen "bei Vorliegen besonderer Leistungen" den Übergang in die 11. Klasse des Gymnasiums. Sachsen-Anhalt verzichtet also auf ein Synchronisationsjahr. Das Gymnasium beginnt regulär mit dem 5. Schuljahr, 5. und 6. Klasse bilden "als Beobachtungsstufe eine pädagogische Einheit"; 11. und 12. Schuljahr gelten als Kursstufe mit Unterricht sowohl in Kursen als auch im Klassenverband. Das Abitur erfolgt am Ende des 12. Schuljahres.

Der vorläufige Schulentwicklungsplan Sachsen-Anhalts geht von 870 Grundschulen, 618 Sekundarschulen, 140 Gymnasien und 87 Sonderschulen aus.[29]

Brandenburg schließlich hat den eigenwilligsten Weg zur Neugestaltung des Schulwesens eingeschlagen. Es ist das einzige der neuen Bundesländer, das eine sechsjährige Grundschule vorsieht und in dem das Abitur wie in den westlichen Bundesländern erst nach dem 13. Schuljahr abgelegt wird. Ursprünglich sollte es in Brandenburg nur Gesamtschulen und Gymnasien geben, doch mußte man sich letztlich auch zu Realschulen entschließen. Das Schulwesen wird nach Schulstufen aufgebaut und ist in Schulformen bzw. Bildungsgänge gegliedert. Sie sind schulartenübergreifend, umfassen also nicht nur das allgemeinbildende, sondern auch das berufsbildende Schulwesen. Schulstufen sind die Primarstufe - vom ersten bis einschließlich sechsten Schuljahr -, die Sekundarstufe I von der siebten bis neunten bzw. 10. Klasse an der Gesamtschule, an Gymnasien und Realschulen, sowie die Sekundarstufe II, die u. a. die dreijährige gymnasiale Oberstufe an den Gesamt-

---

29 Vgl. Uwe Hage-Ali, Ungereimtheiten in Sachsen-Anhalt, in: Deutsche Lehrerzeitung Nr. 34/1991, S. 3; s. a. Amory Burchard, Die meisten wollen Abitur erreichen. Nach Beratungen bleiben in Sachsen-Anhalt 33 Prozent übrig/Die Sekundarschule, in: Der Tagesspiegel v. 25.10.1991, S. 19.

schulen, an den Gymnasien und an Oberstufenzentren erfaßt und mit der allgemeinen Hochschulreife bzw. der Fachhochschulreife abschließt.

Brandenburgs Schullandschaft der begonnenen Zukunft wird von 450 Grundschulen, 300 Gesamtschulen, 63 Realschulen, 70 Gymnasien und 40 Oberstufenzentren charakterisiert.[30] Die Oberstufenzentren konstituieren sich aus 143 früheren Berufs- und 42 Fachschulen.[31] Die Voraussetzungen, sie auch räumlich zusammenzufassen, sind bisher allerdings noch nicht gegeben. Ab dem Schuljahr 1992/93 soll an den meisten Oberstufenzentren Brandenburgs die gymnasiale Oberstufe "mit berufsfeldbezogenem Schwerpunkt" eingerichtet und damit die Möglichkeit gegeben werden, "die allgemeine Hochschulreife zusammen mit einer Berufsausbildung zu erlangen".[32]
In der Übersicht stellen sich die Schulstrukturen in den neuen Ländern im großen und ganzen folgendermaßen dar: (siehe Schema[33] S. 289)

Den Bildungsministerien in den neuen Ländern schlägt, wie auch gar nicht anders zu erwarten, von allen beteiligten Stellen heftige Kritik entgegen. Die Gewerkschaft Erziehung und Wissenschaft und die diversen Lehrerverbände beklagen jeweils aus ihrer Sicht bildungspolitische Fehlentscheidungen: für die einen liegen sie in der Orientierung an bzw. in der Übernahme des tradierten gegliederten Schulwesens, für andere in der zu geringen Ausdifferenzierung der Bildungswege. Alle beanspruchen, primär Schüler- und Elterninteressen zu vertreten.[34]

---

30 Vgl. Uwe Schlicht, Die Zahl der Gesamtschulen hat sich verdoppelt, a. a. O.
31 Vgl. Der Tagesspiegel v. 3.7.1991, S. 7.
32 Vgl. "40 Oberstufenzentren", in: Deutsche Lehrerzeitung Nr. 35/1991, S. 7.
33 Abgedr. in: Wochenpost, 38 Jg. (1991), Nr. 46, S. 32. W. Schmidt hat auf differenziertere Art als in dieser Übersicht und unter Verwendung der von allen Ländern in ihren Schulgesetzen gewählten Bezeichnungen Strukturschemata zusammengestellt, die hier aus Platzgründen nicht wiedergegeben werden können. Vgl. Wolfgang Schmidt, Die Neustrukturierung der allgemeinbildenden Schulen in den neuen Bundesländern, a. a. O.
34 Vgl. u. a. einige Beiträge in: Deutsche Lehrerzeitung, Nr. 22/1991, S. 5.

Die Haltung der Eltern gegenüber den neuen Schulformen ist recht ambivalent. Viele trauern der Einheitsschule als der Institution des möglichst langen gemeinsamen Schulbesuchs nach, die gar keine Entscheidung über einen anderen schulischen Bildungsweg oder die Entscheidung erst zu einem späteren Zeitpunkt erforderlich machte. Häufig wird daher in der Gesamtschule die adäquate "Nachfolgerin" gesehen.[35] Zugleich wird das Gymnasium von den Eltern so stark präferiert[36], daß sich die Frage stellt, ob der Wunsch nach Gymnasialbildung und Abitur Ausdruck des zu DDR-Zeiten erworbenen (und auch propagandistisch geförderten) Bildungsbewußtseins ist, das als Bedürfnis bisher nicht befriedigt werden konnte oder pragmatisches Verhalten, um nach Beendigung der Schulzeit ihrer Kinder deren Chancen auf dem so unsicher gewordenen Arbeitsmarkt zu erhöhen.

Gemeinsame Kritikpunkte von Eltern, Lehrern und Schülern sind die materiellen Unzulänglichkeiten des Umgestaltungsprozesses: Höhere Klassenfrequenzen, vielfach weitere Schulwege, fehlende Schulbücher und andere Lehrmittel, desolate und zu kleine Schulgebäude und ähnliches mehr charakterisieren allerdings seinen weniger problematischen Teil.

---

[35] Vgl. u. a. Jörg Schlemerkemper, Wie wünschen sich Eltern die Schule ihrer Kinder?, in: Pädagogik und Schulalltag, 46. Jg. (1991), Heft 4, S. 449 - 463.

[36] Vgl. Kritik an den neuen Schulstrukturen. Umfrage des Instituts für Schulentwicklungsforschung Dortmund, in: Deutsche Lehrerzeitung, Nr. 52/1991, S. 2. Danach wünschten sich 51 Prozent der Eltern Abitur für ihr Kind, 36 Prozent Fachoberschulreife und lediglich 13 Prozent einen Hauptschulabschluß.

Schulgesetze in den neuen Ländern

	Brandenburg (Schulreformgesetz seit April 1991)	**Mecklenburg-Vorpommern** (Schulgesetz seit April 1991)	**Sachsen-Anhalt** (Schulreformgesetz Juli 1991)	**Sachsen** (Schulgesetz seit Juli 1991)	**Thüringen** (Bildungsgesetz seit März 1991)
Dauer der Schulpflicht	10 Jahre	9 Jahre	9 Jahre	9 Jahre	9 Jahre
Primarstufe	Grundschule, Klassen 1–6; Hort angegliedert	Grundschule, Klassen 1–4; Hort angegliedert	Grundschule, Klassen 1–4; Vorklassen möglich, Hort ist Bestandteil	Grundschule, Klassen 1–4; Vorklassen möglich, Hort soll eingerichtet werden	Grundschule, Klassen 1–4; Horte »in der Regel«
Sekundarstufe I bis zur Klasse 10	Gesamtschule, Gymnasium, Realschule	Hauptschule, Realschule, Gymnasium	Sekundarschule, Gymnasium	Mittelschule, Gymnasium	Regelschule, Gymnasium
Sekundarstufe II	Gymnasiale Oberstufe mit Doppelqualifizierung, diverse berufliche Schulen	Gymnasium 11–12, Fachgymnasium 11–13, diverse berufliche Schulen	Gymnasium 11–12, Fachgymnasium 11–13, diverse berufliche Schulen	Gymnasium 11–12, berufliches Gymnasium 11–13, diverse berufliche Schulen	Gymnasium 11–12, berufliches Gymnasium 11–13, diverse berufliche Schulen
Sonderschulen	Integration in allgemeine Schulen, sonst eigene Einrichtungen, Förderschule	Gliederung nach unterschiedlichem Problemgrad, Vorschuleinrichtungen können angegliedert sein	Gliederung nach unterschiedlichem Problemgrad, Vorklassen, Horte, Wohnheime sind möglich	Gliederung nach unterschiedlichem Problemgrad, Förderschule	Integration in allgemeine Schule, Sonderschule
Alternativen	20 private Ersatzschulen, 5 Waldorfschulen, 2 evangelische und katholische Gymnasien	Gesamtschule, Schulen in freier Trägerschaft	keine Angaben	Schulen in freier Trägerschaft	keine Angaben

Nach: Bundesministerium für Bildung und Wissenschaft, Stand: Herbst 1991

Neue Schulen - alte Lehrerschaft?

Die neuen Schulstrukturen müssen pädagogisch und fachlich von einer Lehrerschaft ausgefüllt werden, die ihrerseits für das sozialistische Bildungssystem und wiederum von diesem und seinen Institutionen ausgebildet und sozialisiert worden ist. Die Fragen nach dem offiziellen partei- und schulpolitischem Auftrag, nach Rolle, Selbstverständnis und konkretem Verhalten der Lehrer in der DDR bis zum Herbst 1989 (und zum Teil danach) sind von so eigener Problematik, daß man ihr in dem hier gesetzten Rahmen nicht gerecht werden kann. Denn wie wohl kaum in einer anderen Berufsgruppe exemplifiziert sich in der Lehrerschaft das innere politische und pädagogische Funktionieren des sozialistischen Systems und zugleich die Ambivalenz seines Ergebnisses.

Die Facetten dieses Komplexes werden sichtbar in der Diskussion um den notwendigen Abbau von Lehrerstellen.[37] Nach bundesdeutschen Maßstäben waren die DDR-Schulen mit Lehrkräften überbesetzt. Kamen 1988 in der DDR auf jeweils 1.000 Schüler an allgemeinbildenden Schulen 81,4 Lehrer, so waren es in der Bundesrepublik nur 66,6.[38] Der bisherige Umfang ist von den östlichen Bundesländern nicht zu finanzieren. Die Zahl der zu reduzierenden Lehrerstellen und das heißt konkret: der zu entlassenden Lehrer beläuft sich auf ca. 40.000, wobei davon allein auf Sachsen 10.000 Lehrkräfte entfallen; Thüringen und Sachsen-Anhalt folgen mit nur geringeren Größenordnungen.[39] Während ein Teil der Lehrer die Möglichkeiten der frühen Berentung, der Vorruhe-

37 Unterschiedliche Aspekte dazu werden z. B. deutlich in: Fischer/Schmidt, Das zweifache Scheitern der DDR-Schule, a. a. O., S. 27; Annette Rogalla, Sich leise der Vergangenheit nähern, in: Die Tageszeitung vom 26.11.1991, S. 5; Georg Bachmann, Nachdenken über Christa M., in: Deutsche Lehrerzeitung Nr. 45/1991, S. 6 sowie eine reflektierte Stellungnahme zu letzterem: Nachdenken über das Umdenken. Gedanken zum Artikel "Nachdenken über Christa M.", in: Deutsche Lehrerzeitung, Nr. 48/1991, S. 6..

38 Vgl. Empfehlungen des Wissenschaftsrates zur Lehrerbildung in den neuen Ländern vom 5.7.1991, Wissenschaftsrat, Drs. 328/91, S. 2.

39 Eine Aufstellung mit den diversen Zahlen für die einzelnen Länder findet sich bei Wolfgang Schmidt, Die Neustrukturierung der allgemeinbildenden Schulen in den neuen Bundesländern, a. a. O., S. 44.

standsregelung und von mit Weiterbildung gekoppelter Teilzeittätigkeit in Anspruch nahm oder von sich aus kündigte, werden die übrigen anhand von Kriterien, die auf den Bestimmungen des Einigungsvertrages basieren, "evaluiert". Danach sind Gründe für eine "ordentliche Kündigung" vor allem mangelnde fachliche Qualifikation oder persönliche Eignung und mangelnder Bedarf; für eine "außerordentliche" (d. h. im allgemeinen fristlose) Kündigung: Verstoß gegen die Grundsätze der Menschlichkeit oder Rechtsstaatlichkeit und Tätigkeit für das Ministerium für Staatssicherheit bzw. Amt für nationale Sicherheit.[40] Sachsen steht beim Abbau von Lehrerstellen besonders im Mittelpunkt der Kritik von Betroffenen, aber auch von Gewerkschaftsvertretern. Sie werfen dem Kultusministerium und den Schulbehörden vor, die Kriterien willkürlich anzuwenden und sie unzulässig zu vermengen, um das Einsparungsziel möglichst schnell zu erreichen.[41] Das Land Brandenburg hat den Konflikt entschärft und eine eigene Lösung erarbeitet, indem es die Stellen dem vorhandenen Finanzvolumen nicht durch ihre Reduzierung anpasste, sondern durch ein Absenken der Stundenzahl pro Lehrer um 20 Prozent und damit der Vergütung um ebenfalls 20 Prozent auf 80 Prozent.[42] Die Überprüfung der fachlichen und persönlichen Eignung oder politischen Belastung

---

40 Vgl. Einigungsvertrag ..., Anlage 1, Kap. XIX, Abschnitt III, Abs. 4 - 5.

41 Vgl. 10 000 weniger Lehrer. Kultusministerin Rehm verteidigt Entlassungen, in: Der Tagesspiegel vom 8.11.1991, S. 19. Stellvertretend für die vielen Meldungen und Stellungnahmen in der Fach- und Tagespresse vgl. dazu die plastische und differenzierte Schilderung im Artikel von Dieter E. Zimmer, Rausschmiß nach Bedarf. Politisch belastet, fachlich ungeeignet, einfach zuviel: Wie in Sachsen die Lehrer auf die Straße gesetzt werden, in: Die Zeit, Nr. 49 vom 29. November 1991, S. 12 f.

42 Vgl. Lehrer akzeptierten 80-Prozent-Regelung, in: Der Tagesspiegel vom 14.6.1991, S. 8. Diese Gehaltsregelung sichert zwar Lehrerstellen, vermindert allerdings die beruflichen Aussichten des Lehrernachwuchses. So werfen Studierende der Bildungsministerin, Marianne Birthler, vor, "Lehramtsabsolventen sollten auf absehbare Zeit aus Brandenburg vergrault werden, da aufgrund der Birthlerischen Personalpolitik keine Aussicht auf freiwerdende Stellen besteht". Vgl. Rote Socken und Desinteresse, in: IQ. Berliner Hochschulmagazin, Ausgabe 3 (Juni/Juli) 1991, S. 13.

wird in Brandenburg trotzdem durchgeführt, aber nicht mit den Einsparungsmaßnahmen zeitlich und sachlich gekoppelt.[43]

Die Ausbildung der künftigen Lehrer in den neuen Bundesländern muß auf die veränderten Schulstrukturen ausgerichtet werden. Die Weichen dafür hatte in Ansätzen bereits die letzte DDR-Regierung unter Lothar de Maizière gestellt.[44] Inzwischen liegen die Empfehlungen des Wissenschaftsrates vor.[45] Da es in den westlichen Bundesländern kein einheitliches Modell der Lehrerausbildung gibt, wird ein solches auch nicht für die östlichen Länder konstruiert. Ebensowenig wird dafür plädiert, die Lehramtsstudiengänge samt und sonders in die Universitäten zu integrieren und die Pädagogischen Hochschulen als selbständige Institutionen zu schließen. An letzteren könnte die Ausbildung des Lehramts an der Grundschule bzw. für die Primarstufe und die Sekundarstufe I erfolgen. Abgeschafft jedoch wird die Lehrerausbildung für die Unterstufe auf Fachschulebene, mit der sich die DDR, mißt man sie an ihrem eigenen "progressiven" Anspruch, einen bildungspolitischen Anachronismus leistete, denn die Institute für Lehrerbildung erforderten als Zugangsvoraussetzung lediglich den Abschluß der 10. Klasse der polytechnischen Oberschule. Künftig ist das Abitur für alle Arten des Lehramtsstudiums Bedingung, seine Wissenschaftlichkeit sichern Hochschulen und Universitäten.

---

43 Von den mehr als 4 200 Lehrerinnen und Lehrern, die in Brandenburg seit Anfang 1990 den Schuldienst verlassen haben, bildeten bei ca. 3 700 Auflösungsverträge (deren "einvernehmliches" Zustandekommen im einzelnen sicher nicht unproblematisch war) oder Anträge auf Vorruhestand die Grundlage für ihr Ausscheiden. Bis Ende 1991 wird mit ungefähr 700 Lehrkräften gerechnet, denen im Ergebnis der Überprüfung durch die auf Kreisebene tätigen Personalkommissionen gekündigt worden ist. Vgl. Tausende Lehrer haben den Dienst quittiert. Personelle Erneuerung an den Schulen kommt voran, in: Der Tagesspiegel vom 2.10.1991, S. 10.

44 Vgl. Verordnung über die Ausbildung für Lehrämter vom 18.9.1990, in: GBl. I, 1990, Nr. 63, S. 1584 f.

45 Vgl. Empfehlungen des Wissenschaftsrates zur Lehrerbildung in den neuen Ländern, a. a. O.

Universitäten und Hochschulen - gesetzliche Grundlagen

Den formalen Rahmen für die Umstellung des Hochschulwesens haben die neuen Länder mit ihrer Hochschulgesetzgebung geschaffen. Mecklenburg-Vorpommern hatte den Anfang gemacht und bereits am 19.2.1991 das "Gesetz zur Erneuerung der Hochschulen des Landes Mecklenburg-Vorpommern - Hochschulerneuerungsgesetz (HEG)"[46] verabschiedet, das zu einem noch nicht bestimmten Zeitpunkt von einem Hochschulgesetz abgelöst werden soll. Das Hochschulerneuerungsgesetz lehnt sich an die noch von der Volkskammer der DDR verabschiedete "Verordnung über Hochschulen (Hochschulordnung) vom 18.9.1990"[47] an.

Ähnlich wie beim Bildungsgesetz geht Thüringen bei der Neuordnung der Hochschulen, die jetzt unter seine Kulturhoheit fallen, pragmatisch vor in dem Bewußtsein, bis zu dem vom Einigungsvertrag gesetzten Termin keine für einen längeren Zeitraum tragfähige gesetzliche Grundlage schaffen zu können. So beschloß der Thüringer Landtag am 14.5.1991, die Hochschulordnung mit teils inhaltlichen, teils redaktionellen Veränderungen versehen als "Vorläufiges Thüringer Hochschulgesetz" weiter in Kraft zu lassen, seine Gültigkeitsdauer aber nur bis zum 29.2.1992 zu begrenzen.[48]

Der Freistaat Sachsen verabschiedete am 25.7.1991 sein "Sächsisches Hochschulerneuerungsgesetz".[49] Sachsen ist dasjenige Bundesland mit den meisten Hochschuleinrichtungen. 1989 studierten über 46 000 - damit ein reichliches Drittel aller Studierenden in der DDR - an den 22 Hochschuleinrichtungen.[50] Ent-

---

46 In: Gesetz- und Verordnungsblatt für Mecklenburg-Vorpommern Nr. 5/1991, S. 34 - 42.

47 GBl. I, 1990, Nr. 63, S. 158 ff.

48 In: Gesetz- und Verordnungsblatt für das Land Thüringen, Nr. 8/1991, S. 79 ff.

49 In: Sächsisches Gesetz- und Verordnungsblatt Nr. 19/1991, S. 261 - 290.

50 Vgl. Reinhard Hensel/Hans-Dieter Reuschel, Der ungeliebte Hintergrund. Reform und Integration der höheren Bildung in den neuen Bundesländern im Spannungsfeld von Bildungsökonomie und -politik, in: Das Hochschulwesen, 39. Jg. (1991), H. 5, S. 202.

sprechend umfangreich ist die Anzahl von Sektionen, Fachrichtungen und Institutionen, die vom Freistaat nicht übernommen werden, sondern gemäß Einigungsvertrag "abgewickelt" werden. Darunter fallen z. B. alle Einrichtungen, die zu DDR-Zeiten als "Institute für sozialistische Wirtschaftsführung" und "Industrie-Institute" das Personal für Nomenklaturpositionen aus dem Staats-, Wirtschafts- und Parteiapparat regelmäßig weiterqualifizierte. Einige dieser Institutionen hatten sich nach der Wende gleich in "Institute für Unternehmensführung" umdefiniert.

Am 31. Juli 1991 trat das "Gesetz zur Erneuerung der Hochschulen des Landes Sachsen-Anhalt (Hochschulerneuerungsgesetz - HEGSA)" in Kraft.[51] Es hat keine begrenzte Gültigkeitsdauer.

Brandenburg verabschiedete am 24. Juni 1991 das "Gesetz über die Hochschulen des Landes Brandenburg - Brandenburgisches Hochschulgesetz".[52]

Konturen der Erneuerung

Umfang, Komplexität und zeitliche Dauer der Umstellung des Hochschulwesens - seine Reform in Bezug auf die Vergangenheit, seine Einpassung in die tradierte bundesdeutsche Hochschullandschaft gegenwärtig - sind noch gar nicht abzuschätzen. Keine der 54 Universitäten und Hochschulen, die bisher zu den dem Ministerium für Hoch- und Fachschulwesen unterstehenden akademischen Einrichtungen gehörten, bleibt von der "Evaluation" und ihren Folgen unberührt: Es ändern sich in massiver Weise Status, Fächerstruktur und -inhalte und manchmal alles zusammen.

Richtung und Qualität dieses einschneidenden Prozesses werden in Konturen sichtbar in den Empfehlungen des Wissenschaftsrates. Diese haben zugleich einen entscheidenden Einfluß auf die künftige Struktur und in seiner Folge auf die Inhalte universitären Le-

---

51 In: Gesetz- und Verordnungsblatt des Landes Sachsen-Anhalt, Nr. 19/1991, S. 198 - 222.

52 In: Gesetz- und Verordnungsblatt für das Land Brandenburg, Nr. 12/1991, S. 156 - 186.

bens und Lernens, auch wenn sie für die Landesregierungen juristisch nicht verbindlich sind.

Zu den Empfehlungen, die sich auf die grundsätzlich neue inhaltliche Konzeption von Wissenschaftsdisziplinen beziehen, aber selbstverständlich strukturelle Konsequenzen haben, gehören die zu "Forschung und Lehre auf dem Gebiet der Rechtswissenschaft" und zum "Aufbau der Wirtschafts- und Sozialwissenschaften".[53] Es sind die Disziplinen, die am stärksten ideologisch bestimmt und politisch funktionalisiert waren, darauf verpflichtet, die von der SED verbindlich vorgegebenen Ziele - rechtspolitischer, wirtschaftspolitischer, sozialpolitischer Art - systemkonform auf der theoretischen Ebene zu untermauern und die Forschung auf diesen Gebieten an den Bedürfnissen der Parteiführung auszurichten. Es sind aber zugleich diejenigen Disziplinen, deren Absolventen für den Neuaufbau von Justiz, Wirtschaft und Verwaltung in kurzer Zeit und in erheblicher Zahl benötigt werden.

Hinsichtlich der Ausbildung von Juristen ist die Neu- bzw. Wiedergründung rechtswissenschaftlicher Fakultäten erforderlich, nachdem die Regierungen der neuen Länder einschließlich Berlins im Dezember 1990 beschlossen hatten, die bislang in der DDR an der Humboldt-Universität und an den Universitäten von Halle, Jena und Leipzig bestehenden Sektionen Rechtswissenschaft bzw. die Hochschule für Recht und Verwaltung in Potsdam-Babelsberg (vorher: Akademie für Staats- und Rechtswissenschaft) aufzulösen. Die zuständigen Länder beabsichtigen jeweils, an den bisherigen Standorten wieder Juristische Fakultäten zu errichten, und der Wissenschaftsrat befürwortet, für den Ballungsraum Sachsen neben Leipzig eine weitere Juristische Fakultät an der TU Dresden zu

---

53 Vgl. Empfehlungen zu Forschung und Lehre auf dem Gebiet der Rechtswissenschaft in den neuen Ländern vom 13.3.1991, Wissenschaftsrat, Drs. 96/91, im folgenden abgekürzt: Empfehlungen Rechtswissenschaft; vgl. Empfehlungen zum Aufbau der Wirtschafts- und Sozialwissenschaften an den Universitäten/Technischen Hochschulen in den neuen Bundesländern und im Ostteil von Berlin vom 17.5.1991, Wissenschaftsrat, Drs. 254/91, im folgenden abgekürzt: Empfehlungen Wirtschafts- und Sozialwissenschaften.

etablieren.[54] Darüber hinaus sollen nach den Vorstellungen einiger Länder Neugründungen rechtswissenschaftlicher Fakultäten erfolgen, so an den beiden Universitäten Mecklenburg-Vorpommerns, Greifswald und Rostock, an der Universität Potsdam, in Frankfurt/Oder und in Erfurt. Gegenüber den beiden letztgenannten Standorten hat der Wissenschaftsrat erhebliche Vorbehalte, denn es handelt sich zugleich um nach seiner Auffassung derzeit kaum vertretbare kostspielige Universitätsneugründungen. Sowohl das Land Brandenburg als auch Thüringen haben jedoch inzwischen die "Viadrina" in Frankfurt/Oder und die "Alma mater Erfordiensis" formal wiedergegründet, beide firmieren als Europa-Universitäten.[55] Ein zusätzliches Problem besteht in der zu kurzen Personaldecke; die Zahl der berufungsfähigen Rechtswissenschaftler, die weitgehend aus der alten Bundesrepublik kommen müßten, reicht nicht aus, die Qualitätsstandards einzuhalten, die der Wissenschaftsrat gerade für die Perspektive der Hochschulausbildung in den neuen Ländern für unbedingt notwendig erachtet.

Für die Jurastudenten, die vor der Wende bereits mit dem Studium begonnen hatten, wurden Übergangslösungen erarbeitet wie zum Beispiel an der Humboldt-Universität in Berlin. Mit Hilfe von westdeutschen Gastdozenten und Modifikationen in der Referendarausbildung ist ihnen der Einstieg in das bundesdeutsche Recht ermöglicht worden.[56]

Die Wirtschaftswissenschaften, deren Aufbau der Wissenschaftsrat für besonders vordringlich hält, konnten in der DDR an sechs Universitäten, 13 Technischen Hochschulen bzw. Ingenieurhochschulen, drei Technischen Universitäten sowie an der Hochschule für Ökonomie in Berlin-Karlshorst, an der Handelshoch-

---

54 Vgl. Empfehlungen Rechtswissenschaft, S. 29.

55 Europa-Universität in Frankfurt/Oder eröffnet. Ministererklärung zur deutsch-polnischen Zusammenarbeit, in: Der Tagesspiegel vom 7.9.1991, S. 6; Erfurt will Europa-Universität. Thüringen bereitet Wiedergründung der Traditionshochschule vor, in: Der Tagesspiegel vom 17.5.1991, S. 21.

56 Vgl. Mechthild Küpper, Die letzten "Diplom-Juristen". In der Rechtswissenschaft an der Humboldt-Universität gab es ein Übergangsmodell, in: Der Tagesspiegel vom 15.8.1991, S. 17.

schule in Leipzig und zwei weiteren Spezialhochschulen in insgesamt 28 Studiengängen - zumeist sehr branchenspezifisch ausgerichtet - studiert werden.[57] Die meisten wirtschaftswissenschaftlichen Sektionen und die Hochschule für Ökonomie sind nicht von den jeweiligen Landesregierungen übernommen worden. Für die Studierenden wurden aber die Fortsetzung des Studiums und sein Abschluß gewährleistet.

In den nächsten drei bis fünf Jahren wird von 6.500 bis 7.500 Studienanfängern pro Jahr in den Wirtschaftswissenschaften ausgegangen, da das Studium auf diesem Gebiet attraktive Berufsaussichten eröffnet angesichts der Entwertung der bisherigen ökonomischen Ausbildung und dem daraus resultierenden Mangel an Fachleuten. Sie sollen an Fakultäten bzw. Fachbereichen, die Betriebs- und/oder Volkswirtschaft anbieten, auf eine Fächerstruktur und Personalausstattung treffen, die ihnen eine Ausbildung vermittelt, die mit der an westdeutschen und westeuropäischen Hochschulen konkurrieren kann. Für günstig wird angesehen, beim Aufbau der Wirtschaftswissenschaften bisherige Verknüpfungen von Ökonomie mit Ingenieurwissenschaften bzw. Informatik, wie sie in der DDR vielfach bestanden, beizubehalten.

Nach den Vorschlägen des Wissenschaftsrates soll es in Berlin eine wirtschaftswissenschaftliche Fakultät auch an der Humboldt-Universität geben - sie wäre in der Stadt die dritte neben der an der Freien und an der Technischen Universität. Für das Land Brandenburg, konkret für den Standort Potsdam, wird ebenfalls eine Fakultät mit Volks- und Betriebswirtschaftslehre empfohlen. Während Mecklenburg-Vorpommern bereits in Rostock und in Greifswald wirtschaftswissenschaftliche Fakultäten begründet hat, plädiert der Wissenschaftsrat dafür, zunächst nur an einer der beiden Universitäten den Aufbau von Betriebswirtschaftslehre, Volkswirtschaftslehre und Wirtschaftsinformatik voranzutreiben. Die Ernst-Moritz-Arndt-Universität steckt inzwischen in Geldnöten und darf auf Beschluß der Landesregierung keine Neueinschreibungen in

---

57 Vgl. Empfehlungen Wirtschafts- und Sozialwissenschaften, a. a. O., S. 6.

den Wirtschaftswissenschaften mehr vornehmen. Die Ausbildung soll sich vorerst auf Rostock konzentrieren.[58]

Sachsen hat unzweifelhaft den größten Bedarf an Wirtschaftsfachleuten und von seiner Hochschulstruktur her günstige Voraussetzungen für praxisrelevante Kombinationen. So hält es der Wissenschaftsrat für empfehlenswert, zwei voll ausgebaute wirtschaftswissenschaftliche Fakultäten mit Volkswirtschaftslehre, Betriebswirtschaftslehre und Wirtschaftsinformatik in Leipzig und an der Technischen Universität Dresden sowie eine weitere mit den Disziplinen Wirtschaftsingenieurwesen und Betriebswirtschaftslehre an der Technischen Universität Chemnitz zu gründen.[59] Für Thüringen ist eine wirtschaftswissenschaftliche Fakultät mit Volks- und Betriebswirtschaftslehre an der Universität in Jena vorgesehen und für Sachsen-Anhalt eine Fakultät mit Volkswirtschaftslehre, Betriebswirtschaftslehre und Wirtschaftsinformatik im Raum Halle-Merseburg sowie an der Technischen Universität Magdeburg eine Fakultät mit Betriebswirtschaftslehre im Haupt- und einem technischen Fach als Wahlpflichtfach vorgesehen.[60]

Die Soziologie, in der DDR aus ideologischen Gründen eher in der Rolle eines "Orchideenfaches", gehört nach Auffassung des Wissenschaftsrates "auch in den zentralen Bestand der Universitäten der neuen Bundesländer", da "der Ausbau des Faches ... gerade dort sinnvoll" sei, "weil die Analyse der DDR-Vergangenheit und die Darstellung der Struktur- und Funktionsbedingungen der westlichen Gesellschaften für die Transformation der DDR-Gesellschaft in den nächsten Jahren von großer Bedeutung sind".[61] Obwohl in der Methodologie allein dem Marxismus-Leninismus verpflichtet und offiziell "Leitungswissenschaft" zur Erweiterung und Verfeinerung des Herrschaftswissens der Parteiführung (wovon

58 Carel Mohn, Großer Bedarf, aber kein Geld. Kritische Situation für Wirtschaftswissenschaftler in Greifswald, in: Der Tagesspiegel v. 12.10.1991, S. 17.
59 Vgl. Empfehlungen Wirtschafts- und Sozialwissenschaften, S. 21.
60 A. a. O., S. 22.
61 A. a. O., S. 23.

sie, wie sich zeigte, so verblüffend wenig Gebrauch gemacht hat), hat sich die Soziologie in der DDR - vor allem in der empirischen Forschung - einen wissenschaftlichen Standard erarbeiten können, der, im Unterschied zu den Wirtschaftswissenschaften, recht günstige Voraussetzungen für den Neuaufbau bietet. In Zukunft soll Soziologie als Hauptfachstudium, das mit dem Diplom abschließt, an der Humboldt-Universität in Berlin, in Halle und in Leipzig angeboten werden - an denselben Standorten, an denen auch früher eine Ausbildung mit Diplomabschluß möglich war. An den Universitäten Dresden, Greifswald, Rostock und Jena soll Soziologie als Haupt- und Nebenfach in einem Magisterstudiengang bzw. als Wahlpflichtfach aufgebaut werden; darüber hinaus soll sie im Grunde flächendeckend an allen anderen Universitäten und eventuellen Neugründungen zumindest als Ergänzungsfach mit jeweils notwendiger Fachbreite vertreten sein.[62]

Pionierarbeit ist in den neuen Ländern mit dem Aufbau der Politikwissenschaft zu leisten. An die Sektionen Marxismus-Leninismus läßt sich schwerlich anknüpfen, sie waren per definitionem Zentren der Ideologieproduktion, auch wenn manches von dem, was in diesen Sektionen an wissenschaftlicher Diskussion stattfand, sicher differenzierter beurteilt werden muß.

In der Tat "bedarf eine Region, die aus einem Staat hervorgegangen ist, der die freie wissenschaftliche Befassung mit seiner eigenen politischen Ordnung und den dort ablaufenden politischen Vorgängen so umfassend tabuisiert hat wie die DDR, in ganz besonderer Weise der wissenschaftlichen Analyse".[63] Durch die "Konzepte, Fragestellungen und Methoden", über die die Politikwissenschaft verfüge, "ist ihr Aufbau ein Element der Entwicklung einer demokratischen politischen Kultur in den neuen Bundesländern".[64]

Das Gewicht dieser Begründung allein wäre schon ausreichend für die Institutionalisierung der Politikwissenschaft an den ostdeut-

---

62 A. a. O., S. 24.
63 A. a. O., S. 27.
64 Ebda.

schen Hochschuleinrichtungen. So hält es der Wissenschaftsrat für sinnvoll, mindestens an den Universitäten von Jena, Halle, Leipzig, Potsdam, an der Humboldt-Universität in Berlin sowie an einer der beiden Universitäten Mecklenburg-Vorpommerns Politikwissenschaft zu etablieren. Für die Lehrer, die künftig politische Bildung als Unterrichtsfach haben und die an diesen Universitäten ausgebildet werden, ist sie ebenfalls unverzichtbar. Zusätzlich soll an der Technischen Universität Dresden Politikwissenschaft eingerichtet werden.

Fachhochschulen

Die Empfehlungen des Wissenschaftsrates zu so unterschiedlichen Disziplinen wie den dargestellten, aber auch zu den Ingenieurwissenschaften[65], treffen sich in dem Punkt, in dem sie auf die Veränderung der bisherigen Hochschulstruktur in der ehemaligen DDR zielen: Es geht um die Gründung eines bisher in den neuen Ländern unbekannten Hochschultyps, dem der Fachhochschule. Sie bildet ein so grundsätzliches hochschulpolitisches und generell bildungspolitisches Anliegen, daß der Wissenschaftsrat eine umfangreiche Konzeption für seine Umsetzung erarbeitet hat, in der er auf der Grundlage der Erfahrungen mit der Fachhochschulentwicklung in den alten Bundesländern dringend den neuen Ländern rät, dem Aufbau "leistungsfähiger Fachhochschulen" den Vorrang vor dem weiteren Ausbau der Universitäten zu geben.[66]

Seit in den alten Bundesländern Ende der 60er Jahre die ersten Fachhochschulen gegründet wurden, haben sie sich zu anerkannten und vermehrt nachgefragten Ausbildungseinrichtungen entwickelt, die inzwischen im Spektrum der Hochschulen eine fixe Größe darstellen. Da Lehre und anwendungsbezogene Forschung im Vordergrund stehen, vermitteln sie zeitlich konzentriert eine praxis-

---

65 Vgl. Empfehlungen zu den Ingenieurwissenschaften an den Universitäten und Technischen Hochschulen der neuen Länder vom 5.7.1991, Wissenschaftsrat, Drs. 325/91.

66 Vgl. Empfehlungen zur Errichtung von Fachhochschulen in den neuen Ländern vom 5.7.1991, Wissenschaftsrat, Drs. 326/91, S. 30.

und berufsbezogene, trotzdem wissenschaftsgeleitete Ausbildung. An den 121 Fachhochschulen der bisherigen Bundesrepublik begannen 1989 78.000 junge Menschen ein Studium. Sie stellten damit 30,7 Prozent aller Studienanfänger. Mehr als zwei Drittel aller Ingenieure und etwas weniger als die Hälfte aller Informatiker und Ökonomen studieren an Fachhochschulen.[67] Wie gefragt ihre Absolventen inzwischen sind, demonstrieren Woche für Woche die Stellenanzeigen in den großen Tageszeitungen der Bundesrepublik.

Die Begründung für die Errichtung von Fachhochschulen in den neuen Ländern liegt für den Wissenschaftsrat nicht nur darin, "daß für die Herstellung einheitlicher Lebensverhältnisse im vereinten Deutschland auch im Hochschulsystem kompatible Strukturen und Ausbildungskapazitäten gewährleistet sein müssen".[68] Es komme vielmehr darauf an, "den Prozeß der Erneuerung des Hochschulsystems der DDR von Anfang an so zu gestalten, daß in den neuen Ländern eine leistungs- und zukunftsfähige Hochschullandschaft entsteht, die den erkennbaren qualitativen und quantitativen Anforderungen an die Fortentwicklung eines differenzierten Hochschulsystems Genüge leistet".[69]

Bisherige Ingenieurhochschulen, Ende der 60er Jahre in der DDR gegründet und Ende der 80er Jahre in Technische Hochschulen umgewandelt, Technische Hochschulen sowie die Vielzahl von Fachschulen unterschiedlicher Ausrichtung bilden im wesentlichen das Reservoir für die Bildung von Fachhochschulen. Was jedoch für die einen - nämlich die Fachschulen - als Statusaufwertung und daher als erstrebenswert gilt, wird von den anderen, nämlich den ehemaligen Ingenieurhochschulen, als Statusverlust empfunden, gegen den sich Widerstand artikuliert. So hatten sie bisher Promotionsrecht, das ihnen als Fachhochschule nicht mehr zustünde. Häufig an den Landesregierungen vorbei, haben offenbar gerade Fachschulen versucht, durch die Erweiterung ihres Fä-

---

67 Vgl. a. a. O., S. 7.
68 Vgl. a. a. O., S. 4.
69 Ebda.

cherangebots und der Ausbildungsrichtungen sich den Charakter von Fachhochschulen zu geben, ohne personell und in der sächlichen Ausstattung dem Anspruch gerecht werden zu können - eine Überlebensstrategie, die zwar verständlich, aber kaum erfolgreich ist und vor allem zu Lasten der Studenten geht, die an diesen Einrichtungen guten Glaubens eine Ausbildung begonnen haben. Im Ergebnis der Analysen des Wissenschaftsrates, die u. a. auch regionalpolitische Aspekte der Standortverteilung der Fachhochschulen berücksichtigen - ein überaus wichtiger Faktor für die wirtschaftliche und gesellschaftliche Entwicklung in den neuen Ländern - hält er die Errichtung von insgesamt 20 Fachhochschulen an 26 Standorten (auf Grund von Außenstellen) mit insgesamt mindestens 52.000 Studienplätzen für notwendig. Auf die Länder aufgeschlüsselt, entfallen auf Sachsen 5, auf Sachsen-Anhalt 4, auf Brandenburg ebenfalls 4, auf Thüringen 3, auf Mecklenburg-Vorpommern 3 Fachhochschulen und auf den Ostteil Berlins 1.[70] Thüringen und Sachsen-Anhalt immatrikulieren im WS 1991/92 die ersten Studenten.[71] In Mecklenburg-Vorpommern wurden die Fachhochschulen in Stralsund und in Neubrandenburg am 1. September 1991 errichtet.[72] Mittweida in Sachsen und Ostberlin waren allerdings Vorreiter, ihre Fachhochschulen fungierten als Pilotprojekte.[73]

Ein Beispiel für die "Länderhoheit" gegenüber den Vorschlägen des Wissenschaftsrates ist das Vorgehen Brandenburgs in Bezug auf die bisherige Technische Hochschule für Bauwesen Cottbus.

---

70 Standorte für Sachsen: Dresden, Leipzig, Zwickau, Mittweida, Zittau-Görlitz; für Brandenburg: Brandenburg-Potsdam, Wildau, Cottbus/Senftenberg (FH Lausitz), Eberswalde; für Thüringen: Jena, Erfurt, Schmalkalden; für Mecklenburg-Vorpommern: Wismar, Neubrandenburg und Stralsund; für Sachsen-Anhalt: Köthen/Bernburg/Dessau (FH Anhalt), Halle, Wernigerode (FH Harz), Magdeburg. Vgl. a. a. O., S. 2.

71 Vgl. Das Hochschulwesen, 39. Jg. (1991), Nr. 4, S. 189.

72 Vgl. Verordnung zur Errichtung der Fachhochschulen Neubrandenburg und Stralsund vom 2.7.1991, in: Gesetz- und Verordnungsblatt für Mecklenburg-Vorpommern, Nr. 12/1991, S. 190 ff.

73 Pilotprojekt Fachhochschule. An der IH Lichtenberg werden Voraussetzungen für eine moderne Ausbildung geschaffen, in: Berliner Zeitung vom 20.2.1991, S. 10.

20 Jahre lang Ingenieurhochschule, 1989 zur Technischen Universität ernannt, hielt es der Wissenschaftsrat für angebracht, sie lediglich als Fachhochschule (FH Lausitz) neu zu gründen. Das Land Brandenburg hat sich jedoch für die Errichtung einer Technischen Universität und einer Fachhochschule mit Standorten in Cottbus und in Senftenberg entschieden. An der Technischen Universität Cottbus soll es 5 Fachbereiche geben mit einer Studentenzahl zwischen 5.000 und 8.000 Studierenden. Der vorgesehene Fachbereich Philosophie/Wirtschafts- und Sozialwissenschaften soll insofern eine Integrationsfunktion für die technisch-naturwissenschaftlichen Fachbereiche erhalten, als deren Studenten ein geisteswissenschaftliches Pflichtfach studieren müssen.[74] Gründungsrektor der Technischen Universität Cottbus, die am 15.7.1991 zusammen mit den Universitäten Potsdam und Frankfurt/Oder gegründet wurde, ist Professor Günter Spur, Leiter des Produktionstechnischen Zentrums an der Technischen Universität Berlin und der Fraunhofer-Gesellschaft.[75]

Schüler und Studenten

1989 studierten an den Universitäten und Hochschulen der DDR ca. 131.000 junge Menschen, der Studentenanteil an der Bevölkerung betrug 0,8 Prozent - in der Bundesrepublik zum selben Zeitpunkt 2,4 Prozent (über 1,5 Millionen Studenten).[76] Seit Mitte der 70er Jahre pegelte die Studentenquote in der DDR um den genannten Wert. Obwohl sie mit ihrer Wirtschaftskraft unter den entwickelten Industrieländern angeblich an zehnter Stelle stand, nahm sie selbst unter den Mitgliedsstaaten des Rates für gegenseitige Wirtschaftshilfe hinsichtlich der Zahl der Studierenden im Verhältnis zur Bevölkerungsgröße in den 80er Jahren den zweit-

---

74 Vgl. Manfred Ronzheimer, Eine neue TU Cottbus. Günter Spur plant Hochschule eigenen Typs, in: Der Tagesspiegel vom 16.6.1991, S. 19.
75 Ebda.
76 Vgl. Empfehlungen Wirtschafts- und Sozialwissenschaften, a. a. O., S. 12 f.

letzten Platz ein.[77] Nimmt man einen Altersjahrgang als Bezugsgröße, so lag in der DDR der Anteil der Studienanfänger und Studenten bei ca. 13 Prozent, in der Bundesrepublik hingegen bei rund 26 Prozent.[78] Die Zahl derjenigen, die an den erweiterten Oberschulen (EOS) oder auf dem Weg Berufsausbildung mit Abitur die Hochschulreife erwerben konnte, war von vornherein auf die Zahl der Studienplätze abgestimmt bzw. umgekehrt - ein Ausdruck der unmittelbaren Verknüpfung vom Bildungs- mit dem Beschäftigungssystem. Das bedeutete, daß ein erhebliches Begabtenpotential zu einem frühen Zeitpunkt, nämlich in der 10. Klasse, willkürlich gekappt und umgelenkt wurde anhand von Kriterien, die weitgehend politisch definiert und für den einzelnen nicht kontrollierbar, geschweige denn einklagbar waren. Laut Artikel 26 der DDR-Verfassung von 1974 sicherte der Staat "die Möglichkeit des Übergangs zur nächsthöheren Bildungsstufe bis zu den höchsten Bildungsstätten, den Universitäten und Hochschulen, entsprechend dem Leistungsprinzip, den gesellschaftlichen Erfordernissen und unter Berücksichtigung der sozialen Struktur der Bevölkerung". Diese Kriterien erlaubten jederzeit, Präferenzen zu setzen, denn sie waren politisiert. "Student zu sein", so hieß es, "bedeutet für jeden jungen Bürger der DDR eine große Ehre; das Studium stellt eine hohe gesellschaftliche Anerkennung und eine persönliche Verpflichtung gegenüber der Arbeiterklasse und dem sozialistischen Staat dar. ... Zum Studium werden Bewerber zugelassen, die sich durch die aktive Mitwirkung an der Gestaltung der sozialistischen Gesellschaft auszeichnen und Bereitschaft zur aktiven Verteidigung des Sozialismus besitzen, hohe fachliche Leistungen nachweisen können ... und bereit sind, alle Forderungen der sozialistischen Gesellschaft vorbildlich zu erfüllen und nach erfolgreichem Abschluß des Studiums ein Arbeitsrechtsverhältnis entsprechend den gesellschaftlichen Erfordernissen abzuschließen."[79] Letztere

---

77 Vgl. Harry Maier, Innovation oder Stagnation, Köln 1987, S. 152.

78 Vgl. Förderungsprogramm für die Hochschulen in den fünf neuen Bundesländern, in: Das Hochschulwesen, 39. Jg. (1991), H. 1, S. 1.

79 Vgl. Wörterbuch zur sozialistischen Jugendpolitik, Berlin (DDR) 1975, S. 275.

garantierten als Kennziffern der volkswirtschaftlichen Planung immerhin, daß sich Studentenzahlen und Arbeitsplätze für Hochschulabsolventen halbwegs entsprachen. Nach dem Abschluß der Berufsausbildung gelangte zwar ein Teil derjenigen, denen Abitur und Studium auf dem direkten Weg verwehrt worden war, an die Hochschulen. Dieser ursprünglich politisch propagierte Bildungsgang - er stand für Durchlässigkeit und Demokratisierung des Bildungssystems - erfuhr in den 80er Jahren zunehmend Restriktionen: Die Möglichkeit für junge Facharbeiter, durch den Besuch eines Vorkursus an einer Hochschule oder Universität oder der Arbeiter-und-Bauern-Fakultät (zuständig dafür war diejenige an der Bergakademie Freiberg) die Voraussetzung zum Studium zu erwerben, wurde verstärkt von der Delegierung durch die Betriebe abhängig gemacht, die sich häufig genug zurückhielten[80], um nicht auf qualifizierte und flexible Arbeitskräfte verzichten zu müssen. Doch auch bei diesen Studenten als "Angehörigen der Arbeiterklasse" zeigte sich wie schon längst bei denen, die unmittelbaren Zugang zum Studium erhalten hatten, die Fragwürdigkeit des Kriteriums "Beachtung der sozialen Struktur der Bevölkerung". Damit war immer der Anspruch und zeitweilig auch das Faktum gemeint gewesen, die junge Intelligenz proportional aus allen "Klassen und Schichten" zu rekrutieren. Bildungssoziologische Untersuchungen hatten schon seit langem ergeben, daß der Staffettenstab akademischer Bildung immer stärker innerhalb der Familien, in denen mindestens einer der Eltern einen Hochschulabschluß hatte, an die junge Generation weitergereicht wurde, daß sich die "sozialistische Intelligenz" kräftig, d. h. überproportional, aus sich selbst heraus "reproduzierte". Dafür gab es in den 80er Jahren eine Kette von Begründungen, die die Vorteile der Selbstreproduktion herausstellte, sie als "Gesetzmäßigkeiten" de-

80 Vgl. Irene Lischka, Hochschulzugang für Facharbeiter bisher und künftig ein Weg zur Demokratisierung des Bildungswesens?, in: Das Hochschulwesen, 38. Jg. (1990), H. 9, S. 296.

klarierte und ihr Triebkraftfunktion für die Entwicklung der sozialistischen Gesellschaft bescheinigte.[81]

Der nominell hohe Anteil von Arbeiterkindern an der Studentenschaft verdankte sich offenbar zu einem nicht unbeträchtlichen Teil ergab sich aus der opportunistischen Handhabung der Sozialstatistik: Der unterhalb des Hochschulabschlusses qualifizierte Elternteil wurde gegebenenfalls der Arbeiterklasse zugeschlagen und definierte somit die soziale Herkunft des Studenten; die Kinder von Partei- und Staatsfunktionären sowie von Offizieren der Nationalen Volksarmee wurden, selbst wenn die Eltern einen Hochschulabschluß hatten, als Arbeiterkinder eingestuft: " Hohe Anteile von Arbeiter- und Bauernkindern im Hochschulstudium wurden so 'per Dekret' erzeugt und konnten 'beruhigend' fortgeschrieben werden."[82]

In der Untersuchung "Student 89" des Leipziger Zentralinstituts für Jugendforschung hatte sich gezeigt, daß 68 Prozent der Väter und 56 Prozent der Mütter von Hochschulstudenten einen Hoch- bzw. Fachschulabschluß hatten - damit in der Terminologie der DDR-Soziologie zur "Schicht der Intelligenz" gehörten.[83] Bei jenen Studenten, die erst nach der Facharbeiterausbildung und mehrjähriger Berufstätigkeit über die Vorkurse u. ä. an die Hochschulen gekommen waren, ergab sich fast das gleiche Bild: zwischen 61 und 65 Prozent der Väter waren Hoch- bzw. Fachschulabsolventen.[84]

---

81 Vgl. u. a. Sozialstruktur der DDR. (Autorenkollektiv unter der Ltg. von Rudi Weidig), Berlin (DDR) 1988, insbes. Kap. 3.

82 Vgl. Gustav-Wilhelm Bathke, Soziale Reproduktion und Persönlichkeitsentwicklung von Hochschulstudenten in der DDR, Zentralinstitut für Jugendforschung, Leipzig 1989, unveröffentlichtes Manuskript, S. 5.

83 Vgl. Bathke, a. a. O., S. 20. Die untersuchte Population betrug 3 900 Studenten.

84 Vgl. Irene Lischka, a. a. O., S. 297. "Auf keinen Fall", so die Autorin, "bewerben sich über die untersuchten Wege der Hochschulvorbereitung Werktätiger verstärkt bzw. überproportional Arbeiterkinder zum Studium." Von "21 bis 26 Prozent" seien die Väter Facharbeiter. Von den Studierenden, die über die erweiterte Oberschule und die Berufsausbildung mit Abitur kamen, hatten 27 Prozent einen Facharbeiter als Vater - für die alte Bundesrepublik lag der Anteil nur bei 16 bzw. 11 Prozent. ebda. Der hier zitierte Aufsatz basiert auf einem Forschungsbericht, der die behandelte Problematik m. E. erstmals vor einer allerdings reduzierten Öffentlichkeit und in politisch-ideologisch

Wer werden die neuen Abiturienten und Studenten und wie viele werden es sein? Welche sozialen Klassifizierungen und Herkunftskategorien werden gebildet werden müssen, um ein Bild ihrer sozialen Zusammensetzung zu erhalten? Welchen Stellenwert überhaupt wird Bildung unter so radikal veränderten politischen, ökonomischen und sozialen Bedingungen haben, die zudem ihre bisher gewohnte unmittelbare Verwertbarkeit in einer beruflichen Position einbüßt?

In den östlichen Bundesländern ist der Zugang zum Studium nur in Sachsen und in Brandenburg bereits in ihren Hochschulgesetzen geregelt, in Thüringen und Mecklenburg-Vorpommern indirekt durch die teilweise Übernahme der entsprechenden Paragraphen der Hochschulverordnung vom September 1990. Sachsen-Anhalt hat hingegen noch vor seinem Hochschulerneuerunggesetz eigens ein "Gesetz zur vorläufigen Regelung der Zulassung zum Hochschulstudium im Land Sachsen-Anhalt (Hochschulzulassungsgesetz - HZulG)" verabschiedet.[85]

Generell wird als Voraussetzung für ein Studium der Nachweis der "erforderlichen Qualifikation" verlangt, die wiederum "grundsätzlich durch den erfolgreichen Abschluß einer auf das Studium vorbereitenden Schulbildung" zu erbringen ist. Diese ist nur für Sachsen-Anhalt, Thüringen und Mecklenburg-Vorpommern identisch mit der "allgemeinen Hochschulreife". Sachsen und Brandenburg verzichten auf diesen Begriff. Letzteres öffnet seine Hochschulen auch jenen, die nicht das Abitur haben. Ein Berufsabschluß und mehrjährige Berufserfahrung bzw. die bestandene Meisterprüfung "in einem für das beabsichtigte Studium geeigneten Beruf" erlauben nach einer "fachrichtungsbezogenen Eingnungsprüfung" den Zugang zu den akademischen Ausbildungsstätten.[86]

---

gen des Hochschulzugangs junger Facharbeiter, in: Informationen zur soziologischen Forschung in der DDR, 25. Jg. (1989), Nr. 1, S. 41 - 48.

85 HZulG vom 11. Juli 1991, in: Gesetz- und Verordnungsblatt des Landes Sachsen-Anhalt Nr. 17/1991, S. 160 - 164.

86 Vgl. Gesetz über die Hochschulen des Landes Brandenburg, a. a. O., S. 165.

In der alten DDR sorgten die rigiden staatlichen, von politischen und planökonomischen Vorgaben bestimmten Lenkungsmechanismen wie die beschriebenen Zulassungsbedingungen und das Delegierungserfordernis zuverlässig dafür, daß lediglich 15 Prozent des alterstypischen Jahrgangs von Jugendlichen die Hochschulreife erlangten - wie ebenfalls bereits erwähnt über ein Spektrum von nur vier Zugängen, der niedrigen Quote angepasst. Über die erweiterte Oberschule als dem Hauptweg erreichten 60 Prozent der Abiturienten, über die Berufsausbildung mit Abitur 30 Prozent[87] und über die Vorkurse an den Hochschulen und die einschlägigen Lehrgänge an den Volkshochschulen gelangten die restlichen 10 Prozent mit einem "Nachtrab" von einigen Jahren zur Hochschulreife. Die Zugangsbeschränkung zur höheren Bildung garantierte in ideologisch und arbeitskräftepolitisch gewollter Entsprechung den quantitativen und qualitativen Bestand der Quote derer, die als Lehrlinge in die Berufsausbildung übergingen.

Daß immer ein gewisser Bildungsdruck vorhanden war, der sich nur mit Mühe einen Weg, und dazu nur einen schmalen, bahnen konnte, zeigen bildungssoziologische Untersuchungen aus den 80er Jahren, aber auch Befragungen, die wenige Monate nach dem Herbst 1989 durchgeführt wurden, sowie jüngste Zahlen, die anfangs bereits im Zusammenhang mit der Wahl der Schulformen genannt wurden. Nach den zu erwartenden Größenordnungen von Abitur-Stufen-Interessenten gefragt, wenn Limitierungen aufgehoben werden, gaben die Direktoren von 108 Berufsberatungszentren auf der Grundlage der von ihnen ausgewerteten Berufs- und Studienwunschkarteien von Schülern der 7. bis 9. Klassen an, daß im DDR-Durchschnitt 34 Prozent aller Schulabgänger den Wunsch hätten, die Abiturstufe zu durchlaufen. Auch wenn in Rechnung zu stellen ist, daß die Realisierung dieses Wunsches aus verschiedenen Gründen in erheblich geringerem Umfang geschieht, weist der Größenanteil doch auf die Diskrepanz zwischen vorhandenen

---

87 Vgl. Reinhard Hensel/Hans-Dieter Reuschel, Reform und Integration der höheren Bildung in den neuen Bundesländern im Spannungsfeld von Bildungsökonomie und -politik, a. a. O., S. 203.

Bildungsambitionen und den bisher zur Verfügung stehenden Möglichkeiten hin.[88]

Die künftigen Abiturienten in den neuen Bundesländern werden in geringerem Maße als in der Vergangenheit auch zugleich die künftigen Studenten sein, wie überhaupt die enge Koppelung von Bildungs- und Beschäftigungssystem sich bereits jetzt auflöst. Qualifizierte berufliche Ausbildungsmöglichkeiten für Abiturienten gab es in der DDR nicht, während in den alten Bundesländern in Wirtschaft und Verwaltung Ausbildungs- und Aufstiegswege speziell für diesen Personenkreis, der an einem Studium nicht oder zunächst nicht interessiert ist, offen gehalten werden. Demographische, soziale und ökonomische Faktoren werden die Zahl derjenigen in den neuen Bundesländern, die die formalen Voraussetzungen für die Aufnahme eines Studiums erfüllt, in einer Weise beeinflussen, die sich zum jetzigen Zeitpunkt einer halbwegs exakten Vorhersage entzieht. Die geburtenschwachen Jahrgänge der 70er Jahre, die unmittelbar und demnächst vor dem Abitur stehen, werden durch Abwanderung in die westlichen Bundesländer zusätzlich dezimiert werden, wenn die wirtschaftliche Regeneration im Osten Deutschlands noch länger auf sich warten läßt und sich der Erneuerungsprozeß in den Hochschulen inhaltlich und zeitlich nicht so gestaltet, daß ein Studium in Halle, Rostock oder Jena als ebenso attraktiv und ebenbürtig erscheint wie eines an westdeutschen Universitäten. Dort haben sich für das WS 1991/92 bis jetzt ca. 10 000 Studenten aus den neuen Bundesländern beworben, an der Spitze der gewünschten Studienfächer steht bei ihnen Betriebswirtschaftslehre.[89]

---

88 Vgl. Gerold Schneider, Abiturausbildung - zu erwartende Strukturveränderungen, in: Das Hochschulwesen, 38. Jg. (1990), H. 10, S. 326. Den Berufsberatungszentren wurden von den Schulen zu einem relativ frühen Zeitpunkt die per Kartei erfassten Berufs- und Studienwünsche übermittelt, auf deren Grundlage die Einschätzungen durch die Direktoren der Einrichtungen erfolgte. Es spricht nichts dafür, daß eine solche Befragung, hätte sie bereits in den Jahren vor der Wende stattgefunden, ein anderes Ergebnis, d. h. eine wesentlich geringere Quote, erbracht hätte.

89 Vgl. Der große Andrang bleibt aus. Nur 10 000 Studenten gehen in die alten Länder, in: Der Tagesspiegel vom 12.10.1991, S. 17.

Ostdeutscher Transformationsprozeß - Bedingungen - Konflikte - Perspektiven

Rolf Reißig (Berlin)

Transformationsprozesse poststalinistischer Gesellschaften in neuer Dimension

Systemwechsel und Transformationen von Gesellschaften, auch sehr unterschiedlichen Typs, sind historisch keine neue Erscheinung. In der politikwissenschaftlichen Literatur (Demokratieforschung) wurden unter diesem Aspekt bislang drei "Fallgruppen" herangezogen: Die Entwicklung in Westdeutschland, Italien, Japan nach 1945; in Spanien, Portugal und Griechenland in den 70er Jahren und in Lateinamerika der 80er Jahre. Stets handelte es sich hier um Übergangsprozesse von Diktaturen verschiedenen Typs zu Demokratien unterschiedlicher Prägung.

Der Ende der 80er Jahre einsetzende Systemwechsel mit den nachfolgenden Transitions- und Transformationsprozessen in der Sowjetunion und Mittel- Osteuropa wird dazu des öfteren - gleichsam als vierte Fallgruppe - in Bezug gesetzt. So werden die heutigen Transformationsprozesse in Ostdeutschland z. B. nach Tiefe, Tempo, Richtung mit jenen in Westdeutschland nach 1945 und in manchem auch mit denen in Spanien und Portugal nach 1974/75 verglichen.[1] Dafür sprechen vorhandene Parallelen - etwa der Übergang von Staats- zu Marktwirtschaft, von autoritär oder totalitär verfaßten zu bürgerlich-demokratischen Gesellschaften. Eine entsprechende vergleichende Analyse wird deshalb unumgänglich sein. Dennoch sind die heutigen Umbruch- und Transformations-

---

[1] Vgl. Wolfgang Zapf, Der Untergang der DDR und die soziologische Theorie der Modernisierung, in: B. Giesen/C. Leggewie, Experiment Vereinigung, Berlin 1991, S. 43.

prozesse in der Sowjetunion, in Mittel-Osteuropa nach Inhalt, Dimension, Zeit, Ort, Interdependenz und Entwicklungsperspektive in der jüngeren Geschichte wohl ohne Beispiel. Deshalb ist dieser Systemwechsel auch nicht mehr nur mit bisherigen theoretischen Modellen erklärbar und bisherigen politischen Gestaltungskonzepten regulierbar.

Denn hier handelt es sich um den Versuch des Übergangs spezifischer realsozialistischer Systeme zu Konkurrenzdemokratien mit marktwirtschaftlichen Ordnungen. Für diesen Übergang gibt es bislang weder ein historisches Vorbild, ein praktisches Beispiel noch hinreichende theoretische Erklärungsansätze. Die bisherigen Formen von Systemwechsel (z. B. in Westdeutschland nach 1945 oder in Spanien und Portugal) vollzogen sich - im Unterschied zu den staatssozialistischen Ländern - bei Existenz von privatem Eigentum, Eigentumsakteuren, bürgerlichem Recht, Integration der nationalen Wirtschaften in die Weltwirtschaft. Was als Systemwechsel analysiert wurde bezog sich hauptsächlich auf die politisch-institutionelle Ebene. Bei den realsozialistischen Ländern ist es in jeder Hinsicht ein tiefgreifender Systemwechsel; ein Wechsel der Eigentumsstrukturen, der Herrschaftsordnung, der Akteure, der Eliten, der sozialen Beziehungen, der politischen Ideologie.

Und was im Westen generell über Jahrhunderte (Modernisierung) oder zumindest über Jahrzehnte und in Stufen bewältigt wurde, soll in Osteuropa nun in kürzesten Fristen und synchron verlaufen.[2] Letzteres - Demokratie und Marktwirtschaft gleichzeitig zu schaffen - gelang bislang in keinem Land (Klaus v. Beyme). Dabei soll in Osteuropa etwas transformiert, entwickelt, verändert werden, wo die Voraussetzungen dafür (noch) nicht vorhanden sind: demokratische Institutionen, marktwirtschaftliche Wettbewerbsstrukturen, ordnungspolitische Rahmenbedingungen, Interessenausdifferenzierung und -repräsentanz und vor allem die Konstituierung der Akteure. Was in der ehemaligen Sowjetunion

---

2 Vgl. Claus Offe, Das Dilemma der Gleichzeitigkeit. Demokratisierung und Marktwirtschaft in Osteuropa, in: Merkur, 1991, H. 4, S. 282.

und in ganz Osteuropa sich auf je verschiedene Art vollzieht, ist allein schon deshalb ein gigantisches Unternehmen mit offenem Ausgang. Gleichwohl handelt es sich um ein Projekt, zu dem es keine rückwärtsgerichtete Alternative gibt.

Ein Fehlschlag, schon eine doppelte Desillusionierung bei der Mehrheit der Bevölkerung (nach dem Realsozialismus nun möglicherweise die Marktwirtschaft betreffend) hätte weitreichende, nicht vorhersehbare Folgen für Ost und West. Notwendig ist deshalb zugleich eine gesamteuropäische Strategie für einen gesamteuropäischen Transformationsprozeß. Davon kann aber bis heute keine Rede sein.[3]

Im Verhältnis zu den gewaltigen Problemen des Umbruch- und Transformationsprozesses in Osteuropa scheinen die in Ostdeutschland vergleichsweise gering. Das stimmt und stimmt auch nicht. Denn der Sonderstatus des ostdeutschen Transformationsprozesses birgt in sich nicht nur spezielle Chancen, sondern auch spezielle Risiken. Die Frage ist, wie dies bei der Gestaltung der Rahmenbedingungen für den Transformations- und Integrationsprozeß berücksichtigt wird.

Ostdeutscher Transformationsprozeß - Sonderstatus ohne Alternativen?

Im Systemwettstreit und -vergleich auf deutschem Boden hat sich entgegen früheren Vorstellungen in den DDR-Sozialwissenschaften die Bundesrepublik als moderne, innovationsfähige Gesellschaft und damit dem realsozialistischen System in der DDR als grundlegend überlegen erwiesen. Sie verfügt - idealtypisch formuliert - mit Konkurrenzdemokratie, Markt, sozialstaatlichem Kompromiß, Zivilgesellschaft, Internationalisierung der Wirtschaft über politische, ökonomische, soziale und kulturelle Basisinstitu-

3 Siehe Peter Glotz, Die Einheit und die Spaltung Europas. Die Auswirkungen der mitteleuropäischen Revolution von 1989 auf Gesamteuropa, in: Das Parlament, 31. Januar 1992, Beilage: Aus Politik und Zeitgeschichte.

tionen moderner und evolutionsfähiger Gesellschaften überhaupt. An ihnen "vorbei" ist bis heute zumindest Transformation, Modernisierung, Innovation von Gesellschaften nicht möglich. Dennoch stehen angesichts der neuartigen sozialen und globalen Herausforderungen auch die westlichen Gesellschaften vor einem ganz neuen Wandlungsdruck. Die damit verbundene, neue Frage ist da schon nicht mehr die nach Überlegenheit (gegenüber dem Realsozialismus) sondern die nach Überlebensfähigkeit.

Der spezifische realsozialistische Versuch von Modernisierung ist in Gestalt der zentralistischen Konstitution und Steuerung einer Industriegesellschaft theoretisch und praktisch gescheitert.

Der Konflikt zwischen dem systeminternen und -externen "Wandlungsdruck" und dem strukturell und personell bedingten "Wandlungswiderstand" hatte sich über einen längeren Zeitraum so zugespitzt,[4] daß nun Kompromiß- und Zwischenlösungen offensichtlich nicht mehr möglich waren. Die sich abzeichnende bipolare Systemalternative in der DDR stellte sich als - als so nicht antizipierter - Systemwechsel dar; von der "kollektivistischen, planwirtschaftlich organisierten Form des realen Sozialismus" zur "marktwirtschaftlich organisierten Form der bürgerlichen Demokratie westdeutschen Zuschnitts".[5]

Zugleich war es eine Abwahl dieses praktizierten Sozialismus-Experiments durch die Mehrheit der DDR-Bevölkerung, die sich - ähnlich wie in ganz Mittel-Osteuropa - nicht für "dritten Weg" oder eigene Entwicklungsvarianten aussprach, sondern für die Übernahme des westdeutschen (europäischen) Modells.

Damit schien das inhaltliche Grundmuster und der Typ der Transformation auch in Ostdeutschland "vorbestimmt" zu sein. Die deutsch-deutschen Besonderheiten gaben den Entwicklungen in

---

4 Siehe dazu Rolf Reißig/Gert-Joachim Glaeßner, Das Ende eines Experiments. Umbruch in der DDR und deutsche Einheit. Berlin 1991, S. 39 ff.

5 Johannes Huinink/Karl Ulrich Mayer, Lebensläufe im Wandel der DDR-Gesellschaft, Manuskript, August 1991, S. 1.

Ostdeutschland von vornherein noch das Gepräge eines Spezialfalls, eines Sonderstatus der Transformation:[6]

Transformation durch Beitritt zur Bundesrepublik, durch Übernahme des westdeutschen Wirtschafts-, Institutionen- und Rechtssystems mit dem Ziel der Herstellung "einheitlicher Lebensverhältnisse" (Art. 106(3) ZGB). Die Bundesrepublik ist quasi das Modell der angestrebten Transformation. Sie "stellt" gewissermaßen zugleich die Akteure der Transformation. Die Ostdeutschen haben günstige Bedingungen, indem sie nicht den beschwerlichen Weg der Schaffung eines eigenen Institutionensystems, eines Ordnungsrahmens der Marktwirtschaft usw. gehen müssen, sondern lediglich die Anwendungsfelder dafür zu organisieren brauchen. Und Transformation ist deshalb hier konkret Transfer - der Institutionen, Normen, Regeln, Eliten und des Geldes. Das Ziel der Transformation scheint relativ klar und abgesteckt, die Mittel vorhanden. "Die ehemalige DDR erscheint als Musterfall einer erfolgreichen Strategie der transitiven Transformation."[7]

Dabei wird in diesem Kontext Transformation mehr als Nebenprodukt der schnellen Integration in das vorhandene Modell Bundesrepublik verstanden. Grundmuster, Typ, Akteure, Weg, Tempo, Mittel und selbst Methoden sind de facto vorgezeichnet; Alternativen, Varianten stehen scheinbar nicht zur Auswahl. In der offiziellen Politik waren dies Grundprämissen der Betrachtung ostdeutscher Entwicklung seit der Herstellung der staatlichen Einheit.

Trotz des Sonderstatus ostdeutscher Entwicklung nach dem Umbruch gab es aber auch aus unserer Sicht theoretisch verschiedene Varianten und auch Alternativen zur inhaltlichen und zeitlichen Gestaltung des Transformationsprozesses.

Das Projekt Ostdeutschland konnte u. e. trotz seines Sonderstatus nicht nur als Beitritts- und Vereinigungsfrage gesehen werden, sondern zugleich auch als ostdeutscher Transformationsfall und

---

6 Helmut Wiesenthal, Sturz in die Moderne. Der Sonderstatus der DDR in den Transformationsprozessen Osteuropas, in: Michael Brie/Dieter Klein, Zwischen den Zeiten, Hamburg 1992, S. 163 f.

7 Ebenda, S. 163.

-prozeß. Es bedurfte eben auch für Ostdeutschland eines Transformationskonzepts, wenn auch eines spezifischen.

Vorauszusehen war, daß die schnelle staatliche Einheit nicht die wirtschaftliche, noch weniger die soziale oder gar die mentale und gesellschaftliche Einheit sein konnte. Deshalb stellte sich die Frage, wie dieser Einigungsprozeß vollzogen werden sollte. Hier gab es auch verschiedene Möglichkeiten: Vereinigung als Integration durch gleichberechtigte Kooperation auch bei ökonomischer Dominanz der Alt-Bundesrepublik, vielleicht gar durch gemeinsame evolutionäre Transformation bei Anerkennung auch der Differenz? Oder eben - Vereinigung durch Adaption, mechanische Übertragung aller westdeutschen Strukturen, Institutionen, Regelungen und einseitige Unterordnung?

Ob man sich nämlich für diese oder jene Variante, Alternative von Transformation und Integration entscheidet, hebt den Sonderstatus ostdeutscher Transformation und den speziellen Typ deutscher Integration nicht auf, hat aber strategische Bedeutung für dessen Gestaltung, Verlauf und für die Folgen dieses Umbaus in Ost-, aber auch in Westdeutschland. Dies um so mehr ob der internationalen Relevanz des deutschen Transformations- und Integrationsfalls. Denn hier geht es um die Integration einst entgegengesetzter wirtschaftlicher, sozialer, politischer Systeme, unterschiedlicher ziviler Gesellschaften, verschiedenartiger Lebensweisen, Mentalitäten und unterschiedlichen Sozialverhaltens im Rahmen einer Nation, eines Staates, schließlich einer Gesellschaft. Deutschland ist damit schon zu einem einzigartigen Testgelände gesellschaftlicher Transformations- und Integrationsprozesse unterschiedlicher, entgegengesetzter gesellschaftlicher Ordnungen geworden. So ist der deutsche Sonderfall so oder sozugleich ein historisches Beispiel, ein Modell geworden für die Art und Weise der Gestaltung der europäischen Transformations- und Integrationsprozesse und ihre Ergebnisse. Hier liegt ein wesentlicher Quell für Ermutigung oder Enttäuschung in den Ländern Mittel-Osteuropas.

Politische Gestaltungskonzepte für ein "ungeplantes Experiment" (Rainer M. Lepsius)

Der Umbruch im Herbst 89 und der darauf folgende Zusammenbruch der DDR hatten so nicht nur viele in der DDR, auch die offizielle Bundesrepublik und ihre politischen Eliten unvorbereitet getroffen. Längerfristige, durchdachte Konzeptionen existierten nicht, auch nicht bei der Opposition. Das gilt ebenso für die politischen Kräfte Ostdeutschlands. Letzteres ist kein Zufall. Eine Alternative hätte Jahre zuvor reifen müssen. Ein anderer Weg zur deutschen Einheit hätte eine andere reformorientierte Entwicklung in der früheren DDR vorausgesetzt, die bekanntlich nicht gelang.

Zur praktisch und theoretisch relevanten Frage in Westdeutschland wurde die nach den Anpassungsleistungen der politischen Institutionen und der Lernfähigkeit der politischen Eliten. Der Transformationsprozeß, im einzelnen nicht kalkulierbar, verlangt gerade in seiner Anfangsphase jedoch nach politischen Gestaltungskonzepten im Sinne der Schaffung von Rahmenbedingungen für das selbsttätige, selbstorganisierende Handeln der Akteure.

Die strategische Antwort der westdeutschen Politik auf die veränderte Situation in der deutschen Frage trug zunächst den Charakter der Improvisation.[8]

Die Maueröffnung änderte diesen Zustand (Improvisation) nicht, wohl aber die Sichtweise in der offiziellen Politik der Bundesregierung: Die Vorgänge in der DDR wurden nicht mehr als externe, sondern als interne Vorgänge der Strategieentwicklung und Politikformulierung verstanden.

Die Handlungsinitiative zur schnellstmöglichen Herstellung der staatlichen Einheit mit allen weitreichenden Konsequenzen und

---

8 Gerhard Lehmbruch, Die deutsche Einigung, Eröffnungsvortrag beim 18. wissenschaftlichen Kongreß der Deutschen Vereinigung für Politische Wissenschaft, Hannover, 7. Oktober 1991. (Manuskript)

auch Risiken übernahm in dieser Situation (ab Dezember 1989) das Bundeskanzleramt und Helmut Kohl persönlich. Politik wurde unter der Wahrnehmung eines Ausnahmezustandes in einer Krisensituation (DDR-, SU-Entwicklung) formuliert und bestimmt sowie an kurzfristigen Erfolgskriterien ausgerichtet.

Das dominante Merkmal der Politik war in dieser Phase ihre "Entdifferenzierung"[9], die zunehmende Zentralisierung und Personalisierung der Strategieentwicklung. Die traditionellen Konsultations- und Aushandlungsmechanismen demokratischer politischer Willensbildung und Entscheidung - wie Parlament, Parteien, der gesamte intermediäre Bereich - wurden bewußt umgangen, die Akteure in West und Ost vor vollendete Tatsachen gestellt. Im Prinzip vollzog sich besonders im Osten Deutschlands ein nachhaltiger Akteurswechsel. Ostdeutsche Akteure wurden in die Rolle von Empfängern Bonner Entscheidungen oder von Beobachtern gedrängt. Die Logik des Parteienwettbewerbs bestimmte das strategische Selektionskriterium. Handlungsleitend für den einsetzenden Rekonstruktions- und Transformationsprozeß in Ostdeutschland wurde die Vorstellung von der allein richtenden Funktion der Marktwirtschaft.

Als Begründung diente die Parallele zur Situation im Sommer 1948 in Westdeutschland; die grundlegenden Unterschiede wurden jedoch übersehen. Die kritische Problemlage wurde als relativ kurze Übergangsphase interpretiert. Der sich dann wesentlich selbst tragende marktwirtschaftliche Aufschwung sollte die unvermeidlichen Umbaukosten aus den erwarteten Wachstumsgewinnen begleichen. Je schneller und radikaler also die Einführung der Wirtschafts- und Währungsunion erfolgt, desto eher kann mit der Konsolidierungs- und Aufschwungsphase gerechnet werden. Die Folge war ein diagnostizierter Zeit- und Problemhorizont von maximal 3 Jahren bis zur Aufschwungphase und zur Angleichung der Lebensverhältnisse. Mit dem Versprechen "Es wird niemandem schlechter gehen als zuvor - aber vielen besser" wurde dies

---

9 Vgl. dazu und zu den folgenden Ausführungen Gerhard Lehmbruch, a.a.O.

massenwirksam vermarktet. Und im Westen hieß es "Keiner wird wegen der Vereinigung Deutschlands auf etwas verzichten müssen", "keine zusätzlichen Abgaben und Leistungen für die deutsche Einheit". Entgegen ökonomischem Sachverstand und Warnungen kompetenter Fachleute (z. B. durch den damaligen Bundesbankpräsidenten Pöhl) wurde so massenhaft eine falsche Erwartungshaltung im Osten und Westen Deutschlands erzeugt.

Die Signale für eine notwendige Korrektur dieses Konzepts ließen nicht lange auf sich warten, das Frühjahr 1991 wurde dann zum ersten wirklich kritischen Kulminationspunkt: massenhafte Zusammenbrüche in Industrie- und Landwirtschaft, schneller Anstieg der Arbeitslosenzahlen, Leipziger Gewerkschaftsdemonstrationen, allerorten Kritik an der Treuhandkonzeption, Wandel in der Stimmungslage. Es wurde schon jetzt immer offensichtlicher, daß die Größe, die Dynamik dieses Umbruchs-, Rekonstruktions- und Transformationsprozesses unter- und die eigenen Möglichkeiten überschätzt wurden. Das konnte angesichts der so nicht vorhergesehen tiefen Krise der DDR, der Einmaligkeit des Experiments, des gegebenen Problem- und Zeitdrucks nicht unbedingt überraschen. Ein Lernprozeß bei der Strategieentwicklung und Politikrealisierung war dringend gefordert. Im Frühjahr 91 hat es im Gefolge der kritischen Signale, die die pessimistischen Prognosen noch übertrafen, bestimmte Veränderungen mit nachfolgenden Korrekturen in der Politik gegeben. Sie betreffen aber nicht den strategischen Ansatz von Transformation und Vereinigung, sondern eine Reihe von Schwerpunkten praktischer Politik. Um der Vertiefung einer möglicherweise dann nur noch schwer zu kontrollierenden Krisenentwicklung in Ostdeutschland zu begegnen, wurden politische Gegensteuerungen initiiert.

Die Problemsichten wurden notgedrungen komplexer; konzeptionelle Überlegungen wieder in Aushandlungsmechanismen zurückgeführt und z. T. auch längerfristig angelegt. Dies reflektierte sich u. a. im Programm "Aufschwung Ost".[10] Hinsichtlich praktischer Konsequenzen sei verwiesen 1. auf den Übergang zur beträchtlichen Steigerung der finanziellen Transferleistungen (1991 ca. 140 Mrd. Mark, 1992 = 160 Mrd., bis 1995 = ca. 450 Mrd.); 2. auf den Übergang zu einer bestimmten Arbeitsmarktpolitik (steuerrechtliche Maßnahmen zur Förderung von Investitionen; Qualifikations- und Beschäftigungsgesellschaften, ABM-Programme, Verlängerung der Kurzarbeiterregelungen), 3. auf Teilkorrekturen im Treuhandkonzept (von Nur-Privatisierung zur Losung "Sanierung und Privatisierung").

Damit konnten zumindest zeitweilig Konflikte partiell entschärft werden. Eine grundlegende Veränderung des strategischen Ansatzes wurde damit - und bis heute - nicht vollzogen. Sie war es in diesem Denken auch nicht nötig, denn verantwortlich für die "eingetretenen" Problemlagen sei nicht ein spezifisches Markt- und Politikkonzept, sondern neben der maroden DDR-Wirtschaft nun primär die Mauer in den Köpfen der Menschen.

Dies griff schon damals zu kurz, denn diese Begründung schloß von vornherein politische, strukturelle, strategische Fragen der Transformations- und Vereinigungsprozesse und -konzepte aus. So wirkten sich aber vor allem politische und "strukturelle Fehler im Vereinigungsprozeß erschwerend"[11] aus.

Natürlich hatte keine politisch relevante Kraft ein tragfähiges, konnte für sich ein tragfähiges Rekonstruktions- und Transformationskonzept in dieser einmaligen Umbruchperiode haben. Doch wurde alsbald klarer, daß politisches Denken und Handeln in diesem Transformationsprozeß allein mit den in der bisherigen Entwicklung der Bundesrepublik akkumulierten Erfahrungen, Konzepten, Kategorien nicht auskommt und allein Nachvollzug, Adaption und mechanische Übertragung nicht ausreichen. Angesichts des Zusammenbruchs der realsozialistischen Länder und der ein-

---

10 Gemeinschaftswerk Aufschwung-Ost, März 1991, Hrsg.: Presse- und Informationsamt der Bundesregierung, Bonn.

11 Hermann Weber, Abstruse Legenden beschwören das Bild einer heilen DDR, in: Berliner Zeitung, 16./17. November 1991, S. 35.

deutigen Überlegenheit der westlichen, modernen Gesellschaften schien dies keine Frage, doch schon die ersten Ergebnisse der Transformationsprozesse in Deutschland und Osteuropa fordern zur kritischen Prüfung heraus. Die wirkliche Bewährungsprobe - so zeigte sich bald - ist nicht die Herstellung der staatlichen Einheit, sondern die Art und Weise ihrer Gestaltung und dabei insbesondere die Transformation der ostdeutschen Gesellschaft.

Zwischenbilanz der Transformation

Die DDR befand sich am Ende ihrer Existenz in einer tiefen ökonomischen, politischen und geistig-moralischen Krise. Ein radikaler Neuanfang allein aus eigenen Kräften war ausgeschlossen. Die Hoffnung der Menschen auf schnelle Veränderungen waren groß, die Versprechungen nicht minder und die Prognosen optimistisch. Welche (Zwischen-)Bilanz nach knapp drei Jahren kann gezogen werden? Die Zeit, um schon verallgemeinernde, gar "abschließende" Aussagen treffen zu können, ist noch nicht ausreichend. Gemessen am bisherigen sozialen, kulturellen, wirtschaftlichen Entwicklungsniveau kann zum heutigen Zeitpunkt dennoch auf eine Reihe relevanter Tatbestände, Tendenzen verwiesen werden.

Im Vergleich zu DDR-Zeiten wird seitens der Mehrzahl der ostdeutschen Bürger positiv auf das vielfältige Warenangebot, die neuen Reisemöglichkeiten, gewonnene individuelle Rechte und Freiheiten verwiesen. Dies sind zugleich notwendige Voraussetzungen für Individualisierungs- und mithin Modernisierungstendenzen. Ein Individualisierungsschub wird jedoch überlagert durch die für DDR-Bürger ebenso neue Erscheinung von Massenarbeitslosigkeit samt ihrer vielfältigen sozialen und psychologischen Folgen, die neue Dimension von sozialer Ungleichheit in allen wesentlichen Lebenslagen, beginnender sozialer Externalisierung und Armut einzelner Gruppen und zunehmender Kriminalität, erneuter Entfremdung gegenüber politischen Institutionen und Entscheidungsträgern.

Hinsichtlich gesellschaftlichen Systemwandels ist aus soziologischer Sicht auf den begonnenen Aufbau des neuen politischen Institutionengefüges und erste Schritte hin zu marktorientierten Wettbewerbsstrukturen zu verweisen. Doch die Basisinstitutionen moderner Gesellschaften haben sich auch in Ostdeutschland real bislang nicht herausgebildet (in Osteuropa ist diese Herausbildung noch völlig offen). Die Konstitution der Subsysteme Wirtschaft, Politik, Recht, Wissenschaft verläuft nur ansatzweise, ihre gesellschaftliche Wirksamkeit ist gering. Der intermediäre Bereich, im realsozialistischen System völlig verschüttet, ist noch immer am schwächsten ausgeprägt. Die Ausdifferenzierung der sozialen Träger des Umstrukturierungs- und Modernisierungsprozesses (u. a. modernes Management, neue Selbständige, politische Eliten) steht in den Anfängen.

Besonders negativ fällt ins Gewicht, daß sich die ostdeutschen Akteure des Transformationsprozesses nur unzureichend formieren. Einige Autoren sprechen gar von einem quasi - subjektlosen Transformationsprozeß in einer Zeit größer werdender Problemanhäufung.[12] Natürlich reflektieren sich hier Nachwirkungen von Entsubjektivierungstendenzen der Akteure in der zentralverwalteten Planwirtschaft und der politischen Entdifferenzierung des staatssozialistischen Systems. Dennoch wirken sich heute hier vor allem die fehlenden strategischen Rahmenbedingungen (ordnungspolitischer Rahmen, funktionierende demokratische Institutionen, ausreichende Handlungsspielräume für eigenständige Aktivitäten und Entscheidungen) für die Herausbildung und Entfaltung der neuen Akteure aus. Besonders jedoch ist es ein Ergebnis des gewollten Versuchs, mittels externer Akteure (Alt-Bundesrepublik) die Transformationsprozesse Ostdeutschlands zu bewerkstelligen (Claus Offe).Dabei weisen neuere Forschungsergebnisse aus, daß in der Wertestruktur und in den Denkweisen und Verhaltensdispositionen[13] der Ostdeutschen - entgegen dem offi-

12 Vgl. Helmut Wiesenthal, a.a.O.
13 Vortrag von Claus Offe auf dem 26. Deutschen Soziologentag in Düsseldorf, 1.10.1992.

ziell verbreiteten "Ossi-Bild" wesentliche Bedingungen und Anknüpfungspunkte für ein "Selbst-Unternehmertum" (im weitesten Sinne des Wortes) liegen. Gerade auch durchgeführte narrative Interviews mit neuen Selbständigen aber auch Untersuchungen z. B. der Ost-West-Pendler bekräftigen diese Aussage.[14]

Eine Politik des "mentalen Brückenschlagens" scheint deshalb eher Erfolg zu erheischen als die des Überstülpens und des radikalen Bruchs mit herausgebildeten spezifischen ostdeutschen Mentalitäten. Auf jeden Fall wird immer offensichtlicher, daß die Transformation Ostdeutschlands nicht ausschließlich durch Dritte, durch westdeutsche Politiker, Wirtschaftsmanager, Wissenschaftler, Juristen übernommen werden kann. Deren Mitwirkung ist gerade unter den spezifischen deutschen Bedingungen notwendig und sogar sehr sinnvoll, aber eben ohne Ausprägung ostdeutscher Interessenpräsenz wenig erfolgversprechend. Neuere Untersuchungen fördern dabei interessante, und wohl auch überraschende Ergebnisse über die allmähliche Herausbildung sozialer Träger ostdeutscher Interessen zutage. Diese kommen nicht aus dem Kreis der "sozialen Verlierer", sondern u. a. aus Teilen der Selbständigen, der Intelligenz, des öffentlichen Dienstes und auch der Leihbeamten.[15] Auch wenn sich die Ostdeutschen weiter differenzieren (Interessen, Akteure usw.), so bleiben doch auch "ostdeutsche Interessen" (z. B. Erhaltung des ostdeutschen Industrie- und Wirtschaftsstandorts, soziale Anerkennung, gleichberechtigte Integration) relevant, die freilich nur eine Chance auf Realisierung haben, wenn sie in Westdeutschland Akzeptanz oder besser noch Unterstützung finden.

Im ostdeutschen Transformationsprozeß haben sich eine ganze Reihe Konfliktpotentiale herausgebildet, von denen drei aus unserer Sicht für die weitere Entwicklung ein besonderes Gewicht er-

---

14 Vgl. Thomas Koch: "Selbst-Unternehmertum" und "Aufschwung Ost", in: Aus Politik und Zeitgeschichte. Beilage zur Wochenzeitung Das Parlament, B. 24/92, v. 5. Juni 1992, S. 37 f.

15 Vgl. Thomas Koch, Die Ostdeutschen zwischen Einheitsschock und "doppeltem Zukunftshorizont" - Deutungs- und Handlungsmuster sozialer Akteure im Transformationsprozeß; unveröffentlichtes Manuskript.

langen. Sie sind nicht Folge der Modernisierung, sondern strategischer Fehlentscheidungen und wirken der notwendigen Modernisierung gerade entgegen.Entscheidend wird sein, ob sie noch reparabel sind und wenn ja wie das bewerkstelligt werden soll.

Erstens betrifft das die Tendenz der Deindustrialisierung, der wirtschaftlichen Abwärtsentwicklung und der Externalisierung des "kulturellen Kapitals".

Im Vergleich zum ersten Halbjahr 89 (wirtschaftliche Krise) ist die wirtschaftliche Gesamtleistung (Bruttoinlandprodukt) bis Ende 91 um 31 Prozent auf 69 Prozent zurückgegangen, die Industrieproduktion sogar um mehr als zwei Drittel auf 30 Prozent, davon 90 Prozent in dem einen Jahr nach Einführung der Währungsunion.

Mit 20 Prozent der Bevölkerung liegt der Anteil Ostdeutschlands am gesamtdeutschen BSP bei 7 Prozent, weniger mithin als z. B. der Anteil Niedersachsens.

Wenn das gesamte Wachstum in den nächsten Jahren 8 bis 10 Prozent betragen würde, wäre 1994/95 der Stand von 1989 erreicht (Bruttoinlandprodukt). Radikale Einbrüche vollzogen sich auf dem Arbeitsmarkt. Die Zahl der Erwerbstätigen ist von 9,75 Mill 1989 (90 Prozent und damit weit über dem Durchschnitt entwickelter Länder) bis 1992 um 3,6 Mill auf 6,12 Mill zurückgegangen. Nahezu 4 Millionen Menschen haben seitdem ihren Job verloren, auch wenn die offizielle Statistik "nur" 1,4 Millionen Erwerbslose ausweist. Wie auch diese Statistik zeigt, bildet sich im Osten Deutschlands eine "Versorgungsklasse" heraus, die ausschließlich von den Transferleistungen aus dem Westen Deutschlands abhängt. Das Forschungspotential in der Industrie verringerte sich von 74.000 auf 18.000, mittels "Freisetzung" also um 76 Prozent von in der Forschung und Entwicklung Beschäftigter. Gemessen an der Zahl der Beschäftigten in der Industrie sind es in Ostdeutschland damit nur noch ein Zehntel im Vergleich zu Westdeutschland. Insgesamt hat die deutsch-deutsche Vereinigung weit mehr als der Hälfte des gesamten Wissenschaftspersonals in der früheren DDR (rd. 210.000) das berufliche Ende gebracht (z. Z. 91.000, dabei sind viele nur noch auf Zeit beschäftigt). In dieser Entwicklung liegen heute bereits wirksame und zukünftige Konfliktquellen: Arbeitslosigkeit, insbesondere Frauenarbeitslosigkeit (Anteil bei rd. 65 Prozent), Kurzarbeit, Dequalifikation. Soziale Problemgruppen sind bereits im Entstehen begriffen: allein-erwerbende Frauen, längerfristig Arbeitslose, Behinderte, ein Teil der Rentner. Das Wohlbefinden der Ostdeutschen ist deutlich niedriger als das der Westdeutschen. In der Selbsteinschätzung ihrer Lebensumstände vermitteln sie ein Bild, das im Westen lediglich bei typischen Problemgruppen (Arbeitslose/alleinlebende, einsame Ältere/dauerhaft gesundheitlich Beeinträchtigte) anzutreffen ist. Die Ostdeutschen bilden heute die "Unterschicht" im vereinten Deutschland.[16] Andererseits konstatiert ein nicht unbeträchtlicher Teil der Erwerbstätigen Verbesserungen in den materiellen Lebenslagen.

Schwerwiegend ist der Umstand, daß gerade hoch qualifizierte Facharbeiter, Techniker, Wissenschaftler in die alten Bundesländer abwandern (rd. 800.000 seit Maueröffnung) oder als Pendler dort arbeiten (rd. 500.000 Pendler). Dabei handelt es sich vorwiegend um kreative, hochmotivierte Menschen und zumeist auch Angehörige der jungen Generation.

Die Steuereinnahmen der ostdeutschen Länder und Kommunen betragen 1991 etwa 28 Prozent des westdeutschen Niveaus und sollen 1995 bei 45 Prozent liegen.

Und von den (beachtlichen) Transferleistungen gehen aber nur ca. 38 Prozent in den Investitionsbereich.

Auch wenn im 3. Quartal '91 erstmals kein Rückgang der industriellen Produktion mehr erfolgte, und '92 die Wachstumsrate bei ca. 6 Prozent liegen wird, eine Wende ist noch nicht eingeleitet. Wirtschaftswissenschaftliche Sachverständige verweisen seit län-

---

16 Vgl. Roland Habich/Detlef Landua/Wolfgang Seifert/Annette Spellerberg, 'Ein unbekanntes Land' - Objektive Lebensbedingungen und subjektives Wohlbefinden in Ostdeutschland, in: Aus Politik und Zeitgeschichte. Beilage zur Wochenzeitung Das Parlament, 2. August 1991, S. 26, 33.

gerem auf die Notwendigkeit einer aktiven Industrie- und Strukturpolitik, auf die Mobilisierung der inneren ostdeutschen Akkumulationsquellen, auf die Erschließung der Binnen- und Außenmärkte durch neue Erzeugnisse, höhere Qualität, Kostensenkung und bessere Lieferbedingungen, denn nur mit Produktionssteigerung schlechthin wäre auch nichts mehr zu gewinnen.

Zweitens: Der Transformations- und Einigungsprozeß verliert weiter an demokratischer Substanz und Potenz; die Distanz vieler Bürger zu den neuen politischen Institutionen vergrößert sich.

Der Einigungsprozeß ist natürlich durch Wahlen und Mehrheitsvotum (vor allem in der früheren DDR) legitimiert; in einer parlamentarischen Demokratie somit auch prinzipiell durch Entscheidungen der gewählten Repräsentanten. Politisch wurde die deutsche Vereinigung dennoch zu einer "Stunde der Exekutive"; einer "Gründung von oben". Sie wurde vorwiegend in Kategorien der wirtschaftlichen und monetären Organisation vollzogen.[17] Wahltaktik und Machtgewinn rangieren vor politischer Kultur, Demokratiezugewinn und Problemlösungen. Die Hoffnungen, daß der weitere Verlauf noch eine eigene demokratische Dynamik dieses Einigungsprozesses hervorbringen werde, haben sich bislang nicht erfüllt. 68 Prozent bzw. 58,9 Prozent der Ostdeutschen[18] glauben, daß sie keinen Einfluß darauf haben, was die Regierung tut. Die Demokratie wird mehrheitlich akzeptiert. Das von außen gekommene politische System wird angenommen, aber noch immer als Fremdes betrachtet. Das Vertrauen in die öffentlichen Institutionen ist überwiegend gering ausgeprägt. Die Hälfte der ostdeutschen zeigt sich bei Meinungsbefragungen von der neuen Demokratie westdeutschen Zuschnitts (vorerst) enttäuscht. Vor allem mit der politischen Klasse und speziell mit der Bundesregierung zeigen sich die Ostdeutschen inzwischen unzufrieden. Bei einer Umfrage Mitte 1992 bewerteten sie diese Politik mit der Durchschnittsquote

---

17 Vgl. Jürgen Habermaß, Die andere Zerstörung der Vernunft, in: Die Zeit, 10. Mai 1991, S. 63.

18 Erste Zahl im Spiegel-Spezial 1991, S. 39, zweite Zahl bei Erwin K. Scheuch, Wie deutsch sind die Deutschen? Bergisch-Gladbach 1991, S. 393.

4,3 (bei möglicher Bewertung zwischen 1 und 6). Der Durchschnittswert für die neuen Länderregierungen liegt bei 3,7. Am besten schnitt Brandenburg mit der Note 2,7 ab, gefolgt von Sachsen mit 3,4, Sachsen-Anhalt mit 4,0, Berlin mit 4,1, Mecklenburg-Vorpommern mit 4,2 und Thüringen mit 4,3.[19] Oft scheinen nur die Vorzeichen von Politik geändert, Anpassung und Fremdbestimmung weiter zu dominieren, wenn nun auch anders stimuliert. Eine Folge dessen ist die ständig gewachsene Zahl der Nichtwähler (z. B. die stärkste "Partei" in Ostdeutschland), politisches Desinteresse und Rückzug ins Private durch immer mehr Menschen.

Eine ernsthaft geführte Verfassungsdebatte könnte in dieser Situation vielleicht eine gemeinschaftsstiftende, sinnstiftende Funktion gerade für die ehemaligen DDR-Bürger erfüllen. Eine Umkehr dieser Entwicklungstendenz hängt aber letztlich wohl von der weiteren wirtschaftlichen und sozialen Entwicklung, von der Anerkennung der Gleichberechtigung der Ostdeutschen im Vereinigungsprozeß und von der Entwicklung der politischen Kultur in Deutschland überhaupt ab.

Drittens: Der Vereinigungs-"Euphorie" ist ein Einheitsschock gefolgt, der einen psychologischen Stimmungsumbruch in der ostdeutschen (aber auch westdeutschen) Bevölkerung bewirkte. Ein solcher "Stimmungsumbruch" macht sich an drei Erscheinungen fest:

Zum einen an einer Zunahme von Enttäuschung, Resignation, Unsicherheit und Angst bei einem größer gewordenen Teil der Bevölkerung. Jüngste Untersuchungen und repräsentative Meinungsbefragungen bekräftigen diese Entwicklung, ja stellen ein wachsendes Ausmaß an Unzufriedenheit bei den Ostdeutschen fest. Die wirtschaftliche Lage in Ostdeutschland beurteilen nur 3 Prozent als gut, aber 65 Prozent als schlecht. Für 89 Prozent der Befragten rangiert bei der Frage nach ihren Sorgen, Problemen, Ängsten die Arbeitslosigkeit an der Spitze, gefolgt von zunehmen-

---

19 Umfrage des Instituts für Marktforschung Leipzig, in: Neues Deutschland, 15./16. August 1992, S. 3.

der Gewalt (52 Prozent) und den ungleichen Lebensverhältnissen zwischen West- und Ostdeutschland (50 Prozent).[20]

Eine vom Wissenschaftszentrum Berlin erarbeitete Bilanz der Wohlfahrtsentwicklung in Ostdeutschland aus der Sicht der Betroffenen kommt zu dem bemerkenswerten Ergebnis: Trotz materieller Verbesserungen der Lebenslage im Vergleich zu der in der früheren DDR (25 Prozent konstatieren eine Verschlechterung) sinkt bei der Mehrheit die Lebenszufriedenheit weiter und verschlechtert sich die Grundstimmung. "Offensichtlich sehen viele Ostdeutsche schwerwiegende Probleme in der zukünftigen Entwicklung und befürchten, in absehbarer Zeit von diesen Veränderungen mitbetroffen zu werden."[21]

Zum anderen zeigt sich diese veränderte Stimmungslage in einer kritischeren Sicht der Situation in der Bundesrepublik von heute im Vergleich zu der Bewertung Ende 89, aber auch zu der im Herbst 1990[22] sowie in der Hervorhebung bestimmter sozialer Leistungen in der früheren DDR, die die Mehrheit in der neuen Bundesrepublik bewahrt sehen wollte. So meinten z. B. im April 1992 zwischen 70 und 80 Prozent der befragten Ostdeutschen, daß die sozialen Leistungen in der früheren DDR in vielem besser als jene in der Bundesrepublik gewesen seien und es verdient hätten, ins neue System übernommen zu werden.[23]

Schließlich manifestiert sich dieser psychologische Stimmungsumbruch in mentaler Entfremdung zwischen Ost- und Westdeutschen, die seit der Maueröffnung und der staatlichen Einheit nicht ab-, sondern zugenommen hat (50 Prozent der Ostdeutschen und 36 Prozent der Westdeutschen meinten 1991, seit der Vereinigung sei man sich fremder geworden. Eine Mehrheit (70 Prozent) Ost-

---

20 Bleibt es beim Rechtsruck? Spiegel-Umfrage über die politische Situation im Monat April, in: Der Spiegel Nr. 18/1992, S. 65.

21 Detlef Landua, "Magere Zeiten". Eine Bilanz der Wohlfahrtsentwicklung in Ostdeutschland aus der Sicht der Betroffenen, in: Das Parlament, 10. Juli 1992, S. 42, Beilage: Aus Politik und Zeitgeschichte.

22 Der Spiegel (Umfrage über die Einstellung der Ost- und Westdeutschen zueinander, II) H. 31, 1991, S. 41 f.

23 Emnid-Umfrage, April 1992.

deutsche bzw. 65 Prozent (Westdeutsche) der Befragten war sich einig, daß es zwischen ihnen "große Unterschiede" gibt.[24] Über 80 Prozent der befragten Ostdeutschen fühlten sich 1991 als "Bundesbürger zweiter Klasse".[25] 1992 waren es sogar 87 Prozent, die sich als "Bürger zweiter Klasse" in Deutschland fühlten und 44 Prozent der Befragten meinten, daß sie sich "mehr als Ossi" fühlen (ein Jahr zuvor waren es nur 30 Prozent). Nur zwei Prozent der Befragten sehen gegenwärtig "keine Spannungen" zwischen den Menschen in Ost und West, 40 Prozent "kleinere" und 58 Prozent "größere Spannungen". Als Hauptgebiete wurden dabei Arbeitslosigkeit, hohe Abgaben und Steuern "im Westen für den Aufbau im Osten" und das Prinzip der Eigentumsrückgabe vor der Entschädigung genannt. Auf die Frage, ob es deswegen zu gewalttätigen Auseinandersetzungen kommen könnte, meinte ein Drittel (33 Prozent), dies sei "sehr wahrscheinlich".[26]

Damit ist keine Absage der Ostdeutschen an den Systemumbruch oder an die deutsche Einheit verbunden, sondern Erwartungen an die Gestaltung des Transformations- und Einigungsprozesses. Dabei ist jedoch eine Akzentverlagerung zu verzeichnen: statt Nur-Übernahme des westdeutschen Modells und Inkorporation Ostdeutschlands Entwicklungstendenzen hin zu "evolutionärer Transformation", zu gleichberechtigter Integration. Das drückt sich heute jedoch mehr im Meinungsbild als in politischen Handlungen aus.[27] Eine "Beruhigung" für politische Entscheidungsträger kann dies freilich nicht sein.

Zum einen ist offensichtlich ein kritischer Punkt in der Entwicklung Ostdeutschlands erreicht, bei dessen Überschreiten längerfristig irreparable Folgen entstünden. Noch wird die kritische, resignative Stimmungslage dadurch (weitgehend) kompensiert, daß die gegenwärtigen Zukunftsängste verbunden sind mit Opti-

---

24 Der Spiegel (Umfrage über die Einstellung der Ost- und Westdeutschen zueinander I), H. 30, 1991, S. 24.
25 Ebenda, S. 26 und Der Spiegel, H. 48, 1991, S. 63.
26 Wickert-Umfrage, Neues Deutschland, 17. August 1992, S. 2.
27 Vgl. Thomas Koch, Die Ostdeutschen zwischen Einheitsschock..., a.a.O.

mismus einer Mehrheit für die längerfristige Perspektive.[28] Gesprochen werden kann noch immer von einem "doppelten Zukunftshorizont ".[29]

Obwohl 1992 mehr als die Hälfte der neuen Bundesbürger ihrer persönlichen Zukunft zuversichtlich entgegensieht, hat jedoch der ausgeprägte Optimismus vieler Ostdeutschen deutlich nachgelassen.[30]

Zum anderen sind die Problemlagen nicht nur zugespitzter geworden, sondern zentrale Fragen wie die des West-Ost-Transfers, die der gleichen Lebensverhältnisse, die der Teilung durch Teilen zu überwinden werden heute in West- und Ostdeutschland mehrheitlich unterschiedlich, ja entgegengesetzt bewertet. Das ist nicht nur ein Boden für eine mentale Konfliktsituation, sonderen wirkt unmittelbar und direkt auf die politischen Entscheidungen der Bundesregierung zurück. Sie geraten unter doppelten Druck. Würde allein unter partei- und wahltaktischen Gesichtspunkten entschieden, wären die Aussichten für die Ostdeutschen wenig optimistisch.

In dieser offenen Situation sind fundierte längerfristige Prognosen über die Gesamtentwicklung schwer möglich, dafür aber eine Reihe sozialer Folgen zu thematisieren, die als Tendenz weiter wirksam werden:

- Ost- und Westdeutschland werden für geraume Zeit nicht zu einer wirtschaftlichen, sozialen, gesellschaftlichen Einheit zusammenwachsen, längerfristig ist aber von einer nachholenden Modernisierung Ostdeutschlands und seiner Integration auszugehen.
- In Ostdeutschland wird es zu einer rapiden Zunahme der sozialen Differenzierung, zu einer neuen Dimension sozialer Un-

28 Roland Habich u. a., a.a.O., S. 31.
29 Helmut Klages, Zustand und Perspektiven der politischen Kultur in Deutschland: Zahlen, Fakten, Trends, Manuskript 1991, S. 17.
30 Vgl. Detlef Lanuda, "Magere Zeiten"..., a.a.O., S. 43.

gleichheit und darüber hinaus zu einer bislang nicht gekannten regionalen Differenzierung kommen.

- Die Ost-West-Migration wird anhalten, wenn wahrscheinlich auch in abgeschwächter Form und begleitet durch eine gewisse West-Ost-Migration.
- Die mentalen Entfremdungen zwischen Ost- und Westdeutschen werden vorläufig kaum abnehmen, ihre unterschiedlichen spezifischen Perzeptions-, Deutungs- und Handlungsmuster sich vorerst noch ausprägen.

Es spricht manches dafür, daß unter den Ostdeutschen partielle und gemeinsame Interessen stärker artikuliert werden, ohne daß damit eine nachhaltige Organisierung und Bewegung zur Realisierung dieser Interessen verbunden wäre.

Ist die Einheit (Integration) schon gescheitert?

Der Weg zur sozialen, gar zur gesellschaftlichen und mentalen Einheit - bei Akzeptanz der Differenz - ist mithin langwieriger, mühevoller und konfliktträchtiger als von den meisten angenommen wurde. Diese Feststellung reflektiert die heutige Problemsituation aber schon nicht mehr adäquat. Heute wird gefragt, ob die Einheit (Integration) schon gescheitert sei? Abgesehen davon, daß damit nicht die staatliche, sondern die soziale und gesellschaftliche Einheit gemeint ist, kann aus meiner Sicht von einem Scheitern der Einheit heute (noch) nicht gesprochen werden. Jedoch haben wir es mit einer schweren Krise des Einigungsprozesses zu tun. Die wirtschaftliche, politisch-institutionelle und kulturelle Integration Ostdeutschlands ist nicht gelungen. Mehr noch - die wirtschaftliche und finanzielle Situation der Vereinigung ist verheerend. Im Osten hält der wirtschaftlich-industrielle Niedergang weiter an. Der Westen steht am Rande einer Rezession. Die Staatsverschuldung liegt Ende 1992 bei ca. 1,7 Billionen DM.

Die politischen Institutionen stehen unter einem großen Problemdruck, Verteilungskämpfe mit ungeahnter Wucht stehen bevor, ein entsprechender Modernisierungsschub ist aber nicht zu verzeichnen, eher Einschränkung von Transparenz, föderalistischen Strukturen. Die Steuerungsleistungen bzw. -effekte sind gegenüber der alten Bundesrepublik geringer geworden.

Kulturell-mental sind die Deutschen heute tiefer gespalten als in der Zeit der Existenz der Mauer. Die Fremdenfeindlichkeit nimmt zu, die Rechte wird populär, und die politische Klasse hat kein tragfähiges Konzept, mehr noch: "Kopf- und konzeptionslos präsentiert sich die Bundesregierung zu einer Zeit, in der die Bundesrepublik möglicherweise vor ihrer schwersten Krise steht."[31]

Niemand kann an einer weiteren Vertiefung der Einigungskrise interessiert sein, da diese sich zu einer Staatskrise mit unvorhersehbaren Folgen ausweiten würde. Die Einheit ist noch nicht gescheitert, aber real bedroht.

Gescheitert ist aber die offizielle Konzeption, mit der die Integration realisiert werden sollte. Zwischen ihren Grundprämissen, -annahmen und den heutigen Realitäten ist eine unüberbrückbare Kluft entstanden. Das gilt für die Diagnostizierung der Kosten der Einheit. "Der schlimmste Fehler lag darin, daß die Regierung den Eindruck erweckte, man könne die deutsche Einheit mit der linken Hand und aus der Portokasse finanzieren."[32] Die Folge waren die großen Versprechungen, daß es keinem im Osten schlechter, aber vielen schnell besser gehen werde und im Westen der Republik niemand Lasten für die Einheit zu tragen habe. So "hat Kohl im Osten unerfüllbare Erwartungen erweckt und im Westen die Bereitschaft zu Opfern auf Null gebracht".[33] Inzwischen werden die Kosten der Einheit für einen längeren Zeitraum mit jährlich über 150 Mrd. DM beziffert.

---

31 Wilfried Herz, Vom Traum zum Trauma, in: Die Zeit, 11. September 1992, S. 23.
32 Zitiert nach ebenda.
33 Ebenda.

Auch bei der Bestimmung der Finanzierungsquellen zu dieser Kostendeckung fehlte der strategische Blick. Zunächst ging man von einem selbsttragenden Aufschwung Ost (nach ca. 3 Jahren) durch Einführung der Marktwirtschaft aus. Nachdem dies sich als Illusion erwies, sollten die laufenden Kosten aus dem Wirtschaftswachstum im Westen Deutschlands (was ein Wachstum des BSP von etwa 5 Prozent zur Voraussetzung hätte) kommen. Nun scheint auch dies angesichts geringer Wachstumsquoten und rezessiver Tendenzen nicht möglich. Ohne Wohlstandsverluste im Westen werden die Kosten der Einheit wohl kaum zu begleichen sein, aber wieder fehlt der Mut der Regierung, es offen auszusprechen.

Auch der Zeitdimension der Integration Ostdeutschlands, der Angleichung der Wirtschaftspotentiale und Lebensverhältnisse lag eine Fehlprognose zugrunde. "Blühende Landschaften in 3/4 Jahren" - daran mag heute wohl keiner mehr glauben. Solide Berechnungen wirtschaftswissenschaftlicher Institute besagen, daß es mehrere Jahrzehnte in Anspruch nehmen wird, bis das Wirtschaftspotential Ostdeutschlands das Niveau Westdeutschlands in etwa erreicht haben wird. Und die gesellschaftliche, die mentale Einheit ist realistischerweise nur als Werk von Generationen denkbar.

Gescheitert sind vor allem die strategischen Ansätze des Vereinigungskonzepts. Der "verheerende Irrtum der Bonner Politik lag darin", schlußfolgert Klaus von Dohnany, "darauf zu vertrauen, daß mit der Einführung von Markt und D-Mark die notwendigen Schritte zu einer wirtschaftlichen und sozialen Einheit der beiden deutschen Staaten getan seien".[34] Damit einher aber ging der Zusammenbruch des ostdeutschen Binnenmarktes, der Wegfall des osteuropäischen Marktes und die sofortige Konfrontation der ostdeutschen Wirtschaft mit den westlichen Märkten, auf denen die Wettbewerbschancen nur sehr gering waren. De facto also der Zustand einer Marktwirtschaft ohne Märkte bei Ablehnung einer Industrie- und Strukturpolitik. Das verkraftet - so Klaus von

---

[34] Klaus von Dohnany, Der Notplan Ost, in: Die Zeit, 3. Juli 1992, S. 11.

Dohnany - keine Volkswirtschaft der Welt, und natürlich schon gar nicht eine abgeschottete, bürokratisch regulierte wie die der früheren DDR. Deindustrialisierung und Zusammenbruch aller wirtschaftlichen Kreisläufe waren und sind die schwerwiegendsten Folgen dieser Entscheidung. Diese "Fehlentscheidungen" wurden "ergänzt" durch weitere, wie den spezifischen Treuhand-Auftrag Privatisierung vor Sanierung, durch die Festschreibung "Rückgabe vor Entschädigung" für enteignetes Eigentum, durch das Überstülpen des komplizierten bundesdeutschen Rechts (vom Handels-, Gesellschafts- und Steuerrecht über das Verwaltungsrecht bis hin zum Arbeits- und Sozialrecht), das eben (vorerst) nicht auf die Situation in Ostdeutschland zugeschnitten ist. Hinter dieser Politik verband sich die Annahme, daß für Ostdeutschland kein gesondertes Transformationskonzept vonnöten sei, weil Transformation nur als Inkorporation zu vollziehen sei. Deshalb sollten die Probleme ausschließlich durch Übertragung "fertiger" Modelle, Strukturen, Verfahrensweisen, Eliten, Akteure aus der alten Bundesrepublik auf die neuen Länder ohne Berücksichtigung der dortigen spezifischen Gegebenheiten und Besonderheiten gelöst werden. Dies mußte häufig und grundsätzlich an der Wirklichkeit Ostdeutschlands mit seinen aus der DDR-Zeit geprägten und vererbten Problemlagen vorbeigehen.

Schließlich wurde Vereinigung gedacht allein als Erweiterung und Vergrößerung der westlichen Bundesrepublik, ohne ihre Folgen für Westdeutschland, ohne Rückwirkungen dieser radikalen Umbrüche im Osten auf die Regulationsweise, die Besitzstände, die Konsensbildung, die mentale Verfaßtheit und das Institutionengefüge Westdeutschlands.

Die Ursachen für die Verwerfungen, für die Krise im Einigungsprozeß sind natürlich vielgestaltig. Dazu zählen die Erblasten der DDR, die in ihrer ganzen Dimension nicht vorausgesehen werden konnten; der Umstand, daß es sich hier um ein "ungeplantes Experiment" ohne historisches Vorbild und praktisches Beispiel mit intendierten und nichtintendierten Folgen handelt; und dazu zählen die strukturellen Fehler der Politik im Transformations- und Einigungsprozeß.

Dies ist zu unterscheiden, zu differenzieren, gerade angesichts parteipolitischer Präferenzen bei der Ursachendiskussion.

Offensichtlich aber sind es vor allem strategische Fehlentscheidungen, die diese heutige Krise im Einigungsprozeß hervorgebracht haben. "Von Anfang an ist die Geschichte des deutschen Einigungsprozesses eine Folge von Fehleinschätzungen und falschen Schlüssen, von Verzögerungen und Versäumnissen."[35] An dem diesen Entscheidungen zugrundliegenden Konzept wurde auch dann weiter festgehalten, als überall sichtbar wurde, daß es nicht "greift", sonderen dem "Aufschwung Ost" in wesentlichen Punkten direkt entgegenwirkt. Eine Minimierung der Folgen wäre - so meinen heute wohl die meisten Sachexperten - bei rechtzeitigen Korrekturen möglich gewesen.

Wie weiter nun in dieser Situation? Allgemeine Szenarien als "optimistische", "pessimistische" und "realistische" Varianten können zwar entworfen werden,[36] sind aber für die momentanen Diskussionen und erforderlichen Entscheidungen vielleicht wenig hilfreich. Entscheidend ist, ob und wie in Ostdeutschland die wirtschaftliche Talfahrt gestoppt und in der Stimmungslage der Menschen im Osten und nun auch schon im Westen ein Umschwung erreicht werden kann. Möglichkeiten dafür wären aus unserer Sicht dann gegeben, wenn eine offene, kritische "Bestandsaufnahme" - die es bislang in der Politik nicht gab - vorgenommen, der wirkliche Finanzbedarf für den Um- und Aufbau in den neuen Ländern bestimmt würde und die damit verbundenen Kosten sozial gerecht verteilt und wenn vor allem schnell ein operables industrie- und strukturpolitisches Konzept zur Erhaltung, Umstrukturierung und Modernisierung des ostdeutschen Wirtschaftsstandorts als Rahmenbedingung für die Konstituierung und Entfaltung der Wirt-

---

35 Wilfried Herz, a.a.O.

36 Vgl. Rolf Reißig, Transformationsprozeß in Ostdeutschland - empirische Befunde und theoretische Erklärungsansätze, in: BISS-public, Berlin, Heft 6/1992, S. 18.

schaftssubjekte entwickelt würde. Ohne die notwendigen Veränderungen in Ostdeutschland durch die Ostdeutschen selbst auch nur ansatzweise zu negieren, so liegt der "Schlüssel" für die Veränderung zunächst in Westdeutschland, in der Überwindung der "dortigen" Blockaden; der konjunkturellen Innovationshindernisse, der mentalen (Kontinuitätsillusionen und überzogenes Besitzstandsdenken) und der politischen (fehlender Gestaltungswille der Eliten und mangelnde Konzepte).

Wohin treibt die gesamtdeutsche Bundesrepublik?

Die Frage ‚wohin treibt Ostdeutschland' ist nun schon zur Frage geworden, wohin treibt die gesamtdeutsche Republik? Wir wollen dies hier vor allem unter dem Aspekt der Konsequenzen des ostdeutschen Transformationsprozesses für die westdeutsche Gesellschaft und für die geamtdeutsche Bundesrepublik betrachten.

Analysiert man die Gesamtheit der zu diesem Problemfeld geäußerten Meinungen, so zeichnen sich insbesondere folgende Vorstellungen ab:

1. Bestimmend ist noch immer die Auffassung, daß zumindest mittelfristig beide Gesellschaften auf der Grundlage der Verwestlichung Ostdeutschlands verschmelzen und die gesamtdeutsche Republik eine "nur" größere Bundesrepublik wird. Das Modell für Deutschland ist die Alt-Bundesrepublik, ihre Strukturen, Institutionen, Konsensbildungen. (Im Prinzip eine Neuauflage der Wahllosung "Weiter so, Deutschland".) Transformation Ostdeutschlands wird weiterhin nur als Inkorporation verstanden. Eine Politik der "Brückenschläge" und "evolutionärer Transformationsprozesse" wird nicht für notwendig erachtet. Dementsprechend werden - bezogen auf die Bundesregierung - Entscheidungen, die sich inzwischen als Fehlentscheidungen erwiesen haben, nicht zurückgenommen, höchstens modifiziert. Jüngst verstärken sich gar

Bestrebungen, die hohen Kosten der Einheit zu Deregulierungsmaßnahmen und Einschnitten in den Sozialstaat auszunutzen.

2. In letzter Zeit werden konzeptionelle Vorstellungen entwikkelt, die auf einer relativ getrennten Entwicklung der beiden Gesellschaften Ost-West in Deutschland hinauslaufen.[37] Die Intentionen derer, die sich in diese Richtung äußerten, sind jedoch recht verschieden. Für die einen ist es mehr eine Befürchtung, ein Verlust an Homogenität, für die anderen eine Möglichkeit gegenseitiger Bereicherung. Am meisten Aufsehen erregte diesbezüglich der konzeptionelle Vorstoß von Kurt Biedenkopf.[38] Bestimmend bleibt für ihn die Vorstellung vom Zusammenwachsen der beiden Gesellschaften in Deutschland. Für unrealistisch hält er jedoch die auch in Bonn favorisierte "Aufholjagd" des Ostens und die damit verbundene schnelle Angleichung der Lebensverhältnisse. Wenn das ostdeutsche Bruttosozialprodukt (BSP) bis zum Jahre 2000 das westdeutsche Niveau erreichen sollte, müßte es jährlich um 16 Prozent wachsen, was völlig unwahrscheinlich ist; bei 75 Prozent wären jährliche Wachstumsraten in Ostdeutschland von 12 Prozent erforderlich, was wenig wahrscheinlich ist. Sollte das ostdeutsche BSP im Jahre 2000 50 Prozent des westdeutschen erreichen, bedürfte es einer jährlichen Steigerung um 7,5 Prozent oder anders ausgedrückt einer Verdoppelung in 9 Jahren. Letzteres halten Biedenkopf bzw. sein "Vordenker" Miegel für realistisch. Aber auch dies würde - so sollte man hinzufügen - eine schnelle und erfolgreiche Trendwende bedingen. "Aufholjagd" mit dem (unrealistischen) Ziel der schnellen Angleichung ist aber auch nicht unbedingt wünschenswert, sinnvoll. Ostdeutschland brauche zugleich eigene Entwicklungskonzepte, eigene Spielräume und die stärkere Berücksichtigung der inneren Ressourcen und Potenzen. Ostdeutsche Identitätsbewahrung dürfe nicht nur negativ belegt

37 Vgl. dazu auch Thomas Koch, Die Ostdeutschen zwischen Einheitsschock..., a.a.O.

38 Kurt Biedenkopf, Zwischen Wiedervereinigung, europäischem Binnenmarkt und der Zusammenarbeit mit Osteuropa. Was kann Deutschland leisten?, in: Frankfurter Rundschau, 27. März 1992, S. 30/31.

werden. Neben materiellem Lebensniveau spielen Fragen der eigenen Identität, der Lebensqualität, der Kommunikationsnetze, der produktiven Nutzung der regionalen Besonderheiten für die Ostdeutschen und ihre Zufriedenheit im Vereinigungsprozeß eine wesentliche Rolle.

Und schließlich solle der Osten nicht alles nachvollziehen, was sich im Westen inzwischen als Fehlentwicklung erwiesen habe.

3. Seit Beginn der Vereinigung gibt es auch die Vorstellung, diese als wechselseitigen Lernprozeß und als gemeinsame Neugestaltung der deutschen Nation zu nutzen. Danach bietet die deutsche Einheit sowohl die Chance zur Modernisierung Ostdeutschlands wie auch zur Reformierung von verkrusteten Strukturen, Institutionen und Verhaltensweisen der Alt-Bundesrepublik. Auch in dieser Denkrichtung ist jedoch im einzelnen eine große Variationsbreite sichtbar.

Die weitere Entwicklung in Ostdeutschland wird trotz unterschiedlicher Denkmodelle m. E. in der Realität zunächst überwiegend in westdeutsche Richtung verlaufen - sozial-strukturell und politisch-institutionell. Daraus wurde mehrheitlich in der Politik und oft auch in der Wissenschaft mit Beginn des Vereinigungsprozesses der Schluß gezogen, daß der Umbruch im Osten für die (Alt-)Bundesrepublik, für ihr soziales und politisches Gefüge im Prinzip ohne Folgen bleibe.

Wenngleich als offen angesehen werden mußte, ob etwas und wenn ja was aus der DDR ins vereinte Deutschland eingehen wird, so schien es uns doch von Anfang offensichtlich, daß der Umbruch im Osten Deutschlands intendierte und vor allem nichtintendierte Folgen für den Westen Deutschlands haben wird. Im Grunde führt, so wurde schon 1990 formuliert,[39] der Umbruch- und Transformationsprozeß in Ostdeutschland auch zum Ende der Bundesrepublik in ihrer bisherigen Form. Die damalige Hypothese lautete, daß die Rückwirkungen dieser Prozesse auf die (alte) Bundesrepublik

---

[39] Rolf Reißig, Die DDR und die deutsche Vereinigung, in: Gert-Joachim Glaeßner (Hrsg.): Eine deutsche Revolution, Frankfurt am Main/New York/Paris 1991, S. 80 ff.

erst noch zunehmen werden und dort selbst Veränderungen, wenn auch primär nicht als "Veröstlichung", erfordern. Als offen mußte angesehen werden, wie die Politik und wie die westdeutsche Bevölkerung, die nicht auf Änderungen "ihrer Bundesrepublik" eingestellt und vorbereitet waren und sind, dies hinnehmen und darauf reagieren würden.

Heute ist nun nirgendwo mehr zu übersehen, daß das Ende der DDR für die Bundesrepublik nicht folgenlos geblieben und nicht nur zu einer größeren Republik geführt hat. Doch noch immer ist keine eindeutige Aussage möglich, wie die politische Klasse und wie die westdeutsche Bevölkerung auf die neue, ungewohnte Situation reagieren. Das entsprechende Bild ist diffus; die politische Klasse verunsichert und zerstritten. Zunächst macht es sich am Problem der Finanzierung der Einheit fest. Die Frage eines möglichen Umverteilungsprozesses der Zuwächse oder gar von Arbeit von West nach Ost stößt auf größte Hindernisse, weil es der Besitzstandswahrung, dem alten Interessenausgleich in der Bundesrepublik widerspricht.

Die gegenwärtige, zweifelsohne schwierige Situation könnte auch als Chance genutzt werden, zur Überwindung alter, entwicklungshemmender Strukturen, zur Reform in der Bundesrepublik, wie es etwa auch Biedenkopf anmahnte.[40] Dies wird bislang öffentlich kaum thematisiert, geschweige denn debattiert. Die Regierungskoalition steht dem ablehnend gegenüber und sucht, wenn schon, "Auswege" in der Konservierung alter Strukturen oder gar in der Vertiefung vorhandener Disparitäten.

Der Vereinigungsprozeß, der bislang nicht als Chance des Neubeginns, der gemeinsamen Gestaltung eines neuen, auf die Herausforderungen 21. Jahrhunderts gerichteten Deutschlands genutzt wurde, steht so sogar in Gefahr, daß soziale Leistungen abgebaut und demokratische, föderale Strukturen geschwächt werden. Hier sind neben den westdeutschen auch die ostdeutschen Akteure herausgefordert. Ein von ihnen ausgehender demokratischer Reform-

---

40 Vgl. Kurt Biedenkopf, a.a.O.

druck in Deutschland war bislang kaum zu erkennen. Angesichts ihrer Überforderung durch den Systemwechsel und die rasche Vereinigung kann es kaum überraschen. Doch zumindest partiell vollzogen sich - wie wir auch in diesem Band begründen - Veränderungen in der Sicht und Haltung der Ostdeutschen. Sie werden freilich noch lernen müssen, daß in einer pluralistischen Demokratie nur die Interessen ins Gewicht fallen, die sich organisieren.

Von soziologischer Bedeutung ist, was sich heute schon empirisch an Rückwirkungen der Transformation in Ostdeutschland auf Westdeutschland konstatieren läßt: Die Ostdeutschen beeinflussen allein durch ihre Existenz als Wähler, Konsumenten und Produzenten, als Konkurrent und Partner die gesamtdeutsche Bundesrepublik. Das allein schon stellte die bisherige Überschaubarkeit, vielleicht auch Beschaulichkeit (in Teilen der Bevölkerung) in Frage.

Veränderungen vollzogen sich bereits in einigen sozialstrukturellen Bereichen (z. B. Erhöhung des Facharbeiteranteils, höherer Anteil der Frauenerwerbstätigkeit, Zunahme der Arbeitslosenrate, Vergrößerung der sozialen Unterschichten; wachsende regionale Disparitäten; größerer Anteil von Protestanten und Konfessionslosen).

Auch die Parteienstruktur hat sich, wenngleich durch die Übertragung des westdeutschen Modells nur geringfügig, modifiziert; einige wenige ostdeutsche Politikertypen profilierten sich gesamtdeutsch.

Die Zusammensetzung des Bundesrates ist eine andere geworden. Eine Verfassungsdebatte mußte eingeleitet werden, ebenso wie zum § 218 und zu sozialen und öffentlichen Betreuungseinrichtungen.

Die Rolle Deutschlands in Europa und in der Welt ist nach der staatlichen Einheit neu gestellt und hat seit Kriegsende (nach den Debatten um die Westintegration und um die neue Ostpolitik) die dritte große außenpolitische Debatte hervorgerufen. Auch hier stoßen widerstreitende Interessen aufeinander, die mit den Formeln "größeres Deutschland = größere Verantwortung als größerer Machtfaktor" bzw. "größeres Deutschland = größere Verantwortung bei der Lösung der neuen europäischen und globalen Probleme" nur grob umschrieben sind.

Hinsichtlich des gesamtdeutschen Transformations- und Integrationsprozesses scheinen drei Thesen formuliert werden zu können.

Erstens: Wahrscheinlich ist, daß der deutsch-deutsche Integrations- und Vereinigungsprozeß heute keine völlig andere Bundesrepublik, aber auch nicht nur eine größere hervorbringen wird. Erst allmählich setzt sich die Erkenntnis durch, daß unter der bislang glatten Oberfläche die gesamtdeutsche Republik sehr fragil erscheint und Veränderungen dieser erforderlich sind.

Zweitens: Die Quellen für einen Wandlungsdruck sind komplexer Art. Sie liegen - wie wir u. a. in diesem Band sehen können - auch in der Entwicklung Ostdeutschlands, in den dort sich entfaltenden Konfliktpotentialen und ihren Rückwirkungen auf die gesamtdeutsche Bundesrepublik. Dies wurde bislang in Politik und Wissenschaft mehrheitlich unterschätzt.

Die Frage ist, ob nun eine damit verbundene "Modernisierungspause" genutzt wird, um kritisch über den Gesamtprozeß der bisherigen Modernisierung nachzudenken und "Modernisierung als Gestaltung des Gewollten zu begreifen, das sehr unterschiedliche Entwicklungsrichtungen und -geschwindigkeiten einschlagen kann".[41] Dieser Wandlungsdruck ist mehr noch aber eine Folge fortschreitender Modernisierung der westdeutschen Gesellschaft selbst. Zunehmende Risiken als Folgen der Modernisierung wie Umweltzerstörung, Verkehrsinfarkt, Städtezerstörung, Datenmißbrauch; Exklusion, soziale Marginalisierung und neue Armut, Disparitäten der Lebensbereiche, Sinnkrisen zeugen davon. Und Wandlungsdruck entsteht vor allem aus den neuen gesamteuropäischen und globalen Herausforderungen: Gefahr des

---

41 Stefan Hradil, Die "objektive" und die "subjektive" Modernisierung, in: Das Parlament, 10. Juli 1992, s. 14, Beilage: Aus Politik und Zeitgeschichte.

Scheiterns des osteuropäischen Umbruchs; nationale, ethnische und militärische Konflikte und Kriege, europäische und internationale Migrationsströme, neue Form von Bipolarität zwischen West- und Osteuropa; Reichtum im Norden und verheerende und weiter wachsende Armut und Elend im Süden unseres Erdballs.

Die neuen Herausforderungen werden in der "offiziellen" Politik nicht einmal ernsthaft thematisiert (Wolfgang Thierse). Solange Politik sich als egoistische Parteipolitik versteht, ist dies auch schwer möglich.

Die Moderne als Gestaltungsraum und -objekt ist wie noch nie herausgefordert. Doch dies bedeutet nicht die Konstruktion neuer, abstrakter Anti-Welten und Politiken des großen Wurfs. Vielmehr geht es auf der Basis von Evolutionspotentialen moderner Gesellschaften um soziale und kulturelle Innovation, um Wandel und Reform, um z. B. zur Dominanz langfristiger Reproduktionsinteressen über kurzfristige Produktions- und Gewinninteressen oder um zu einer zivilen Welt- und gerechten Weltwirtschaftsordnung zu gelangen.

Die Frage ist: Kann sich diese Gestaltung auf der Grundlage bislang weitgehend bewährter Prämissen vollziehen oder müssen diese und das Koordinatensystem, insbesondere die Regulierungsweise der Moderne nicht neu gesetzt werden, damit eine veränderte Entwicklungslogik den neuen Herausforderungen der Gegenwart und vor allem denen des 21. Jahrhunderts entspricht.[42] In den Sozialwissenschaften finden diese Diskussionen zur Zeit wohl noch eher am Rande statt.

Drittens: Offen ist, ob, wie und in welchen Zeiträumen sich solcher Wandlungsdruck in verändertes Akteurs- und Elitenverhalten und neue gesellschaftliche Regulationsweisen niederschlägt, zumal Wandel in der Moderne angesichts fehlender zentraler Steuerungsinstrumentarien und gefestigter Konsensbildung auch mit Risiken verbunden wäre und bisherige Verteilungsverhältnisse tan-

---

42 Vgl. dazu auch: Michael Brie/Dieter Klein, Umbruch zur Moderne, Hamburg 1991; Ulrich Beck, Politik in der Risikogesellschaft, Frankfurt am Main 1991.

gieren würde. Andererseits wäre - wie wir unter ganz anderen Bedingungen im Osten gerade sahen - die Zementierung eines Spannungsverhältnisses zwischen Wandlungsdruck und Wandlungswiderstand auf Dauer offensichtlich mit größeren Risiken verbunden.

Aber auch unser sozialwissenschaftliches Verständnis von sozialem und politischem Wandel, Systemwechsel, Transition, Transformation, Modernisierung wird im Ergebnis konkreter empirischer Analysen des "ungeplanten Experiments", des Tests vorhandener Theorien (u. a. Theorie des Systemwandels, Modernisierungstheorie), kontroverser wissenschaftlicher Diskurse wohl neu zu definieren sein. Auf jeden Fall ist gerade den deutschen Sozialwissenschaftlern hier eine einmalige Chance zur Theorieentwicklung zugefallen. Auch ostdeutsche Sozialwissenschaftler könnten, wenn sie ihre Defizite in der empirischen Sozialforschung weiter überwinden und Anschluß an die "westlichen" Theoriedebatten finden, dazu einen spezifischen Beitrag leisten. Denn sie verfügen über einen "Vorzug" der genauen Kenntnis der Mechanismen der alten Gesellschaft, ihres Untergangs und Umbruchs, der individuellen Teilnahme am Transformationsprozeß, der wissenschaftlichen Begleitung des Transformationsprozesses und nun auch der kritischen Verarbeitung der neuen Gesellschaft.

Das Ende eines Experiments

Umbruch in der DDR und deutsche Einheit

Hrsg. von Rolf Reißig
und Gert-Joachim Glaeßner

375 Seiten Pappband
29,80 DM
ISBN 3-320-01738-1

War die gesellschaftliche Umwälzung im Herbst 1989 in der DDR tatsächlich eine Revolution? Hat die Gesellschaft der alten Bundesrepublik die deutsche Einheit wirklich gewollt? Gab es eine DDR-Identität? Sind die Ostdeutschen konservativer als die Westdeutschen? Gibt es in 40 Jahren DDR Gewachsenes, was im vereinten Deutschland erhalten bleiben sollte? Auf diese und zahlreiche weitere Fragen versuchen Sozialwissenschaftler aus Deutschland Ost und Deutschland West eine Antwort zu geben. Bewußt werden einige Themenkomplexe sowohl aus »östlicher« als auch aus »westlicher« Sicht behandelt. Dies bietet dem Leser die Chance, Gemeinsamkeiten und Unterschiede in den Wahrnehmungen und Einschätzungen der Autoren auszumachen. Somit stellen die Beiträge des Buches ein Angebot zur Diskussion dar, sie sind weit davon entfernt, fertige Urteile präsentieren zu wollen.

Dietz Verlag Berlin

Weydingerstr. 14–16
O-1020 Berlin